Heino Gehrts

Aspekte der Märchenforschung

Herausgegeben von Heiko Fritz

Schriften zur Märchen-, Mythen- und Sagenforschung Band 1

Gesammelte Aufsätze 1

Heino Gehrts

Aspekte der Märchenforschung

Mit einem Vorwort herausgegeben von
Heiko Fritz

Schriften zur Märchen-, Mythen- und Sagenforschung Band 1

Gesammelte Aufsätze 1

LITERATURWISSENSCHAFT

Heino Gehrts
Aspekte der Märchenforschung
Herausgegeben von Heiko Fritz
Schriften zur Märchen-, Mythen- und Sagenforschung Band 1, Gesammelte Aufsätze 1
1. Auflage 2014
ISBN 978-3-86815-588-4

© IGEL Verlag *Literatur & Wissenschaft*, Hamburg 2014
Satz: Christoph Lisei / Redaktion: Julia Moik
Alle Rechte vorbehalten.
www.igelverlag.com

Igel Verlag Literatur & Wissenschaft ist ein Imprint der Diplomica Verlag GmbH
Hermannstal 119 k, 22119 Hamburg
Printed in Germany
Die Deutsche Bibliothek verzeichnet diesen Titel in der Deutschen Nationalbibliografie.
Bibliografische Daten sind unter http://dnb.d-nb.de verfügbar.

Heiko Fritz

Heino Gehrts – ein Märchen-, Mythen- und Sagenforscher für die Gegenwart

Nicht selten ist in der menschlichen Geschichte das Phänomen zu beobachten, daß Geistesgrößen und Künstlern zu ihren Lebzeiten die ihnen eigentlich gebührende Anerkennung versagt wurde und sie diese erst Jahrzehnte oder gar Jahrhunderte nach ihrem Ableben erhielten. Ebenso gibt es umgekehrt Kunstschaffende und Denker, die während ihres Schaffensprozesses berühmt waren, bei späteren Generationen aber keine Spuren mehr hinterließen.

Ein Grund, warum Werken zu ihrer Entstehungszeit die Anerkennung versagt bleibt, sie diese später aber erhalten, ist sicherlich darin zu sehen, daß sie dem allgemein vorherrschenden Geistesniveau voraus sind und sich das umfassende Verständnis für sie erst den kommenden Geschlechtern erschließt.

In der heutigen Zeit scheint es indes auf dem Gebiet der geistigen Weltauseinandersetzung noch ein weiteres Kriterium zu geben, das verhindert, daß der Gelehrte allgemeine Beachtung findet und daraus folgend eventuelle Würdigung erlangt, nämlich wenn er seinem zu erforschenden Wissensbereich eine philosophische Dimension gibt und auf diese Weise weit über das Feld der Wissenschaften hinausreicht.

Diese Geringschätzung mag für Wissenszweige, die eng an die Methoden der Wissenschaften geknüpft sind, verständlich sein. Wird jedoch das Feld der Psychologie, der Märchen-, Mythen- und Sagenforschung oder der Philosophie selbst betreten, so würde der Denkende ohne philosophische Ausweitung seiner Untersuchungen sehr schnell an die selbstgesetzten Grenzen stoßen. Die geistigen Beschäftigungen wären dann letztlich ein fruchtloses Schwimmen innerhalb der Beschränkungen. Eine solche Bescheidenheit wird oft mit der Bemerkung gerechtfertigt, daß sich die darin gewonnenen Einsichten zumindest annähernd einer wissenschaftlichen Exaktheit erfreuen.

Demgemäß sind Aussagen, wie sie zum Beispiel Mircea Eliade über den Ethnologen Werner Müller macht, nicht verwunderlich: „Wenn man die Bibliographie von Werner Müller aufmerksam prüft, wird man verstehen, warum er nicht unter die gelehrtesten und schöpferischsten Religionshistoriker unserer Zeit aufgenommen wurde. Um es vorweg zu sagen, er weiß zu viel, und das in zu vielen Forschungsgebieten. Dazu kommt, daß er sich hauptsächlich für wichtige und bedeutende Probleme interessiert, und letztlich schreibt er klar und prägnant und verfügt über die seltene Gabe zur Synthese."[1]

Das, was Mircea Eliade über Werner Müller sagt, trifft in gleichem Umfang auf Heino Gehrts zu. Mit seinem Werk, so schreibt Wolfgang Giegerich, erhält man „das ungewöhnliche Erlebnis einer umfassenden Gelehrsamkeit auf dem Gebiet der früheren Kulturen, der Mythen und Märchen, die, über das bloße Gelehrtenwissen weit hinausgehend, mit einem kongenialen *[gleichrangigen]*, aus eigenem Zugang zur Tiefe geschöpften Sinnverstehen einhergeht, welches als wahrhaft schöpfendes Verständnis dann auch Wesensblicke in unsere heutige Situation"[2] ermöglicht.

Als Ursache, warum Heino Gehrts und sein Werk gegenwärtig weitgehend unbekannt sind, könnte angeführt werden, daß einige seiner Bücher wie „Das Mädchen von Orlach", bei dem es um eine tatsächlich stattgefunden habende Geisterbegegnung im 19. Jahrhundert geht, oder „Mahābhārata. Das Geschehen und seine Bedeutung" sowie „Rāmāyana. Brüder und Braut im Märchen-Epos", bei denen indische Epen die Grundlage für Untersuchungen von Riten und Märchen bilden, sehr spezielle Themen behandeln, die auf den ersten Blick einen Gegenwartsbezug vermissen lassen.

Dies gilt jedoch nicht für sein grundlegendes Buch „Das Märchen und das Opfer", das eine umfassende Zusammenfassung seiner Weltsicht gibt. Und schon gar nicht für das Buch „Von der Wirklichkeit der Märchen", wo er insbesondere im Abschnitt „Die Perle Märchen auf dem Faden der Zeit" den Beweis antritt, daß Märchen, Mythen und Sagen dem Menschen immer noch Aussagen vermitteln können, die für eine Orientierung in der heutigen Welt hilfreich sind, – gerade in einem Da-Sein, das vielen als sinnlos erscheint.

Zu diesen Buchveröffentlichungen gesellen sich viele Publikationen von Einzeluntersuchungen, die in ihrer Gesamtheit eine menschliche Wirklichkeit umfassen, die weit über die alltägliche Sichtweise hinausragt. In gesammelter Form sollen diese nun den Weg in die Öffentlichkeit finden.

Der Ausgangspunkt der Themenbearbeitung war für Heino Gehrts durchaus das wissenschaftliche Verfahren. Es bildet die Grundlage, um die sich her-

---

[1] Klappentext bei Werner Müller „Indianische Welterfahrung"; Ernst Klett Verlag, Stuttgart 1992.
[2] Wolfgang Giegerich „Die Atombombe als seelische Wirklichkeit"; Schweizer Spiegel Verlag, Basel 1988, S. 4.

auskristallisierten Einzelphänomene in einen vielseitigen Zusammenhang zu bringen, so daß sie in das Universum der menschlichen Wirklichkeit eingeordnet werden können. Der letzte Schritt entbehrt dann jedoch der wissenschaftlichen Genauigkeit, weil diese immer die Überschau des behandelten Bereiches voraussetzt. Bei der menschlichen Wirklichkeit gelingt das nicht, da sie vom Menschen in keinem Augenblick verlassen werden kann. Deshalb muß sich der Denkende bei solchen Vorhaben anderer Methoden bedienen, zum Beispiel der Hypothese oder der Deutung. Das bedeutet indes keine automatische Wertminderung der sich erschließenden Ergebnisse gegenüber dem wissenschaftlichen Herleitungsverfahren. Denn alle diese Vorgangsweisen entspringen einem sinnvollen Geschehen, was besagt, daß jede Denkform ein Ganzes im universellen Sinne voraussetzt. Das heißt aber umgekehrt, ein einzelner Gegenstand läßt sich „nur im Hinblick auf ein Ganzes verstehen."[3]

Ziel von Heino Gehrts Arbeiten war die Sinnerhellung, – in Bezug auf Märchen, Mythen und Sagen vornehmlich die vorgeschichtliche (prähistorische) Sinnerhellung. Dabei ist zu beachten, daß schon aus praktischen Gründen die prähistorische Sinnerhellung nicht mehr auf dem klassischen Weg der Tatsachensammlung, -sichtung und -zusammenstellung erreicht werden kann: „die Einengung des einzelnen Forschungsweges einerseits und die Ansammlung riesiger Stoffmassen andererseits machen es angesichts der weltweiten prähistorischen Zusammenhänge notwendig, Forschungsergebnisse, die auf wissenschaftlichem Gebiet weit auseinanderliegen, für ein gegebenes Thema nach einem unkonventionellen Plane und ohne dem Ideal der Vollständigkeit nachzustreben, zusammenzustellen, weil sie in Wirklichkeit allerdings aufs nächste benachbart sind oder doch waren. So läßt sich *[zum Beispiel]*, ohne indische, arabische und ägyptische Traditionen nach einem unhistorischen Ähnlichkeitsprinzip zuratezuziehen, das Rätsel des europäischen Bruderopfers nicht mehr voll durchschauen."[4]

Zugleich muß sich der Zivilisationsmensch, will er altüberliefertes Material für gegenwärtige Sinnzusammenhänge erschließen, vom Vorurteil lösen, daß auch die absonderlichste Überlieferung des Altertums nur ein „zusammenhangsloses Exemplar aus der Produktionsfülle der menschlichen Ur-

---

[3] Heino Gehrts „Das Märchen und das Opfer – Untersuchungen zum europäischen Brüdermärchen"; Bouvier Verlag, Bonn 1995, S. 2.
[4] Ebenda S. 3.

dummheit" ist. „Vielmehr hat uns der schöpferische Zusammenhang aller Hervorbringungen in den Urkulturen darüber belehrt, daß auch die bizarrste Sonderform in der Mitte einer sinnreichen Daseinsordnung und -deutung verwurzelt sein kann. Es gibt mithin, wenn man von der bloß klassifikatorisch arbeitenden, der sammelnden und vorbereitenden Wissenschaft absehen will, überhaupt keinen anderen Gegenstand der Vorgeschichte als jene sinnvoll gedeutete Ordnung selbst."[5]

Wenn also das Forschungsziel im Aufzeigen des Sinnzusammenhangs des jeweils einzelnen Ereignisses mit dem Gesamtgeschehen liegt, so stellt sich die Frage, was mit dem Wort „Sinn" genau gemeint ist, und vor allem, wie ein „Sinn" festgestellt wird, wenn der Mensch aus der Gesamtheit der menschlichen Wirklichkeit, wie bereits erwähnt, nicht herauszutreten vermag, – er also nur innerhalb der Wirklichkeit über die Wirklichkeit Aussagen machen kann.

Was unter dem Ausdruck „Sinn" zu verstehen ist, wird schon beim alltäglichen Gebrauch des Wortes deutlich. Sinnvoll ist dabei für den Menschen ein Ereignis, wenn es seiner geistigen Erwartungshaltung entspricht.

Am einfachsten ist eine solche sinnvolle Übereinstimmung in den exakten Wissenschaften auszumachen. Wenn in ihnen ein Experiment durchgeführt wird, so soll dieses im Endergebnis bestätigen, daß der Wissenschaftler vorher die richtigen Voraussetzungen ermittelt und erfüllt hat. Ist das Experiment gelungen, so ist der Vorgang für den Beobachter sinnvoll, weil er seinen Annahmen entspricht und der Zusammenschluß von Ausgangsstadium und Endergebnis erlangt wird. Die Wiederholbarkeit des Ablaufes bestätigt ihm das zusätzlich. Damit ist eine Harmonie zwischen dem Wissenschaftler und seiner Welt hergestellt. Da es im Falle des Experimentes lediglich um einen Ausschnitt der Welt geht, muß genauer formuliert werden, daß mit dem gelungenen Versuch in diesem Fall ein Gleichklang zwischen dem Wissenschaftler und seiner Wissenschaftswelt existiert.

Dieses Einvernehmen bleibt jedoch eingebettet in die alles umfassende Beziehung zwischen dem Menschen und seiner Wirklichkeit. Das heißt aber, und das beachtet der Wissenschaftler bei seiner Arbeit nicht (und braucht es bis zu einem gewissen Grad seiner Tätigkeit auch nicht zu berücksichtigen), daß er den Sinn des Gesamtgeschehens bereits vor dem Beginn seiner wissenschaftlichen Beschäftigung vorausgesetzt hat. Sonst gäbe es auch gar

---

[5] Heino Gehrts „Das Märchen und das Opfer", S. 3f.

keinen Anlaß dafür, mit dem Experiment zu beginnen. Es schließt ja durchaus auch die Möglichkeit des Mißlingens mit ein. Doch daran verzweifelt der Wissenschaftler nicht, eben weil er von einem stimmigen Weltgeschehen ausgeht. Er versucht vielmehr, Korrekturen an der Ausgangsbasis des Versuches vorzunehmen, um ein Ergebnis zu erzielen, das seiner Erwartungshaltung auf der Grundlage einer sinnvollen Welt entspricht. Somit macht sich der Wissenschaftler mit dem Experiment etwas deutlich, was er schon im Voraus unterstellt, nämlich daß das Weltgeschehen zweckmäßig sein muß, wenn er in ihm zwecktätig sein will.

Kurzum, der Mensch nimmt immer schon als gegeben an, daß er in einem sinnvollen Geschehen lebt. Und das ist ihm auch selbstverständlich, denn in ein solches Verständnis wurde er hineingeboren. Eine derartige Selbstverständlichkeit kann indes nur im nachhinein begründet werden. Das gelingt, wenn das Wechselverhältnis zwischen Weltbetrachter und seiner Welt durchschaut wird. Dann kann eingesehen werden, daß in dieser Beziehung keine Seite ausschließlich „für sich" besteht, sondern es die eine Seite des Gegensatzes nur gibt, wenn die andere Seite im gleichen Moment und gleichbedeutend existiert.

Wenn der existierende Einzelne sich selbst sieht, gibt es gleichzeitig immer die Welt, in der er ist. Wenn er umgekehrt seine Welt erfährt, dann ist er als Erfahrender existent. Die verneinende Form derartiger Feststellungen ist ebenfalls möglich und führt zum selben Resultat, denn wenn der Existierende – zum Beispiel im Tiefschlaf – sich nicht mehr als Erfahrender weiß, gibt es auch seine Welt nicht mehr. Dieser Zusammenhang gilt sogar für Vorstellungen, die über das weltliche Dasein hinausreichen. So ist das weltüberwindende „Ich" nur vorhanden, wenn zugleich das weltferne Paradies besteht.

Im Gesamtgeschehen des Verhältnisses zwischen dem Menschen und seiner Welt ist also der Sinnzusammenhang unterstellt und ergibt sich aus der gleichzeitigen Existenz beider Gegensatzseiten. Vorzüglich zu beobachten ist ein derartiges zu Grunde legen des Sinnes bei Kindern. Sie kommen mit ihren langsam wachsenden geistigen Fähigkeiten buchstäblich „zur Welt". Das Kind entdeckt bei alldem die Welt stets als Entsprechung zu sich selbst und ist somit immer in sie eingebunden, auch wenn es eine Trennung zwischen sich und der Welt erlebt. Daraus erwächst das kindliche Vertrauen zum Leben.

Für das Kind ist das Weltgeschehen durchgehend sinnvoll. Seine Beziehungen zu Mutter und Vater zeigen beispielsweise unabhängig vom elterlichen Verhalten ihm gegenüber eine uneingeschränkte Harmonie in der Weise der Zusammengehörigkeit. Im übrigen bedeutet deshalb eine Scheidung der Eltern für das Kind eine grundlegende Lebenserschütterung, also ein nichtaufzuhebendes Nichtverstehen seiner Welt, selbst wenn es vorher dauernde Unstimmigkeiten zwischen dem Elternpaar erlebt hat.

Mit dem weiteren geistigen Entwicklungsgang des Kindes wird ihm die Welt komplexer und es erfährt sich selbst zugleich als kompliziertes, widersprüchliches Wesen. Der Abstand zu seiner Welt wächst, was zunächst meist an der größer werdenden Distanz zu den Eltern deutlich wird. Dann wird vom Heranwachsenden auch das Verhalten von Mutter und Vater in Frage gestellt. Somit ist für ihn der Sinnzusammenhang mit den Eltern nicht mehr selbstverständlich da, sondern er erfährt ein Schwanken zwischen dem Erleben des harmonischen Familienlebens und Störungen von ihm. Mit letzterem beginnt auch erstmals das Bemühen, die Übereinstimmung wiederherzustellen, wodurch die von der Person weitgehend unabhängige Selbstverständlichkeit des Sinnes durch das Bestreben des individuellen Willens, ihn zu erlangen, ersetzt wird. Je mehr sich die Persönlichkeit ausgebildet hat, um so schwieriger wird es für sie, sich mit ihrer Welt in Einklang zu bringen.

Wenn heute die Menschen viele Ereignisse als sinnlos ansehen, so liegt das darin begründet, daß sie den Gleichklang zu ihrer Zivilisationswelt nicht mehr erlangen; sie ist ihnen eine Fremde, die sich ihren Eigeninteressen widersetzt. Doch daß die Welt als fremd erscheint, wenn der Mensch sich vor ihr verschließt, weil er vornehmlich „in sich" den maßgebenden Bestandteil seines Da-Seins sieht, zeigt wiederum, daß die Wechselbeziehung zwischen Mensch und Welt nicht aufgehoben ist. Sie herrscht vielmehr weiter vor, wird aber nicht mehr erkannt.

Die Völker der schamanischen und rituellen Kultur wußten von einer solchen Verknüpfung, auch wenn sie einen Bruch zwischen sich als geistigen Wesen und der Welt erfuhren. Rituale dienten unter anderem dazu, Mensch und Welt wieder in Übereinstimmung zu bringen, indem der Mensch durch die Zeremonie die Welt rituell ordnete. Auf diese Weise erfuhr er sie als die seine. Das bedeutet jedoch, „daß die Kulte unauflöslich mit dem Erlebnis der Wirklichkeit verquickt sind, daß sie keineswegs aus vergleichsweise abstrakten Mythen abgeleitet sind oder überhaupt der Vergegenwärtigung eines bloß mentalen *[geistigen]* Besitzes dienen, sondern daß sie in lebendigstem Austausch mit dem jeweiligen, durch den Stand der Riten und die Entwicklungsphase der menschlichen Seele bedingten Welterlebnis standen."[6]

Wenn der Ritus oder die Mythe abhängig sind von den Wirklichkeitserlebnissen, diese aber ebenso vom geistigen Niveau des Menschen, welches im Ritual oder in der Mythologie zum Ausdruck kommt, so kann mit der Feststellung dieses konkreten beidseitigen Abhängigkeitsverhältnisses ebenfalls allgemeiner formuliert werden, daß sich die Welt immer so präsentiert, wie sie der Weltbetrachter sieht und daß dieser mit seinem Denken gleichzeitig die Welt darstellt. Dementsprechend hat jegliche Veränderung auf Seiten des Menschen einen Wandel der Welt zur Folge, wie auch umgekehrt.

Das mag ungewöhnlich klingen in einem Zeitalter, in dem feststehende wissenschaftliche Fakten unser Leben bestimmen. Das liegt aber daran, daß sich dem wissenschaftlichen Menschen eben nur eine Weise der Welt, nämlich die wissenschaftliche, präsentiert. Diese zeigt zudem, wie bereits erwähnt, nur einen Teil der menschlichen Wirklichkeit, und zwar den exakt zu ermittelnden und daraufhin behandelbaren. Die Bausteine dieser Wissenschaftswelt waren vor zweihundert Jahren Atome, mittlerweile sind ihre Grundbestandteile sich bewegende Atomteilchen und Moleküle, was bezeugt, daß sich auch innerhalb der Wissenschaften das Weltbild mit jeder neuen Erfahrung wandelt.

In den Zeiten, in denen die exakten Wissenschaften noch nicht die Vorherrschaft hatten, erschlossen sich dem Menschen auch Wirklichkeitsbereiche, die nicht genau zu bezeichnen waren, die vielmehr nur umschrieben werden konnten. Es wurden von diesen Wirklichkeiten also Geschichten erzählt, weil so ebenfalls ein Verständnis des Zusammenhangs zwischen dem Menschen und seinen Erfahrungen von der Welt entstand. Mythen, Märchen und Sagen sind unter anderem solche erzählten Geschichten, während die rituellen Zeremonien gespielte bzw. dargestellte Geschichten sind.

Der Schamane verband beide Formen der Wiedergabe von Wirklichkeitsereignissen: Er erlebte in Trance eine Geschichte, genauer, spielte in ihr mit, und erzählte danach der Sippe von seinen Erlebnissen, ließ sie dadurch an ihnen teilhaben.

Beide Ausbildungen der Darstellung von Wirklichkeiten hatten auch bei den rituellen Völkern ihren Bestand. Für viele Ursprungsrituale waren bei-

---

[6] Heino Gehrts „Das Märchen und das Opfer", S. 4.

spielsweise die dazugehörigen Geschichten in Form von Mythen bereits vorausgesetzt, die in der rituellen Zeremonie ihre Veranschaulichung fanden.

In der religiösen Kultur dominierte dann die erzählte Geschichte, wie in Indien die vedischen Schriften zeigen oder in der jüdisch-christlichen Religion das Alte und Neue Testament. Damit trat die rituelle Handlung in den Hintergrund, obgleich sie bis zum Ende der religiösen Menschheitsentwicklung eine gewisse Bedeutung in der Verkörperung des religiösen Glaubens behielt.

Weil in der religiösen Epoche die festgeschriebene Geschichte die Vorrangstellung hatte, erhielten sich in ihr auch die Mythen, also die sogenannten Ursprungsgeschichten vieler Rituale. Die Rituale selbst waren in den Fällen dann eine spielerische Abbildung der Mythen, sind demnach mit ihnen nicht völlig übereinstimmend, sondern durchliefen eine durchaus eigenständige Entwicklung. Deshalb bildete sich mit den Ritualen und auch nachträglich eine eigene Form heraus, über sie zu berichten. Viele Zaubermärchen geben zum Beispiel den Inhalt von Ritualen in zeitlich ausgedehnten Ereignisketten wieder. Die Eigenart der religiösen Kultur, Geschichten festzuhalten, bewirkte schließlich die stetige mündliche Überlieferung der Märchen, bis sie am Ende dieser Kulturperiode ihre schriftliche Konservierung in Sammlungen erfuhr.

Den Nachweis des formalen und inhaltlichen Zusammenhanges von Ritualen und Zaubermärchen erbrachte als erster in konsequenter Weise Pierre Saintyves. Selbiges leistete Wladimir Propp umfänglich und eindrucksvoll für die Gruppe russischer Zaubermärchen. Die Ergebnisse beider Forscher wurden von Heino Gehrts wesentlich erweitert und vertieft, indem er sie einerseits auf den Märchenschatz der ganzen Welt ausdehnte und andererseits die Verbindung von Ritualen und erzählten Geschichten auch in anderen Erzählformen fand. Beispiele hierfür sind die Dichtungen seit dem frühen Mittelalter oder die Sagen, – wobei er dabei vornehmlich inhaltliche Übereinstimmungen entdeckte.

Wenn nach dem bisher Dargelegten eine Verknüpfung zwischen Mythen, Märchen und Sagen hergestellt werden kann, so lassen sich ungeachtet dessen auch deutliche Unterschiede zwischen allen drei Erzählformen aufzeigen. Beispielsweise kennt das Märchen das unwiederbringlich tragische Opfer nicht, das für die Sage typisch ist. Die Sage kennt zwar den Zusammenhang von Diesseits und Jenseits, aber es kommt in ihr zu keinem wechselseitigen

Austausch zwischen beiden Dimensionen. Wohl ragen in den Sagen jenseitige Erscheinungen in den Alltag, von der umgekehrten Richtung, daß Alltagsereignisse in das Jenseits hinüberreichen, wird in ihnen indes sehr selten berichtet. Dies begründet wohl, warum für den Diesseitigen die Begegnung mit den Jenseitigen in den Sagen oft zum Schrecknis wird, oder zumindest zum Nachteil.

Im Unterschied zum Märchen und der Sage gibt der Mythos ein reines Jenseitsgeschehen wieder, das den Diesseitigen eine Orientierungshilfe in ihrem Da-Sein ist. Der Mythos kann so als Vorbild für die religiöse Geschichte gelten, deren Inhalt ja mindestens in zeitlicher Dimension vom Alltagsgeschehen berührungslos getrennt ist.

Natürlich darf aus der eben vorgenommenen Klassifizierung nicht gefolgert werden, daß sich daraus streng abgeschlossene Kategorien ergeben, vielmehr gibt es mannigfaltige Vermischungen zwischen den Erzählformen. So lassen sich Sagen finden, bei denen Diesseitige Jenseitsschätze erringen und in einigen Mythen wirken Jenseitige in das diesseitige Weltgeschehen ein. Auch der einzigartig gewordene Jenseitsgott greift noch am Beginn der religiösen Kultur in die alltäglichen Geschicke der Menschen ein, wie beispielsweise das „Alte Testament" bezeugt. Das „Neue Testament" kennt dann nur noch den weltfernen Gott, der die Vermittlung seines Sohnes braucht, um eine Verbindung mit den Erdenmenschen herzustellen.

Das Märchen zeichnet sich gegenüber allen anderen Erzähltraditionen dadurch aus, daß in ihm die Begegnung des Diesseitigen mit dem Jenseits meist für das menschliche Leben fruchtbringend endet. Darüber hinaus ist es zudem ein tiefsinniger Gedanke im Märchen, daß alles Unheil, das dort auftritt, „nicht nur wiedergutgemacht werden kann, sondern darüberhinaus die Heilung am Ende einen wirklichen Heilsgewinn abwirft: alles Heilbare ist zugleich auch heilsam."[7] Das ist möglich, weil das Märchen im Grunde ein Gesamtgeschehen schildert oder, anders gesagt, ein Ganzes wiedergibt, das sich in zeitlich ausgedehnten Geschehensabläufen zeigt. In der Weise stellen in Märchen gegensätzliche oder gar widersprüchliche Zusammenhänge wie Mensch und Welt, Lebender und Toter, Alltag und Ausnahme das Ganze nicht in Frage, sondern bestätigen es.

Das Märchen bezeugt Hegels philosophische Einsicht, daß das Wahre das Ganze ist. Das bedeutet aber, daß es sich dabei nicht um ein „harmonisches

---

[7] Heino Gehrts „Das Märchen und das Opfer" S. 219.

Ganzes" im Sinne des modernen ganzheitlichen Denkens handelt. Denn die Notwendigkeit, die Eigenschaft der Ausgewogenheit hinzuzufügen, signalisiert vielmehr, daß in einem derartigen Verständnis die Einzelerscheinungen das Bestimmende sind und diese erst nachträglich die Zusammensetzung zu einem Ganzen erfahren, um der – eigentlich vorausgesetzten – Idee der Ganzheit zu genügen.

Das Ganze hingegen, von dem das Märchen berichtet, existiert nicht ohne die Teile, wie auch gleichzeitig umgekehrt die Teile nicht ohne das Ganze bestehen. Mehr noch, auf Grund der gegenseitigen Abhängigkeit von Teil und Ganzem, vertritt jeder einzelne Teil schon das Ganze, weil mit dem Verschwinden eines einzigen Teiles sofort auch das Ganze nicht mehr vorhanden wäre.

Demgemäß ist festzuhalten: Wenn es Teile gibt, besteht ebenso das Ganze, oder, andersherum betrachtet, wird das Ganze festgestellt, so können sich im gleichen Moment die Teilgeschehnisse zeigen. Deswegen kann sich ja auch das Märchen als Ganzes in Ereignisketten auseinanderlegen.

Daß eine solche Auffächerung die Vollständigkeit nicht aufhebt, wird im Märchen dadurch dargestellt, daß sich der Held wie selbstverständlich in den verschiedenen Erlebensebenen bewegt. Das, was die Zuhörer oder Leser der Märchen als Wunder bezeichnen, der Eintritt in unter- oder überirdische Reiche, das Erlangen von Zauberdingen oder die Begegnung mit ratgebenden Tieren, sind für die Märchenhelden nichts Außergewöhnliches. Max Lüthi sprach hierbei von der Eindimensionalität der Märchenwelt. Das Märchen bietet also „eine Welt" dar, die Diesseits und Jenseits in sich schließt.

Diese Auffassung von Welt unterscheidet sich grundlegend von der heute verstandenen Zivilisationswelt, die den Menschen als Umwelt umzingelt und die deswegen nur noch als von ihm getrennt und somit fremd auf ihn wirkt.

Das Märchen veranschaulicht zwar auch den Gegensatz vom Menschen und seinen Erlebnissen – nicht selten im Urkonflikt des menschlichen Seins, also zwischen Leben und Tod bzw. Diesseits und Jenseits –, doch kommt zugleich auch der notwendige Zusammenhang der Gegensatzseiten zutage. Wenn zum Beispiel in der Märchenhandlung der diesseitige Held die Jenseitsbraut erwirbt, so drückt sich darin aus, daß gerade die Verbindung zwischen dem dennoch bestehen bleibenden Gegensatz der eigentliche Lebensgewinn ist.

Sind nun Zaubermärchen in Erzählung verwandelte Rituale oder Berichte von schamanischen Erlebnissen, so lassen sie das Weltverständnis der frühen Menschen erkennen.

In verwandter Weise wären die wissenschaftlichen Schilderungen von der mit ihnen entstehenden Wissenschaftswelt ebenso Geschichten, die mit ihrem Inhalt und ihrer Form gleichfalls den Entwicklungsstand von Bewußt-Sein wiedergeben. Wenn zum Beispiel innerhalb der physikalischen Wissenschaft nachgewiesen wird, daß der Kosmos aus einem Urknall entstanden ist, so ist ein solcher Beweis eine Ursprungsgeschichte, nicht grundlegend anders als die auf einer Glaubensüberzeugung beruhende, bei der die Welt in sieben Tagen erschaffen wurde, oder die, bei der Himmel und Erde durch die Trennung des Welternpaares ihre Stellung im menschlichen Da-Sein erhielten. Auch die Vorstellung, daß Raum und Zeit sowie die Verknüpfung von Ursache und Wirkung außerhalb unseres Denkens existieren, ist eine Geschichte, die erzählt wird, um auf dieser Grundlage jenes mathematische Weltbild aufbauen zu können, auf dem die wissenschaftsorientierte Zivilisation fußt.

Daß solche abstrakten Annahmen als Geschichten bezeichnet werden, erscheint abwegig, jedoch nur deshalb, weil sich der Mensch mittlerweile von der vordergründigen wissenschaftlichen Exaktheit blenden läßt, so daß er ihren Ursprung, die Sprache, nicht mehr wahrnimmt. Das ist auch der Grund, aus dem die sprachliche Form der Welterfahrung heutzutage eine Abwertung erfährt und der Ausdruck „Geschichten erzählen" im Zusammenhang mit Welterkenntnis herabgewürdigt wird.

Darin äußert sich indes ein Grundirrtum des zivilisierten Menschen, denn einzig mit Hilfe der Sprache vermag er zu denken. Genauer: Sprache bringt Bewußt-Sein hervor, und zwar so, daß sie als der Strich im getrennt geschriebenen Begriff „Bewußt-Sein" zu verstehen ist. Nur dank der Sprache, die Bedeutungen erzeugt, erhält der Mensch Orientierung in der Welt und vermag die gewaltigen Veränderungen vorzunehmen, wie er sie auf der Erde in immer größerem Umfang vollführt. Selbst das eindeutigste mathematische Zeichen bedarf der sprachlichen Übereinkunft zweier Personen, daß mit ihm stets dasselbe gemeint ist.

Da Sprache in ihrer Dimension nicht überschaut werden kann, sodaß mit ihr keine wissenschaftliche Strenge zu erlangen ist, erhalten in der Gegenwart die Wissenschaften eine Bevorzugung, die manchmal sogar in den Glauben mündet, daß Wissenschaft ohne Sprache auskommen könnte. Weil dies wie gesagt nicht möglich ist, ruht „überhaupt jede Wissenschaft auf ausgedehnten

‚unwissenschaftlichen' Fundamenten"[8], die den Anschein der Eindeutigkeit trüben, sobald nach den Grundlagen von Unzweideutigkeit gefragt wird.

Welterfahrung gibt es also immer nur in dem Wechselverhältnis des Gegensatzes von Welterlebenden und Welterlebnis, sodaß sich die Gegensatzseiten auf Grund ihrer Wechselbeziehung nicht nur gegenseitig bezogen, sondern erst dadurch entstehen. Dieses Wissen ist mittlerweile kaum noch verbreitet, weswegen Darstellungen derartiger Verknüpfungen gerade heute bedeutsam sind.

Dies leistet beispielsweise das Märchen, unter anderem in der Verbindung zwischen ihm als Ganzem und seinen Erzählteilen. Durch die Erforschung solcher überkommener Erzählformen kann zudem ein Vergleich zwischen ihren Ergebnissen und den heutigen Beschreibungen über die Gegenwartswelt angestellt werden.

Schon die Betrachtung des Märchenforschers selbst könnte helfen, sich der komplexen und dialektischen Welterfahrung des Menschen bewußt zu werden. „Ist doch beispielsweise jeder Forscher, der ein so gehaltvolles, an altem Erbe überaus reiches Gebilde wie das Märchen untersucht, – ein Märchen, das in vielen Fassungen vorliegt und dessen Varianten zum Teil wieder in die Variantenfülle weiterer Märchen und anderer Erzählformen übergehen, – in hohem Maße abhängig von seinem Vermögen, eine typische Gestalt in diesem Reichtum zu erfassen. Er wird dabei bestimmt nicht nur von den Forschungsanliegen seiner Epoche, ihrer Metaphysik, Methodologie, ihren bisherigen Ergebnissen und Zielvorstellungen, sondern in noch höherem Maße durch innere Gestaltungsneigungen, deren Ursprünge ihm völlig verborgen sein können: ererbte Anlagen, Erlebnisfähigkeit und Wahlverwandtschaft gegenüber bestimmten Bereichen; literarische Eindrücke von den Kindheitsbüchern an; alle möglichen Lebensfiguren, die der Forscher an sich und anderen erlebt hat – schon im Kinderspiel, in Geschichtserlebnissen seiner Gegenwart, in Schicksalsfigurationen der Vergangenheit."[9] Derartige Bestandteile, die auf den Märchenforscher wirken, sind auch bei der Wertung der gegenwärtigen Erlebnisse des Menschen zu berücksichtigen, wenn verstanden werden soll, warum sich ihm die Welt in der heutigen Form präsentiert, also in anderer Gestalt als den Menschen vergangener Epochen.

---

[8] Heino Gehrts „Das Märchen und das Opfer", S. 5.
[9] Ebenda S. 5f.

Zum Beispiel erschien dem Erdenbürger seine Welt noch nie bedrohlich auf Grund selbst vorgenommener Veränderungen. Das liegt freilich in erster Linie daran, daß er die Abhängigkeit nicht sieht, die zwischen seiner geistigen Entwicklungsstufe und der Welt besteht, die sich ihm genau entsprechend seines erlangten Denkniveaus zeigt. Eine Ursache für eine solche Blindheit könnte sein, daß der Zivilisationsmensch fast immer eine abstrakt-mathematische Gleichartigkeit sucht und kaum eine gestalthaft-erlebte. Jedoch „Ähnlichkeit ist zuletzt immer erlebte Ähnlichkeit und läßt sich nicht aus Einzelmerkmalen zusammenstücken. So wertvoll logisch wie darstellerisch eine Zergliederung und Zählung auch sein mag, sie muß sich am Ende doch unumgänglich"[10] auf ein Sinnganzes berufen. „Die einzelnen Gebilde zu erforschen heißt letzten Endes, sie ihrer organischen Wirklichkeit gemäß zu ergründen, mithin nicht als Tatbestand zu isolieren, sondern als sinnvolles Glied im Rahmen ihrer Welt zu verstehen."[11]

Viele Einzeluntersuchungen im Werk von Heino Gehrts zeigen auf, daß die Welt keine Erscheinung immerwährender Gleichheit ist, sondern in der Weise Wandlungen unterliegt, wie der Mensch seine Sichtweise auf die Welt verändert.

Im Aufsatz „Justinus Kerners Forschungsgegenstand" nimmt er zum Beispiel einen Vergleich der Todesauffassungen von Kerner und Jean Paul vor. Dabei zeigt er, daß Justinus Kerner als aufgeklärter Wissenschaftler eine Bestätigung für die Existenz eines Todesreiches durch das Auftreten von Totenerscheinungen brauchte, die er dann durch die Seherinnen und Besessenen auch erhielt. Jean Paul in seiner tiefgegründeten Gläubigkeit vom lichten Jenseits benötigte eine solche Beglaubigung dagegen nicht.

Mit Justinus Kerner ist ein Forscher genannt, mit dessen geistiger Hinterlassenschaft sich Heino Gehrts intensiv beschäftigt hat, denn gerade im Somnambulismus (Schlafwandeln) und in der Besessenheit, die Kerner häufig und sehr genau beobachtet hat, sah Heino Gehrts die Erlebnisweisen, die in Zaubermärchen zur Darstellung kommen. Die Beschreibungen der schlafwandlerischen Jenseitsreisen der vornehmlich jugendlichen Mädchen, die nicht nur Kerner aufgezeichnet hat, weisen Symbole, aber auch Geschehenszusammenhänge auf, die beispielsweise in dem „Märchen von den zertanzten

---

[10] Heino Gehrts „Das Märchen und das Opfer", S. 6.
[11] Ebenda S. 7.

Schuhen" zu finden sind. Sie sind aber ebenso vergleichbar mit Bestandteilen aus Berichten über Traumerlebnisse von Initianden während ihrer Initiation oder über Seelenreisen von Schamanen. Ein Nachweis dafür braucht an dieser Stelle nicht geführt zu werden, die nachfolgenden Aufsätze von Heino Gehrts bringen eine Fülle von Belegen.

Zu bemerken ist hier jedoch, daß sich bei Feststellungen von Übereinstimmungen zwischen Märchengeschehen und somnambulischen Erlebnissen nicht frühzeitig das Vorurteil erheben sollte, daß es sich bei beidem um reine Phantasieprodukte handelt, die nur indirekten Bezug zur Wirklichkeit haben. Es gibt nämlich keine Begebenheit des Menschen außerhalb der Wirklichkeit. So ist auch der Unterschied von Märchenwelt und Realität für den Menschen einer, der von der Verschiedenartigkeit seiner Wirklichkeitserlebnisse herrührt.

Doch in welcher Weise ist die Erfahrung von einer Welt, die als märchenhaft verstanden wird, eine andere als die von der sogenannten realen Welt? Realität bedeutet das Bemerken von Dinglichkeit. Reale Dinge sind Tatsachen, demzufolge Sachen (materielle und geistige), die durch die Tätigkeit des Menschen erzeugt werden. Will der Tätige seinen Gegenstand behandeln, muß er eine klare Trennung zwischen sich, dem Bearbeiter und dem zu bearbeitenden Ding herstellen. Diese Abspaltung kann soweit gehen, daß der Produzent am Ende keine Verbindung mehr mit seinem Schaffensprozeß anerkennt, obwohl nur durch seine Aktivität eine Änderung des Ausgangsmaterials vollzogen werden konnte. Der Schaffende verhält sich dann so, als ob er mit dem Endergebnis nichts zu tun hätte, trotz der offensichtlichen Verbindung zwischen Hersteller und dem Hergestellten.

Gab es bei der handwerklichen Produktion durchaus noch den Stolz auf das fertige Produkt und damit auf die eigene Schöpferkraft, verschwindet dieser mit der automatisierten Maschinenfertigung in der industriellen Erzeugung fast völlig.

Wird nun der Trennungsvorgang bei der intellektuellen oder stofflichen Arbeit auf das ganze Leben ausgedehnt, dann kommt die Welterscheinung als Realität zum Vorschein, die demgemäß von ihrem Betrachter isoliert ist.

Den Realitätsblick führt das „Ich" aus, das beim Menschen entsteht, wenn er einen Bestandteil von sich als gleichbleibenden Punkt in der sich ständig verändernden Wirklichkeit festzuhalten vermag. Somit löst sich dieser Punkt aus dem Lebensfluß in der Weise heraus, daß er trotzdem, räumlich gesprochen, parallel mitfließt. Der Mensch erlangt so einen punktuellen Grad an

Verselbständigung gegenüber seinem Leben. Das Ausmaß der Ablösung ist am realen Anteil der wirklichen Welt erkennbar.

Allgemein gesprochen gibt es also in der Realität eine scheinbar nicht aufzuhebende Teilung zwischen dem Menschen und der menschlichen Welt. Weil dann die trotzdem weiterhin vorherrschende Bindung dieses Gegensatzes nicht mehr gesehen wird, können Veränderungsprozesse auf der Erde, die der Mensch vorgenommen hat, seine Existenz gefährden, ohne daß er sich als Verursacher dieses Unheils erfährt. Deshalb läßt er auch diese Bedrohung weitgehend unbeachtet, obwohl sie durchaus zu begreifen ist.

Demgegenüber führt sich der Mensch in der märchenhaften Welt in direkter, erzählender Weise vor, daß zum Welterleben ein Diesseits und ein Jenseits gehören. Auf das unmittelbare Leben übertragen bedeutet Diesseits der weltliche Mensch und Jenseits die menschliche Welt, oder gleichbedeutend umgekehrt. Es gibt dabei eine eindeutige Trennung zwischen beiden Sphären, die aber gleichwohl miteinander verknüpft sind. Wenn das Märchen beispielsweise von einer Jenseitswelt berichtet, schildert es eben nicht Begebenheiten, die zeitlich nach dem realen Leben folgen könnten oder räumlich von diesem unüberwindlich getrennt sind, sondern zeigt die aktuelle Verbindung der Jenseits- mit der Diesseitswelt. Deswegen hat der Märchendiesseitige nicht die Überzeugung „im Jenseitigen einer andern Dimension zu begegnen"[12], wie es zum Beispiel der religiöse Mensch versteht. Das Märchen kennt nur die Allverbundenheit mit jeglichen Erlebnissen, seien sie alltäglich oder außergewöhnlich, spielen sie sich hier oder anderswo ab, bringen sie Glück oder Unglück.

Diese Allverbundenheit herrscht nicht als abstraktes Wissen vor, sondern man ist ihrer gewiß, und zwar ähnlich wie sich das Kind beim Erlernen der Sprache sicher ist, daß es Sprach- und Denkmöglichkeiten besitzt, obwohl es von ihnen noch gar keinen Begriff hat. Für das Märchen gilt: „Bei völliger Unkenntnis über die wirkenden Zusammenhänge herrscht doch die größte Sicherheit. Das Fehlen der Überschau beeinträchtigt den Kontakt mit den Wesensmächten nicht. Es ist, wie wenn das Märchen uns versichern wollte: Auch wenn du selber nicht weißt, woher du kommst und wohin du gehst, nicht weißt, was für Mächte auf dich einwirken und wie sie es tun, nicht

---

[12] Max Lüthi „Das europäische Volksmärchen"; A. Francke Verlag, Tübingen und Basel 1997, S. 12.

weißt, in was für Zusammenhänge du eingebettet bist – du darfst sicher sein, daß du in sinnvollen Zusammenhängen stehst."[13]

Ein derartiges Weltvertrauen, das sich hier offenbart, kennt jedoch der Zivilisationsmensch nicht mehr. Ihm ist aus der Perspektive des „Ich" seine Welt eine prinzipiell fremde. Das heißt, mit der Herausbildung des „Ich" bleibt dem Menschen gar nichts anderes übrig, als die Welt als bedrohlichen Gegensatz zu seiner Person zu sehen. Und unter einer solchen Voraussetzung lassen sich dann auch genügend Argumente finden, die seine Überzeugung bestätigen.

Der Mensch kann sich nicht mit seiner Welt verwandt fühlen, wenn auf ihn alltägliche Gefahren warten, die zudem in einigen Fällen nicht einmal augenscheinlich sind, wie zum Beispiel der Strom aus der Steckdose oder chemische Gifte in der Luft. Der Grad einer Bedrohung ist auch kaum einzuschätzen, wenn beispielsweise im Stadtgeschehen Kräfte walten, die den Menschen in Sekundenschnelle vernichten können, wofür der Straßenverkehr als Modellfall stehen mag. Damit nicht genug, ist der zivilisierte Mensch auch noch Teil einer Gemeinschaft, in der er nur zukunftssicher leben kann, wenn er besser als sein Nachbar ist, – wobei „besser" oft genug „rücksichtsloser" bedeutet. Und jeder schüchterne Versuch, für ein menschliches Gemeinschaftsleben einzutreten, das jedes Mitglied der Gesellschaft in würdiger Weise berücksichtigt, wird von einer erbitterten Argumentations- und Handlungsflut überschwemmt, die von egoistischen Interessen geleitet ist.

Die Trennung des Menschen von den Welterscheinungen führt sogar soweit, daß selbst der eigene Körper nicht so hingenommen werden darf, wie er ist. Er hat sich einer Vielzahl von Korrekturen zu unterziehen, so daß zum Beispiel eine sichtbare Alterung möglichst verdeckt bleibt. Bei gesellschaftstragenden Anlässen muss er überhaupt vollständig durch Kleidung verborgen werden, die darüber hinaus die Zugeknöpftheit gegenüber der Welt bzw. den Mitmenschen noch hervorhebt. Die Einheitlichkeit eines solchen Vorgehens zeigt umgekehrt, daß der Mensch sich nicht aus der Beziehung zu seinen Mitmenschen (als Welterscheinungen) herauslösen kann, er vielmehr nur von diesen die Bestätigung seines Tuns erhält.

Der überzeugendste Beweis des Ausschlusses der Welt vom Menschen ist freilich dessen Anhäufung von Vernichtungswaffen, die die Erde mehrfach zerstören könnten.

---

[13] Max Lüthi „Das europäische Volksmärchen", S. 86.

Es drängt sich nun die Frage auf, ob es genügen würde, die Märchen zum allgemeinen Bildungsschatz zu erheben, damit die Menschen dank der Berührung mit ihnen wieder in eine Bindung mit ihrer Welt kommen und daraufhin die Überzeugung gewinnen, sich in einem sinnvollen Geschehen zu bewegen, – wie es eben der Märchenheld tut.

Doch der bloße Umgang mit den Märchen würde nicht zu solch einem Ergebnis führen, denn das setzte voraus, daß sich der Mensch dauerhaft auf ein sogenanntes kindliches Bewußtsein begrenzen würde, was keineswegs gelingt. Der Mensch muß aus seiner „aufgeklärten Bewußtheit" heraus zur Einsicht gelangen, wie sich sein Weltauseinandersetzungsprozeß aktuell gestaltet. Nimmt er dafür die Märchen zu Hilfe, so geben diese ihm nur dann wirklichkeitsgerechte Anleitungen, wenn sie als geschichtliche Erscheinungen untersucht werden. Damit erhält die Märchenforschung nicht nur ihre Berechtigung, sondern auch ihren eigentlichen Wert.

Heino Gehrts entdeckte bei seiner Beschäftigung mit den Märchen, daß einige von ihnen dem Inhalt und der Form nach eine Brücke schlagen zu den Initiationsgeschehnissen der schamanischen Kultur und zu den Riten der rituellen Kultur. Tiefgründig und umfassend weist er mit seinen Arbeiten nach, daß das Märchengeschehen nicht bloß eine Idee der menschlichen Phantasie ist, sondern in den alten Kulturen auch erlebt wurde. In der schamanischen Kultur gab es derartige Erlebnisse ursprünglich als Anheimfall bei der Initiation des Schamanen. In der rituellen Kultur mußten die Ereignisse, die im Märchen ihren Ausdruck finden, erzeugt werden. Das heißt, es war ein Wille vonnöten, um sie darzustellen. Dieser zeigte sich in der Ausführung des vorgegebenen Rituals, das als finalen Ausgang die Bewußtwerdung des eigentlichen menschlichen Lebensgehaltes, nämlich die gegenseitige Bindung von Diesseits und Jenseits, haben sollte.

Ein solches rituelles Ergebnis bewahrt das Zaubermärchen auf. Es zutage zu fördern und in die heutige Zeit, in das gegenwärtige Bewußtseinsniveau zu übertragen, ist eine Aufgabe der Märchenforschung. Dank dieses Bemühens könnte das dann ergründete Märchen einen Anhalt bieten für das Begreifen, daß der Zivilisationsmensch weiterhin in einem Lebensganzen lebt. Denn nur durch diesen Umstand kommt ihm beispielsweise die Welt abstrakt-technisch entgegen, nämlich als Antwort auf seine abstrakt-technische Denkungsart. Mit einer derartigen Einsicht könnte er dann weiterhin durchschauen, daß sich ihm die Welt so lange als feindlich präsentiert, bis er aufhört, sie als menschenfremde Bedrohung zu verstehen und zu behandeln.

Die gerade allgemein formulierte Rolle der Märchenforschung soll im folgenden durch ein Beispiel für eine mögliche Umsetzung ergänzt werden. Dabei wird ein andersgeartetes Ereignis einer zumindest ansatzweisen Bewertung unterzogen, das der Gegenwartsmensch in einer positiven Beurteilung ähnlich wie manche Märchenbegebenheiten ebenfalls als ein Wunder bezeichnet, nämlich das Geistergeschehen. Damit wird der dritte große Themenkomplex berührt, die Spuk-, Geister- und Totenerscheinungen, mit denen sich Heino Gehrts befaßt hat, – neben bzw. mit den Märchen, Mythen und Sagen und neben bzw. mit den Phänomenen des Somnambulismus (Hellschlafes) und der Besessenheit.

Was hatten die bis Mitte des 20. Jahrhunderts durchaus häufig erlebten Spuk-, Geister- und Totengestalten für eine Bedeutung? Und reicht sie auch noch hinüber in die gegenwärtige Welt, in der jegliche Dunkelheit von taghelle Klarheit vertrieben werden soll, wenn nötig mit allen nur denkbaren technischen Hilfsmitteln?

Um diese beiden Fragen zu beantworten, lohnt ein näherer Blick auf eine bemerkenswerte Spuk- und Geistergeschichte, die 1831–33 in Orlach geschah. Im Mittelpunkt stand dabei die Bauerntochter Magdalena Gronbach. Sie hatte im Frühjahr 1832, nachdem es 1831 um die gleiche Jahreszeit im Stall und auch im Haus „gespukt hatte, Visionen von zwei Geistern, einem weißen, weiblichen und einem schwarzen, männlichen. Die beiden sollten 400 Jahre zuvor in Orlach als Nonne und Mönch gelebt und sich schwer vergangen haben, der Mönch als vielfacher Mörder. Der weißen Nonne ging es um die Erlösung, der Mönch suchte sie zu hintertreiben. Die Bedingung für die Erlösung war der Abbruch des Bauernhauses zu einem bestimmten Datum, dem 5. März 1833..."[14] „Im Laufe des Sommers und des frühen Herbstes 1832 entwickelte sich aus den Belästigungen durch den Schwarzen eine regelrechte Besessenheit – mit Anfällen, in denen Magdalena das Bewußtsein verlor, ihre Gesichtszüge und ihre Sprache verwandelt waren und der Schwarze mit seinem Ich aus ihr sprach...Jedenfalls wurde der Bedingung gemäß am 4. und 5. März 1833 das Haus abgerissen – unter dem Andrang großer Volksmassen und im Beisein wenigstens zweier urteilsfähiger Männer. Am 4. verabschiedete sich die Weiße von Magdalena – erlöst, in strahlender Helle, und hinterließ das Brandzeichen ihrer Hand in einem Tuch des Mädchens, das noch heute auf dem Hof bewahrt wird. Von da an bis zum

---

[14] Heino Gehrts „Das Märchen und das Opfer" S. 228f.

Mittag des 5. war Magdalena ununterbrochen von dem Schwarzen besessen, der sich nun allmählich auch erlösungswillig zeigte. Er verließ sie endgültig mit dem Niederbrechen einer besonderen, alten und festeren Mauer des Hauses. – Ähnliche Erscheinungen haben sich bei Magdalena nicht wieder gezeigt. Sie verheiratete sich später in ein anderes Dorf, starb aber schon im vierzigsten Jahre. Nachkommen von ihr leben noch heute."[15]

Es ging bei dem Geschehen in Orlach „keineswegs allein um die Erlösung zweier bis dato im Dorf unbekannter Geister, sondern um drei sehr lebendige und lebhaft diskutierte Anliegen. Das nächste, unmittelbar sich aufdrängende ist der Neubau des Hauses, schon seinerzeit in plattrationalistischer Weise als geheimer Zweck betrügerischer Machenschaften des Mädchens hingestellt. Es genügt hier der Hinweis, daß ein Neubau ohnehin über kurz oder lang nötig und von Gronbach *[dem Vater Magdalenas]* auch schon ins Auge gefaßt war, – zum anderen stellen wir fest, daß Magdalena als Siebzehnjährige die Baufälligkeit des alten Hauses in einer sie zutiefst bestürzenden und nicht verwundenen Weise erlebt hatte – und daß diese an der Behausung ihrer Seele erlebte Brüchigkeit ihrer Welt ganz offenbar das Bindeglied ist zu zwei anderen Lebenshäusern, die in der Geschichte in lebendiger Handlung vor- und einem Neubau entgegengeführt werden: zum Gebäude des Staates und zum Weltgebäude. Sowohl das soziale Motiv, die Rolle des Bauern und des Dorfes im Staate, wie das religiöse, die Wahrheit oder Ungültigkeit der herkömmlichen Glaubenssätze, werden nicht nur von den Geistern erörtert – zum Teil als Bedingung der Erlösung – sondern sie sind, ebenso wie der Erwerb des Baugrundes für den Neubau, in der gesamten Handlung von der mittelalterlichen Lebensgeschichte der Totengeister, in grundlegender Weise verankert...Ein solches Geschehen, in verantwortungsvollen Entscheidungen sich vollziehend, unter dem Bilde einer Erlösung der alten Hausgeister und der Erbauung eines neuen Hauses sich darstellend und darin auf die Erneuerung der ganzen Lebenswelt abzielend, verdient wohl mit Recht den Namen eines kultischen...Dramas."[16]

In dieser Spuk- und Geistergeschichte werden also gemeinschaftliche Probleme in ein unmittelbares persönliches Geschehen verdichtet, um rückwirkend mit der Erfüllung der individuellen Aufgabe ein Musterbeispiel zu geben für die Möglichkeit der Bewältigung der allgemein vorherrschenden

---

[15] Heino Gehrts „Das Märchen und das Opfer", S. 229.
[16] Ebenda S. 230.

geistigen Konflikte und Spannungen. Gleichzeitig erhält Magdalenas psychische Auseinandersetzung durch den Umgang mit 400 Jahre alten Geistern eine geschichtliche Dimension, was ihren direkten Nöten eine Universalität verleiht und wodurch sich ihr eine weite Aussicht auf Lösungschancen eröffnet. Sie braucht nicht an sich selbst zu verzweifeln, sondern bekommt vielmehr von ihrem Anderen, ihrem Weltgeschehen, den Ausweg gewiesen.

Verallgemeinert gesagt heißt das, daß kollektive Disharmonien im menschlichen Weltverhältnis durchaus von einzelnen Menschen in einer bestimmten Situation individuell ausagiert werden können, indem sie die allgemein vorherrschende Uneinigkeit mit dem aktuellen Leben zu einem persönlichen Problem konzentrieren.

So gesehen würden auch die Ereignisse, die Anneliese Michel 1976 in Klingenberg (bei Aschaffenburg) ertragen mußte, einen neuen Erklärungsansatz bekommen. In ihrer Besessenheit von Dämonen, die nach Annelieses christlicher Verständnisart höllische Eigenheiten besaßen, durchlitt sie in persönlicher Weise den religiösen Konflikt, der unterschwellig die Familie und die Dorfgemeinschaft beherrschte. Daß der an dem Mädchen durchgeführte Exorzismus ihren Tod zur Folge hatte, ist wohl vornehmlich darauf zurückzuführen, daß er in Verbindung mit der Einnahme von Medikamenten durchgeführt wurde. Hierzu gibt das Buch von Felicitas D. Goodman „Anneliese Michel und ihre Dämonen"[17] Erhellendes wieder. Doch das Scheitern liegt sicherlich auch darin begründet, daß der Zwiespalt der Gemeinde, der in Annelieses Kampf mit den Dämonen einen Ausdruck erhielt, selbst nicht mehr welthaft war. Somit konnte es keine aktuellen Lösungswege geben, denn sie setzen eine Offenheit gegenüber dem vorherrschenden Leben voraus. Die religiöse Welt der Gemeinschaft, in der Anneliese unmittelbar lebte, war jedoch in der Weise geschlossen, daß der wissenschaftliche Alltag vom privaten Leben isoliert bleiben sollte.

Auch die Welt als Frau, die sich Anneliese eben gerade anfing zu offenbaren, wehrte sie in pubertärer und in Anbetracht ihrer religiösen Erziehung mit entsagender Entschiedenheit ab. Sie entspricht so der familiären und dörflichen Lebensabsonderung, mit der sie groß geworden ist.

Diese Ereignisse in Klingenberg seien indes nur am Rande angedeutet, sie erfordern eigentlich eine gesonderte Untersuchung gerade wegen der bisher

---

[17] Felicitas D. Goodman „Anneliese Michel und ihre Dämonen"; Christiana-Verlag, Stein am Rhein/Schweiz 1980.

fehlgehenden medizinisch-rationalen Erklärungsversuche, die im Ergebnis nur zu einer Polarisierung führen, bei der auf der einen Seite die Verdammung der exorzistischen Handlung steht und auf der anderen die religiös-kultische Verehrung eines geistig bzw. seelisch gemarterten Mädchens während der schwierigen Entwicklungsphase zur selbstbewußten Frau.

Dieser Fall ist jedoch ein weiteres Beispiel dafür, daß gesellschaftstragende Gemütslagen in persönliche Begebenheiten zusammengedrängt werden können. Zudem kommt bei solchen Geschehnissen zum Ausdruck, daß aus gemeinschaftlichen Befindlichkeiten Geschichten entstehen, die sich in Art und Inhalt unabhängig vom Einzelmenschen entwickeln. In diesem Sinne sind auch die heutigen Kulturergebnisse zu bewerten. Sie sind in ihrer Gesamtheit Zeugnisse des menschlichen Weltauseinandersetzungsprozesses, unabhängig davon, ob sich der Mensch dessen bewußt wird oder nicht.

Eine ähnlich widerspiegelnde Funktion hatten die Märchen vornehmlich in der rituellen Kultur. Somit ist die Märchenforschung auch angehalten, nicht nur innerhalb ihres Gebietes die Frage zu stellen, in welcher Weise solche kollektiv getragenen Geschichten das damalige Denken und Leben beschreiben, sondern sie sollte mit ihrer Erfahrung gleichermaßen versuchen, derartige wirklichkeitsgerechte Darstellungen, wie sie die Märchen für die rituellen Menschen waren, auch für die Zivilisationskultur aufzufinden.

Um die beispielhaft dargebotene Annäherung an die menschliche Wirklichkeit durch die Beschäftigung mit märchenhaften Wundern noch etwas zu erweitern, werden noch einmal die Geschehnisse in Orlach herangezogen. Die Aufmerksamkeit richtet sich jetzt auf die dabei stattfindenden Spukereignisse, die schon damals, 1831, also im Zeitalter der Aufklärung, eine Zumutung für den Bildungsbürger waren.

Der Orlacher Stallspuk äußerte sich unter anderem in der Form, daß ohne nachzuweisendes Zutun eines Menschen das Vieh umgestellt wurde und die Schwänze der Kühe geflochten waren. Die psychische Schocksituation der Magdalena Gronbach durch die Erfahrung der Baufälligkeit des väterlichen Hauses wurde bereits erwähnt. Unter diesen Umständen kommt nun ein neues Tier in den Stall, wodurch der Stallspuk beginnt. Diese Kuh wird abends nur an einen vorläufigen Platz gestellt, „...ist demnach im Haus ein Fremdkörper, welcher dem in die Leibseele des Mädchens traumatisch eingedrungenen Fremdkörper [das baufällige Haus] entspricht – zumal gerade sie ‚den

Stall zur Besorgung hatte'."[18] „Es leuchtet ein, daß im Gesamtorganismus des Hauses das Neue, insbesondere ein neues Lebewesen, also das fremde Tier oder im bedeutungsvollsten Fall die von draußen kommende Braut nicht ohne weiteres den angemessensten Ort finden kann, nicht einen angeborenen Ort wie das Kind, das selbst an des Hauses Herd ins Leben tritt. Die von draußen Eintretenden werden daher alle in ritueller Weise dem Leben des Hauses eingefügt, werden ihm eingeweiht. Es gab daher auch mannigfache Verfahren, um der aus dem Einbringen des neuen Viehs erwachsenden magischen Gefahr vorzubauen."[19]

Werden demgemäß der Stallspuk und Magdalenas damals vorherrschende psychische Befindlichkeit in Beziehung gesetzt, so wäre das spukhafte Umstellen des Viehs Ausdruck der Unordnung in der Persönlichkeit Magdalenas, und zugleich der Versuch, durch bloßes Hin- und Herstellen der Tiere „über die hysterische Zerrüttung hinauszukommen. Der Fremdkörper wird bewegt, aber nicht angenommen und aufgenommen."[20]

Damit wird deutlich, daß dieser Spuk eine gelungene Verweltlichung eines persönlichen Konfliktes darstellt. Wobei mit der Individualität des Mädchens nicht die „Ich"-bezogene Persönlichkeit im heute verstandenen Sinne gemeint ist. Denn ein solches „Ich" kennzeichnet den in sich abgeschlossenen Menschen, der seine disharmonischen Spannungen im sogenannten Inneren austragen muß. In einer solchen Lebensweise gibt es keine Spukfälle mehr. Die zum Spuk gestaltete Verweltlichung stellt sich allein durch den lebendigen Austausch des Menschen mit seiner Welt ein. Nur so kann eine persönliche Not eine weltliche Entsprechung finden, oder können umgekehrt, wie in den oben beschriebenen Fällen des Geistergeschehens und der Besessenheit, Weltsituationen in persönliche Ereignisse verwandelt werden. Der Spuk in Orlach ist demnach eine in die Welt übersetzte Wiedergabe der Uneinigkeit Magdalenas mit ihrem aktuellen Leben.

Es ist somit durchaus denkbar, daß in der Wirklichkeit des Menschen die Möglichkeit besteht, daß Ereignisse, die heute ausschließlich einem Innenleben zugeschrieben werden, eine weltliche Dimension annehmen können. Daß es sich bei Spukereignissen um mehr als nur Sinnestäuschungen oder Trugwahrnehmungen des Einzelmenschen handelt, beweist die offensichtliche

---

[18] Heino Gehrts „Das Mädchen von Orlach – Erlebnisse einer Besessenen"; Ernst Klett Verlag, Stuttgart 1966, S. 191.
[19] Ebenda.
[20] Ebenda.

Objektivität der Vorkommnisse, denn sie werden nicht selten von vielen Menschen in gleicher Weise erlebt. Auch reagieren Tiere nachweislich auf Spukvorgänge, wie zum Beispiel beim Auftreten von Totenerscheinungen.

Aus der Perspektive des Spukes betrachtet wird der Zusammenhang von persönlichem Konflikt und wahrgenommenem Spuk ebenfalls deutlich, denn der jeweilige Spuk ist meistens an bestimmte Personen, Orte oder Motive gebunden. Deswegen gab es, nachdem Magdalena die eigenen Disharmonien weitgehend ausgleichen konnte, bei den Gronbachs in Orlach keine Spukfälle mehr.

Der Stall im Orlacher Stallspuk ist also der anschauliche Außenraum bzw. der Bau der Entäußerung von Magdalenas Innenleben, das damit aufhört, bloß ein solches zu sein. Demgemäß ist der tragende Erlebensgrund dieses Spukes das Verhältnis Magdalenas zu ihrer Behausung als ihrem größeren Leib, „in dem mithin auch einzelne Räumlichkeiten bestimmte...Funktionen übernehmen können."[21] Das ist eine sehr alte Auffassungsweise, die in ihrer Zeit eine solche Erweiterung erfahren konnte, daß selbst der Kosmos als ein gewaltiges Menschenbild gesehen wurde: „von dem Opfer des Urriesen an, dessen Körperteile die Weltteile ergeben, über die astrologische Zuordnung der zwölf Teile des zodiakalischen *[auf den Tierkreis bezogenen]* Weltkreises zu den Regionen des menschlichen Leibes, bis zu Swedenborg hin, dessen Vision der Gesamtwirklichkeit sich zu einem kosmischen Menschenbild zusammenschließt. Aber so wie diese kosmischen Gliederungen für den europäischen Alltag verloren sind, so ist dem Bewußtsein des Zivilisationsmenschen auch der körperhafte Sinn der Bauglieder längst entsunken."[22]

Wenn nun die Einsicht gewonnen wurde, daß sich im Fall des Orlacher Spukes Magdalenas psychische Konflikte verweltlichen und sie in der Außenwelt eine sichtbare Wiedergabe fanden, auch weil die Gemeinschaft eine ähnliche, wenngleich verdeckte Auseinandersetzung führte, so stellt sich die Frage, was dabei die geflochtenen Kuhschwänze bedeuten.

Das Flechten, ebenso wie das Weben und Wirken, gehört gewiß „zu den urtümlichen Tätigkeiten, in denen die menschliche Hand schöpferisch wird, ohne, wie beim Schnitzen und Schärfen, zu zerstören, – ja, das Flechten ist sicherlich die allerälteste unter ihnen, und sie wird ausgeübt an dem kultisch

---

[21] Heino Gehrts „Das Mädchen von Orlach" S. 194.
[22] Ebenda.

so hochbedeutsamen Haar."[23] Die Haarflechte stellt „gegenüber dem freien Wuchs und Fall des Haares ... Bindung und gestalthafte Begrenzung" dar. „Gegenüber der wuchshaften Werdefreiheit" des offenen Haares, „bedeutet das gebundene und das geflochtene Haar die ... Beschränkung auf ein Schicksal ..."[24] Demnach könnte die Verflechtung aller offenen Haare im Stallspuk die Vorführung der gewaltigen Sammlung aller bis dahin noch freien Kräfte sein; eine Konzentration, die Magdalena befähigen würde, ihr geistig-psychisches Drama zu bestehen. Folglich drückt der Stallspuk nicht nur die Uneinigkeit im Gemüt Magdalenas aus, sondern zeigt zudem die Gegenkräfte für die Behebung der Unstimmigkeit auf. Es könnte weiter gesagt werden, daß der Spuk ein Versuch Magdalenas ist, aus ihrer „Zwangslage durch Eröffnung einer neuen Dimension zu entrinnen."[25]

Der Spuk eröffnet also eine andere, alltagsfremde Weltdimension und kann aus diesem Grund dem Menschen deutlich machen, daß seine Welt nicht die reine Tatsächlichkeit der Realität ist, sondern das Ergebnis geistig-psychischer Vorgänge. Aus dieser Einsicht erwächst dann die Möglichkeit für den Menschen, sein Weltverhältnis bewußt zu gestalten.

Der Spuk hat etwas Bedrohliches, wenn er als etwas ausschließlich Fremdes erfahren wird. Gelingt hingegen der Dialog mit ihm, so vermag er sich, wie in Magdalenas Fall, in ein Geschehen umzuwandeln, das die Lösung der dramatischen Begebenheit zum Ziel hat, wie eben das Auftreten der Geister mit ihren Forderungen, deren Einlösung die Erlösung zur Folge hat, – für den Einzelnen wie für die Gemeinschaft.

Somit hat sich an einigen Beispielen gezeigt, daß die Themenkomplexe, mit denen sich Heino Gehrts beschäftigt hat, durchaus Denkergebnisse zutage fördern, die für die aktuelle Weltauseinandersetzung einen bedeutsamen Wert haben. Daher stellt sich die Aufgabe, mit dieser Kenntnis das Werk von Heino Gehrts zu erschließen, um der Eingangsbehauptung eine lebendige Bestätigung zu geben, daß er ein Forscher war, dessen Untersuchungsergebnisse weiterhin für die Gegenwart von großer Tragweite und Bedeutung sind.

---

[23] Heino Gehrts „Das Mädchen von Orlach", S. 191f.
[24] Ebenda S. 192.
[25] Ebenda S. 193.

Literatur

Gehrts, Heino: „Das Mädchen von Orlach – Erlebnisse einer Besessenen"; Ernst Klett Verlag, Stuttgart 1966.

Ders.: „Das Märchen und das Opfer – Untersuchungen zum europäischen Brüdermärchen"; Bouvier Verlag, Bonn 1995.

Giegerich, Wolfgang: „Die Atombombe als seelische Wirklichkeit"; Schweizer Spiegel Verlag, Basel 1988.

Lüthi, Max: „Das europäische Volksmärchen"; A. Francke Verlag, Tübingen und Basel 1997.

Müller, Werner: „Indianische Welterfahrung"; Ernst Klett Verlag, Stuttgart 1992.

Hinweise des Herausgebers

Grundlage der hier vorliegenden Arbeiten von Heino Gehrts – mit Ausnahme des Interviews – sind die ursprünglichen schreibmaschinengeschriebenen Originale aus seinem Nachlaß, auch dann, wenn der Text zur Veröffentlichung gelangt ist. Kam es zu einer Publikation eines Aufsatzes, ist dies bei der Überschrift erwähnt.

Die in den Aufsätzen vorkommenden eckigen Klammern stammen nicht aus dem Originaltext, sondern sind Einfügungen, die der Herausgeber vorgenommen hat, entweder zum Zweck einer eindeutigeren Begriffsbezeichnung oder zur Worterklärung.
   Die Anmerkungen und Quellenangaben in den Fußnoten stammen von Heino Gehrts.

WIE MAN EIN MÄRCHENFORSCHER WIRD

Sicherlich wird man es auf ganz verschiedenen Wegen und aus ganz verschiedenen Beweggründen. Mein Weg begann mit den Märchenbüchern meiner Kindheit, unter denen das wichtigste die Sammlung von Ludwig Bechstein war mit den Bildern von Ludwig Richter. Denn Bechsteins Sammlung ist in fast 150 Jahren vielfach gedruckt worden und hat selbst wieder unüberschaubare Wirkungen auf die volkstümlichen Erzähler ausgeübt. Das nächste wichtige Buch, das ich mit 12 Jahren bekam, waren die Sagen, Märchen und Lieder der Herzogtümer Schleswig, Holstein und Lauenburg von Karl Müllenhoff, einem der führenden Germanisten des vorigen Jahrhunderts. Sammlungen, die in dieser Weise die verschiedenen Arten der mündlichen Überlieferung verbinden, sind selten. Sie dokumentieren aber, daß man nicht einen Strang der Tradition studieren und die anderen vernachlässigen kann; hinter den Sinn des Überlieferten kommt man nur, wenn man alles ins Auge faßt, was man seit alters im Volke erzählt hat. Die Wirklichkeitsfrage stellte sich mir sehr früh. Immer wieder, wenn ich Müllenhoffs Sagen las, erlebte ich es, daß das Erzählte als etwas Wirkliches dargestellt wurde; aber in meiner Umwelt fand ich diese Wirklichkeit nicht: wie, wo, was war sie also? Die Frage wurde noch dadurch vertieft, daß ich zunächst einer naturwissenschaftlichen Neigung folgte, und gerade auf dem Gebiet war jene Wirklichkeit der Märchen und Sagen nicht zu finden.

Mit etwa 15 Jahren trennte ich mich von allen Büchern meiner Kinderzeit, nur abgesehen von Bechstein, Müllenhoff und einigen dazugehörigen Sammlungen. Mit 20 begann ich Chemie zu studieren, merkte dann aber, daß mein Interesse in Wirklichkeit nicht auf die Natur der Naturwissenschaften gerichtet war, sondern auf das Wesen des Daseins überhaupt. Darum wendete ich mich der Philosophie zu, mit Germanistik und Physik als Nebenfächern, und promovierte bei Kriegsausbruch mit einer symbolwissenschaftlichen Arbeit über die Unsterblichkeitsphilosophie eines deutschen Dichters, Jean Pauls. – Im Kriege gehörte ich ein Jahr lang zur Turkestanischen Division und lebte dort in engem Kontakt mit Usbeken, Kasachen, Kirgisen, Turkmenen und Tadžiken, woraus sich eine bleibende Neigung zu jenen Ländern und Volkstümern ergab.

Nach dem Kriege, in englischer Kriegsgefangenschaft, hatte ich das Glück, in den Besitz von vier Sagenbüchern deutscher Landschaften zu kommen und erlebte durch sie zum letzten und nun entscheidenden Male, daß mir in ihnen Wirklichkeit begegnete. Die Umgebung war alles andere als sagenhaft. Wir lebten in Baracken mit parabolischem Querschnitt – aus statischen Gründen waren die Bauelemente so geformt – innen waren sie weiß gekalkt und außen schwarz geteert. Eine sehr tatsächliche Welt am Ufer des Derwent bei Derby, aber darum wohl auch dazu geeignet, die notwendige Unterscheidung zu treffen: diese unsere konstruierte menschliche Umwelt ist nicht die ganze Wirklichkeit. Die Sagenwelt ist eine Wirklichkeit aus eigenem Recht.

Mit einer solchen Ansicht tritt man freilich zu den Ansichten vieler Menschen in einen entschiedenen Gegensatz. Um 1950 lernte ich einen Gleichaltrigen kennen, der den schönen Sagennamen Klaus Störtenbeker führte und der mir später gestanden hat, daß er innerlich über mich gelacht hat. Er selbst kam dann freilich in ein Erleben hinein, daß ihn zu einer völligen Umkehr der Ansichten bewegte; er wurde Heilpraktiker und vermittelte für mich unter anderem die Bekanntschaft mit Alexander von Bernus, dem Alchemisten, von dem es hieß, es sei ihm wirklich einmal gelungen, die Quintessenz *[das Wesen einer Sache]* darzustellen.

Die Frage nach der Wirklichkeit der Märchen war damals freilich noch nicht beantwortet. Ich begann nach dem Kriege mit Forschungen zur Gralssage und fand, daß die Frage nach ihrem Sinn nicht gelöst werden konnte ohne Altertumskunde und Völkerkunde. Das germanische Altertum war mir durch meine germanistischen Studien vertraut, nun kamen die Kelten und die europäische Archäologie dazu. Die Völkerkunde war mir seit frühester Kindheit alltägliches Erlebnis. Mein Vater war Kaufmann in Hamburg um die Jahrhundertwende, brennend interessiert an den exotischen Dingen, die damals über den Hafen in die Stadt hineinströmten, vielfach über den berühmt gewordenen Händler Umlauf, dessen Laden unmittelbar am Hafen lag, eine Umschlagsstelle für all das, was die Matrosen aus Afrika und der Südsee mitbrachten. Eine große Sammlung aus afrikanischen Gehörnen, Speeren, Schilden, Pfeilen, Gebrauchs- und Musikgegenständen bedeckte bei uns die Wände; zwei Götzenbilder waren die Gespielen meiner Jugend, auf den Schränken standen noch mehr. Doch erst nach dem Kriege ward ich regelmäßiger Gast in der Bücherei des Völkerkundemuseums. Die erste Veröffentlichung auf diesem Gebiet war die Übertragung der Biographie des Hopi-Indianers Don C. Talayesva. Damals war dieser Stamm der Allgemeinheit freilich noch unbekannt; heutzutage ist er durch seinen strengen Traditionalismus in aller Munde.

Es ergab sich, daß der Sinn der Gralssage dargestellt werden mußte an Hand ihrer Symbole und daß diese in den Umkreis des Heiligen Königtums gehörten. Damit war unter anderem die Aufgabe gestellt, die Symbolik des Speeres zu ergründen. In der mannigfaltigen Überlieferung machte ich nun einen folgenreichen Fund. Bei der Untersuchung eines altrömischen Speerrituales stellte sich nicht nur heraus, daß es aus dem Altertum nur unvollständig überliefert war und daß ein anderes Ritual, der Triumph, als notwendige Ergänzung hinzu gehörte, – sondern auch, daß das so vervollständigte Gesamtritual in der Handlungsform genau übereinstimmte mit dem Geschehensablauf eines bestimmten Märchens, das in vielen Fassungen in Europa aufgezeichnet worden ist und das den Namen: Europäisches Zweibrüdermärchen trägt. Aus dieser Entdeckung entstand ein Buch, in dem ich der aufgefundenen Geschehensform durch vielerlei Überlieferungen hindurch nachging, vor allem durch die Heldensagen des Mittelalters. Das Ergebnis für das Märchen war, daß ein Teil unter ihnen den Ablauf und den Sinn von Ritualen in einem symbolhaften Geschehen episch *[erzählend]* abbildet. Es war nicht leicht, für das Buch einen Verleger zu finden; doch hatte ich das vorausgesehen und mich danach eingerichtet.

Auch war ein großes und schwieriges Problem noch übrig, das bearbeitet werden mußte, und dazu bot sich unversehens eine besondere Möglichkeit. Sage und Märchen, auch die Gralssage enthalten vielerlei Wunderbares; man kann nicht wirklich etwas Sinnvolles über sie aussagen, wenn man sich dem Wunderbaren, Unerklärlichen nicht einmal unmittelbar ausgesetzt findet. Da begegnete mir im Sommer 1958 eine noch lebendige wunderbare Überlieferung. In einem hohenlohischen Dorfe hatte sich anderthalb Jahrhunderte früher eine merkwürdige Besessenheitsgeschichte abgespielt. Kein Geringerer als Justinus Kerner, der Dichter und Oberamtsarzt in Weinsberg, hatte im Druck darüber berichtet, auf dem Hofe lagen noch zwei alte Handschriften aus der Zeit, und die damals noch lebende Altbäuerin hatte von der Geschichte noch von einem Augenzeugen, ihrem Großvater erzählen hören. Durch die Untersuchung dieser Überlieferungen entstanden nicht nur gute, andauernde Freundschaften, sondern auch ein Buch, das ebenfalls schwer unterzubringen war. Aber es glückte, und die beiden Bücher haben sich dann ein Rennen geliefert, mal war das eine, mal das andere vorauf, bis am Ende das Besessenheitsbuch als erstes durchs Ziel ging und das Märchenbuch einige Monate danach.

Mit den Besessenheitsstudien war nun auch ein besonderer Bereich der Völkerkunde und der Religionswissenschaft um so entschiedener in mein Blickfeld getreten, das Schamanentum nämlich. Von der Lebensform des Schamanen aus eröffnet sich erst recht der Ausblick auf das Wunderbare so der Sage wie des Märchens. Aber vorerst verfolgte ich noch einen anderen Weg. Im Zusammenhang mit den Gralsstudien war ich auf die Ritualliteratur des alten Indien aufmerksam geworden, und ich hatte entdeckt, worauf ich durch die Ergebnisse meiner Märchenforschung vorbereitet war, daß das große indische Epos, das Mahābhārata, wie das Brüdermärchen, ein Ritual in epischer Gestaltung darstellte, nämlich eine besondere Form der altindischen Königsweihe. Darüber hätte ich gern einen Aufsatz geschrieben, doch wurde das Manuskript länger und länger, und es ward wieder ein Buch daraus. Indien besitzt wie Griechenland zwei große Epen. Von ihnen ist das kürzere, das Rāmāyaṇa, weit märchenhafter als das andere; in der Tat steht es dem Zweibrüdermärchen sehr nahe, und ich unternahm es daher, auch über dieses Epos unter dem ritualistischen Gesichtspunkt ein Buch zu schreiben. Die Veröffentlichungen über die beiden indischen Epen und über das Brüdermärchen stellen eine Trilogie dar, in den auf verschiedenen Wegen die hohe Bedeutung des ritualistischen Denkens für die ältere Denkart überhaupt und für das epische Gestalten dargetan wird.

Das Schamanentum, auf eine Reihe von Jahren zurückgestellt, trat dann wieder in den Vordergrund. Schon als das Buch über die Besessenheitsgeschichte entstand, hatte ich Verbindung gesucht zu einem der bedeutenden deutschen Schamanenforscher, Hans Findeisen. In der Auffassung unseres Gegenstandes waren wir einander sehr verwandt; wo wir verschiedener Ansicht waren, hätte die Auseinandersetzung im Gespräch sicherlich Förderliches erbracht. Leider starb er, bevor wir, über den Briefwechsel hinaus, die persönliche Bekanntschaft machen konnten. Doch habe ich sein Buch über die Schamanen in zweiter Auflage herausgebracht, im Text verkürzt, doch vermehrt durch schamanistische Berichte und Märchen, die er übersetzt hatte.

Für die Märchenforschung bedeutete die Heranziehung der schamanistischen Erlebnisse und Erscheinungen, daß zu der ritualistisch-epischen Seite nun eine zweite wichtige Quelle aufgefunden wurde: das Zusammenwirken mit den Hilfsgeistern, die Fahrten ins Jenseits, der Verkehr mit den Jenseitigen überhaupt. Über diese Thematik habe ich zwar des öfteren Vorträge gehalten, es ist aber im Druck bisher nur ein Aufsatz über eine Schamanenweihe im Märchen erschienen, und zwar in den Veröffentlichungen der Europäischen Märchengesellschaft. Dort werden im Laufe dieses Jahres weitere Aufsätze zu dem Thema erscheinen, einer über das Jenseitstor, die Symplegaden, einer über den Wald als Begegnungsstätte mit dem Wunderbaren.[1]

Ich habe in dieser Übersicht ein Stichwort bisher noch nicht genannt, das aber dem meisten, was ich erwähnt habe, verdeutlichend hinzugefügt werden konnte, das Wort Initiation, Einweihung. In unserer eigenen Vorzeit, in allen alten Kulturen, bei allen Völkern, die bis in unsere Zeit hinein in einer rituell geordneten oder einer schamanisch bestimmten Kultur gelebt haben, spielen Einweihungen für den Werdegang des Menschen die größte Rolle. Was bei uns Lehre und Ausbildung bedeuten, von entsprechendem Gewicht war dort die Weihe, die zu einem neuen Lebensgrad führte: die Weihe der Jungmannen und Mädchen, der Könige, der Schamanen.

Angesichts der Bedrohungen, unter denen wir heute leben, – und zwar einerseits durch die Gefahr eines total vernichtenden Krieges, andererseits durch die Nebenwirkungen einer ungezügelten Technisierung, gibt es viele Menschen, die sich auf andere Wege besinnen möchten, sich zu verwirklichen. Sie suchen nach Wegen, die von den Irrwegen der tödlichen Bedrohung hinwegführen auf lebensfreundlichere Bahnen. Sie richten dabei den Blick auch auf die Kulturen, die ihrem inneren Gesetz zufolge den europäischen Abweg vermieden haben. Dabei ist neuerdings auch die Kultur der nordamerikanischen Indianer als vorbildlich erkannt worden. Auch die Schamanen, die einem ganzen Zeitalter nur als Charlatane *[Schwindler, Täuscher]* erschienen, beginnt man mit neuen Augen zu sehen. Schon früher hat man sich nach den Indern umgeschaut, und die Einflüsse, die von ihnen auf unser Denken ausgegangen sind, lassen sich kaum ermessen. Bei diesen wie bei jenen kann man eben auch entdecken, daß es außer der lehrhaften Menschenbildung noch die einweihende gibt und daß bei dieser nicht nur ein neues Sachgebiet erschlossen wird wie in der Belehrung, sondern eine neue Art zu erleben und zu bewerten.

Etwas Entsprechendes leistet auch das bei uns heimische Märchen, und damit greift die Märchenforschung auch hinüber in die mannigfachen Bestrebungen unserer Tage, ein der Gesamtwirklichkeit näher entsprechendes Weltbild aufzusuchen. Denn das Märchen erzählt von Einweihungen, es ist selbst eine einweihende Erzählung. Es verschließt sich so lange dem eigentli-

---

[1] Siehe „Die Welt im Märchen. Veröffentlichungen der Europäischen Märchengesellschaft Band 7", Erich Röth Verlag, Kassel 1984.

chen Verständnis, als man in ihm nach Sacherkenntnis forscht. Stellt man sich aber für ein neues Erleben bereit, dann eröffnet der Märchenweg ein neues Verhältnis zur Wirklichkeit und zu echten Lebenswerten. Auch Wunder und Zauber erhalten dann einen neuen Sinn, – für ein Erleben nämlich, das sich von dem Bedürfnis, alles zu erklären, und dem Vorurteil, das alles erklärbar sei, freimacht. Wunder vermag für uns zu geschehen unabhängig davon, ob es mit naturwissenschaftlichem, psychologischem oder parapsychologischem Vorzeichen erscheint, ob es sich im Erzähltwerden, im Märchenerzählen aktualisiert oder auch vermöge schamanischer Fingerfertigkeit. Nicht die Ursächlichkeit bestimmt sein Wesen, sondern sein Zusammenhang mit unserem inneren Sinn. Mit großem Recht hat der Zauberkünstler Ludwig Hanemann-Punx schon vor Jahrzehnten von seiner Kunst gesagt, sie stehe mit einem Fuß mitten im Kinderland, mit dem anderen berühre sie die Schwelle des Reiches, das Sterblichen verschlossen sei! –

Was auf solchen Wegen ebenfalls gefunden wird, das ist die schon vorlängst wegerklärte Seele – L'homme machine! –, die seitdem nur ab und an als ein rätselhaft anderes Anhängsel des Körpers erscheint, als ein metaphysikverdächtiger Blinddarm, mit dem man es eigentlich nur zu tun bekommt, wenn er therapiebedürftig wird. Es gibt vielerlei Wege, die Wirklichkeit der Seele in die Welt des rationalen Bewußtseins zu integrieren und damit eine Wandlung des Menschen und seiner gegenwärtig von Wahnvorstellungen beherrschten Welt anzustreben. Es gibt schlimme Irrwege – wie den Drogenweg –, die in unabsehbare Verluste führen. Mir scheint der Märchenweg ein möglicher Weg zu sein; in der Psychotherapie sind damit seit Jahrzehnten gute Erfahrungen gemacht worden. Um ihn auch für die Gesunden in dieser ungesunden Epoche zur Vollendung zu begehen, dazu ist freilich erforderlich, daß man sich der vollen Wirklichkeit des Menschen aussetzt – und gerade auch dem Unerklärlichen, auch dem Wunder. Wenn es dergestalt gelänge, wie auch das Gebet es unternimmt, die eigene und die Seele des Mitmenschen in ihrer vollen angeborenen Mächtigkeit zu verwirklichen, ob wir damit nicht auch etwas von unserer verlorenen Weltsicherheit wiedergewännen? Denn was hülfe es uns, wenn wir die ganze Welt rationalisierten, aber dafür unser eigenstes Wesen als letztlich irrational wegrationalisierten – und damit schon vor der gefürchteten Katastrophe den Boden unter den Füßen verlören!

WEN ES ZU WUNDERN UND VERZAUBERUNG HINZIEHT...

Interview mit Dr. Heino Gehrts von Wolfgang Weirauch [in Flensburger Hefte, Heft 30 – 9/90, Flensburger Hefte Verlag, Flensburg 1990, S.23–39]

Dr. Heino Gehrts, geboren im Juni 1913; Volksschule, Oberrealschule, Studium der Philosophie, Chemie, Germanistik. Promotion mit einer philosophischen Arbeit über Jean Paul. Siebeneinhalb Jahre Soldat und Kriegsgefangener; danach wissenschaftlicher Schriftsteller. Forschungen zum Gral, zum Märchen, zur Epik und dementsprechend notwendigerweise zum Wesen der Rituale. Übertragung der Biographie des Hopis Don C. Talayesva. Bücher über das Zweibrüdermärchen und die beiden großen indischen Epen. Die Begegnung mit einem Besessenheitsfall Justinus Kerners gab Anlaß zur Forschung über den animalischen Magnetismus, über Schamanentum und zum Gegenstand der Parapsychologie im allgemeinen. Zu Kerners Fall ein Buch über „Das Mädchen von Orlach". Außerdem eine Reihe kleinerer Arbeiten in der Zeitschrift für deutsche Philologie, im Antaios, in der Gorgo und an anderen Orten.

Was hat der Schamane mit dem Märchen zu tun? Auf den ersten Blick scheint die Verbindung ungewöhnlich, aber schaut man näher, so erweist es sich keineswegs mehr als eigenartig. Der Schamane, zum Beispiel der Medizinmann eines Indianerstammes, ist ein Mensch, der mit vielerlei Geistigkeit in Verbindung steht, zum Beispiel mit den Naturgeistern. Er besitzt Mittel und Kräfte, um für seinen Stamm Hilfen und Voraussagen in einem überschaubaren Rahmen zu erbitten bzw. zu erkunden. Daß der Schamane dabei eine Art Entrückungserlebnis durchmacht, bildet die Brücke zu den schamanischen Motiven in den Märchen, zumindest den Zaubermärchen. Eine Fülle von Motiven und Bildern, vielleicht sogar der gesamte Handlungsablauf der Märchen, legen die Vermutung nahe, daß es sich auch hierbei um die bildhafte Darstellung von Entrückungs- und Einweihungserlebnissen handelt.

Ich besuchte Dr. Heino Gehrts in Alt-Mölln, der sich zeit seines Lebens in unermüdlicher Fleißarbeit in die Zehntausende von Weltmärchen und in ihre Motive vertieft hat, und befragte ihn nach den schamanischen Elementen der Zaubermärchen.

Wolfgang Weirauch: Sie teilen die Epochen der inneren menschlichen Entwicklung in vier oder fünf verschiedene Kulturen ein, die sich auch in dem Zeiterleben des Menschen der jeweiligen Epoche ausweisen. Die früheste Kultur ist die schamanische mit der rhythmischen Erneuerung des ewigen Augenblicks. Wie kann man das näher charakterisieren?

Dr. Heino Gehrts: Wichtig ist, daß ich vor allem die Kulturen unterscheide, nicht so sehr die Zeitepochen, denn verschiedene Kulturformen leben noch bis in unsere Zeit hinein. In der Religionswissenschaft ist es üblich, daß man ganz allgemein von Religionen spricht, was ich allerdings für falsch halte. Denn die religiöse Kultur beginnt eigentlich weithin auf der Welt erst vor ungefähr 2500 Jahren; vorher gab es die rituelle Kultur und die schamanische Kultur. – Die schamanische Kultur nehme ich deswegen als die älteste an, weil es dem Menschenwesen entspricht, daß es von irgendwelchen Begegnungen ergriffen wird. In der schamanischen Kultur wird der Mensch unmittelbar von einer Wesenheit ergriffen; in der folgenden rituellen Kultur wird diese Ergriffenheit in Form von Riten und Kulten ausgestaltet, zu denen jeder Mensch Zugang hat. In der typisch schamanischen Kultur steht der Zugang zu den Wesensmächten lediglich dem Schamanen, also dem esoterischen *[eingeweihten]* Führer der Gruppe, offen.

Während der schamanischen Kultur eröffnete sich das gesamte All

W.W.: Und wie ist das Zeiterleben der Menschen während der schamanischen Kultur?

H. Gehrts: Dabei spielt besonders die Séance *[schlafähnlicher Zustand, Wachtraum]* eine große Rolle. In der Séance eröffnet sich – nicht nur für den Schamanen selbst, sondern auch für alle anderen Teilnehmer, zum Beispiel die Familie oder die Dorfbewohner – das gesamte All bis in die größten Fernen, bis zu den höchsten Göttern, die im Himmel leben und in der Tiefe weilen. Ebenso wie man von einem Ort einen Ausblick in das gesamte All hat, zentriert sich auch die Zeit, denn man ist mit allen wirklichen Kräften der Welt in einer echten Berührung. Entweder bringen sich die Mächte durch die Stimme des Schamanen zu Gehör oder sie werden durch direkte Stimmen wahrnehmbar.

W.W.: Entspricht dieses Erlebnis einer Einweihung bzw. einer anfänglichen Schau in die geistige Welt?

H. Gehrts: Ich selbst würde es nicht gerade mit geistiger Welt bezeichnen, aber in der herkömmlichen Ausdrucksweise könnte man es schon so nennen. Denn es ist eine Welt, in der Geister und Götter leben, in die der Schamane entrückt wird. Um zu Ihrer Frage zu kommen: In jedem Augenblick kann die Zeit zu einer Ganzheit werden, weil man eben mit allen Mächten in Verbindung tritt. Es versteht sich, daß man auch mit den Toten in eine Verbindung kommen kann. Die Toten sind dem Menschen in den alten Kulturen weitaus näher als heutzutage, wahrscheinlich können wir uns den intimen Kontakt zu den Toten damals gar nicht mehr vorstellen. Wenn der Tote zu dem Menschen spricht, wird damit natürlich auch die Vergangenheit lebendig, die Familienvergangenheit, die Vergangenheit des entsprechenden Stammes oder gegebenenfalls sogar die einer größeren Gruppe.

W.W.: Wahrscheinlich entschwanden die Toten gar nicht einmal für die Lebenden, da die Toten in der damaligen Zeit mit den Lebenden in einem intensiven Verbund wirkten.

H. Gehrts: Genau, zum Beispiel dadurch, daß der Totendienst zu den täglichen Verrichtungen gehörte. In den sibirischen Kulturen, in denen sich das Schamanentum am längsten rein gehalten hat, finden sich noch heute die Ahnenbilder in den Winkeln des Hauses bzw. im Winkel der Jurte. Auf der anderen Seite gab es die Totenhilfe, insofern man die Toten anrufen konnte, und zwar wie Götter. Das lebte in China noch bis ins vorige Jahrhundert; der Kwan-Ti war der Kriegsgott, und damals gab es noch einen Bericht darüber, daß ein Gouverneur mit Hilfe des Kwan-Ti einige Bronzekanonen wiederentdeckt hätte. Natürlich erzählt der Berichterstatter unserer Zeit dies mit einem Lächeln, als wäre es Unsinn; aber der Verkehr mit den Toten ist in solchen Kulturen noch etwas sehr Lebendiges gewesen.

Das zyklische Gefühl für den Verlauf der Zeit

W.W.: Die zweite Stufe ist die rituelle Kultur mit dem Rhythmus der stetigen Erneuerung. Können Sie einige Wesensmerkmale dieser Zeit darstellen?

H. Gehrts: Zum Unterschied der rituellen und der religiösen Kultur kann man folgendes sagen: In der rituellen Kultur ist die Zeit ein Kreislauf, das heißt der Strom der Zeit mündet wieder in seine Quelle. Das wurde in der rituellen Kultur dadurch aktuell, daß es ein Fest im Jahreskreislauf gab, bei dem alles wieder zusammentraf, ähnlich wie bei den Séancen der schamanischen Kultur. Im Mittwinterfest vereinigte sich alles, zum Beispiel bei den

Hopi-Indianern, die mir besonders vertraut sind. Es wurde ein Ritual gefeiert, das den Weltursprung bedeutete. Man geht also mit den Riten, die den Menschen das ganze Jahr hindurch begleiten, in den Ursprungsritus hinein. Auf diese Weise verläuft die Zeit wirklich als ein Kreislauf. Man spricht oft so davon, als hätten diese Kulturen in dem Irrtum gelebt, daß sie während der Wintersonnenwende Macht über die Sonne ausübten, in dem Sinne, daß sie die Wende hätten herbeiführen können. Bei den Inkas zum Beispiel gibt es einen bestimmten Felsen, in Machu Picchu, der sich Inti-Huatana nennt, was man als Sonnenfessel übersetzen muß. Der weiße Gelehrte berichtet das dann mit einem Lächeln, als hätten die Inkas sich die Macht zugeschrieben, die Sonne zu fesseln. In Wirklichkeit handelt es sich darum, daß man das Menschengeschick mit dem kosmischen Geschick verknüpft. In der späteren Zeit ist dieses zyklische Gefühl für den Verlauf der Zeit verlorengegangen; aber nicht deswegen, weil man die Zeit in einem tieferen Sinn durchschaut hat, sondern weil der Ritus, der das zyklische Lebensgefühl immer erneut bestärkt hat, zerstört worden ist.

W.W.: Wie war es innerhalb dieses zyklischen Zeitempfindens mit der Anschauung, daß der Tote eines Tages wiederkommen werde?

H. Gehrts: Es war fast noch bis in unsere Zeit hinein üblich, daß man die Toten zur Mittwinterzeit empfing. Es gibt Belege aus Skandinavien, aus Kärnten und vielen anderen Ländern, daß man den Toten in der Mittwinternacht den Tisch gedeckt hat. In Schweden war es sogar so, daß man den Toten die Betten gemacht hat und selbst auf dem Julstroh schlief. Ferner stellte man Kerzen auf, legte Brotlaiber bereit, und auch Getränke gehörten mit zur Totenbewirtung. Man kann auch bei den typisch rituellen Kulturen nachweisen, daß sie um die Mittwinterzeit die Toten empfangen haben. Bei den Hopi-Indianern geschah dies so, daß sich die Lebenden in die eine Hälfte des Dorfes begeben haben, während für die Toten in der anderen Dorfhälfte ein Festmahl bereitet war. Natürlich waren die Indianer nicht so unüberlegt zu glauben, daß die Toten die bereitgestellten Speisen verzehren, sondern sie hatten ein ganz klares Verständnis davon, daß die Toten nur den Duft der Speisen zu sich nähmen. Und wenn wir das entsprechende Wort richtig übersetzen, so bedeutet das natürlich wiederum, daß sie nur die Seele der Speise aufgenommen haben.

W.W.: Gab es denn auch Kulturen, in denen nicht nur davon ausgegangen wurde, daß die Toten einmal im Jahr Kontakt mit den Lebenden aufnehmen, sondern daß sie auch als reinkarnierte *[wieder verkörperte]* Personen wiedererscheinen?

H. Gehrts: Die Reinkarnation *[Seelenwanderung]* ist eine Frage, die ich des öfteren erwogen habe. Ich meine allerdings, daß die typische Reinkarnations-Lehre erst mit der religiösen Kultur aufgekommen ist und daß sie für die rituelle Kultur nicht typisch ist. Allerdings gibt es Hinweise, daß man auch in den rituellen Kulturen an eine Art Wiederkehr geglaubt hat, zum Beispiel bei den afrikanischen Bantu-Stämmen. Dort werden die Initianden mit Narben gezeichnet, was unter anderem eine Hilfe sein sollte für die Seelen, die sich wieder einkörpern, damit sie sich nicht etwa in einem falschen Stamm inkarnierten. Es bedürfte meines Erachtens noch eingehender Untersuchungen, um zu ergründen, was ehedem unter Inkarnation gedacht wurde, und was heute zum Unterschied davon verstanden wird. Sicherlich ist unsere Auffassung von Reinkarnation stärker personal ausgerichtet, während es sich bei den älteren Kulturen mehr um die Substanz gehandelt hat.

Der Mensch fällt aus der Ureinheit heraus

W.W.: Die Geborgenheit der Menschen, die noch während der rituellen Kultur empfunden wurde, zerbricht zunehmend, indem die religiösen Kulturen entstehen. Können Sie sagen, was während dieser religiösen Kulturen geschieht und wie die Menschen in dieser Zeit empfanden?

H. Gehrts: Entscheidend für die religiöse Kultur ist, daß das wichtigste Ereignis nicht mehr in der Gegenwart stattfindet. In der schamanischen Kultur ist es die Séance, in der rituellen ist es zum Beispiel das Zeiteinkehrfest, das Mittwinterfest, wo alles in einem Ritus zusammentrifft. Die religiöse Kultur dagegen richtet ihr Augenmerk auf bestimmte heilige Punkte der erstreckten Zeit. Im Christentum sind sie durch die Geschichte des Erlösers ausgezeichnet, bei den Buddhisten durch die des Buddha, bei den Mohammedanern des Mohammed. Außerdem ist der eigentliche Mittelpunkt des Lebensbereiches nicht wie bei den Steinkreisen der rituellen Kultur die Mitte des Kreises, die rituelle Mitte des Dorfes, sondern dieser Punkt liegt außerhalb. Für die Christen ist es der Blick nach Golgatha, für die Mohammedaner der Blick nach Mekka und Medina. Es gibt in allen mohammedanischen Gotteshäusern die Gebetsnische, durch die eine gebotene Richtung der Blick nach Mekka bezeichnet wird. Man steigt also nicht zur Macht des Alls aus irgendeiner Mitte heraus auf, sondern richtet seine Blicke in eine bestimmte

Richtung. Ähnlich ist es auch mit der Zeit, denn der Mensch ist zeitlich auf den Punkt der Offenbarung bezogen, gegebenenfalls auch auf die Zeit der Weltschöpfung sowie auf das Weltende. Auf diese Weise entsteht allerdings immer noch das Bild einer Zeit, die erfüllt ist; die Heilsgeschichte erfüllt die gesamte Zeit.

W.W.: Sie nennen diese Epoche die religiöse, weil der Mensch aus der Ureinheit herausfällt; muß er nun seinerseits wieder die Verbindung durch Religion – durch Kultus und Gebet – zur geistig-göttlichen Welt suchen?

H. Gehrts: Ich möchte an dieser Stelle noch einmal betonen, daß diese Ureinheit, von unserer Zeit aus gesehen, vielleicht als ein Wunschbild erscheinen könnte, aber ich meine, daß man an der schamanischen und rituellen Kultur, soweit man sie noch in ihrer Einheit vorfindet, nachweisen kann, inwiefern die Menschen wirklich geborgen waren. Diese Geborgenheit muß in der religiösen Kultur schwer errungen werden. Ich denke dabei unter anderem an Martin Luther, der hart um seinen Gott und Erlöser gekämpft hat und dessen Lied „Aus tiefer Not schrei ich zu Dir" ganz charakteristisch für diese Zeit ist.

W.W.: Somit beginnt also in der religiösen Kultur auch die Entwicklung, damit aber auch die Dramatik, die Auseinandersetzung mit dem Bösen, ferner Irrtum, Krankheit und Tod!

H. Gehrts: Ja, es fehlt einfach der Rücklauf, der noch in der rituellen Kultur vorhanden gewesen ist, also etwa daß die Toten immer wiederkommen können. Die Inder haben eine reiche rituelle Literatur, in der wir den Umschwung genau nachvollziehen können. In einem von mir verfaßten Buch habe ich eine Textstelle zitiert, in der ein Sohn seinem Vater seine rituellen „Irrtümer" vorwirft und im Ergebnis zu der Aussage kommt: „Ich erlöse mich selbst!" Hierdurch wird ganz deutlich, daß der Mensch in der religiösen Kultur auf sich selbst zurückgeworfen ist und von sich selbst aus einen Weg eröffnen muß.

W.W.: Gibt es weitere Kulturen, die Sie nach der religiösen bis zur heutigen Zeit einteilen?

H. Gehrts: Die Geistlichen werden mir hoffentlich nicht böse sein, wenn ich glaube, daß die religiöse Kultur mit ihrem Kraftstrom schon in gewisser Weise abgeschlossen ist und daß die letzte Stufe, in der wir gegenwärtig leben, die technokratische ist. Allerdings möchte ich nicht mehr von einer technokratischen Kultur sprechen, sondern von der technokratischen Zivilisation. Denn eine Kultur wäre eine Gestalt, die man dem Zusammenleben der

Menschen aufgrund besonderer Erlebnisse gibt, gegebenenfalls auch aufgrund der Offenbarungen eines Heilands. Aber all das fehlt in unserer heutigen Welt, so daß wir im Grunde heutzutage überhaupt keine inneren Wegweisungen mehr haben. Natürlich gibt es noch einzelne Menschen, die etwas derartiges besitzen, aber ob sich das einmal wieder zu einer Gänze zusammengestalten wird, das muß man abwarten. Unsere Epoche jedenfalls gibt dafür nichts her.

W.W.: Wie steht es mit den Räumlichkeiten, in denen der Mensch der jeweiligen Kulturen seine geistig-religiösen Erlebnisse hatte? Der Schamane wird diese geistigen Erlebnisse sicherlich an jedem Ort haben können, während der religiöse Mensch dazu mit Ausnahme des individuellen Gebets in eine Kirche geht.

H. Gehrts: In der schamanischen Kultur konnte der Mittelpunkt der Séance an jedem Ort geschaffen werden. Wenn beispielsweise eine Indianergruppe mit ihrem Medizinmann, der dort der Schamane ist, zusammenkam, weil sie auf die Jagd bzw. zu einem kriegerischen Unternehmen gehen wollte, dann konnte der Schamane auf dieser Wanderung die Geister befragen. Natürlich würde er dazu immer eine besondere Tageszeit bevorzugen, die dazu günstig ist, ferner würde er sich in der Landschaft sicherlich auch einen bestimmten Ort aussuchen. Aber grundsätzlich ist es möglich, daß sich der Schamane an jedem Ort die Weisheit des Alls und der Ahnen eröffnet.

In der rituellen Kultur ist es so, daß man dazu ausgezeichneter Orte bedarf; die entsprechenden Heiligtümer waren zum Beispiel die Steinkreise wie in Stonehenge. Das waren Heiligtümer, die eine bestimmte Weihe in sich enthielten und auch ausstrahlten. Hierbei muß man allerdings zweierlei unterscheiden: Einerseits kann man, wie auch in der religiösen Kultur, noch jeden Ort weihen, man kann abträgliche Kräfte austreiben, was auch bei jeder Kirchengründung noch heute der Fall ist, und man kann heilige Mächte dazurufen; aber andererseits gibt es auch bestimmte Orte – und das ist eine begründete Liebhaberei der modernen Strahlenforschung –, die in besonderer Weise geeignet sind, einem Heiligtum eine Stätte zu bieten.

Während der religiösen Kultur wurden oftmals in den sogenannten bekehrten Ländern die alten Heiligtümer für die eigene Religionsausübung genutzt, indem man dort eine Kirche, eine Kapelle oder wenigstens ein Heiligenbild aufstellte. Somit wurde also der alte heilige Ort für die Kirche genutzt, Chartres ist hierfür ein besonderes Beispiel. Aber es besteht eben auch die Möglichkeit, die Weihe vom Höchsten herabzurufen, oder indem man das, was von einem Heiligen noch übriggeblieben ist, entweder seinen ganzen Körper oder eine Reliquie *[einen körperlichen Überrest]*, in einem Heiligtum niederlegt und es auf diese Weise weiht.

Dann gab es innerhalb der religiösen Kultur Visionen, besondere Erlebnisse an bestimmten Stätten. Ich denke dabei zum Beispiel an Ratzeburg, das hier ganz in der Nähe liegt, wo ein missionarischer Mönch von den heidnischen Bewohnern dieser Gegend gesteinigt worden ist. Im 14. Jahrhundert lebte dann eine Frau, die Visionen dieses Mönches schaute, aufgrund derer dann dort ein Wallfahrtsort entstanden ist. Ähnlich war es an anderen Orten; es konnte sozusagen an jedem Ort die Quelle für ein Heiligtum entspringen.

W.W.: In welcher Situation ist der Mensch heute, wo er im Grunde keinen heiligen Ort mehr hat, an den er hingehen kann? Ist es so, daß der Mensch heute diesen Ort in seinem Innern – seiner Seele und seinem Geist – finden muß?

H. Gehrts: Das ist natürlich unsere Situation, und es wird ja auch überall empfohlen, diese Verinnerlichung, zu der die Welt früher selbst verhalf, heute im eigenen Innern zu suchen. Ich möchte aber annehmen, daß der Suchende dazu auch immer der Richtweisung von außen bedarf, indem er sein Augenmerk auf das richtet, was während der älteren Kulturen geschehen ist.

Die Nichtchristlichkeit der Märchen

W.W.: In welcher dieser Kulturen sind jetzt die Märchen entstanden?

H. Gehrts: Die Märchen haben ihren Ursprung in den älteren Kulturen, und zwar in denjenigen, die noch vor der religiösen liegen. Für uns ist das deswegen sehr leicht nachzuweisen, weil die typisch christlichen Merkmale, zum Beispiel der Sohn Gottes, Christus, in den Märchen überhaupt nicht vorkommen. Eines der erstaunlichsten Beispiele für die Nichtchristlichkeit der Märchen ist für mich immer wieder ein Märchen aus Siebenbürgen, welches in eine bekannte Sammlung des vorigen Jahrhunderts einging. Es heißt „Der Königssohn und die Teufelstochter". Das ist ein Märchen, welches zu einem bestimmten Typus gehört.

W.W.: Was meinen Sie mit den Typen?

H. Gehrts: Die Märchen sind nicht wie eine Sammlung von Novellen unterschiedlich, so wie die Lebensläufe von Menschen alle individuell verschieden sind. Sondern die vielen Zehntausende von Märchen, die seit den Brüdern Grimm überall gesammelt worden sind, gehören jeweils bestimmten

Typen an. Der Typus, der die Nr. 425 trägt, ist beispielsweise von einem schwedischen Forscher untersucht worden, und der hat zu seiner Zeit – vor etwa 35 Jahren – allein von diesem Typus etwa 1200 verschiedene Fassungen untersucht. Das Märchen „Der Königssohn und die Teufelstochter" gehört also zu dem Typus, der die Nr. 313 trägt und dem ich den allgemeinen Titel gebe: die Tochter der Unterweltsmacht als Helferin des Helden. Der Unterweltsherr wird meist als ein Zauberer beschrieben, manchmal auch als eine Art dämonisches Wesen, und nur sehr selten wird er geradezu Teufel genannt. Wenn nun der Erzähler diesen Herrn der Unterwelt als Teufel bezeichnet, weil wir dies so gewohnt sind, so entsteht ein ganz eigenartiges Problem: Denn diese Teufelstochter ist ein sehr liebenswürdiges und schönes Wesen, welches freiwillig dem Helden bei dem vom Teufel gestellten Aufgaben hilft. Und zwar sind die Aufgaben so, daß sie innerhalb unserer diesseitigen Welt nicht gelöst werden können, zum Beispiel in einer Nacht ein Feld zu besäen, abzuernten und bis zum Morgen daraus ein Bier zu brauen. Diese unmöglichen Aufgaben könnte der Held nicht lösen und wäre somit dem Herrn der Unterwelt verfallen, wenn ihm nicht die Tochter der Unterweltmacht Hilfe brächte.

In diesem Märchen ist also das liebenswürdige Mädchen die Tochter des Teufels, so daß das Paradoxon entsteht, daß der Held bei seiner Rückkehr als Thronfolgerin eine Tochter des Teufels als seine Braut mitbringt. Das ist zur christlichen Weltanschauung derart widersprüchlich, daß ein spanischer Erzähler diese Teufelstochter wieder in die Unterwelt abgeschoben hat. Er konnte sich nicht überwinden, eine Teufelstochter auf den Thron zu setzen. Das geschieht aber im Widerspruch zum Typus.

Wenn der Held beleckt wird

Da wir auch vom schamanischen Element gesprochen haben, kann ich hier vielleicht anfügen, daß bei diesem Typus der Held und die Geliebte aus der Unterwelt vor der Unterweltsmacht fliehen müssen, die Flucht gelingt ihnen, sie trennen sich, sobald sie die Grenze der diesseitigen Welt erreicht haben. Der Grund wird von der Märchenerzählung selbst allerdings nicht klargestellt. Das Eigentümliche ist, daß der Held seine Geliebte in dem Moment, in dem er die diesseitige Welt betritt, vergißt, und zwar deswegen, weil er in die Körperwelt eintritt. Das Mädchen hat ihn im Vorhinein gewarnt, daß er sie vergessen würde, wenn er etwas äße oder wenn er sich küssen ließe. Oft ist es dann so, daß er sich zwar nicht küssen lassen will, aber der Hund seinen Herrn anspringt und ihm das Gesicht leckt. Durch dieses Belecktwerden hat der Held das Mädchen und sämtliche Unterweltserlebnisse vergessen, so daß das Mädchen auf seiner Hochzeit mit einer anderen Braut Kunstgriffe anwenden muß, um sich ihm wieder in die Erinnerung zu bringen.

Sehr schön stellt sich der Kunstgriff, durch den das Mädchen des Helden Vergessenheit überwindet, in einem spanischen Märchen dar. Das Mädchen führt nämlich ein Puppentheater auf, in dem sie die Rolle des Prinzen und seiner Retterin darstellt. Die Marionette, die den Prinzen verkörpert, kann sich an gar nichts erinnern, und dafür wird diese Puppe auf der Bühne immer wieder geprügelt. Diese Prügelschmerzen empfindet der leibhaftige Prinz aber selber, bis seine Erinnerung an die Unterweltserlebnisse und seine Geliebte wieder in ihm durchbricht. Diese Amnesie *[Erinnerungslosigkeit]* und ihre Überwindung zeigt, daß das ganze Unterweltsabenteuer ein Entrückungserlebnis war, eine Einweihung für den künftigen König in der Unterwelt, die gleichzeitig damit verbunden ist, daß er eine Braut aus dem Jenseits gewinnt.

W.W.: Sind die meisten Märchen Einweihungserlebnisse, die dann später den Menschen erzählt worden sind?

H. Gehrts: Man kann bei den Märchen späte und frühe unterscheiden; auf der einen Seite gibt es die großen alten Märchen, auf der anderen Seite diejenigen, die erfunden worden sind und einer späteren Zeit angehören. Zu diesen spätzeitlichen Märchen rechne ich zum Beispiel „Das Mädchen ohne Hände". Aber die großen alten Märchen enthalten stets das rituelle oder schamanistische Element und bezeichnen dadurch ihr Altertum.

Der Schamane geleitet die Toten an ihren Ort

W.W.: Was ist ein Schamane?

H. Gehrts: Der Schamane ist in der schamanischen Kultur die zentrale Figur, derer die Gemeinde unbedingt bedarf. Man kann nicht Krieg führen, seine Toten bestatten oder auf die Jagd gehen, ohne für all diese Verrichtungen den Schamanen zu befragen, der dazu eine Kunde aus der Binnenwelt beibringt. Der Schamane muß in der Lage sein zu sagen, daß die Toten einen Kriegszug billigen oder vor diesem warnen. Bei den Indianern wurde zum Beispiel oft vor kriegerischen Ausfahrten mit dem Medizinmann eine Séance gehalten, in der er meist bestimmte Auskünfte über den bevorstehenden

Kampf geben konnte. Bei den Indianern kommt noch hinzu, daß jeder einzelne auch durch sein Einweihungserlebnis einen gewissen Zugang zu jener Welt hatte, die sich im wesentlichen für den Schamanen eröffnete.

Wichtig war auch die Rolle des Schamanen bei der Bestattung; in den alten Kulturen handelte es sich nicht darum, den entlebten und entseelten Leib irgendwo unterzubringen, sondern vor allem um das Seelengeleit. Hierzu gibt es auch bei uns eine Fülle von Sagen und Erzählungen von Sensitiven *[Feinfühligen]*, die davon erzählen, daß ein Toter seinen Weg nicht findet, daß er noch umgeht, daß er spukt. Sensitive haben oft darüber berichtet, daß sie von Toten überfallen worden sind, die ihren Weg an ihren jenseitigen Ort nicht finden konnten. Das aber vermag der Schamane, er kann den Toten an seinen Ort geleiten. Er kennt die Wege des Jenseits, weil sie ihm bei seiner Einweihung eröffnet worden sind.

Das Entscheidende am Amt des Schamanen ist, daß er keine Lehre bei einem älteren Schamanen durchmacht, sondern seine Einweihung von den Toten empfängt. Zwar kann er von einem älteren Schamanen angeleitet werden, wenn er als ein guter Nachfolger erkannt wird, aber dies bleibt doch nur eine anfängliche Wegweisung. Sein eigentliches Wissen empfängt der Schamane bei seiner Einweihung drüben.

Sein Wissen besteht unter anderem auch darin, daß er die Wege des Jenseits kennenlernt, also die Wege, auf denen er den Toten zu führen hat, ferner diejenigen Wege, auf denen sich die Unheilsmächte den Menschen nahen. Der Schamane wird ja bei seiner Einweihung zerstückelt, und diese Stücke werden von den Geistern verzehrt, und jeder Geist, der von ihm ein Stück verzehrt hat, muß ihm in irgendeiner Weise dienen, und wenn es ein böser Geist ist, so kann ihn der Schamane bezwingen. Ein böser Geist, der bei dem Selbstopfer des Schamanen von diesem nicht bedacht worden ist, wird von dem Schamanen nur sehr schwer zu bezwingen sein. Im übrigen geht es bei der schamanischen Einweihung nicht nur um die Kenntnis und das Wissen der Jenseitswege, sondern vor allem auch darum, daß der Schamane einen Hilfsgeist gewinnt. Dieser Hilfsgeist kann die Wege im Jenseits weisen. Er kann ihn in den verschiedensten Praktiken belehren, und er kann ihm die untergebenen Hilfsgeister zuführen.

W.W.: Inwieweit hat der Schamane Macht über alle geistigen Wesen, oder bezieht sich dies im wesentlichen auf einen ihm konkret verbundenen Hilfsgeist?

H. Gehrts: Jeder Schamane hat einen ganz speziellen Hilfsgeist. Am Anfang dieses Jahrhunderts ist es zutage gekommen, daß bei den Jakuten, aber auch bei anderen Stämmen, dieser Hilfsgeist dem entgegengesetzten Geschlecht angehörte, so daß zwischen beiden eine Art Ehe geführt worden ist.

W.W.: Waren die Initiationsriten in Europa, zum Beispiel bei den Nordeuropäern, denen der außereuropäischen Schamanen, zum Beispiel den Indianern, ähnlich?

H. Gehrts: Das Wesentliche ist überall das gleiche, denn es handelt sich immer um das grundmenschliche Erlebnis des Anheimfalls an außerirdische Mächte, um das Offenwerden für diese Wesen, ihre Art, ihr Mitwirken an der Welt, ihre Hilfe oder ihre Gegnerschaft – und im letzten Falle um die Möglichkeit ihrer Überwindung –, dies eben durch die zu gewinnenden Hilfsgeister.

W.W.: In der Welt des Schamanentums gibt es drei Ebenen, die auch im Märchen vorkommen, können Sie diese einmal kurz darstellen?

H. Gehrts: Neben der irdischen Welt gibt es die obere und die untere Welt. Die untere Welt ist nicht ausschließlich die Welt des Bösen, im Märchen zum Beispiel kommt der Held, wenn er in die untere Welt gelangt, nicht unbedingt nur in eine düstere Welt hinein, sondern auch diese Welt hat ihr Licht. Das für uns Merkwürdige ist, daß es auch in der oberen Welt böse Geister gibt und daß es in der unteren Welt auch gute Wesenheiten gibt, die dem Schamanen helfen können.

Weltenverbindend ist in den schamanischen Kulturen die Weltachse; das kann ein Weltenbaum sein, der auch in den Märchen vorkommt und der vor allem in den nordeuropäischen und nordasiatischen Kulturen eine große Rolle spielt. Die Ungarn, die ja aus einer Gegend ostwärts des Urals stammen, haben in ihren Märchen noch deutlichere Überbleibsel dieses Weltenbaumes als wir in unserer Region. Es gibt aber auch bei uns das Märchen vom Weltenbaum, allerdings steigt dann der Held meist nach oben und nicht mehr in die Unterwelt. Ein germanisches Überlebsel dieses eurasischen Weltenbaumes ist die Yggdrasil in der Edda.

W.W.: Ist es für den Schamanen typisch, seinen Lebens- und Einweihungsweg alleine zu sehen?

H. Gehrts: Eigentlich kann man das nicht so sagen, da er auch andere Schamanen als Helfer haben kann. Das Entscheidende ist allerdings immer das Erlebnis des Jenseits, und da ist er auf sich selbst gestellt bzw. auf die Hilfsgeister angewiesen, die er sich erworben hat. Aber auch in der diesseitigen Welt gibt es immer Geister, die er anrufen kann. Bei den Mongolen sind dies zum Beispiel – außer den Seelen der Toten – die Geister der Berge. Die Berge sind also nicht nur geologische Erhebungen, sondern Wesensmächte. Der mongolische Schamane kann also auch von hiesigen Wesenheiten Hilfe bekommen.

W.W.: Aber im Endeffekt geht der Schamane seinen Weg doch alleine!?

H. Gehrts: Ja. Hinzu kommt noch, daß er nicht instrumentell besitzlos ist, denn in seinen Offenbarungen wird ihm noch mitgeteilt, auf welche Weise er zum Beispiel seine Trommel betätigen soll. Die Trommel ist ein sehr wichtiges Instrument, zumal im sibirischen Schamanentum, und diese Trommel wird zu seiner letztgültigen Einweihung hergestellt, und zwar nach den Anweisungen der Geister. Das Interessante ist, daß die Trommel selbst ein Bild des Kosmos ist, der meist auf der Trommel abgebildet ist.

Der Schamane als Heiler

W.W.: Ein Hauptanliegen der Schamanen ist es auch, heilen zu können. Kommen ähnliche Motive auch im Märchen vor, daß der Held also die Kraft hat, heilen zu können?

H. Gehrts: Es gibt das Märchenmotiv des Heilens, allerdings nicht in der Fülle, wie man es für den Schamanen voraussetzen möchte. Denn der Schamane ist uns ja im vorigen oder vorvorigen Jahrhundert als der Heiler schlechthin bekanntgeworden, und das Wort Medizinmann besagt dies noch deutlicher, obwohl die Medizin bei den Indianern etwas anderes bedeutet als eine Arznei. Die Medizin ist ja bei den Indianern bekanntermaßen auch ein zauberisches Mittel. Es gibt aber auch Märchen, in denen die Heilung eine wesentliche Rolle spielt. Auch dabei ist aber das Wichtige, daß die Märchen niemals Routineaufgaben darstellen, sondern daß sie alle initiatischen Sinn haben, d.h. daß sie den Helden auf dem Wegstück darstellen, wo er seine eigentliche Macht gewinnt.

Im Märchen vom Lebenswasser, das ist der Typ 551, ist der König erkrankt, und ich möchte annehmen, daß es sich hier nicht um eine personelle Erkrankung handelt, sondern in der alten Zeit hing das Heil des Landes davon ab, daß der König heil und gesund war. In der Gralssage erkennen wir dies noch ganz deutlich, da in dem Augenblick, in dem der König in der Heckdrüse, den Hoden, verwundet wird, das Land in Unfruchtbarkeit fällt.

Das ist das Motiv des Ödlandes, und es gibt dort auch keine Zeugung mehr, selbst die Pflanzen wachsen nicht mehr.

Wenn also im Märchen vom Lebenswasser der König krank wird, beispielsweise in Gefahr ist zu erblinden – und das Augenlicht bezeichnet nicht nur ein optisches Vermögen, sondern das Licht des Innern überhaupt –, so zeigt sich daran, daß dem König das Licht des Innern nicht mehr leuchtet. Die Erkrankung des Königs in diesem Märchen bedeutet also ein Reichsunheil. Es ziehen dann die drei Königssöhne aus, um für ihn das Lebenswasser zu finden. Es kann auch sein, daß statt des Lebenswassers in diesem Typus der Goldvogel gesucht wird.

Von Gewicht ist in vielen Märchen das Motiv der Suche, die Queste, wie sie in der Gralssage heißt. In ähnlicher Weise gibt es in vielen Märchen diese Questen, und in diesem Typus vom Goldvogel bzw. dem Lebenswasser ziehen die drei Brüder aus. Die beiden Älteren verirren sich sehr bald, indem sie zum Beispiel an einen Kreuzweg kommen, wo der eine Weg als todesgefährlich bezeichnet wird. Die Älteren wählen dann immer die ungefährlichen Wege, während dem Jüngeren nichts anderes übrigbleibt, als den todesgefährlichen Weg zu gehen. Daraus wird klar, daß man die eigentliche Kraft des Lebens aus dem Jenseits gewinnt. Der Held findet im Zuge seines Suchens nicht nur das Lebenswasser, sondern auch eine schlafende Prinzessin. In Wirklichkeit ist dies aber keine Prinzessin, sondern eine Fee oder Halbgöttin, wie es außereuropäische Märchen bezeugen.

Man muß sich für das Heil des Diesseits das Jenseits eröffnen, und das geschieht, indem der Held bei der jenseitigen Jungfrau schläft, mit ihr ein Kind zeugt und sie dergestalt als Königsbraut gewinnt. (Es gibt drei Märchentypen mit einem derartigen Beischlaf, bei welchem die Prinzessin oder Fee nicht aufwacht.) Der Held bringt dann das Lebenswasser zurück. Die Braut stellt sich erst später mit dem Kind zusammen ein. Aber die Brüder sind Verräter und versuchen, dem Jüngeren das Lebenswasser oder den Goldvogel abzugaunern und schrecken auch nicht davor zurück, den Bruder zu ermorden. Er wird dann von der Jenseitsmacht, die ihn überhaupt erst zu dem Ort des Lebenswassers geführt hat, wiederbelebt und kommt als ein Verachteter, weil die anderen Brüder ihn inzwischen verleumdet haben, zum Vater zurück.

In einem anderen Typus, vom Goldvogel, von der Königstochter und vom Wunderpferd, lacht die Königstochter nicht, die Brüder ihm weg genommen haben, das Pferd frißt nicht und der Goldvogel singt nicht. Erst als der jüngste Bruder an den Hof zurückkommt, entfalten diese Jenseitsmächte ihre eigentliche Macht: das Mädchen lacht, das Pferd wiehert, der Goldvogel singt. Das ist dann das Symbol dessen, daß das Reichsheil wiedergekehrt ist.

Der Schamane treibt die Dämonen aus

W.W.: Inwieweit sind Krankheiten im Schamanismus – aber auch im Märchen – eine Form von Besessenheit?

H. Gehrts: Im Märchen finden wir ja oft den Kampf mit einem Dämon. Es ist eine typisch schamanische Überzeugung, daß Krankheiten durch Dämonen verursacht werden, aber durch die Kraft des Schamanen ausgetrieben werden können. Es gibt ein ganz bekanntes Märchen, in dem die Besessenheit – wie ich es nenne, obwohl es im Märchen niemals so genannt wird – und die Heilung dieser Besessenheit eine sehr große Rolle spielen. Dies ist ein Märchen aus der Sammlung von Hans-Christian Andersen: „Der Reisekamerad", ein Vertreter des Typs vom toten Helfer.

In diesem Märchen leistet der Held zunächst einen Totendienst, und zwar geht es darum, daß irgendein Toter unbestattet daliegt, weil seine Gläubiger noch an dem Toten Rache nehmen wollen. Der Held bezahlt seine Schulden, er gibt dabei sein ganzes Vermögen hin. Doch eben dadurch erwirbt er ein jenseitiges Vermögen. Ihm begegnet unerkannt der Tote als der Reisekamerad, der ihn bis an den Ort begleitet, wo sich sein Schicksal entscheiden soll. Sie gelangen zu einer Königstochter, die ihren Bewerbern zu raten aufgibt, was sie gerade denke. Das kann natürlich niemand herausbekommen, der nicht irgendwie über jenseitige Kräfte verfügt. Aber der Tote leistet diese Dienste für den Helden, indem er die Königstochter über Nacht belauscht. Um Mitternacht verläßt sie nämlich ihr Zimmer und fliegt davon in eine unterirdische Höhle in einem Berg. In einer Fassung steht in diesem Raum sogar ein Altar. Dort begegnet die Königstochter einem Jenseitigen, einem Dämon, mit dem sie jeweils verabredet, welchen Gegenstand sie ihren Bewerber raten lassen soll. Der Tote belauscht sie dabei und sagt es dem Helden am Morgen.

Auf diese Weise kann der Held zwei Fragen lösen. In bezug auf die dritte Frage sagt der Dämon zu der Königstochter, sie solle an seinen Kopf denken, weil er nicht glaubt, daß der Held darauf verfallen könne. Der Tote oder der Held in der Rolle des Toten schlägt daraufhin dem Dämon den Kopf ab, und als der am Morgen vorgewiesen wird, ist die Prinzessin von ihrer Besessenheit geheilt. Allerdings bleibt ein Rest ihres Gebrestens noch in ihr, das durch ein dreimaliges Bad vor der Hochzeit geheilt werden muß. Das ist also ein ganz typisches Märchen, das von der Heilung einer dämonischen Besessenheit erzählt.

W.W.: Wo findet der Drachenkampf statt; ist dies ein äußerer Kampf oder einer im Innern des Helden?

Wenn das verliebte Mädchen Läuse ißt

H. Gehrts: Ich habe gerade eine Arbeit fertiggestellt, die hoffentlich bald im Druck erscheint, die vom Schlaf im Märchen handelt. In den Drachenkampf-Märchen geschieht ja das Eigentümliche, daß, wenn der Held die Königstochter aus der Bedrohung durch den Drachen retten will, er dann sagt, daß er vorher erst einmal schlafen möchte. Er legt sich dann auf ihren Knien schlafen. Oft hat man sich eingebildet, daß dies eine Form des Beischlafs sei. Da im Märchen aber nie ein Hehl daraus gemacht wird, wenn es sich wirklich um einen Beischlaf handelt, kann es sich hierbei nicht darum handeln. Der Held sagt zu der Prinzessin, sie möge ihn lausen, was zwar eine Liebeshandlung ist, denn gewöhnlich ißt das verliebte Mädchen diese Läuse, da sie das Blut des Helden enthalten. Aber normalerweise, und so auch hier, führt das Lausen zum Einschlafen.

W.W.: Warum schläft der Held ein, wenn er doch dem Drachen gegenübertreten soll?

H. Gehrts: Das ist eine Rätselfrage, die man im Grunde nicht häufig genug stellen kann und die noch nicht richtig gelöst ist. Das liegt daran, daß man das Motiv des Schlafens nicht ernst genug genommen hat. Es gibt aber ein russisches Märchen, „Der Kampf auf der Brücke", das nah verwandt ist mit unserem Drachenkampf-Märchen. Hier besteht der Königssohn aus drei jungen Männern: Iwan Zarensohn, Iwan Magdsohn und Iwan Kuhsohn. Die Magd und die Kuh sind zu gleicher Zeit wie die Königin auf zauberhafte Weise geschwängert worden. Aber diese dreifache Gestalt bedeutet ganz unzweifelhaft einen einzigen Königssohn. Es gibt in der indischen Retnalistik ganz eindeutige Beispiele dafür, daß der König aus fünf göttlichen Personen besteht. Das Interessante an dem russischen Märchen ist, daß der Kuhsohn auf der Brücke den Drachenkampf besteht, während die beiden anderen Brüder fest schlafen. Die Brüder hätten ihm eigentlich helfen sollen, aber sie schlafen, während Iwan Kuhsohn mit Mühe und Not den Drachenkampf besteht. Es ist also ein ganz geheimnisvolles Verhältnis, in dem diese drei Personen in einer Dreieinigkeit miteinander verwoben sind.

Dieses Beispiel läuft darauf hinaus, daß auch der einzelne Drachenkämpfer wirklich unter dem Kampfe schläft. Hinzu kommt noch, daß der Held sehr schwer zu erwecken ist, wenn sich der Drache naht; oftmals wacht der Held erst durch die Träne der Prinzessin auf, in deren Schoß er schläft, wenn sie auf sein Antlitz fällt. Er besiegt nun den Drachen, geht aber nicht etwa mit der Prinzessin nach Hause, sondern er nimmt, trotz ihrer Bitten, mit ihr zu kommen, Abschied von ihr. Im weiteren Verlauf des Märchens drängt sich dann meist ein anderer vor, der von ihr den Eid verlangt, daß er den Drachen besiegt hätte.

Das Eigenartige ist, daß der wirkliche Erretter noch ein Jahr in der Welt umherläuft und genau am Jahrestag wiedererscheint. Das ist meines Erachtens ein weiterer Hinweis darauf, daß er gar nicht leibhaft am Orte war, sondern daß er diesen dämonischen Drachen als Seelenwesen bekämpft hat. Es ist also ein Kampf in der Ekstasis. In vielen Fassungen des Märchens kommt der Schlaf noch ein zweites Mal vor, indem der Held nach dem Drachenkampf wiederum einschläft und dann oftmals von dem Verräter getötet wird. Meist sind es seine helfenden Tiere, die ihn wieder ins Leben zurückrufen. Dies ist also ein weiteres Schlafmotiv, das sich unmittelbar an den Drachenkampf anschließt.

Aus allem möchte man den Schluß ziehen, daß der Held nicht nur im Schoße der Prinzessin schläft, sondern daß der gesamte Vorgang ein Erlebnis im ekstatischen Schlafe ist.

Jagdzauber

W.W.: Eine wichtige Figur der Schamanenwelt ist der Jäger. Nun glaube ich aber kaum, daß dieser Schamanenjäger irgend etwas mit dem Jäger aus dem Märchen zu tun hat, oder gibt es hier doch Ähnlichkeiten?

H. Gehrts: Es gibt einen Märchentypus, und zwar denjenigen vom Goldenen oder Grindkopf, bei dem der Held wie bei dem „Eisenhans" auf wundersame Weise goldenes Haar erlangt. Dieses goldene Haar verbirgt er aber unter einer Mütze oder einem Schafsmagen, eine Kopfbedeckung, die ihn sehr häßlich macht. Fortwährend sagt er, daß er seine Kopfbedeckung nicht abnehmen könne, da er ein Grindkopf sei. Er arbeitet als Gärtner am Königshof und nimmt in einem Augenblick, in dem er nicht vermutet, daß ihm die

Prinzessin zusieht, seine Kopfbedeckung ab. Die Prinzessin wird nun von seiner Wesensart ergriffen, das heißt sie durchschaut seine Grindkopf-Verkleidung. Er kann sich aber noch nicht als der eigentliche Held offenbaren, denn er muß sich erst, nachdem er die goldene Kraft aus dem Jenseits erworben hat, in dieser Welt bewähren. Das geschieht unter anderem dadurch, daß er seinem künftigen Schwiegervater mit aufgedecktem Kopf bei der Besiegung seiner Feinde hilft. Er erhält in diesem Kampf eine Wunde, die letztendlich beweist, daß der Grindkopf auch der goldene Kämpfer ist.

Neben diesem Schlachtmotiv kommt auch das Motiv der gebrandmarkten Nebenbuhler vor. Die Prinzessin hat meist noch zwei Schwestern, die immer mit gewöhnlichen Menschen verheiratet sind. In der alten Kultur sind derartige gewöhnliche Diesseits-Menschen nicht als Könige geeignet. Man muß jenseitige Macht in sich haben, die der Goldene mit seinem goldenen Haupt erweist. Das goldene Haupt ist das Merkmal einer inneren Weihe. Eben dieses Zeichen der inneren Weihe gibt es übrigens auch bei schwarzköpfigen Völkern. Es ist also kein Rassenmerkmal.

Den Nachweis der inneren Weihe kann der Held auch auf andere Weise erbringen, zum Beispiel indem er dem König ein Heilmittel bringt. In einem kordofanischen Märchen ist dies das Blut von bestimmten Tieren, von Gazellen. Die Schwiegersöhne des Königs reiten aus, um dieses Wild zu erlegen. Aber der Grindkopf vermag es so einzurichten, daß die anderen überhaupt kein Wild antreffen. Das ist ein Jagdzauber. Er versammelt das gesamte Wild um sich, und als die anderen auf dem Heimweg an ihm vorüberkommen, sitzt er bereits als der Goldene dort und überläßt ihnen seine Jagdbeute gegen eine Brandmarkung, oder er schneidet ihnen einen Ohrzipfel ab. Es handelt sich bei dieser Erprobung der Schwiegersöhne durchaus nicht um den Nachweis, ein guter Jäger zu sein, sondern darum, das wunderbare Heilmittel zu bringen, also zu erweisen, daß sie jenseitige Macht erwerben können. Darum sind sie gezwungen, auf die Bedingungen des Goldenen einzugehen, zum Beispiel sich einen kleinen Zeh oder einen kleinen Finger abschneiden zu lassen oder eine Brandmarkung über sich ergehen zu lassen. Anhand dieser Brandmarkungen kann der Goldene schließlich beweisen, daß er der jenseitig Begabte, mithin auch der rechtmäßige Königserbe ist. – Natürlich kommt die Jagd auch sonst in vielfältiger Weise im Märchen vor, bei dem Förster, bei Edelleuten, die jagen, aber das hat im allgemeinen nichts mit schamanischen Elementen zu tun.

W.W.: Meist taucht in den Märchen das Motiv der Wanderung, der Reise oder der Suche auf. Oft ist auch der Fluß eine Grenze zwischen der hiesigen und der jenseitigen Welt. Ist diese Reise mit dem Weg der Initiation eines Schamanen vergleichbar?

H. Gehrts: Der Fluß ist im Märchen tatsächlich eine Grenze zwischen dem Diesseits und dem Jenseits. Überdies gibt es noch andere Grenzen, zum Beispiel die zusammenschlagenden Berge, durch die man nur unter Todesgefahren den Weg in das andere Reich findet. Auch der Wald ist oft schon ein jenseitiger Bereich.

Der Abstieg in die Unterwelt

W.W.: Nun gibt es verschiedene Wege in die jenseitigen Welten, auf der einen Seite den Baum und den Berg, auf der anderen Seite den Brunnen und das Loch in die Erde. Werden so untere und obere Welt unterschieden oder können sie sich auch vermischen, indem man zum Beispiel über den Baum in die untere Welt gelangen kann?

H. Gehrts: Man muß wohl sagen, daß die obere und die untere Welt geschieden sind. Wir haben ja das Märchen von den drei entrückten Prinzessinnen; das ist ein Typus, der bis nach China hineinreicht. Hier wird immer ein Erdloch gefunden, in das ein Dämon verschwunden ist; oftmals führt noch eine Blutspur zum Loch, weil der Dämon bereits von dem Helden verwundet worden ist, und der Held läßt sich schließlich von seinen beiden Gefährten in die Unterwelt hinabseilen. Es ist durchaus möglich, daß er dann in eine noch tiefere Unterwelt hineinfällt.
Seine beiden Gefährten sind nämlich verräterisch gesonnen. Der Held erlöst zwar in der Unterwelt die drei entrückten Prinzessinnen aus den Fängen des Drachen oder des Zauberers, aber seine verräterischen Gefährten ziehen die drei entrückten Prinzessinnen herauf und lassen ihren Gefährten, nachdem sie ihn halb heraufgezogen haben, wieder fallen.

In einem slowenischen Märchen hat die dritte Königstochter den Helden gewarnt; sie sagt ihm voraus, daß er, wenn er hinunterfiele, einen weißen und einen schwarzen Widder sehen würde. Er solle zusehen, daß er auf den weißen falle, denn sonst würde er verloren gehen. Natürlich fällt er auf den schwarzen und kommt dadurch nochmals in eine tiefere Unterwelt. Seine Rückkehr ist zunächst sehr zweifelhaft, aber er besteht dann an einem unterirdischen Fluß einen Drachenkampf und kann damit die Menschen der Unterwelt, die an Wassermangel leiden, von diesem Drachen befreien, der das Wasser zurückgehalten hatte. Der König der Unterwelt will ihm sogar seine Tochter zur Frau geben, aber der Held winkt ab, er habe bereits ganz oben eine Braut.

W.W.: Bei dem Märchen „Frau Holle" ist mir aufgefallen, daß man vertikal durch den Brunnen in die untere Welt hinabkommt, horizontal durch das Tor aber wieder hinaus. Wie kommt das?

H. Gehrts: Das ist ein sehr häufiges Motiv, auch in den Erlebnissen der rituellen und schamanischen Kulturen, daß man durch Entrückung irgendwohin gelangt, aber dann auf einem ganz normalen geographischen Wege zurückkommt. Eines der schönsten Beispiele dafür ist ein Märchen, das erst im vorigen Jahrhundert erfunden worden ist, nämlich die „Regentrude" von Theodor Storm. Dort erhält das junge Paar von der alten Mutter des jungen Mannes die Kunde von der Möglichkeit des Abstieges; sie steigen durch den hohlen Baum viele Stufen hinab und wecken dann die Frau auf, die für das Wasser und die Fruchtbarkeit verantwortlich ist und die dort in der Einsamkeit eingeschlafen ist, weil die Menschen nicht mehr zu ihr gekommen sind. Nachdem das Mädchen sie aufgeweckt und ihren Segen empfangen hat, fährt das Paar auf einem dort unten entspringenden Bach entlang, bis sie mit einem Male bemerken, daß dies der heimische Bach ist, der durch das eigene Dorf fließt.

W.W.: Wie erklären Sie, daß man in eine untere Welt hinabsteigt, aber auf gewöhnlichem Wege horizontal wieder hinausgelangt?

H. Gehrts: Der Abstieg in die Unterwelt hat symbolische Bedeutung, es ist eine Entrückung, und schließlich kommt man wieder zu sich, zu seinem gewöhnlichen Bewußtsein. Der Weg zurück ist der Weg in die reale körperliche Welt.

W.W.: Wenn der Weg, die Suche, im Märchen dem Initiationsweg des Schamanen ähnelt, warum wird dann im Märchen immer der Unerfahrene, der Jüngste, der den Weg noch ganz gehen muß, geschildert, aber nie der Erfahrene, Eingeweihte, der doch auch Erlebnisse hat, die es lohnen würde, als Märchen zu erzählen?

H. Gehrts: Der Weg ins Jenseits wird nicht durch die Ratio *[die Vernunft]* eröffnet, auch wenn der gereifte Mensch des Altertums sich sicherlich auch schon auf seine Vernunft verließ. Aber mit der Entwicklung der Ratio kommt hinzu, daß der Mensch selbstisch, ich-bewußt wird. Die mehr selbstischen Menschen sind in den Märchen meist die älteren Brüder, während der jüngere meist der ärmere, aber menschenfreundlichere ist, der im Gegensatz zu seinen älteren Brüdern auch noch sein letztes Gut verteilt. Eben dadurch gewinnt der Jüngere die Hilfe von älteren Menschen oder anderen Wesen. Der Jüngere ist also meist bereit zu opfern. An dieser Stelle tauchen auch oft Wolf und Fuchs als die helfenden Tiere auf. Der Wolf verlangt zum Beispiel, daß ihm das wichtige Reitpferd geopfert werde, und nachdem der Jüngere sein Pferd geopfert hat, ist der Wolf bereit, ihn selbst in das ferne gewünschte Land zu tragen. Oft reitet der Held dann sogar auf dem Fuchs; ein ganz eigenartiges Bild, da dies in der Realität gar nicht möglich wäre.

W.W.: Das Pferd ist ja auch ein Tier, das sich im Märchen opfert.

H. Gehrts: Ja, genau. Es gibt das Motiv, daß das Pferd jemand bis zu einer bestimmten Grenze, oft sogar über einen Fluß, trägt und dann sagt, daß es mit ihm nicht mehr weitergehen könne. Das Pferd fordert dann dazu auf, daß es zerteilt werde, daß das Fell ausgespannt, daß das Haupt an einem bestimmten Platz gelegt werde und vieles mehr. Meist ist es eine Frau, die auf diesem Pferd vor einem Dämon geflohen ist. Sie legt sich dann zwischen den Teilen des Pferdes schlafen und wacht am Morgen in einem Hause auf. Durch das Tieropfer ist also ein Schloß, ja ein Reich entstanden.

W.W.: Die Zerstückelung des Tieres bzw. das Tieropfer selbst sind auch schamanische Motive?

H. Gehrts: Ja, bei schamanischen Einweihungen, besonders im Osten, in Sibirien, werden Pferde geopfert.

Auch das Jenseits ist erlösungsbedürftig

W.W.: Eine neue Droge seit einigen Jahren ist mal wieder der Spiritismus in seinen unterschiedlichsten Kategorien. Tritt diese Suche, oftmals sogar diese Sucht, deswegen so stark auf, weil die Menschen nicht mehr so sehr mit Märchen leben? Und würde diese Sucht verschwinden, wenn sich die Menschen wieder stärker mit Märchen auseinandersetzen würden?

H. Gehrts: Die Sucht muß oder möchte, wie sich versteht, zum Verschwinden gebracht werden. Indessen ist die Sucht wohl häufig eine Verderbnis der Sehnsucht, die dem Menschen gesund und natürlich ist, eine Entartung der Sehnsucht nach dem Nichtalltäglichen, nach dem Wunderbaren. Man kann, wenn man danach beschaffen ist, die Sehnsucht absterben oder ohne Erfüllung hinschmachten lassen. Wer nicht so geartet ist, wen es wirklich zu Wunder und Verzauberung hinzieht, der findet in der Märchenwelt gewiß die notwendige Minderung der alltäglichen Wertewelt, das Aufsteigen einer Wunderwelt, derer er bedarf. Durch die Märchen würde er dann, kraft ihres initiatischen Gehaltes, auch möglicherweise bis dorthin geführt werden, wo sich sogar mit der Droge Spiritismus ein Weg zu echter Erfüllung auftäte. Doch ohne Initiation, Sucht statt Suche, das ist wirklich eine alte Erfahrung, führt der Drogenweg, welcher Art auch immer, ins Abseits.

Ferner ist es wichtig hinzuzufügen, daß der gute Weg nicht notwendig nach der Art der Initiationen des Altertums beschritten werden muß. Es gibt spontane Einweihungen, die das Lebensschicksal selber dirigiert. Als ein Beispiel könnte man Justinus Kerner nennen, der seine Überzeugung vom Hereinragen einer Geisterwelt in die unsere auf einem Wege gewann, der ihn über mehrere Stationen, über Begegnungen mit immer neuen Erscheinungen – Somnambulismus, Sehertum, Besessenheit, Spuk – zu einer tief wurzelnden Einsicht führte, die seinen ursprünglichen Vorstellungen ganz entgegengesetzt war.

W.W.: Würden Sie sagen, daß Märchen ein Heilmittel für seelische Erkrankungen sein können?

H. Gehrts: Das würde ich unbedingt bejahen. Ich habe vor einigen Jahren einmal einen Film-Vortrag über Drogen gehört, bei dem in der ersten Reihe auch einige Süchtige saßen. Ich hatte damals das ganz dringende Gefühl, daß, wenn man diese Menschen in eine Wunderwelt einzuführen vermöchte, die unsere gegenwärtige Welt ja nicht ist, man mit den Märchen einen Weg anbahnen könnte, der zur Heilung führen könnte. Dazu gehört freilich immer ein Kenner der Materie. Ich habe mich in der letzten Zeit auch viel mit dem Totendienst und der Totenhilfe beschäftigt und bin dabei zu der Erkenntnis gelangt, daß es für einen Psychotherapeuten und für andere verantwortliche Menschen dringend notwendig ist, sich selbst ein Wissen vom Jenseits zu verschaffen, damit sie seelisch oder körperlich Erkrankten, auch Todbedrohten, eine Hilfe sein können. Dazu können die Märchen gewiß ein Wegstück bedeuten. Allerdings denke ich dabei nicht an die personenbezogene Art der Märchendeutung, sondern an jene märchenhafte Bilderwelt, die das Diesseits vom Jenseits her erfüllt sein läßt. Das eben wäre Erfüllung zu nennen.

Hinzuzufügen ist noch, daß auch das Jenseits eine Erlösung braucht, was in der Gralssage klar zum Ausdruck kommt. In der alten Welt waren nicht so sehr die Lebenden erlösungsbedürftig, sondern weit mehr die Jenseitigen, auch die Toten, und ihre Erlösung bestand eben darin, daß sie wieder in eine innige Verbindung mit den Diesseitigen kamen. Vielleicht führt es zu einer heilsamen Erkenntnis, wenn man die Frage stellt, ob es nicht vielleicht mehr auf eine Befreiung der Toten aus dem unzugänglichen Bereich ankommt, in dem wir sie abgekapselt halten, als auf die Befreiung der Hiesigen, von welcher Bedrängnis auch immer es sein mag.

ZAUBERMÄRCHEN UND SCHAMANENTUM

Einführung

Zur Einführung in die Tagungsthematik *[Tagung der „Europäischen Märchengesellschaft"]* sind die beiden verwendeten Wörter Zaubermärchen und Schamanentum zu erklären. Überdies, um das Thema im rechten Verhältnis zu sehen, ist es notwendig, etwas zur Märchenkunde im allgemeinen zu sagen.

Wenn ich es recht sehe, gibt es fünferlei Weisen, vom Märchen wissenschaftlich Kenntnis zu nehmen. Die erste und grundlegende wäre die Märchensystematik. Sie ordnet die ungeheure Fülle der im Lauf der Jahrhunderte gesammelten Märchenfassungen in einem Typenregister. Dessen Grundlage wurde von dem Finnen Antti Aarne am Anfang des 20. Jahrhunderts geschaffen – in deutscher Sprache –, und es liegt jetzt auf englisch in erweiterter Form vor unter dem Titel: „The Types of the Folktale", redigiert *[bearbeitet]* von dem Amerikaner Stith Thompson. Jeder Märchentyp hat dort seine Nummer, und beim Zitieren werden der Zahl die Buchstaben AT vorangesetzt – nach den Verfassernamen Aarne und Thompson. Mit AT 300 ist beispielsweise das Märchen vom Drachenkampf eindeutig bezeichnet.

Doch haben wir, wenn die Nummer einer Märchenfassung genannt wird, damit nicht nur eine nichtssagende Zahl gehört; vielmehr ordnet das Register die Märchen auch dem Gehalt nach. Demnach: wenn wir erfahren, daß einem Märchen die Nummer AT 130 zugeordnet ist, dann wissen wir sogleich, daß es sich um ein Tiermärchen handelt; denn von 1 bis 299 werden die Tiermärchen gezählt, und wenn wir unter 130 im Register nachsehen, finden wir, daß es sich um eine den Bremer Stadtmusikanten verwandte Fassung handelt. Auch gibt es dort Hinweise auf die wissenschaftliche Literatur zum Typ und weitere wichtige Angaben. Dies erfahren wir also alles nur mit Hilfe der Nummer, auch wenn wir nicht ein Wort von der betreffenden Märchenfassung, die vielleicht eskimoisch oder tamilisch sein mag, verstehen.

Von 300, beginnend mit dem Drachenkampf, bis 1199 zählen die „eigentlichen Märchen", les contes proprement dits, the ordinary folktales. Diese eigentlichen Märchen sind nochmals unterteilt; von 750 bis 849 laufen die Legendenmärchen – mit dem singenden Knochen als 780 zum Beispiel; von 850 bis 999 zählen die Novellenmärchen – etwa mit Jungfer Maleen 870 und König Drosselbart 900; von 1000 bis 1199 reihen die Erzählungen vom dummen Teufel sich an. Diese letzte Untergruppe leitet schon über zu der folgenden Hauptgruppe, den Schwankmärchen und Schwänken, die sich anschließen von 1200 bis 1999.

Mit dieser Gruppe sind wir vom eigentlichen Märchen schon weit entfernt. Die Hauptuntergruppe haben wir noch zu nennen: von 300 bis 749 – und damit haben wir unseren Begriff – zählen die Zaubermärchen, d.h. die eigentlichsten der eigentlichen Märchen, engl. tales of magie, was dem deutschen Wort nicht genau entspricht, russisch besser volšebnaja skazka. Diese lange Reihe ist noch einmal in 7 Gruppen unterteilt, und Aarne hat zur Kennzeichnung des Inhalts überall das Wort übernatürlich verwendet, was Thompson als supernatural übernommen hat, – also übernatürliche Gegner, Gatten, Aufgaben, Helfer, Gegenstände, Kenntnisse und Fertigkeiten, Sonstiges. Da das Wort übernatürlich schon eine Deutung des Märcheninhaltes darstellt und zudem grade dem Wesen des Märchenhaften zu widerstreben scheint, so wäre vielleicht das Wort wunderbar dort überall angemessener – und dazu als Oberbegriff das Wort Wundermärchen, das in der Tat auch verwendet wird, so auch im französischen Ausdruck contes merveilleux.

Damit komme ich zu der zweiten Art wissenschaftlicher Annäherung an das Märchen, es wäre die literaturwissenschaftliche. Der eigentliche Pionier auf diesem Gebiet, dem wir einige großartige zusammenfassende Darstellungen verdanken, ist der Schweizer Max Lüthi. Er vereint in seltener Weise die Gaben einer formalen Analyse des märchenhaften Erzählens mit der Sichtbarmachung bedeutender Gehalte. Er hat eine ganze Reihe formaler Elemente ans Licht gehoben und greift dabei selbstredend auch auf die Befunde anderer Forscher zurück. Ich erwähne für letzteres die Zweiteiligkeit der Handlung, ein wichtiges Merkmal, das eine ganze Reihe typischer Märchen auszeichnet, und die Eindimensionalität, die Lüthi herausgearbeitet und so benannt hat. Er versteht darunter die merkwürdige Tatsache, daß die menschliche Märchenperson – mit Lüthis eigenen Worten: „nicht das Gefühl (hat), im Jenseitigen einer anderen Dimension zu begegnen." Dies gilt sowohl für das Zusammentreffen mit den für uns „übernatürlichen" Wesen, wie für die Erreichbarkeit der für uns „übernatürlichen" Stätten. „Das Wunderbare", so Lüthi, „ist dem Märchen nicht fragwürdiger als das Alltägliche. In der Sage sind die Jenseitigen dem Menschen äußerlich nah" – erläuternd dazugesagt: in der bedrängenden Erscheinung – „und geistig fern. Im Märchen sind sie ihm örtlich fern, aber geistig-erlebensmäßig nah." Und schließlich: „Jedes Jenseitsreich läßt sich erwandern oder erfliegen." – Dies sind Sätze, die für unsere Thematik von höchster Bedeutung sind, denn sie kennzeichnen typisch schamanisches Erleben: aber Lüthi hat diese Einsichten nicht durch einen Vergleich mit ethnologischen Berichten gewonnen, sondern allein aus der Analyse der Volkserzählungen. Diese seine Ansichten sind dadurch für uns besonders wertvoll.

Stellen wir sogleich die Frage nach dem Wesen des Schamanentums. Das Wort Schamane stammt, so wie wir es verwenden, aus Nordasien, wird aber mit Recht auf alle verwandten Amtsträger in der Welt angewendet; sie alle sind kultureigene Varianten eines Grundtyps. Was tut nun der Schamane und was kann er? Eben dies: er kann nach seinem Willen und gemäß dem Bedürfnis der von ihm vertretenen Gemeinde mit den Jenseitigen verkehren – entweder an Ort und Stelle, im Kreise der von ihm Betreuten, – oder so, daß er die Wesen an ihrer eigenen Stätte aufsucht. Das eine wie das andere unternimmt er bei verändertem Bewußtseinszustand, in der Séance *[spirituellen Sitzung]*, also auf verschiedenen Stufen der Trance *[des schlafähnlichen Zustandes]*. In jedem Falle vermag die Gemeinde an seinem Erleben und Wirken unmittelbar teilzuhaben. Kommen die Geister zu ihm, so erleben die Seinen das entweder so, daß die Jenseitigen mit körperloser Stimme unmittelbar zu hören sind, – dann kann es zu dramatischen Zwiegesprächen zwischen dem Schamanen und den Geistern kommen, – oder so, daß sie sich seines Leibes bemächtigen und mit ihrer eigenen Stimme aus ihm sprechen – der sogenannte Besessenheitsschamanismus. Reist aber der Schamane selber an die Stätten der Götter und Geister, so vermag auch dann die Gemeinde an seinen Wegerlebnissen teilzuhaben, nämlich so, daß er ohne Unterbrechung vorträgt und gegebenenfalls auch vorführt, was er erlebt, – wobei er im exemplarischen Falle die Teilnehmer in ihren Mitgefühlen und im Mitschauen so erhöht, daß sie selbst an seiner Reise und seinen Begegnungen teilzunehmen glauben – dies der Seelenfahrtschamanismus. Im einen wie im anderen Falle und im Zusammenwirken beider Erlebensarten aber öffnet sich die hiesige Welt für alle in der schamanischen Kultur Lebenden nach drüben hin, die Welt ist ihrer Potenz und ihrem Wesen nach eindimensional.

All dies ist nun aber seinem eigentlichen Wesen nach etwas Menschliches – und nicht etwa etwas nur Exotisches, Sibirisches, Andines, Grönländisches. Die lebendigsten und nächsten Beispiele sind uns allerdings seit langem aus Nordasien zugeströmt. Doch einesteils gibt es für die schamanischen Erlebnisse auch bei uns zahlreiche Zeugnisse in alter wie in neuerer Zeit, und andererseits überschätzen wir die räumliche Entfernung zu den Sibiriern. Die

Vorgeschichts- und die Kulturwissenschaft entdecken vielfältige verwandtschaftliche Zusammenhänge, und ein ungarischer Kunstwissenschaftler zieht mit Recht den Schluß, „die Völker Eurasiens verbänden wesentlich engere Beziehungen, als es die großen Entfernungen und die babylonische Sprachverwirrung vermuten lassen." Was uns freilich von den rituellen und den schamanischen Kulturen trennt, ist die Weigerung, aus Erlebnissen auch die kosmologischen und anthropologischen Konsequenzen zu ziehen. Einem einzigen Laboratoriumsexperiment messen wir mit Unrecht ein größeres Wirklichkeitsgewicht bei als 1001 Erlebnissen tüchtiger und aufrichtiger Menschen, bloß weil diese nicht experimentell wiederholbar sind. Darin beginnt sich in unseren Tagen allerdings ein Wandel abzuzeichnen.

Wie erlangt nun ein Mensch das schamanische Vermögen, wie wird man Schamane? – Man wird es durch Initiation, durch Einweihung. Im typischen Fall erfolgt sie durch die Geister selbst, die auf den jungen Menschen, ob Mann oder Weib, ganz gleich, ohne nach seinen Wünschen zu fragen, zum besten der Sippe und Gemeinde Einfluß nehmen, ihn in die Trance-Zustände einführen, ihn das Wesen der Geister, der Wege und Stätten drüben und ihre Bemeisterung lehren, aber auch in die Geheimnisse der Pflanzen und Tiere und ihrer Wirkmächte einführen. Auch Trommel, Tracht und Schamanenstab verleihen die Geister. Vor allem aber stellen sie die Verbindung zu den künftigen Hilfsgeistern her oder schließen sich dem Werdenden selbst als solche an. In Sibirien erfolgt die Einweihung oft durch Opferschlachtung, nämlich durch die Opferung des Schamanen selbst in der Trance an die Geister, an die Wege und Stätten drüben. Dies ist das Zerstückelungsritual der Geister, das in einem unserer Märchen eine so markante Spur hinterlassen hat, nämlich im Typus 400, der von der Erlösung eines Weibes durch Opferschlachtung des Mannes erzählt. Der Haupthilfsgeist des Schamanen vermittelt auch zwischen ihm und den anderen Geistern, und er ist auch sein Helfer bei der Seelenfahrt.

Der oder die Fahrthelfer sind auch bekörpert in der Trommel, die oft als das Reittier des Schamanen gilt, in der Tracht, die den Riesenvogel vorstellt, der ihn trägt, im Stabe, der bei uns im Besenstiel der Hexe nachlebt, aber auch in der Vorstellung vom Zauberstab. Hier ergibt sich für uns eine einfache Möglichkeit, den Unterschied zwischen einem Zauberer und einem Schamanen deutlich zu machen. Den Zauberstab hat man oder muß ihn haben, um mit ihm zu zaubern. Man schwingt ihn, und was man dazu spricht, geht in Erfüllung. Fragen wir aber symbolkundlich nach dem Wesen des

Stabes, so gibt es eine eindeutige Antwort dazu. Nach den ältesten, den mesopotamischen Zeugnissen ist der Stab ein Zweig vom Weltenbaum, und dies wird dort unzweideutig ausgesprochen. Der Stab hat daher mandatorischen Sinn, was der Rechtshistoriker Karl von Amira schon anfangs des Jahrhunderts, ohne Kenntnis von jenen Urkunden, ausgesprochen hat: mandatio, das heißt, Kraft und Befugnis zu getreuen Händen, manus, übergeben, datum, – hier also Mandat vom Weltenbaum, kosmischer Auftrag.

In kosmischem Auftrage handelt auch die große Schamanengestalt in einem Literaturwerk dieses Jahrhunderts, Gandalf nämlich im „Herrn der Ringe", der entgegen dem selbstischen Abwege des Zauberers Saruman seine Rolle in Saurons Ära als die eines von höheren Mächten Beauftragten sieht und der mit dem Stabe höheren Sinnes ausgezeichnet ist. An diesem Stabe zerschellt der des Zauberers Saruman, und dieser Stab trägt am Ende auch den Sieg davon über den Machtring Saurons, des Häuptlings einer Horde dämonisierter Toter, über jenen Ring, den der Widersacher in der Kraft seiner Jugend, unter Einschmelzung gewaltiger Energien, selber, ohne kosmischen Auftrag, gemacht hat.

Auch beim nordsibirischen Schamanen ist nun dieses eine unzweifelhaft: sein mandatum stammt ebenfalls vom Baume, vom Weltenbaum, auf dem er in einem Neste großgezogen worden ist; vom drüben wurzelnden Ahnenbaum; von den Bäumen, die hier, zur Vergegenwärtigung jener, aufgerichtet oder eingerichtet werden, – und auch von den Bäumen, denen er, gemäß dem Auftrag des Ahnenschamanen, das Holz zu Stab und Trommel entnimmt. Der Schamanenstab selbst aber ist, aufgepflanzt, wiederum ein anwesendes Bild jener weltbedeutenden Bäume.

Hüben und Drüben in eine Dimension eingelassen, das bedeutet nun freilich nicht die jederzeitige Käuflichkeit einer Fahrkarte von hier bis ans Ende der Welt oder ins lunare mare crisium. Der Märchenwanderer, die Wanderin, der Schamane begegnen auf ihrer Fahrt einem schwer zu bewältigenden Hindernis, einem Strom, einem Meer, die sie aus eigener Kraft nicht zu überqueren vermögen; dem Hang des Glasberges, den keine Steigekunst erklimmt; dem Felsentor, das nur zu bestimmter Stunde offensteht und das den zerschmettert, der den Augenblick versäumt. Dies Tor, ein Märchen-, Sagen- und Mythenmotiv, war in der Antike als Symplegadenfelsen bekannt; es ist in aller Welt verbreitet, kommt in allerlei Totenland- und Götterreichfahrten vor, ein Hindernis, das der Schamane kraft seiner Einweihung überwindet, der Märchenheld durch Rat und Tat seiner meist tiergestaltigen Helfer. Eindimensionalität der schamanischen und der märchenhaften Welt, ja, – aber mit einer Wesensschwelle auf dem Wege. Ich habe daher das Bild für den heurigen *[diesjährigen]* Kongreß dem Vorbild des Felsentores von Karl Friedrich Schinkel entnommen und allerdings statt der verhüllten Sonne das enthüllte märchenhafte Zielbild des Himmelsschlosses eingesetzt, dazu den Berg und den Weg.

Zwei Bahnen der Märchenforschung haben wir genannt, die Systematik und die literaturwissenschaftliche Betrachtung. Die übrigen drei sind Bahnungen der Deutung; die esoterische, die psychologische, die kulturhistorische. Unter diesen dreien hat es die esoterische Deutung heute am schwersten, sich vernehmlich zu machen, die psychologische am leichtesten. Denn diese arbeitet mit allseits geläufigen Begriffen, während der Esoteriker auf Erlebnisse und Überlieferungen zurückgreift, die nicht zum Allgemeingut gehören. Wessen beide Arten von Deutern nicht entraten können, das ist eine tüchtige Kenntnis von der Literatur ihrer Sachgebiete. In der Psychologie ist es nicht damit getan, daß man ein paar Begriffe wie Seziermesserchen handhabt, und in der Esoterik nicht damit, daß man die Symbole wie Begriffszeichen verwendet. Märchen sind Individuen, die durch eine individuelle Vertiefung erschlossen sein wollen. Zum Deuten gehört jedenfalls Feingefühl, aber auch eine möglichst umfassende Märchensachkunde. Diese Tagung ist unter anderem dazu da, die Sachkunde für eine bestimmte Art kulturhistorischen Märchenverständnisses zu vermitteln oder doch anzubahnen, eben die schamanistische.

Die kulturhistorische Märchenforschung bewegt sich abermals auf drei Bahnen, der mythologischen, der ritualistischen und der schamanistischen. Die erstgenannte ist von Anfang an beschritten, seither aber mannigfach diskreditiert *[rufgeschädigt]* worden. Doch zeitigt auch dieser Forschungsweg noch immer fruchtbare Ergebnisse, wenn man es wagt, sich darauf zu besinnen, daß sowohl die märchenhaften wie die mythischen Symbole Wirkliches bezeichnen, daß es nicht in erster Linie darauf ankommt, Mythen und Märchen zu parallelisieren, wie es heißt, also abstrakt zu vergleichen, sondern sie in ihrem Wirklichkeitssinne für uns zum Einklang zu bringen.

Der zweite Pfad kulturhistorischen Märchenverstehens ist der ritualistische; auch er hat eine lange Vorgeschichte. Sein maßgebendes Werk hat der Russe Vladimir Jakovlevič Propp geschrieben, 1946 in Leningrad unter dem Titel „Die historischen Wurzeln des Zaubermärchens" erschienen. Das Buch ist bislang nur ins Italienische übertragen worden, ein Zeichen für das geringe

Interesse, auf das derlei höchst wichtige Untersuchungen bei unseren „Erzählforschern" stoßen. Das entscheidende Ergebnis des Werkes ist die Erkenntnis, daß die Bilderwelt des Märchens und die Ablaufsformen seiner Geschehnisse in einer Fülle von Zügen den Ritualen der Vorzeit und der noch nachlebenden rituellen Kulturen entsprechen, insbesondere ihren Reifezeremonien. Damit hat Propp einen weiten Schritt getan zur wirklichen Einsicht in den ursprünglichen Gehalt der Märchen mit schwerwiegenden Folgerungen auch für unsere Versuche, den Sinn der Märchen für die Gegenwart fruchtbar zu machen.

Propp hat in seinem Werk auch bereits wichtige Fingerzeige gegeben, die den dritten Weg kulturhistorischer Märchendeutung bezeichnen, nämlich den schamanistischen. Um das Schamanentum und seinen Zusammenhang mit der Gruppe der Zaubermärchen geht es auf dieser Tagung. Dabei ist es nicht darauf abgesehen, daß jeder Redner selbst diesen Zusammenhang aufzeigt. Einige der Referate dienen unmittelbar der Erweiterung unserer Märchensachkunde, der Verbreiterung des Fundamentes, von dem aus wir das Märchen zu verstehen suchen. Das Schamanentum eröffnet ein wichtiges Kapitel der älteren Seelen- und Geistesgeschichte des Menschen – mit bedeutsamen Nachwirkungen auf vielen Gebieten und Neubelebungen unter gewandelten Formen und in späteren Epochen. Gerade aus seinem Erscheinungsbereich dürfte einiges Wesentliche in eine Reihe von Zaubermärchen eingegangen sein. Es geht dabei auch um ein aktuelles Thema, zu dem derzeit nicht nur vielerlei in Büchern und Zeitschriften publiziert wird, sondern man wird auch in einer neuen Weise aufmerksam auf die entsprechenden Erlebnisse. Sie werden nicht mehr nur als Abnormitäten angesehen, sondern als wesensbedingte, typisch menschliche Befahrnisse, die auch für unsere metaphysische Standortbestimmung von großer Bedeutung sein können und die man auch praktisch zu erneuern sucht. Insofern mag mancherlei, das hier gesagt werden wird, auch als eine Anregung zu eigenen Entscheidungen von Gewicht sein. Doch war selbstverständlich mit der Konzeption des Tagungsthemas kein irgendwie dogmatischer Sinn verbunden. In erster Linie haben wir uns dem Thema zugewandt, weil es in der Tat auf dem Gebiet der Märchenforschung seit Jahrzehnten aktuell ist und deswegen jedem Märchenliebhaber einen Gewinn verspricht.

ZAUBERMÄRCHEN UND SCHAMANENTUM

Übersicht

Das Programm kündet an dieser Stelle einen Überblick zum Thema „Zaubermärchen und Schamanentum" an, und einen Überblick gedenke ich auch zu geben. Wir hielten indes nur Stückwerk in den Händen, wollten wir allein aus der Vogelschau die Fülle der Beziehungen zwischen den beiden Themenkreisen anvisieren. Sinn erhält der Überblick erst, wenn wir den Zusammenhang von innen her anleuchten.

Ich wiederhole, daß eine große Gruppe der eigentlichen Märchen die Bezeichnung Zauber- oder Wundermärchen trägt, weil sie von wunderbaren Wesen und Geschehnissen erzählen. In dieser Gruppe stoßen wir auf die Anklänge des Schamanentums, das heißt eines Amtes und eines Personenkreises mit metaphysischer Funktion. Den Schamanen ist es aufgegeben, zum besten ihrer Gemeinden den unmittelbaren Umgang mit den Wesen, mit Göttern, Geistern, Totenseelen zu pflegen, sie gegebenenfalls auf einer Seelenreise an ihren Stätten aufzusuchen, die guten zur Hilfe zu bewegen, die bösen, insbesondere die Krankheitsdämonen, niederzuringen. Doch wird in den Märchen von schamanistischen Überlieferungen nicht etwa erzählt, als seien sie der eigentliche Gegenstand der Darstellung, als käme es auf die schamanische Wundertat an; das Märchen ist keine Schamanenlegende. Sondern es erzählt von menschlichen Geschicken innerhalb jener alten wundersamen Kulturkulisse. Die Geschicke haben die Form eines besonderen Ereignistyps, nämlich die der Initiation. Dieser Ereignistyp ist den rituellen und den schamanischen Kulturen und den esoterischen Gemeinden eigen, und die zugehörige Erzählung schildert die Einweihung in Gehalt und Gestalt der jeweiligen Kultur durch den Erwerb der ihr eigentümlichen Einsichten und Befähigungen. Ganz so sind auch die Märchen initiatische Erzählungen.

Die Märchen führen die Einweihungen insbesondere vor an ihren menschlichen Leitbildern, an den zum Königtum Berufenen. Könige sind im Zaubermärchen nicht erbliche Herrscher, nicht Rechtspersonen und Verwaltungsbeamte, sondern dem Wesen nach Schamanen. König wird im Märchen nicht ein Kronprinz, sondern wer etwas Bestimmtes vermag: sich in die Unterwelt hinabzulassen oder zu den Himmelsschlössern aufzufahren; Dämonen zu besiegen und Heilung zu bringen; stockende Geschicke zu lösen, das heißt, Wesen zu erlösen; Elementargeister und zaubrische Tiere als Helfer zu gewinnen. Auch das Mädchen bewährt sich auf ähnlichen Wegen und mit solchen Wesen als Geleitern. Mann und Weib finden den Herzgesellen auf goldenen Höhen, in der Unterwelt, in blauer Ferne. Wenn es um das Lebenswasser geht, so erringt der Held zugleich die Jenseitsbraut und zeugt mit ihr an der Quelle. Kurz, König wird, wer Schamanisches kann.

Könige und Schamanen haben auch dies gemeinsam, daß ihnen in besonderem Maße der Lebensglanz, das Wesenslicht eigen ist. Schamanische Sagen erzählen, wie das Licht zur Einweihung in Mann oder Weib eingeht; in unseren Märchen hat es die Gestalt wunderbarer Gewänder und Rüstungen und erscheint als Gold und Sonne, lichte Mädchenschönheit, Goldeners Haupthaar. – In den Schamanenkulturen spielen Tierherr und -herrin eine große Rolle; in unseren Märchen finden Held und Heldin oftmals Hilfe bei den Herrschern der Vierfüßer, Vögel, Fische. Hilfsgeister in Tiergestalt, wie die Schamanen sie zur Einweihung erhalten, kehren im Märchen in Gestalt tierischer Ratgeber und Reittiere wieder. Die Geisterreitpferde seines Vaters gewinnt im Glasbergmärchen der jüngste Sohn oftmals durch nächtliche Wache am Grabe, ein unverhüllt schamanisches Motiv. Der Grabwache nahverwandt ist das allgemeine nächtliche Draußensitzen, um ein Gesicht zu erlangen und in diesem Gesicht eine Verbindung zu knüpfen mit helfenden Geistern, – so oftmals im Goldvogelmärchen, aber als ein Kulturmotiv ausgeprägt in der skandinavischen Überlieferung wie bei nordamerikanischen Indianern.

Zum Abschluß dieser unvollständigen Übersicht noch eine Bemerkung zur Sprache. Überall auf der Welt, wo schamanisches Wissen lebt, weiß man von der Geistersprache, die nur der Eingeweihte versteht, einer Sprache, die stets bildhaft ist. Vor 160 Jahren, auf der berühmten Wrangel-Expedition nach Sibirien, hatte ein russischer Forscher eine Begegnung mit einem Schamanen, dessen Aussagen in der Séance, sein Fern- und Vorwissen, er positiv bewertete. Doch waren seine Aussprüche teilweise auch dunkel, der Forscher nennt sie poetisch, und seine Dolmetscher waren nicht imstande, sie zu übertragen: „sie erklärten diese Aussprüche für hohe, oder wie es hier heißt, Märchensprache." Eine sehr aufschlußreiche Anmerkung, die indes nicht nur eine Gleichsetzung von schamanischer und märchenhafter Rede enthält. Vielmehr erscheint ihr Sinn erst dann, wenn wir bedenken, daß nach alter Überzeugung Dichtung aus einem veränderten Bewußtseinszustand hervorquillt, aus dem Rausch, was wir nicht nur bei Platon bestätigt finden, sondern auch überall in Sibirien, wo der Schamane der Schöpfer, Bewahrer und Erneuerer großartiger Dichtungen ist. Auch das Bewahren, das Rezitieren der Überlieferungen geschieht hier also in einem trance-verwandten *[schlafverwandten, hypnotischen]* Zustand, worüber man auch unter uns einmal nachdenken dürfte.

Die vielfältigen Übereinstimmungen zwischen schamanischen und märchenhaften Zügen haben auch berufene Märchenkenner außer acht gelassen. Andererseits ist das Erlebnis dieser Ähnlichkeit an einer Reihe bedeutender Forscher auch nicht vorübergegangen. In der ungarischen Märchenforschung lebt die schamanische Deutung schon seit mindestens 60 Jahren. Außerdem wären vor allem zu nennen: Karl Meuli, Vl. Jak. Propp, Reidar Th. Christiansen, Friedrich von der Leyen, Will Erich Peuckert, Mircea Eliade. Unter uns ist ganz besonders hervorzuheben ein Vortrag, den ein Mitglied unserer Gesellschaft, Luise Resatz, 1959 auf einer Tagung in Kiel gehalten hat; er ist auch wiederholt im Druck erschienen. Sie hat damals nicht auf die übliche Weise die kulturhistorischen und die Märchenmotive einander gegenübergestellt, sondern hat das märchenhafte Erleben unmittelbar mit dem schamanischen Erleben zusammengebracht, hat beides, im Sinne der Klages'schen Metaphysik, elementarisches Erleben genannt und abschließend eine Forderung aufgestellt, nämlich diese: Märchenpflege auch und vorzugsweise in dem Sinne aufzufassen, daß man unter uns das dem Märchen entsprechende Erleben ebenfalls fördern möchte. Das war nun freilich ein unerlaubter Schritt aus dem Wissenschaftssandkasten heraus ins grüne Fruchtland; ihm folgte notwendigerweise eine entsprechende akademische Rüge.

Doch hat in jenen Jahren auch ein Völkerkundler eine ähnliche Forderung erhoben und wurde von einem Fachgenossen in ähnlicher Weise getadelt. Hans Findeisen riet, angesichts unserer auf die Katastrophe zurasenden Verstandeskultur zu einer Harmonisierung der schöpferisch-seelischen und der rationalen Begabungen – mit einer Orientierung an dem Vorbild der schamanischen Inspirationskulturen. In der Tat eine Aufgabe, deren Erfüllung über Sein und Nichtsein mit entscheiden könnte.

So weit die Einführung zum Überblick, und wenn wir diesen nun von innen her zu vertiefen suchen, dann sage ich als erstes: ich und du, Sie und wir alle sind Seelen. Ich sage nicht, wir haben eine, denn wäre die Seele für uns ein habhafter Besitz, wer oder was wären dann wir als Besitzer? Von irgendeinem anderen Punkte ausgehend, von Leibes- oder Bewußtseinsfunktionen aus, gelangten wir nie mehr zu einer Wirklichkeit der Seele. Nur vom Ursprünglichsten ausgehend, erfassen wir wahrhaft unsere Wirklichkeit, und darum sage ich, wir sind es. Nur darauf beruht die Möglichkeit märchenhaften Wesens und Daseins. Wir sind dazu aber auch noch Leiber, und mein Satz ist keineswegs im Sinne der leibverachtenden Einseitigkeit vergangener Jahrhunderte gemeint. Aber in erster Linie und dem Wesentlichen nach sind wir Seelen, und was wir Bestes und Schönstes durch den Leib erleben, dessen werden wir inne durch die Seele; ja, als seelisches Erleben krönt sich erst das Erleben des Leibes. Allerdings können wir die Seele auch zugunsten ihres körperlichen Organs vernachlässigen; doch unseren eigentlichen Zielen kommen wir näher, wenn wir den Leib leichter machen dadurch, daß die Seele die Führung erhält. Die Seele in Führung zu bringen, ist eigentlich das Hauptziel schamanischer und märchenhafter Initiation *[Einweihung]*. Daher vermag der Schamane noch als Greis stundenlang in seiner mit schweren Eisenteilen behängten Tracht zu tanzen, – während andererseits unsere Sagen berichten, daß der vorwitzige junge Mann, der sich leibhaft in den Reigen der Hexen einschleicht, dadurch zu Tode erschöpft wird. Dies ist die erste schamanische und märchenhafte Grundthese, daß wir Seelen sind.

Die zweite Grundthese ist diese, daß wir als Seelen unendlich sind und daß uns als so beschaffenen Seelen nur eine unendliche Welt Genüge tut. Welche Weiten eröffnet das Märchen! Nirgends trifft der Weltenwanderer auf eine Grenzmarke; bis zu den Gestirnen hinauf geht der Fernenweg, und noch über sie hinaus führt Mann und Weib ihr Weltengefährte, der Wind, der Atem des Unendlichen. Selbst das Todestor ist nicht verriegelt, es öffnet sich im rechten Augenblick und gibt den Weg frei in die Tiefen der Welt. Wo aber als Ziel einmal das Ende der Welt genannt wird, da stellt es sich nicht dar als eine Bretterwand, sondern als Tiefe des Erlebens, wo die erstreckte Unendlichkeit aufhört und erst recht die innerliche des Wesens beginnt. Überall ist Ende und Urbeginn, und für den Visionär eröffnet sich an jedem Wegekreuz die Unendlichkeit. „Der Seele Grenzen kannst du nicht ausfinden, auch wenn du gehst und jeden Weg abwanderst, so tief ist ihr Sinn."[1] – Mir scheint, daß in diesen Grundzügen der märchenhaften und der schamanischen Welt der eigentliche Sinn ihrer Eindimensionalität, das heißt ihrer Nichtzerklüftung in Diesseits und Jenseits, hervortritt.

---

[1] Herakleitos B 45.

Es ist bekannt, welch ungefüge Propaganda-Monstren gegen die vorgetragenen Grundthesen aufgerichtet worden sind. Dem dritten grundlegenden Weltmotiv des Märchens stemmt sich auch das größte Ungeheuer entgegen, man könnte es den Porno-Riesen nennen. Darum ist wohl auch, so weit ich mich entsinnen kann, die Liebe noch niemals zum Thema einer Märchentagung oder auch nur eines Einzelvortrages genommen worden. – Der Seele entschiedenstes Anliegen ist es, die Unendlichkeit zu erleben, sich selbst und ihr Gegenbild im Unendlichen als unendlich zu erleben. Setzen wir den Antrieb zur Schöpfung in einen unendlichen Schöpfergeist, so finden wir sie motiviert in seinem Wunsche, sich im endlichen Geschöpf seiner selbst ansichtig zu werden. Dazu muß aber das Geschöpf in seiner Begrenzung auch selbst von unendlichem Gehalte sein: eine menschliche Seele, die auch selbst wieder von jenem Wunsche des Urschöpfers durchdrungen ist: in einem Unendliches enthaltenden und verheißenden Bilde des Da-Seins innezuwerden: der Ursprung des Eros.

Freilich haben schon seit alters der Markt- und der Moral-Götze das Flügelkleid des Eros mit einer Masse von Schwergewichten beladen und neuerdings noch der Porno-Riese. Der Leib, an den die Führung entglitt, ward mit der ganzen unholden Tatsachenwelt überladen. So schwand auch der Eros zu den anderen Wesen dahin, der den Menschen früherer Zeiten Schicksal tragen half, im Schamanentum, im Märchen, und stattdessen tragen wir schwer an der Verantwortung gegenüber Wald und Kröte, Mond und Kosmos. Wiederholen wir demgegenüber noch einmal die erprobte schamanische Weisheit: Der Leib tanzt, wenn er der Seele die Führung überläßt, auch selbst im Eisengewand. Mit dem schweren rumpelnden Holzkleide angetan, meistert das Mädchen Karin Holzrock sein Schicksal bis hin zur Hochzeit. Mit Eisenschuhen an den Füßen, mit dem Eisenstabe in der Hand, wandern Liebende nach dem Geliebten durch die Welt und finden sie erst, wenn sie die Härten von Stahl und Stab völlig abgenutzt haben.

Daß im Märchen die Liebe eine große Rolle spielt, hat man selbstverständlich immer gesehen und auch für die Definition des Begriffes benutzt, – so etwa Walter A. Berendsohn 1921: „Das Märchen ist eine Liebesgeschichte mit Hindernissen, die ihren Abschluß in der endgültigen Vereinigung des Paares findet." Trotz der saloppen Ausdrucksweise wird hier doch etwas Faktisches über den Handlungsverlauf gesagt, und das Inhaltliche wird noch ergänzt durch den Satz: „Der eigentliche Gehalt des Märchens liegt in seinen Jenseitsmotiven." – Lutz Mackensen schrieb vor 60 Jahren nicht ganz treffend: „Das Märchen als mehrgliedrige Wundererzählung mit erotischem Kerngehalt...ist der Roman der Primitiven." – Die Wörter mehrgliedrig, Wunder, erotischer Kerngehalt sind wohlbegründet. Das Wort Primitive verwenden wir heute nicht mehr, weil wir gemerkt haben, daß wir, mit unserer somatisch *[körperlich]*-materialistischen Zivilisation, die eigentlich Primitiven sind. Auch ist der Terminus Roman als Oberbegriff hier verfehlt. Weit sinnreicher formuliert Novalis das umgekehrte Verhältnis: „Alle Romane, wo wahre Liebe vorkommt, sind Märchen – magische Begebenheiten."

Bei diesem Satz hatte Novalis gewiß vor allem die Romane Jean Pauls im Sinn, Jean Pauls, der nach Stefan Georges sicherlich zutreffender Ansicht zwar nicht unser größter Dichter war, der war Goethe, wohl aber das größte dichterische Genie der Deutschen. Bei ihm entdecken wir großartige Bilder für das Wesen der Liebe, eben auch der märchenhaften Liebe. Als Beate sich Gustav zuwandte, „so öffneten sie sich einander ihre Augen und ihr Innerstes; die zwei entkörperten Seelen schaueten groß ineinander hinein..." – Oder wo die Entkörperung nicht vollends vollzogen ist und der Schatten des Leibes noch nachwirkt: „Wie ausländische Geister aus zwei fernen Weltabenden sahen sie einander hinter den dunklen Larven an." – Dieses Sich-Öffnen zweier Seelen zueinander ist zugleich immer das Erleben einer Welt, die wirklicher ist als die von der Liebe nicht verzauberte Alltagswelt. Der Liebende wendet die Augen weg vom Spiegelbild und richtet sie an „das Urbild selber, und das Ineinanderrinnen der Blicke, das Zusammenzittern der Seelen warf in den engen Augenblick die Gefilde eines langen Himmels." – Raumsymbolisch ist die folgende Begegnung zweier Liebender nahverwandt der Bewegung des Paares im Märchen vom Schwanenmädchen. Da stehen sie einander gegenüber, „so verändert, so selig zum ersten Male, zwei solche Herzen, sie wie ein Engel, der vom Himmel niedersank, er wie ein Seliger, der aus der Erde auferstand, um dem ‚scheuen' Engel an das Herz zu fallen und mit ihm sprachlos in den Himmel zurückzugehen...welche Stunde!" –

Noch einige Bruchstücke von Sätzen, die von dem Aufschließen einer kosmisch tieferen und weiteren Wirklichkeit sprechen: „Da kam der überirdische, durch 1000 Himmel auf die Erde fallende Augenblick hier unten an, der Augenblick, wo das menschliche Herz sich zur höchsten Liebe erhebt und für zwei Seelen und zwei Welten schlägt..." – „Es war die seltene Zeit, wo das Leben den Durchgang durch eine überirdische Sonne hat." – „Nur in" der Liebe „und in einigen anderen seltenen Blitzen des Lebens reicht die Wirklichkeit blühend in unser inneres Land der Seelen hinein." – Wir dürfen sagen, daß gemäß diesen Sätzen im günstigen Falle die Liebende und der Liebende einander gegenseitig zum Medium werden, wodurch beide der anderen, tieferen Wirklichkeit ansichtig und teilhaft werden: märchenhaftes oder schamanisches Erleben vermöge seelebeherrschten Liebeserlebens.

Es ist ganz jean-paulisch, wenn wir auch in einem solchen Zusammenhang den Spaß nicht fehlen lassen. In dem Satz vom scheuen Engel habe ich das Wort „scheu" eingesetzt, denn Jean Paul schrieb vor 200 Jahren noch „der blöde Engel", was man heute nicht mehr sagen dürfte. Aber dieser Wandel im Sinn eines Wortes beleuchtet mit eins, was es mit dem dummen Hans auf sich hat und mit den nicht hoffähigen Mädchen in der Asche. Sie erscheinen blöd in der Welt, weil sie der Erlebnisse im Seelenland fähig sind, weil sie den zauberhaften Schimmer zu sehen fähig sind, fähig zu Aura, Nimbus und Wunder, zu Unendlichkeit, Seelenfahrt und innerem Licht. Eben daher rührt es, daß sie den Plattisten zweckbewußter Nüchternheit als blöd erscheinen.

Der erotische Kerngehalt des Märchens besteht eben darin, daß der Eros ganz und gar von der Seele getragen wird und demgemäß die Unendlichkeit einbezieht. Darum hat das Liebeserleben im Zaubermärchen auch schamanischen Charakter. Ein Märchen, das allen vertraut ist, das vom treuen Johannes, verdeutlicht gerade diesen Charakterzug durch den groben Verstoß gegen ihn. Der Prinz erblickt das Bild der Königstochter vom Goldenen Dache und bricht ohnmächtig nieder. Warum, was wirft ihn zu Boden? Nun, er wird zugleich zweierlei gewahr, was sich tödlich gegenseitig auszuschließen scheint: einerseits einer Verheißung von der Erfüllung seines Daseins in dem zugehörigen anderen Wesen – und andererseits der Unerreichbarkeit dieses Wesens, weil es in unerreichbarer Ferne weilt. Denn das Goldene Dach ist selbstredend das Dach der Welt, die goldene Weltenkuppel.

Das Bild der Weltschönen überfällt in anderen Märchentypen den Jüngling auf andere Weise. In einer Reihe von Eingangsmotiven wird es auch in Worten entfaltet und das Jünglingsschicksal durch eine Formel an eine so erlebte Jungfrau gefesselt. Da weint der männliche Säugling unaufhörlich, bis ihm der Vater auf den Rat irgendeines Wesens zum künftigen Weibe die unsterbliche Jungfrau verspricht – oder, in einer anderen Fassung, mit Mythenworten, die Tochter von neun Müttern. Oder der schon herangewachsene Knabe wirft im Übermut mit dem Stein nach dem Tonkrug, in dem ein altes Weib Wasser von der Quelle heranschleppt. Das Wasser läuft ihr über den Rücken, und aus Rache legt sie dem Knaben eine magische Verpflichtung auf: sie nennt seine Braut, und fortan ist sein Schicksal an deren Namen und Wesensart gebunden, – er kann nicht eine andere heiraten. „Du sollst dich in ein Mädchen verlieben, das nicht von Menschen stammt", so heißt es in einem georgischen Märchen. In einem mazedonischen Märchen soll die Braut nicht von einer Mutter geboren sein, und sie wird in einer Frucht des Sonnenbaumes gefunden, ist die Schwester der Sonne und wird selber, wegen ihrer Schönheit, Zlata genannt, Gold. In einem ossetischen Märchen wird die gekränkte Frau Zauberin genannt, und sie spricht zu dem Königssohn: „Für deinen Hochmut uns armen Frauen gegenüber soll Gott in dein Herz das Bild der Jungfrau ‚Licht des Herzens' senken, auf daß dir alle Menschen unerträglich werden außer ihr!"

Diese östlichen Fassungen, die in den Titulaturen *[Betitelungen]* nicht in so hohem Maße der Tatsachenwelt angeglichen sind wie unsere Märchen, machen es vollkommen klar, daß oft die Gestalt, die bei uns säkularisierend *[verweltlicht]* Prinzessin genannt wird, im eigentlichen Sinne ein Weib aus dem nahbaren Jenseits ist, eine Fee, eine strahlende Totenseele, eine Göttin. – Die geschädigten Frauen, mit dem nassen Buckel und dem zerscherbten Kruge, rächen sich auf eine sehr edle Weise: sie stellen den Königssohn unter ein Schicksal, das ihm höchste Erfüllung verheißt, nämlich die Seelenfrau als die dem König allein gebührende Braut – oder den Tod, ein initiatisches Wechselschicksal, das ganz und gar ebenso märchenhaft wie schamanisch ist. Der Tod als einzige Alternative zur großen Erfüllung, wird im Märchen ja besonders treffend oft und oft durch den Staketenzaun [Lattenzaun] ausgedrückt, wo auf jedem Pfahl ein Totenhaupt grinst, nur auf dem einen nicht, und der, so spricht ein irisches Märchen es am härtesten aus: „der ist für dich bestimmt!"

Im Märchen vom treuen Johannes geschieht nun etwas Furchtbares: die hohe Königstochter wird nicht dadurch erworben, daß sich der Königssohn seinem Todesschicksal aussetzt, sondern, wegen der auf dem Diener lastenden Verpflichtung seinem verstorbenen König gegenüber, durch Raub. Dies belastet das ganze Heimkehr-, Hochzeits- und Eheschicksal des Paares bis zu der Notwendigkeit hin, das aus der Ehe entsprossene Kind zu töten, – eine außerordentliche Folgerichtigkeit, da der Königssohn jene Gefahr: der ist für dich bestimmt! – nicht auf sich genommen hat. – Alle anderen Jünglinge aber, denen ein Schicksal auferlegt ist wie dem Faust: „und sollt ich nicht, sehnsüchtigster Gewalt ins Leben ziehn die einzigste Gestalt?" – wallfahrten in die Weltenferne, wo weit hinten, weit drunten der Todesrachen gähnt.

Die tödliche Drohung erscheint besonders auch als Drachenschlund, von dem Verschlinger wird die Braut erstritten (AT 300). Doch folgt auf den Drachensieg nicht etwa die Hochzeit, die der königliche Brautvater für den Erretter ausgelobt hat. Die Handlung geht einen merkwürdigen, stereotypen Umweg. Eine Liebesbegegnung findet statt, insofern nämlich, als die Königstochter den Drachenkämpfer laust. Man hat das als einen verhüllten Ausdruck für den Beischlaf angesehen – mit Unrecht. Das gegenseitige Lausen ist eine Liebkosung zwischen Mann und Weib, aber auch zwischen Mutter und Kind. Doch etwas anderes tritt ein, was höchst merkwürdig ist: der Held schläft ein. Er fällt in einen fast unerwecklichen Schlaf, aus dem ihn in einzelnen Fassungen, als der Drache naht, nur die bittere Träne des bedrohten Mädchens weckt. Nach dem Bestehen der Gefahr fallen sich die beiden aber nicht etwa um den Hals und eilen mitsammen zum Brautvater, – sondern der junge Mann sagt zu dem Mädchen, es solle nur nach Hause gehen, er käme später: Ende des ersten Teiles. Im zweiten Teil schleicht sich der vorgebliche Sieger ein, erzwingt das Jawort des Mädchens, und erst auf der Hochzeit erscheint der wahre Sieger und erweist auf verschiedene Weise sein Bräutigamsrecht.

Warum stets auf einem solchen Umwege wie auch in anderen Märchentypen, warum nicht auf dem schlichten Wege geradeaus? Oder hat die Zweiteiligkeit einen tiefen Sinn, der in der bloß leibhaften Auffassung des Geschehens gar nicht erscheint? So ist es in der Tat. Die erste Begegnung des Paares in der Leiberwelt findet erst auf der Hochzeit statt; die Begegnung auf dem Kampfplatz bei der Kapelle war eine reinseelische, in der Ekstasis, und das Zeichen dafür ist, daß der Drachenkämpfer regelmäßig als Schläfer vorgeführt wird, der erst im kritischen Augenblick zur Tat erwacht und der im Anschluß daran, wenn es um die Hand der Königstochter geht, durch Abwesenheit glänzt (im wahren Sinne dieser platten Ausdrucksweise). Hier haben wir den ursprünglichen Sinn für die zweiteilige Form der märchenhaften Erzählung: seelische Vorwegnahme der Begegnung, die sich erst später leibhaft verwirklicht.

Für den Typus 300 scheint dies Ergebnis zunächst nur eine Mutmaßung, die sich freilich durch weitere Materialien erhärten läßt. Unmittelbar einleuchtend ist dies Verhältnis bei dem Typenpaar 313/314 zu machen, in den beiden Märchen von der magischen Flucht. Wir beginnen mit dem Typus 313 und streifen 314 später nur kurz. Held und Heldin begegnen einander im Jenseits zuerst, und zwar normalerweise in der Unterwelt. Das Mädchen gehört immer schon früher an den Ort der Begegnung und ist oft dem dort herrschenden Wesen näher verbunden, einer Mutter, die gewöhnlich Hexe genannt wird, aber auch Königin der Zauberinnen oder Meerfrau, – einem Vater, der als alter Zauberer bezeichnet wird, Menschenfresser, Wasserkönig, Riese, aber auch besondere Namen führt wie Grünus Kravalle in Hessen oder Diarmuid mit dem Roten Bart in Irland. In vielen Fassungen nennen die Erzähler jedoch diesen Unterweltsherrn einfach den Teufel, obwohl er nach Handlungsweise und Aussehen gar nicht satanisch erscheint. In einem Märchen aus Siebenbürgen, auch in spanischen Fassungen wird das Mädchen geradezu Teufelstochter genannt, ein schweres Rätsel für christliche Hörer, da doch just der Königssohn mit diesem zwielichtigen Wesen vermählt wird. Doch legt der japanische Mythos, der eine nahverwandte Geschichte erzählt, das altertümliche Verhältnis vollkommen klar: der Vater der Unterweltsbraut ist Susanovo, der Herrscher der Unterwelt, aber auch der Bruder der Himmelsgöttin Amaterasu. „Die Unterweltstochter als Helferin des Helden" ist daher der richtige Titel dieses Märchentyps.

Doch ist in vielen östlichen Fassungen, im russischen Märchen zum Beispiel, der Herrscher in der Welt dieser Begegnung nicht nur ein Wesen, Mann oder Weib, sondern ein Paar von Alten. Diese Alten kommen auch in ganz typischer Weise in Schamanengeschichten Sibiriens als Betreuer des schamanischen Initianden vor, der drüben, auf dem Weltenbaum, von ihnen aufgezogen wird. Sie kommen auch in einer eddischen Dichtung vor, nämlich als Betreuer von einem Paar Königsknaben, draußen auf einer Insel im Nebel, und sie kehren vielfach in weiteren europäischen Märchen wieder, ja, in ganz Eurasien als weissagendes Paar, das in entlegener Gegend haust und zu dem man sich begibt, um Schicksalserhellung zu erbitten. Ein sardisches Märchen nennt sie die beiden Alten, die alles wußten. Sie leben hoch im Gebirge in einer Höhle, und wer ihre Weisung erfahren will, legt sich dort zwischen die Schlafenden, schläft selber und hört im Schlafe ihr offenbarendes Gespräch. Ganz ähnlich so 120 Längengrade, also ein Erdendrittel weiter nach Osten, in einem jakutischen Olongcho, einem Märchenepos.

Im Märchentypus 313 kommen drei Arten von Zauber vor, einer, der in der Welt der Zeitlichkeit völlig unmöglich ist, einer der herüben wirklich geübt wird, und ein Zauber besonderer Art auf der Grenze zwischen drüben und hüben. In jener Welt muß nämlich der Held Aufgaben erfüllen, die im entschiedensten Widerspruch stehen zum Verlauf der natürlichen Zeit: zum Beispiel in einer Nacht zu säen, zu ernten und zu mahlen und dem Schwiegervater am Morgen das frischgebackene Brot zu präsentieren. Für den todbedrohten Jüngling verrichtet die Unterweltstochter das Unmögliche. In den allermeisten Fassungen versenkt sie ihn dazu in Schlaf, – eines der Motive, die am deutlichsten zeigen, daß die großen Märchenwerke im Hellschlaf, im Zauberschlaf ausgeführt werden. Im Märchen ist der Schlaf immer entweder der Zwangsschlaf einer entrückenden Betäubung – oder Werk –, Wirkungsschlaf. In dieser Gestalt ist also die schamanische Trance durch viele Märchentypen hin verbreitet.

Der Zauber auf der hiesigen Seite des Geschehens ist von ganz anderer Art. Der Jüngling verläßt das Mädchen regelmäßig auf der Gemarkung seiner Heimstatt, meist mit der erzählerischen Begründung, daß er sie feierlich und in einem schönen Gewande einholen wolle. In einigen typischen Fassungen steht sie dazu auf dem Stein, ohne Zweifel auf dem Schwellenstein eines höchst altertümlichen Rituals. Doch darf er, während sie dort wartet, zweierlei nicht tun, beides von ausgesprochen somatischem Wirklichkeitsgewicht: er darf nichts essen, und er darf sich zur Begrüßung von den Seinen nicht küssen lassen. Es ist aber unumgänglich, daß etwas derartiges geschieht, und damit vergißt er die Braut und alles, was er mit ihr drüben erlebt hat. – Drüben sein, drüben im Verrichten großer Werke unterwiesen zu werden, das ist eine schamanische Unterweisung, eine schamanische Initiation. Zu ihrer Vollendung gehört aber auch die Kontinuität des Bewußtseins zwischen dem schamanischen und dem normalen Zustand. Der junge Mann allein aber vermag das nicht; er bedarf dazu der jenseitigen Braut. Hier setzen nun die außerordentlichsten Erzählereinfälle zu der Art und Weise ein, wie ihr das gelingt. Allgemein gesagt, spielt sie ihm erinnerungsvolle Bilder und Worte vor, mit denen sich der junge Mann allmählich identifiziert, so daß ihn dann mit einem Schlage die Erinnerung überfällt. Daß sie sich auch auf Hypnose versteht, zeigt sich in einer weitverbreiteten Untergruppe des Typs, wo drei Höflinge das Mädchen zu verführen suchen und regelmäßig von ihr gebannt werden, so daß sie die ganze Nacht über stereotype Handlungen ausführen müssen. In einer baskischen Variante muß sich der eine den Puder aus dem Haar kämmen, der aber an Menge ständig zunimmt, der andere muß sich die Füße waschen, die ihm jedoch immer wieder schmutzig erscheinen. In dieser Fassung wird ausnahmsweise auch der Seelenfreund selber an dritter Stelle eingereiht – mit der genialen Lösung, daß er die ganze Nacht über die immer wieder aufflammende Kerze auslöschen muß und daß ihm nach dieser im Hell-Dunkel oszillierenden *[schwingenden]* Nacht am Morgen, auf den Anruf seines Weibes, das Bewußtsein kommt! – Die verschiedene Artung der Zaubereien bezeugt unabweislich, daß Märchenschöpfer und Märchenerzähler – auch diese sicher noch bis in sehr späte Zeiten hinein – eine klare Vorstellung von dem hier und dem dort drüben Möglichen hatten.

In den Zaubereien, die das Mädchen von drüben auf der Hochzeit ihres Liebsten und schon vorher gegen ihre Wunschverführer ausübt, sehen wir sie allmählich im hiesigen Dasein heimisch werden, ein Vorgang, der sich mit dem Ruck im Bewußtsein ihres Mannes vollendet. Ihren Eingang in diese Welt vorzubereiten, hatte der Hochzeiter sie auf dem Steine stehenlassen, sie dann aber vergessen. Es ist zu vermuten, daß sich die Zeitspanne der Vergessenheit nicht in solch negativem Sinne erschöpft, sondern daß sie eben auch ein fortbildendes Werden mit umgreift, also der eigentlichen Einleibung der Unterweltsbraut dient. Auch stellt sich ihrer Verkörperung eine Schwierigkeit weniger entgegen, als wir vielleicht argwöhnen. Das Mädchen ist dem inneren Wesen nach nichts anderes als die Hiesigen. Als Seele sucht sie nicht Zugang bei einer Runde von Leibern, sondern sie strebt als Seele zu eingeleibten Seelen. Nicht zaubrische Wandlung ist ihr auferlegt, sondern Zuwachs, Hineinwachsen in die Zeit aus der Zeitlosigkeit, aus der Ewigkeit. Die Wandlungen sind diesem abschließenden Geschehen schon vorausgegangen – auf der Flucht vor den Unterweltsmächten.

Das Paar löst sich nämlich aus der Unterwelt, indem es vor dem toddrohenden Unterweltsherrscher, der Herrscherin, flieht, und zwar unter Verwandlungen. Um deren Sinn zu erfassen, wenden wir uns zunächst dem anderen Typ mit magischer Flucht zu, dem Märchen 314. Hier gewinnt der Jüngling nicht schon bei dem initiierenden Unhold eine Braut, wenn auch die schamanischen Begabungen dazu, Goldhaar, ein helfendes Pferd, einige Zauberdinge, etwa Kiesel, Holz und Wasserblase. Bei der Verfolgung wirft er diese Dinge nacheinander hinter sich, und sie erscheinen, von der Seelenseite, also vom Verfolger her gesehen, als fast unüberwindliche Hindernisse, als Gebirge, Urwald, breiter Strom. Sie halten den Unhold immer wieder auf, bis der Jüngling über das Wasser gelangt, das den Verfolger endgültig von ihm trennt. Der Fliehende setzt also, vom Tode verfolgt, zwischen sich und diesem schwer überwindbare Staffeln, die das Ereiltwerden durch den Tod verzögern, – er gewinnt Zeit, er erfindet in der Todesnot die Zeit. Denn sie ist es ja, die uns von dem unmittelbaren, je-augenblicklich möglichen Überholtwerden durch den Tod abschirmt: eine Initiation in das Wesen von Leben, Zeit und Tod.

In AT 313 entgeht das Paar dem Verfolger nicht durch Hindernisse, nicht durch rasende Geschwindigkeit, sondern – höchst überraschend – indem es auf der Flucht dreimal anhält und sich verwandelt in paarige Bilder: etwa Dornbusch und Rose, Baum und singenden Vogel, Kornfeld und Bauer. Am Schluß folgen im europäischen Märchen Kirche und Priester, auch Kapelle und Einsiedler oder Heiligenbild und Pilgrim *[Pilger]*, immer also ein sakrales *[heiliges]* Gebilde. In den Worten, die dort zum Verfolger gesprochen werden, tritt hervor, was gemeint ist: der Eremit sagt etwa, die Kapelle stehe schon über hundert Jahre da, und in all der Zeit sei dort niemand vorbeigekommen, also auch die Flüchtigen nicht, nach denen der Dämon fragt: eine Zeit ohne Geschehen. Oder mit anderen Worten, nicht die Zeit wird als schützende Staffel gesetzt, sondern die Liebenden bergen sich in Ewigkeit. Das wird direkt bestätigt, wenn wir eine nicht-christliche, die türkische Fassung des Verwandlungsmotives heranziehen. Die abschließende Verwandlung besteht dort nicht etwa in Moschee und Mullah *[Geistlichen]*, sondern zumeist im Baum mit der ihn umwindenden Schlange, seltener in Brunnen und Schlange oder Drache und Rose. Dies sind nun unverkennbar Zentralsymbole, Bilder der Coincidentia oppositorum, der Ewigkeit. Das Paar der Liebenden birgt sich vor dem Tode, auf der Grenze zwischen drüben und hüben, ganz dem Sinn ihrer Liebe entsprechend, in Ewigkeit.

Diese Wandlungen, mit ihrem so für das Paar zu bestimmenden Sinn, sind, in Analogie zu ähnlichen Verwandlungen in anderen Märchentypen (z.B. 408), auch als die Vorstufen für die Verkörperung des Mädchens von drüben zu verstehen. Die Seele aus der anderen Wirklichkeit, aus der Zone unendlicher, ungehemmter Gestaltwandlungen, ähnelt sich der Welt begrenzter, bleibender Gestalten an.

Eine Liebesgeschichte der Vorzeit: erste Begegnung in der Ekstasis, im Seelenlande, Einweihung drüben, unter dem Druck des Todesdämons und mit Hilfe der dort beheimateten Jungfrau, Heimfahrt als Flucht vor dem verfolgenden Unhold – mit Stillstand und Zuflucht in Ewigkeitsgebilden, die zugleich die Seele des Mädchens in das gestalthafte Dasein überleiten. Nach der Heimkehr, infolge des leibhaften Erlebens, Verlust des Gesamtbewußtseins bei dem jungen Manne; dessen Wiederherstellung durch bedeutsame Mittel, die das junge Weib anwendet auf der Hochzeit, die eingeleitet ist mit einer „falschen Braut". Die Zweiteiligkeit der Handlung, mit der Scheidelinie der Flucht inmitten, ist also in dem Typus 313 – mit charakteristischen Abwandlungen auch im Typ 314 – von höchster innerer Bedeutung: ekstatische

Anbahnung der Liebespaarung und leibhafte Verwirklichung, – einigermaßen geheimnisvolle Abläufe, auch nach schamanistischem Begreifen immer noch märchenhaft.

Ich schließe, eingedenk dessen, was Novalis über den märchenhaften Sinn des Liebesromanes ausgesprochen hat, mit einem Satz aus einer der großartigsten Dichtungen dieser Art:

> Da flogen wir,
> Diotima und ich,
> da wanderten wir, wie Schwalben,
> von einem Frühling der Welt zum andern,
> durch der Sonne weites Gebiet und drüber hinaus,
> zu den andern Inseln des Himmels,
> an des Sirius goldene Küsten,
> in die Geistertale des Arcturs –

ZUR ALTERSBESTIMMUNG ZWEIER MÄRCHENTYPEN

AT 303 UND 313

Die Altersbestimmung von zwei Märchentypen, die im Folgenden unternommen wird, bedient sich zweier Maßstäbe. Zum einen beruht sie auf dem Vergleich mit überlieferten und datierbaren Texten, zum andern auf dem Versuch, eine Verbindung nachzuweisen zwischen dem Sinn eines Märchentyps und dem geistigen Anliegen einer bestimmten Kulturstufe. Wenn überdies ein verglichener datierbarer Text selbst das Anliegen seiner Kulturstufe ausspricht, dann wird das Ergebnis um so gewisser sein.

Zum Textvergleich ist hervorzuheben, daß er nicht durch das Abzählen in Motivketten gesichert werden kann; dies gibt nur eine Illusion von Sicherheit. Der Vergleich gründet immer auf einem Ähnlichkeitserlebnis, auf dem ursprünglichen Erleben einer Ablaufsgestalt und ihrem Wiedererkennen. Die Gleichsetzung oder teilweise Gleichsetzung folgt erst in der rationalen Bearbeitung dem vorausgehenden Ähnlichkeitserlebnis. Das Erlebnis aber, und das gilt für jedes Erlebnis, ist nicht total rationalisierbar, und daraus kann sich ein seltsamer Widerstreit ergeben – sogar in ein und demselben Betrachter, wofür in der Folge ein bezeichnendes Beispiel aufzuweisen ist.

Soviel zum Vergleichen im allgemeinen. Gestaltauffassung bedeutet nun aber immer zugleich auch ein Sinnerleben und damit Ansatz zum Sinnverstehen. Angesichts eines alten oder sehr alten oder aus einer fremden Kultur stammenden Gebildes drohen in dieser Hinsicht mancherlei Mißverständnisse. Manchen „Erzählforscher" dünkt es daher sicherer, von der Bedeutsamkeit überhaupt nicht zu reden, – immer noch eine Folge des im vorigen Jahrhundert über die Geisteswissenschaften hereingebrochenen Agnostizismus. *[Lehre, die eine rationale Erkenntnis des Göttlichen oder Übersinnlichen leugnet.]* Sobald man indes das Märchen altertumskundlich betrachtet, kommt man um die Behandlung der Sinnfrage nicht herum. Es ist klar, daß die Antwort darauf nur in einer kulturhistorischen Betrachtungsweise gewonnen werden kann.

Bei der Deutung des europäischen Zweibrüdermärchens war ich allerdings den umgekehrten Weg gegangen.[1] Von einem altrömischen Speerritual

---

[1] Heino Gehrts: Das Märchen und das Opfer. Untersuchungen zum europäischen Brüdermärchen, Bonn 1967.

ausgehend, stieß ich unversehens auf den rituellen Sinn des Märchentyps 303 und damit auf den allgemeinen ritualistisch-initiatischen Deutungsweg, den vor mir Pierre Saintyves und Wladimir Jakovlevic Propp begangen hatten.[2] Mein besonderes Ergebnis war, daß sich im Brüdermärchen der Sinn der Schwurbrüderschaft darstelle, skandinavisch des Fóstbrœðralags. Bemerkenswert war dabei zumal, daß ich erst durch die Einsicht in den Sinnzusammenhang des Märchens darauf geführt wurde, mir den Sinn der Fostbrüderschaft zu vergegenwärtigen. Er wird zwar in den überlieferten Formeln zur Verbrüderung klar ausgesprochen; doch hat die rechtshistorische Forschung von künstlicher Verwandtschaft geredet, obwohl das Gelöbnis in den Quellen ausdrücklich allein oder als Wichtigstes die auf die beiden Schwörenden beschränkte Verpflichtung zu gegenseitiger Blutrache nennt.

Der Kürze halber stelle ich nun den Inhalt des Zweibrüdermärchens von vornherein exoterisch *[allgemein verständlich]* leibhaft dar – mit einigen Seitenblicken auf Bestätigendes. Wie bekannt, geht es in vielen Märchentypen um das Königwerden und so auch in unserem. Dessen Eigenart besteht aber darin, daß anfangs zum Erreichen der Königsrolle zwei gleichgeartete Jungmänner antreten, nicht einer oder mehrere verschieden geartete wie in anderen Königsmärchen. Doch nur der eine erlangt die Braut und wird König an ihrer Hand. Wie geht das im einzelnen zu?

Es sind zwei Brüder aus wunderbarer Geburt, die einander völlig gleich sehen und gleich gerüstet sind. Sie brechen zusammen aus dem Geburtsbereich auf wie die Fostbrüder aus der Rasengangsgrube, gehen dann aber getrennte Wege. Sinnvollerweise schlägt der ältere Bruder den Weg nach rechts ein, das heißt, den Weg leibhafter Taten. Der jüngere Zwilling geht oder bleibt auf dem linken Wege, dem des innerlichen Wirkens. Trotz dieser Trennung bleiben die Brüder in Verbindung, im Märchen zeichenhaft durch die Messer im Baum am Scheidewege, leibhaft durch lebendige innere Verbundenheit als Folge des Blutsrituals.

Der Ältere erringt im Heldenkampf, im Drachensieg die Königsbraut und wird König, allerdings nur auf äußerst kurze Zeit. Denn schon in der Hochzeitsnacht erscheint ihm ein Todeszeichen, ein Lichtschein, der Hirsch, der dämonische Hahn, und er fällt im Bereich der Todeshexe dem Tode anheim. Er stirbt allerdings nur im exoterischen Verstande, esoterisch, wie das Mär-

---

[2] Pierre Saintyves: Les contes de Perrault et les récits parallèles. Leurs origines... Paris 1923.
Vladimir Propp: Die historischen Wurzeln des Zaubermärchens, München 1987.

chen es darstellt, verliert er die Potenz zu leben nicht völlig. Der Jüngere, für den Notfall Verbundene macht sich sogleich auf und entreißt den Bruder dem Tode. Wie beides leibhaft geschieht, das Sterben und die Heimholung des Toten, sagt das Märchen nicht; es verwendet nur bildhafte Formeln dafür, meist die Versteinerung und die Lösung daraus. Die Rückführung aus dem Tode ist uns siebenfach versiegelt; es handelt sich um einen höchst altertümlichen Zug. Der Jüngere rächt den Älteren, indem er dessen Töter tötet und ihm so die Seele des Bruders entreißt – oder er gewinnt sie der Todesgottheit ab, indem er ihr die Seele des Totschlägers weiht: darin offenbart sich das eigentliche Ziel der Blutsbrüderschaft. Sie läuft durch die Blutrache darauf hinaus, daß die Seele des Toten im Leibe des Rächers mit fortlebt. Insofern kehren die Brüder, wie das Märchen es erzählt, zu zweien heim zu der einen Braut.

Daß es diese Doppelung wirklich gegeben hat, ist uns noch in dem mittelhochdeutschen Eckenliede bezeugt, wo in zwei höchst altertümlichen Strophen zwei Krieger sich gegenseitig vorwerfen, daß der andere nicht allein, sondern zu zweien kämpfe; im Gegner schlage jeweils auch das Herz von dessen totem Bruder. Die Dichtung nennt sogar das Fachwort für den durch einen kämpferischen Toten Besessenen: roter Degen, – ein Beweis, daß es sich nicht um eine vereinzelte Besonderheit handelt.[3]

Dies also wären in der leibhaften Welt die Lose der Brüder, die das Märchen im Gebilde darstellt: als Versteinerung und Entwandlung aus dem Stein. Es folgt daraus, daß die Hochzeit des Älteren nicht etwa nichtig wird durch seinen Tod, sondern daß er im Bruder die Ehe fortführt, als König herrscht und selbst den Sohn oder die Erbtochter zeugt. Umgekehrt aber ist der Jüngere als König erwünschterweise auch von einer Totenseele belebt, ist also sozusagen ein Herrscher beider Bereiche.

Vergleichen wir mit dem so geschilderten Verlauf des europäischen Zweibrüdermärchens den entsprechend dargestellten des ägyptischen, dann werden wir neben gleichen Motiven auch völlig andersartige finden.[4] Wir verlieren uns damit indes nicht in Zweifeln über die Verwandtschaft. Eine

---

[3] Eckenlied, Fassung L. Hrsg. von Martin Wierschin, Tübingen 1974, Str. 197f.
[4] Altägyptische Märchen. Übertragen von Emma Brunner-Traut, Düsseldorf 1963, Nr. 5 und S. 257ff. – Altägyptische Liebeslieder. Mit Märchen und Liebesgeschichten. Übertragen von Siegfried Schott, Zürich 1950, S. 193ff. – Karlheinz Schüssler: Märchen und Erzählungen der Alten Ägypter, Bergisch Gladbach 1980, S. 128ff. – Heino Gehrts: Rāmāyaṇa. Brüder und Braut im Märchen-Epos, Bonn 1977. S. 163ff. und 233ff.

Gleichung können wir ohnehin nicht aufstellen; wir werden im Gesamtverlauf nur eine Ähnlichkeit auffinden, eine wesentliche Übereinstimmung allerdings in dem Hauptpunkt, im Werden eines Königs aus dem ineinandergreifenden todüberwindenden Wirken eines Brüderpaares, wenn auch nicht von Zwillingen.

Die Handlung hebt an mit der bäuerlichen Symbiose des älteren verheirateten Bruders und des jüngeren, der bei jenem, der ihn aufgezogen hat, als ein sehr betriebsamer landwirtschaftlicher Helfer lebt. Die Brüder werden auseinandergeworfen durch das Weib des älteren, das den jüngeren zu verführen sucht und, abgewiesen, ihn bei dem älteren verleumdet. Der Verheiratete sucht blutige Rache zu nehmen, der Ledige flieht vor ihm, wird auf sein Gebet an den Sonnengott durch einen Fluß von dem Rächer geschieden und schwört am Morgen einen Reinigungseid. Zugleich schneidet er sich das Glied ab und wirft es in den Strom, wo ein Wels es verschluckt.

Damit vollendet sich die Rollenteilung der Brüder, die schon anfangs darin besteht, daß allein der ältere verheiratet ist. Durch die Kastration tritt der Jugendliche noch um eine weitere Stufe unter die Sonderungen der ausgeborenen Welt hinab. Während im europäischen Märchen die Haupthandlung bei dem Älteren, dem nach rechts, der Tatenwelt Zugewandten liegt und seine Rolle sich in einem heroischen *[heldenhaft]* Opfergang zugunsten des Jüngeren vollendet, geschieht im ägyptischen Zweibrüdermärchen das sinnentsprechend Entgegengesetzte. Der Jüngere beschreitet einen Opfergang, der nicht heroisch ist, sondern magisch. Denn vor der geschlechtlichen Sonderung – oder unterhalb von ihr – liegt die Möglichkeit magischen Wirkens, und dies wird sogleich noch durch ein weiteres Bildmotiv betont: der Jüngere wird sich in das Tal der Schirmpinie zurückziehen, was offenbar als eine Weltmitte, als der Urort eines Lebensbaumes gemeint ist. In einer Blüte dieses Baumes wird er sein Herz, seine Lebenskraft bergen, – bei aller zeitlichen und räumlichen Distanz doch ein schamanisches Motiv. Dort wird er abermals um eine Lebensstufe tiefer fallen, nämlich in den Tod. Auch hier wird zum zeitgerechten Eingreifen des daheimgebliebenen Bruders ein Todeszeichen verabredet: an seinem alltäglichen Trank wird es dem Älteren erscheinen, als Schäumen des Bieres, als Sichtrüben des Weines. Ganz analog dem Eingreifen des Jüngeren im europäischen Märchen wird dann der Ältere den Jüngeren aus der Todestiefe auf ein höheres Lebensniveau emporheben, doch auch hier nicht auf die Stufe ausgeboren menschlicher Leibhaftigkeit; auch hier wird die Wiedergeburt nur angebahnt.

Im einzelnen verwirklicht sich dieser Ablauf dadurch, daß die Götterneunheit am Ort der Pinie für den Jüngeren ein vollendet schönes Weib erschafft – und daß dieses ihn verrät, als der Pharao es umwirbt und schließlich zur Königin erhebt. Auf ihr Betreiben wird die Pinie gefällt und zerhackt, und der Jungmann fällt tot um, sobald die Herzblüte abgeschnitten wird. Nun erhält der Ältere das Zeichen, macht sich auf den Weg in jenes Tal und findet nach jahrelangem Suchen das Herz in Gestalt einer Frucht. Die Herzfrucht gibt er in Wasser bei Nacht dem Toten zu trinken und erweckt ihn damit zu einem wandlungsfähigen Leben. Der in solcher Weise Auferstandene läßt sich als ein schöner Stier dem Pharao verkaufen, wird geschlachtet für jenes Weib, die Pharaonin, erwächst aufs neue in zwei Bäumen, wird gefällt für die Königin und gelangt, als Holzsplitter, sie schwängernd, in ihren Leib. Aus ihr wird er als Thronfolger geboren und nach dem Tode des Pharao selbst Herrscher. Als solcher richtet er über das verräterische Weib, regiert für die rituelle Zeitspanne von dreißig Jahren über Ägypten, und am Tage seines Heimganges tritt der Ältere an seine Stelle. Für ihn war überhaupt das alles geschehen, so hatte der Jüngere es schon bei seiner Selbstentmannung vorausgesagt.[5]

Wenn die Märchen für das Werden eines Königs verschiedene Ablaufsformen darstellen, so spiegeln sich darin verschiedene Möglichkeiten zur Gestaltung der Königsrituale. Ich habe diejenige geistige Betätigung, die sich mit dem Sinn und der Wirkungsweise der Rituale befaßt, Ritualgnose *[Ritualerkenntnis]* genannt. Sie war einmal die vornehmste Wissenschaft, deswegen nämlich, weil sie die wichtigste Frage ihrer Kulturstufe erörterte, nämlich diese: Wie lassen sich die Rituale so gestalten, daß sie ihr Ziel auch wirklich erreichen? Die alten Märchen könnte man demgemäß als ritualgnostische Modelle auffassen. Von der Wichtigkeit und der Intensität des ritualistischen Denkens erhalten wir zumal Kunde aus der altindischen Literatur. Daß die Königsweihe unter allen Ritualen das wichtigste war, liegt auf der Hand; denn die zentrale Wirkungsmacht jener Kulturstufe war die Gestalt des Königs, wie immer sie benannt gewesen sein mag. Von ihr hing alles übrige Gedeihen ab.

Das altägyptische Brüdermärchen kehrt in seiner besonderen Gestalt und mit der ihm eigenen Form der Motivknüpfung nirgends wieder. Es ist eine ägyptische Ausformung vom Königsweg der zwei Brüder, vermutlich aus

---

[5] So nur in der Übertragung von Schott S. 198.

fremder Erzähltradition entnommen und durch mannigfaltige Einzelzüge ägyptisiert, wie es beispielsweise auch für die Brüder die Götternamen Anubis und Bata eingeführt hat. Es ist aber von großem Gewicht, daß uns in Ägypten die Parallele zu dem hier erschlossenen Besessenheitsmotiv des europäischen Modells in ausgebildeter Gestalt begegnet.[6]

Der ägyptische Pharao ist in sich selbst gedoppelt; er „vereinigt ‚als Erbe der beiden Brüder' die ‚Ämter des Horus und Seth'". Es sind diese beiden Götter, die als Partner und Gegner das Königtum vorzugsweise charakterisieren. „Beide zusammen bilden einen unlösbaren Paarbegriff, in dem der König sich verkörpert." Der König wird daher geradezu „Horus und Seth" genannt oder „die beiden Herren" oder „die beiden Palastbewohner" und die Königin mit einer stehenden Formel „sie-die-Horus-und-Seth-schaut". Es lag demnach nahe, ein episches Ritualmodell, ein Märchen, zu gestalten, in dem Gegnerschaft und Partnerschaft zweier Brüder zum Königsthron führen. Daß es sich dabei um eine isolierte ägyptische Erfindung handelt, erscheint ausgeschlossen, weil die Verwandtschaft mit anderen Zweibrüdermärchen offen zutage liegt.

Mithin gewinnen wir einen Anhalt für die Datierung des Brüdermärchens europäischer Observanz *[Ausprägung]*. Sein Grundgedanke: das Werden eines Königs aus dem schicksalhaften Zusammenwirken zweier Brüder mit dem Lebensopfer des einen und seiner Wiederbringung durch den anderen – muß älter sein als die ägyptische Sonderform.[7] Der Grundgedanke kann aber nicht nur als ein ritualistischer Begriff existiert haben, sondern muß als eine Folge charakteristisch bildhafter Episoden erzählbar gewesen und erzählt worden sein. Für diese Erzählung würden wir also auf ein Alter von weit über 3000 Jahren geführt werden.[8] Diese Datierung erhielte eine weitere Bestätigung durch den Zusammenhang des Märchens mit der indogermanischen

---

[6] Manfred Lurker: Lexikon der Götter und Symbole der alten Ägypter, Darmstadt 1987, S. 185. – Helck-Otto: Kleines Wörterbuch der Ägyptologie, Wiesbaden 1956, S. 332.
 – Hans Bonnet: Reallexikon der ägyptischen Religionsgeschichte, Berlin 1952, S. 706.
[7] In verwandter Weise ist die Motivkette: zwei Brüder, Tod des einen, ein Weib im indischen Rāmāyaṇa ausgestaltet und dann freilich durch spätere Umgestaltung teilweise wieder verdeckt, – siehe Heino Gehrts: Rāmāyaṇa. Brüder und Braut im Märchen-Epos, Bonn 1977. Zur Datierung trägt das Epos, das 2000 Jahre alt sein mag, nichts Entscheidendes bei.
[8] Das ägyptische Märchen wurde nach Karlheinz Schüssler: Märchen und Erzählungen der Alten Ägypter, Bergisch Gladbach 1980, S. 128, aufgezeichnet vor 1210, als Sethos II. noch Kronprinz war. Helck-Otto: Kleines Wörterbuch der Ägyptologie, Wiesbaden 1956, S. 334, setzen ihn um 1199–1193 an. Sir Alan H. Gardiner: Geschichte des alten Ägypten, Stuttgart 1965, S. 508: 1214–1208.

Dioskurenmythe, worauf hier nicht einzugehen ist. Hingewiesen sei nur auf das dort nachweisbare Motiv der zwei Brüder mit einem Weibe.[9]

Der Märchentyp, dem wir uns nun zuwenden, AT 313, hat von Aarne die Benennung erhalten: „Das Mädchen als Helferin des Jünglings auf der Flucht", mit dem Beisatz: „der Jüngling ist dem Teufel versprochen worden."[10] Für das Stichwort hat Thompson später die Bezeichnung „ogre" eingesetzt, was wir mit „Unhold" verdeutschen können. Der Held hat es aber nicht mit einem beliebigen Dämon zu tun, sondern mit dem Herrn der Unterwelt selber, was auch Aarne mit dem Beisatz klarstellt. Dementsprechend gibt es auch Fassungen, die das Mädchen geradezu als Teufelstochter bezeichnen[11], die es aber nichtsdestoweniger einem menschlichen Königssohn als Braut beigeben und mit ihm auf den Thron bringen. Es handelt sich somit klärlich um ein vorchristliches Motiv, was auch darin zum Ausdruck kommt, daß die Gewalt in jenem Bereich, also in der Unterwelt, durchaus nicht immer ein Mann ist, sondern es kann auch eine Meerfrau sein, eine Hexe, eine Königin der Zauberinnen. Auch der männliche Unhold wird ganz verschieden bezeichnet: als Wasserkönig, Riese, Zauberer, Menschenfresser, oder er trägt Individualnamen wie Grünus Kravalle in Hessen und Diarmuid mit dem Roten Bart in Irland. Auch in einem Paar von Alten kann sich die dämonische Macht darstellen.

Seltsam ist, daß Aarne nur von der „Fluchthilfe" der jungen Frau spricht; viel wichtiger ist, daß sie schon zuvor dem Jungmann hilft, die von ihrem Vater ihm auferlegten Aufgaben zu bewältigen, deren Nichterfüllung seinen Tod zur Folge hätte. „Die Tochter des Unterweltsherrn als Helferin des Helden" wäre demnach der richtige Titel des Typs.

Zu diesem Märchen gibt es eine Anzahl früh aufgezeichneter mythischer und sagenhafter Parallelen, die uns zu einer Datierung verhelfen. Unter ihnen

---

[9] Der Tragfähigkeit des Vergleichs in dem Motiv: zwei Brüder, eine Braut, den ich in den Büchern: Das Märchen und das Opfer. Untersuchungen zum europäischen Brüdermärchen, Bonn 1967, und Rāmāyaṇa. Brüder und Braut im Märchen-Epos, Bonn 1977, durchgeführt habe, hat Donald Ward in seiner Rezension des Rāmāyaṇa-Buches zugestimmt: Canadian Review of Comparative Literature. Edmonton Canada, S. 253ff.

[10] Antti Aarne: Verzeichnis der Märchentypen. FFC No 3, Helsinki 1910, S. 13. – Ders. und Stith Thompson: The Types of the Folktale. FFC No 184, Helsinki 1964, S. 104ff. – Die Monographie über die Typen 313 und 314: Die magische Flucht. Eine Märchenstudie von Antti Aarne. FFC No 92, Helsinki 1930.

[11] Josef Haltrich: Sächsische Volksmärchen aus Siebenbürgen, Bukarest 1973, Nr. 27 – Spanische Märchen. Hrsg. von Harri Meier und Felix Karlinger, Düsseldorf 1961, S. 312, Anm. zu Nr. 11.

ist die bekannteste die Argonautensage oder, mit Benennung nach einer der beiden Hauptpersonen, die Medeasage. Den Zusammenhang dieser Sage mit dem Märchen hat schon vor über hundert Jahren (1885) Andrew Lang dargestellt in seiner Abhandlung „A Far-Travelled Tale", wo er auf die weltweite Verbreitung des Märchentyps hinweist – bis nach Samoa hin.[12] In den dreißiger Jahren dieses Jahrhunderts hat, unter Beiziehung weiterer Motive aus anderen Märchen, dann Sven Liljeblad die Zusammenhänge noch einmal aufgewiesen.[13] Der Anerkennung seiner Befunde hat aber die eingangs skizzierte Schwierigkeit den Weg verlegt: das Ähnlichkeitserlebnis setzt sich nicht unumgänglich in die bewußte Überzeugung von einer wirklichen Verwandtschaft um, und für einmal läßt sich dieser Widerstreit an einem vielseitigen und kenntnisreichen Forscher aufweisen.

Die FF Communication Nr.150 des Jahres 1954 war wohl als etwas Vorbildliches und Einmaliges gedacht – mit dem Titel: „Betrachtungen zum Märchen, besonders in seinem Verhältnis zu Heldensage und Mythos". – Ihr Verfasser war Jan de Vries, und er hat in dieser Schrift sowohl das ägyptische Brüdermärchen in seinem Verhältnis zum europäischen wie auch die Medeasage im Hinblick auf AT 313 untersucht und in beiden Fällen den Zusammenhang geleugnet. Liljeblads Ergebnis hat er scharf kritisiert und seine Ablehnung unter anderem in folgenden Sätzen ausgedrückt: „...die von Liljeblad angenommene Ähnlichkeit ist also vollkommen illusorisch." – „So bleibt von Liljeblads These, die unverdienterweise vielfach Zustimmung erfahren hat, nichts übrig."[14] Diesen schroff verneinenden Feststellungen stehen jedoch in derselben Erörterung andere Sätze gegenüber, die bei aller Abneigung gegen Liljeblads These doch eine wirklich vorhandene Ähnlichkeit zugeben: „Es ist gewiß nicht zu leugnen, daß es eine gewisse Ähnlichkeit zwischen diesen Partien der Argonautensage und den angeführten Märchen gibt." – „Wir können nur sagen, daß in der griechischen Sage und in einigen Märchen ähnliche Motive und wohl auch Motivketten vorkommen, deren Herkunft es eben noch zu bestimmen gilt"[15], – und trotzdem die uneinge-

---

[12] Andrew Lang: Custom an Myth, 2.Ed., Nachdruck Oosterhout 1970, S. 87–102. The myth of Jason, S. 94ff.
[13] Sven Liljeblad: Argonauterna och sagorna om flykten från trollet. Saga och sed, Uppsala 1935, S. 29–48 – Auch Karl Meuli spricht sich 1935 für die Parallele aus: Hermes 70, S. 166ff.
[14] S. 94 und 97.
[15] S.85 f. und 95.

schränkten Behauptungen, die von Liljeblad gesehene Ähnlichkeit sei „vollkommen illusorisch" und von seiner These bleibe „nichts übrig".

Offensichtlich stimmt hier etwas im Selbstverständnis der Forschung nicht. Es ist auch klar, wo die Unstimmigkeit liegt. Der europiden *[europäischen, nordafrikanischen und westasiatischen]* Forschung ist die Identität von Begrifflichem vertraut; der Einsicht in die Ähnlichkeit von Bildern und Ablaufsgestalten aber schenkt sie nur geringes Vertrauen. Darum ist das Augenmerk auch vorwiegend auf den Austausch von stofflichen Bestandstücken gerichtet, während der so normierten Wissenschaft die Vorstellung unerfaßbar bleibt, daß Bildhaftes bildhaft gestaltend und umgestaltend wirken kann, daß nicht Motive nur „entliehen" werden, sondern daß Archetypisches *[Urbildliches]* „prägend" von einem Werk aufs andere, vom Märchen auf Sage, Geschichte und Geschichtsdarstellung hinübergreift: so wäre ja das Wirken echter Dichter eigentlich zu charakterisieren. In der Tiefe der Vergangenheit aber werden wir, noch jenseits der Dichter, die schöpferischen Geister der Ritualgnose gewahr. Denn für diese wie für jene gilt, daß produktiv einwirkende Bilder niemals identische Abläufe ergeben, sondern daß sie ähnliche Gestaltungen erzeugen oder anregen.

Die allgemeinste Ablaufsgestalt des Märchentyps 313 ist die folgende. Ein Jungmann gelangt, oftmals durch Entrückung, in den Herrschaftsbereich eines dämonischen Wesens. Drei Arbeiten werden ihm dort auferlegt, die er leisten muß, oder der Dämon würde ihn töten. Als Helferin gewinnt er, durch Liebschaft und Heiratsverspruch, die Tochter des Dämons. Sie kann zaubern und löst mit ihrem Zauber die Aufgaben für den Mann. Danach müssen sie zusammen fliehen und entgehen dem Verfolger auf magische Weise – in diesem Typus meist durch Verwandlung des Paares, gelegentlich auch durch zaubrische Hindernisse oder auf beiderlei Art. Auf der Grenze des Heimatlandes stockt die Flucht, die Braut muß zunächst zurückbleiben, und daheim vergißt der Jungmann sie und alles mit ihr Erlebte. Mit einer heimischen Braut wird für ihn eine Hochzeit anberaumt, und die Dämonentochter muß sich dem Bräutigam, um ihn doch noch zu gewinnen, erst wieder durch irgendeinen mnemotechnischen Kunstgriff *[systematische Übungen oder Hilfen wie Merkverse]* in die Erinnerung rufen. Damit ist das Paar dann wieder vereint.

Zu diesem Ablauf gibt es eine Reihe von Parallelen – auch außer der Argonautensage. Japan besitzt eine Fassung in seinem ältesten Geschichtswerk, im

Kojiki von 712. Es ist die Mythe von Oho-na-muji[16], der des Rates und der Waffen der Unterweltsgottheit Susanowo bedarf, hinabsteigt, die Tochter, Suseribime, noch draußen vorm Tor „heiratet", wie Florenz übersetzt, und der drei gefährlichen Todesproben unterworfen wird. Bei zweien von ihnen kann die Unterweltstochter ihm helfen, die dritte übersteht er auf andere Weise. Er gewinnt dann doch das Wohlwollen des Susanowo, vermag ihn einzuschläfern und flieht mit des Gottes Tochter auf dem Rücken und mit drei Kostbarkeiten der Unterweltsgottheit: mit dem Lebensschwert, dem Lebensbogen und der himmlischen Verkündigungslaute. Mit der neu gewonnenen Macht vermag er über seine Gegner nun zu siegen. Suseribime aber verstimmt er in der Folge durch die Liebelei mit einer anderen Göttin, – dies vielleicht eine Reminiszenz *[ein Anklang]* an die eigenartige Störung bei der Heimkehr des Märchenpaares.

Besondere Beachtung verdient eine indische Erzählung, die im Eingangsbuch des Mahābhārata steht.[17] In der Urzeit ringen Götter und Widergötter, Devas und Dānavas um die Herrschaft über die Welt. Die Dānavas sind anfangs überlegen, weil sie ein Ritual besitzen, mit dem sie die Schlachttoten wiederbeleben können. Die Götter senden daher einen Jüngling namens Kaca, den Sohn ihres Oberpriesters, in die Unterwelt, um von dem Oberpriester der Dānavas, Uśanas, die Einweihung in das Ritual zu erlangen. Er soll zu dem Zweck auch die Liebe der Devayānī zu gewinnen suchen, der Tochter des Uśanas. Dreimal wird Kaca von den Dämonen getötet, zweimal wird er auf Devayānīs Bitten von ihrem Vater wiederbelebt. Beim dritten Male geht das nur so, daß Uśanas dem Kaca selber das Wiederbelebungsritual beibringt; denn um jenem das Leben wiederzugeben, muß er diesmal selbst das Leben lassen, und der Schüler muß ihn wiederbeleben. Damit ist die angestrebte Einweihung vollendet, und Devayānī erwartet nun die Heirat. Kaca aber weigert ihr diese, und somit endet auch diese Erzählung mit einer Störung im Verhältnis des Paares. Das Märchen vermag die Störung sinnvoll zu überwinden, nicht so die Theseus-, die Jason-, die Kaca-Sage. Die indische Fassung aber zeigt noch deutlicher als die japanische, nämlich ausgesprochenermaßen, daß die Rückkehr erfolgt mit einem rituellen Gewinn.

---

[16] Karl Florenz: Die historischen Quellen der Shinto-Religion, Göttingen 1919, S. 49ff.
[17] Mahābhārata I, S. 76–78.

Verwandt erscheint auch die Sage von Theseus und Ariadne[18], wo der Held ebenfalls in eine Art Unterwelt hinabsteigt, in das kretische Labyrinth nämlich, und dazu, nach dem Heiratsversprechen, die Hilfe der Ariadne erhält, hier in Gestalt des Wollknäuels, mit dem er nach dem Sieg über den Minotauros den Rückweg findet. Auch hier gibt es bekanntlich die Störung im Verhältnis des Paares, Theseus läßt das Mädchen auf Naxos zurück. Es gibt sogar eine Fassung, nach der er das Heiratsversprechen und Ariadne überhaupt vergißt. Die Wiedervereinigung, die das Märchen hat, fehlt.

Zu erwähnen ist ferner eine keltische Parallele, die Geschichte von Kulhwch und Olwen in den kymrischen Mabinogion, die auch von anderen mit der Medeasage verglichen worden ist.[19] Dort ist es dem Jungmann als Geis auferlegt, Olwen, die Tochter des Yspaddaden Penkawr, des Oberhauptes der Riesen, zu gewinnen, also ebenfalls von einer Art Herrn der Widergötter. Die Hilfe, die Olwen dem Helden leistet, besteht hier nur in einem einzigen Ratschlag, und er würde sie nicht gewinnen, ja, womöglich sogar das Leben verlieren, wenn er ihn nicht befolgen wollte: er müsse schlechthin auf alles, was der Vater von ihm verlangen werde, seine unbedingte Zusage geben. Die schwierigen und zum Teil todesgefährlichen Aufgaben sind hier gewaltig vermehrt, doch bleiben es im Grunde nur wenige Hauptgewerke: das Roden, Besäen und Abernten eines Feldes in einem Tage, das schwierige Gewinnen bestimmter Stiere dazu, desgleichen das Bestellen eines Flachsfeldes, das Beschaffen eines neunfach süßen Honigs, – dies alles und weiteres für die Hochzeitsfeier; das Erlangen des besonderen Rasierzeuges für den Riesenhäuptling, schließlich das Erjagen eines ungeheuren Ebers. Die eingangs genannten Werke entsprechen sowohl den im Märchen wie in der Medeasage verlangten. Die Bewältigung der Aufgaben gelingt in dieser Erzählung nur mit Hilfe des Königs Artus und seiner Heldenschar. Von einer Störung im Verhältnis des Paares weiß die kymrische Überlieferung nichts.

Die germanische Parallele zu diesen Traditionen ist der Raub des Dichtermetes durch Odin.[20] Der Met befindet sich im Gewahrsam eines Riesen,

---

[18] Robert von Ranke-Graves: Griechische Mythologie. Quellen und Deutung, Reinbek bei Hamburg 1960, I, S. 307 ff.
[19] Ebenda, II, S.211. The Mabinogion. Translated by Gwyn Jones and Thomas Jones, London 1977, S. 95 – 136.
[20] Hávamál 104–110. Snorra Edda, Bragarœdur 58 = Thule XX, S. 122ff. – Jan de Vries hat in seiner „Altgermanischen Religionsgeschichte" §389, und ich habe in „Welt im Märchen" S. 115f. den Mythos irrigerweise zu AT 551 gestellt. Für diese Zusammenstellung kann das Beischlafsmotiv nicht den Ausschlag geben. Denn in der Odinsmythe ist die Umarmung le-

der in der eddischen Überlieferung Suttungr heißt und ihn in einer Art Unterwelt, in einer Felsenhöhle aufhebt. Nach einer anderen Tradition, in Eyvinds Háleygjatal, trägt der Riese den Namen Surtr, also den des eigentlichen Götterfeindes, und seine Stätte heißt Sǫkkdalir, was etwa Sumpf- oder Tiefental bedeutet. Im Text der Snorra-Edda wird das Unterweltliche noch dadurch betont, daß es dort auch Hnitbjǫrg heißt, was Schlagbergen bedeuten und zu den Symplegaden als Unterweltstoren stimmen könnte. Eigentliche Hüterin des Trankes ist Gunnlǫd, die Tochter Suttungs. Ihre Liebe gewinnt Odin, und dreimal läßt sie ihn von dem kostbaren Met trinken, womit sich Odin den Inhalt aller drei Gefäße einverleibt. Er muß vor Suttung fliehen und erreicht mit genauer Not die Götterstätte Asgard. Die Texte erzählen nicht, daß Gunnlǫd an der Flucht teilnimmt, doch sagt Odin selbst dazu dieses: „Zweifel hege ich daran (= es ist mehr als zweifelhaft), daß ich den Riesensitzen entronnen wäre, hätte mir nicht Gunnlǫd beigestanden, die brave Frau, die mich in ihre Arme schloß."[21]

Die nächste Strophe erzählt noch von den Reifriesen, daß sie am nächsten Tage nach Asgard kommen und sich nach dem Räuber erkundigen; sie konnten eine Erinnerung bedeuten an die untergeordneten Verfolger, die im Märchen der Unterweltsherr hinter den Flüchtlingen herschickt. In der folgenden Strophe wird Gunnlǫd als Weinende und Verlassene geschildert, und dies entspricht der mehrfach erwähnten Störung im Verhältnis des Paares auch in den anderen Überlieferungen. In dem Dichtermet dürfen wir wohl einen Ritualtrank sehen.

Ein Heros, ein Gott, so fassen wir verallgemeinernd die eben skizzierten Überlieferungen zusammen, sucht um eines bestimmten Gutes willen den Machtbereich eines unterweltlichen Wesens auf, er gewinnt dort die Liebe

---

diglich ein Ausdruck für das Liebesverhältnis mit der Helferin, so wie dies auch in AT 313 eine Rolle spielt. Dagegen ist in AT 551 der Beischlaf ein wichtiges Glied der Handlung; er führt dort zur Zeugung, und mit dem Kind zusammen macht sich die junge Frau auf, um dessen Vater heimzusuchen. Auch ist sie so wenig Helferin, daß sie sogar unter der Umarmung bewußtlos bleibt. Auch der Trank allein vermag die Verwandtschaft nicht zu beweisen. Er ist nicht ausdrücklich Lebenswasser, sondern schenkt dichterische Begeisterung, eine Gabe aus der Unterwelt, die ebensowohl zu AT 313 wie zu den Erwerbungen der anderen hier angeführten Überlieferungen stimmt. Schließlich muß es als ausschlaggebender Unterschied gegenüber AT 551 gelten, daß dort kein Vater vorkommt; die Jungfrau tritt selbst als Herrscherin auf, während in AT 313 und in der Odinsmythe wie in den anderen echten Parallelen der Vater des Mädchens eine entscheidende Rolle spielt, so gewichtig, daß man am Ende vor ihm fliehen muß.

[21] Háv.108.

einer jungen Frau, der Tochter jenes Wesens. Ohne sie könnte er den erstrebten Gewinn nicht einheimsen, ja, er würde ohne sie das Leben verlieren. Am Ende entflieht er mit ihr oder ohne sie, jedenfalls aber mit dem Gut, das er durch ihre Hilfe gewonnen hat, aus dem Bereiche des Dämons. Zumeist scheitert in diesen Texten der Liebesbund mit der Unterweltstochter. Im Märchen andererseits vollendet sich, nach Überwindung einer geheimnisvollen Trennung, das Bündnis in der Ehe. Dafür fehlt in den Märchen der Nebengewinn, der in den Mythen und Sagen so groß ist, daß auf die Unterweltstochter selbst am Ende verzichtet werden kann. Diesen Unterschied werden wir noch erklären müssen.

Abschließend wenden wir uns der Medeasage zu, einem altüberlieferten und vielfach bedichteten Stoff. Ihre vollständigste und bekannteste Fassung sind die Argonautika des Apollonios von Rhodos, geschrieben im 3. vorchristlichen Jahrhundert.[22]

Jason fährt zu Schiffe aus, um ein rituelles Gut von einem zaubermächtigen König, Aietes mit Namen, einzuholen, die Seele des im Auslande verstorbenen und nicht nach griechischem Brauche bestatteten Phrixos – und mit der Totenseele deren wesentliches Gut, das Vlies eines goldenen Widders: so motiviert Pindar in der vierten pythischen Ode die Fahrt. Aietes ist ein Sohn des Helios, was nicht ausschließt, daß er dämonischen Wesens ist. Seine Schwester ist die Zauberin Kirke. Sein Land trägt den mythischen Namen Aīa = Erde. Seine zauberkundige Tochter, Medea, verliebt sich bei der ersten Begegnung in Jason. Sie berät ihn und hilft ihm, die Aufgaben, die der Vater als angebliche Prüfung vor der Verleihung des Vlieses ihm auferlegt, zu erfüllen: mit einem feuerschnaubenden Paar von Stieren ein großes Feld zu pflügen, es mit Schlangenzähnen aus dem Erbe des Kadmos zu besäen und die daraus aufsprießenden Krieger im Kampf zu bestehen. Das Vlies muß er dem unsterblichen Drachen, der es bewacht, rauben. Des Aietes wahre Absicht ist es, durch diese Gefahren den Jason ums Leben zu bringen; doch der besteht sie dank Medeas Rat und Hilfe, und daher muß das Paar nach der Gewinnung des Vlieses auf dem Schiffe, der Argo, entfliehen.

Eine Episode der Flucht pflegt man mit der Hindernisflucht des Märchens zu vergleichen. Als Aietes die Fliehenden in der Donaumündung zu erreichen

---

[22] Robert von Ranke-Graves: Griechische Mythologie. Quellen und Deutung, Reinbek bei Hamburg 1960, II, S. 207–247.

droht, tötet nach einigen Autoren[23] Medea ihren Halbbruder Apsyrtos, zerstückelt die Leiche und wirft die Teile einzeln in die Strömung. Die Verfolger, bei ihnen der Vater, werden auf diese Weise gezwungen, die einzelnen Leichenteile aufzufischen, und die Verfolgten entkommen.

Die Überlieferung sagt, daß der Zwang zum Einsammeln aller Teile herrühre aus dem Bedürfnis, sie für die Bestattung vollständig beisammenzuhaben. Indessen rührt dieser Zwang vielleicht eher her aus den Erfordernissen der Wiederbelebung, und damit würde auch die Grausamkeit der Medea, die sich ja auf solche Zauberriten verstand, ein vielfach gemindertes Maß annehmen. Ferner wäre es denkbar, daß die Tötung des Apsyrtos dazu diente, die Totenseele des Phrixos aus jenem dämonischen Bereich zu lösen, daß Apsyrtos sterben mußte, damit Phrixos überhaupt heimgeführt werden konnte.

Anscheinend ist bisher niemand auf den Gedanken gekommen, eine bestimmte Episode der argonautischen Flucht[24] mit dem Verwandlungsmotiv der magischen Flucht zusammenzubringen, doch erscheint mir dies nicht ganz abwegig. An einem Haltepunkt ihrer Flucht, bei den Phaiaken, sind Jason und Medea gezwungen, das Beilager zu besteigen, und zwar nicht im eigentlich hochzeitlichen Sinne, sondern allein zu dem Zweck, Medea rechtlich zur weiteren Teilnahme an Jasons Flucht zu befähigen. Das Brautbett wird dazu mit dem goldenen Vliese gedeckt. Es ist nicht ganz undenkbar, daß wir in diesem Beilager, an dem der eigentlich gewonnene rituelle Schatz teilhat, eine epische Übersetzung wiederfinden für die Verwandlungsfiguren des Paares bei der magischen Flucht. Denn jene Figuren zeigen ja ebenfalls die erotisch-magische Vereinigung des Paares in einem gepolten Bilde: in Dornbusch und Rose, Feld und Wachtel, Weiher und Ente. Überdies und in diesem Zusammenhang erschiene es als höchst bedeutungsvoll, wenn in Gestalt des Vlieses auch die heimzuführende Totenseele dem Beilager beiwohnte. Für eine altertümliche Sinnesart gäbe es daran nicht den geringsten Zweifel; wie Apollonios Rhodios darüber gedacht hat, ist freilich kaum zu entscheiden.

---

[23] Ebenda II, S. 232. Sven Liljeblad: Argonauterna och sagorna om flykten från trollet. Saga och sed, Uppsala 1935, S. 45. Die magische Flucht. Eine Märchenstudie von Antti Aarne. FFC No 92, Helsinki 1930, S. 151f.

[24] Apollonios Rhodios, Argonautika IV, S. 1130ff. Robert von Ranke-Graves: Griechische Mythologie. Quellen und Deutung, Reinbek bei Hamburg 1960, II, S. 236.

Medeas und Jasons weitere Schicksale sind auf vielerlei Weise erzählt und umgedichtet worden; diese Fassungen sind für uns nur insoweit von Belang, als sie übereinstimmend von einer schweren Störung im Verhältnis des Paares berichten. Auf eine Untreue Jasons folgt eine blutige Rache, die Medea an der ins Auge gefaßten zweiten Gemahlin nimmt, und daraus ergeben sich weitere schwere Bluttaten anderer. Auch die Medeasage – und sie in besonders auffallender Weise – zeugt mithin dafür, daß auf die gewinnreiche Rückkehr des Paares aus dem Todesbereiche eine Verzwistung folgt. Das bis dahin abgelaufene Geschehen läßt keine Ursache dafür erkennen, ebensowenig wie die Charaktere, wenn man den alten epischen Rollen überhaupt so etwas wie einen Charakter zuschreiben darf. Auch keine der übrigen hier herangezogenen Sagen erklärt befriedigend den Zerfall des Bundes. Zwar trägt Kaca als ein sehr redegewandter Brahmane einen scheinbar stichhaltigen Einwand gegen die Heirat mit Devayānī vor; aber der Einwand erscheint eher als ein leerer Vorwand. Um die Verzwistung unter den Paaren der Sage zu verstehen, müssen wir uns also zu dem nicht umgestalteten Märchen zurückwenden, und wenn es die Erklärung zu leisten vermöchte, dann erschiene mit eins das Märchen als unversehrte alte Überlieferung – gegenüber den Variationen der Sage und Mythe, die zu besonderen Zwecken umerzählt worden sind – mit dem Anhängsel, da man ja andererseits auch Überliefertes erzählen wollte, eines nicht mehr zu begreifenden und sinnvoll nicht einzubeziehenden Zerwürfnisses unter den Liebenden.

Im Märchen wird die Störung mit einer Amnesie *[Erinnerungslosigkeit]* begründet, die unmittelbar nach der Heimkehr bei dem jungen Mann eintritt. Es ist daraus der Schluß zu ziehen, daß sich die vorausliegenden Erlebnisse in einem veränderten Bewußtseinszustand abgespielt haben, und dahin weisen auch weitere Indizien. Das Mädchen weiß von vornherein um die drohende Gefahr der Vergessenheit und warnt davor, freilich als vor etwas, das unvermeidlich mit dem erneuerten Leibesleben verhängt ist. Sie warnt vor Speisegenuß und vor körperlicher Berührung, vor dieser besonders als Kuß beim Wiedersehen mit den Verwandten. Die Warnung schlägt der Jungmann auch nicht in den Wind, aber was er bei Mutter und Schwester meidet, dem erliegt er dann doch bei dem Hund, der ihn anspringt und beleckt. Die Unterweltsfahrt war also eine unkörperliche Seelenreise. Dies versteht sich zwar von selbst, auch im Hinblick auf das Entrückungsmotiv im Eingang der Erzählung, aber das Märchen umgeht, seinem Stil gemäß, gerade diese Aussage. Das ist es eben, was die Erzählung märchenhaft macht.

Ursprünglich ist also das Geschehen gespalten durch die ihm wesensangemessene Amnesieschranke. Das Märchen vermag diese zu überwinden auf seine Weise. Sobald aber das Gesamtgeschehen auf eine einheitliche Ebene ohne Bewußtseinsstufungen versetzt wird, entfällt der Grund für die Erinnerungslosigkeit. Dies gilt sowohl für die fortgesetzt raumhaft-körperlichen Ereignisse einer Sage, für eine Reise über Land und Meer, wie für die Begebenheiten innerhalb der in sich ebenso schrankenlosen Welt der Götter. Das ursprünglich seelenkundlich wohlbegründete Vergessen läßt sich mithin als solches nicht in sagenhafte oder mythische Abläufe übertragen. Es wandelt sich daher zu einem Bruch im Erleben, in eine Verzwistung, eine ethische Verfehlung, eine wirkliche Untreue, die je nach den gesellschaftlichen Verhältnissen als mehr oder weniger gewissenlos erscheint. Die Episode mußte demnach entweder entfallen wie in der Kulhwch-Sage – oder sich nur in Spuren zeigen, Oho-na-muji, oder in aller Härte als Trennung einspringen, Odin, Theseus, Jason.

Im besonderen bieten sich für das Märchengeschehen zwei kulturgebundene Weisen des Verstehens an. Entweder ordnen wir es ein in die rein schamanische Weise des Erlebens. Dann hat der Seelenfahrer als Gattin drüben eine Geistin gewonnen, und es gilt, die Ehe hier, im Leibesleben, im hiesigen Bewußtseinszustand, voll zu verwirklichen. Eine gefährliche Krise droht dann einzutreten, wenn der Mann sich auch ein hiesiges Weib erwählt. Als ein uns noch nahes Beispiel sei nur die Sage von Peter Diemringer von Staufenberg angeführt, der nach drüben vermählt ist und der sterben muß, als man ihn hier zu einer Eheschließung überredet hat.[25]

Die schamanistische Deutung erklärt auch, warum im Märchen der Held nichts weiter mit heimbringt als das Mädchen. Sie eben, die Geistin aus der „Anderen Welt", ist der einzigartige Gewinn, den die Jenseitsfahrt einbringt. In ihr erscheinen verkörpert – oder genauer: vergegenwärtigt – die Macht zur Wiederbringung des drüben gefährdeten Lebens; die Kraft, die drei Unterweltsaufgaben zu bestehen, und schließlich das Vermögen der Wandlung. Sie, die hilfreiche Frau von drüben, leiht diesen durch Initiation gewonnenen Fähigkeiten die Beständigkeit auch im hiesigen Leben.

---

[25] Brüder Grimm: Deutsche Sagen, Nr. 528, nach der um etwa 1300 anzusetzenden Versnovelle des Egenolf von Staufenberg, hersg. von Edward Schröder: Zwei altdeutsche Rittermären, 3. A., Berlin 1920, S. 52–92. Vgl. auch: Vom Menschenbild im Märchen. Veröffentlichungen der EMG Bd. I, Kassel 1980, S. 85 und 152, Anm. 14.

Die andere Weise des Verstehens wäre ritualistisch; der Mann hätte innerhalb einer exogamen Ordnung *[Heiratsordnung, nach der nur außerhalb des eigenen Verbandes geheiratet werden darf]* die ihm vorbestimmte leibhafte Gattin in der Entrückung aufgesucht, beispielsweise in der Stammeshälfte, die für die seine den Gegenpol darstellt, die andere Welthälfte. Dann ginge es darum, daß er die Braut im Leibesleben wiedererkennte, daß sie sich für ihn verwirklichte und seine Anerkennung fände. Diese Weise des Verstehens setzt immer noch einen schamanistischen Hintergrund des Geschehens voraus, immer noch eine Entrückung. Sie hätte ihr Ziel aber nicht mehr in der Geisterwelt, sondern in der leibhaften Menschenwelt. Dies entspräche auch ganz der Beschaffenheit der rituellen Kulturen, die häufig Züge aus der schamanischen Vorstufe enthalten.

Setzen wir die schamanische Weise des Erlebens als die ursprüngliche an, dann stellen sich auch die skandinavische, die indische, die japanische Göttermythe schon als Umbildung des urtümlichen Erlebens dar, als Anwendung einer schamanistischen Ablaufsgestalt auf Wesen von anderer Art und Vorstellungen einer späteren Kulturstufe. Das Märchen AT 313, die Tochter des Unterweltsherrn als Helferin des Helden, erscheint dann in der Folgerichtigkeit seines Ablaufs als die urtümlichste Erzählform, älter als jegliche Gestalt der Olwen-, Ariadne und Medeasage, der Gunnlǫd-, Suseribime- oder Devayānī-Mythe. Zur Zeitstellung des Märchens ergeben dann die folgenden Datierungen einen Terminus ante quem. Die Argonautensage wird schon bei Homer erwähnt, in der Odyssee im Zusammenhang mit den Plankten, den „Schlagenden Felsen", die sonst auch Symplegaden heißen.[26] Die Jasonsage mag im 7. bis 6. Jahrhundert die uns bekannte Form erlangt haben, in der sie auch auf die Tragiker gelangt ist.[27] Die Medeasage ohne die tragische Wendung erscheint bei Pindaros in der vierten pythischen Ode, die man auf die Jahre um 462 ansetzt. Dem Kaca-Mythos darf man wohl ein Alter von mindestens 2000 Jahren zuschreiben. Alle übrigen Belege, die ich um des Zeugnisses halber angeführt habe, das sie für den Sinn und die Verbreitung der Ablaufsform ablegen, sind erst später bezeugt. Die Erzählung, die den Sinn und die Form des Geschehens auch in Sage und Mythos bestimmt hat, das

---

[26] XII, S. 59ff.
[27] Zur Datierung der Jasonsage s. Albrecht Dihle: Griechische Literaturgeschichte, Stuttgart 1967, S. 28.

Märchen, wäre demnach mindestens 2.700 Jahre alt, wahrscheinlich aber um ein Beträchtliches älter.

MÄRCHENWELT UND KERNERZEIT

[Erschienen in „Antaios Band X – Nr.6 – März 1969", Ernst Klett Verlag, Stuttgart 1968/69, S.155–183.]

Der zweite Teil des Aufsatzes unter der Überschrift „Die Somnambule" ist in einer stark verkürzten Fassung unter dem Titel „Das Märchen von den zertanzten Schuhen" im Band 10 der Veröffentlichungen der Europäischen Märchengesellschaft: „Schamanentum und Zaubermärchen" (Erich Röth Verlag, Kassel 1986, S.160–177 und S.211–212) erschienen. Dort gibt es am Schluß eine ergänzende Anmerkung des Autors über die griechische Sage von Melampous, die diesem Aufsatz angefügt wurde.

1. Das Besessensein

Daß das Märchen nicht aus rein erzählerischen Antrieben stammt, nicht aus der reinen Lust am Fabulieren, daß seine Wunder nicht phantasievolle Erfindungen sind, sondern daß die Welt der Märchen eine geschichtliche Welt von durch und durch verstehbarer und sinnvoller Wirklichkeit ist und das Märchen selbst ein Zug um Zug fundierter Bericht davon – diese Erkenntnis beginnt sich in unserem Jahrhundert langsam anzubahnen. Vorläufer dieser Ansicht war anfangs der zwanziger Jahre der Franzose Pierre Saintyves[1], der nachzuweisen versuchte – allerdings an der wenig dafür geeigneten Perraultschen Sammlung und daher ohne Anerkennung bleibend –, daß das Märchen ganz aus alten rituellen Anliegen zu verstehen sei. Mehr als zwei Jahrzehnte später hat diesen Nachweis auf Grund der russischen Märchen mit voller Sicherheit der Russe Propp erbracht.[2] Eine Märchenforschung, die inskünftig noch von diesem durchgehenden rituellen Grund absehen wollte, hätte es nicht mehr mit der geschichtlichen Wirklichkeit des Märchens zu tun, auch dann nicht, wenn sie von einzelnen Ritualmotiven innerhalb seiner Handlung so spräche, als habe das von Anbeginn erzählerisch gemeinte Märchen seiner jeweiligen geschichtlichen Umwelt alle möglichen Motive, darunter natür-

---

[1] Pierre Saintyves, Les contes de Perrault et les récits parallèles – Leurs origines {coutumes primitives et liturgies populaires}, Paris 1923.
[2] Vladimir Jakovlevič Propp, Istoričeskije korni volšebnoj skazki, Leningrad 1946. – Italienisch: Le radici storiche dei raconti di fate, Torino 1949, hier S. 483 ff. die Freierproben, S. 507 f. die Fresserprobe.

licherweise auch rituelle, entnommen. Diese Ansicht trifft nicht die eigentliche Keimschicht von Märchensinn und -ursprung. Vielmehr läßt sich für einzelne Märchen der Nachweis erbringen, daß sie Punkt für Punkt und in ihrem gesamten Zusammenhange rituell gemeint sind. Das europäische Brüdermärchen beispielsweise bildet in seiner epischen *[erzählten]* Handlung ein umfassendes Ritualgewebe mit seinem vollen Sinn und Hintersinn ab, und dieses läßt seinerseits wichtige, bisher ungedeutete Züge der germanischen Religion und Kultur, ja schon der indogermanischen Mythen durchschauen[3] – ein untrügliches Zeugnis für die Altertümlichkeit und Wirkungsmächtigkeit unserer „Märchenrituale".

Dies ist also der wissenschaftliche Hintergrund, vor dem ich hier ein einzelnes Märchenmotiv zu deuten unternehme. Das Unternehmen hat insofern grundsätzliche Bedeutung, als es zeigt, daß altmenschliche und urvölkerliche Kultmotive, die sich dem Verständnis zu verschließen scheinen, auch von uns noch aufgeschlossen werden können, und zwar mit Hilfe neuerer parapsychologischer *[übersinnlicher]* Beobachtungen. Es ist nämlich jetzt schon gewiß, und diese Gewißheit wird sich in der noch zögernden Wissenschaft in den nächsten Jahrzehnten auch durchsetzen, daß es keine Gruppe von Erlebnissen gibt, die für die kultische Phase der Menschheitsentwicklung entscheidender gewesen wäre als die parapsychische. Aus dieser Tatsache rührt in gerader Linie das Wunder des Märchens her.

Unter zahlreichen Märchenmotiven, deren rituelle Deutung Propp unternommen und oft einleuchtend durchgeführt hat, stößt er auch auf die Freierproben, denen in vielen Märchen der Held unterworfen wird. Er zeigt, daß eine Gruppe darunter dem Helden den Nachweis auferlegt, daß er durch die Jünglingsweihe dienstbare Geister gewonnen hat, die für ihn die übermenschlichen Aufgaben lösen. In dem Märchen vom Reisekameraden, um nur eines der bekanntesten zu erwähnen, ist dieser Helfer ja auch nach heutiger Märchendarstellung noch ein Toter. In anderen Märchen gewinnt der Held solche Helfer in Gestalt wunderbarer Tiere – eines Fuchses, eines Pferdes – oder wunderbar und oft ganz einseitig begabter Menschen, und in der heutigen Erzählung verrät nichts mehr (was aber der ursprünglichen selbstverständlich war), daß diese Diener wohltätige Dämonen sind.

---

[3] Dazu Heino Gehrts, Das Märchen und das Opfer, Untersuchungen zum europäischen Brüdermärchen, Bonn 1967.

Eine ganze Gruppe solcher Helfer erscheint in dem Märchentyp der Sechs Diener[4]; sie beherrschen Wind, Wasser und Feuer, geben also dem königlichen Helden die Herrschaft über die Elemente; der Horcher und der Schauer beschenken ihn mit dem Wissen des Fernen und des Verborgenen, machen ihn also zum Hellseher; der Schütze vermittelt die Fernwirkung; der Lange und der Läufer stellen das Vermögen dar, in der Ferne auch in Gedankenschnelle anwesend zu sein, also die Gabe der Seelenausfahrt. Etwa in dieser Weise, wenn auch nicht mit parapsychologischer Terminologie, versteht auch Propp diese Diener. Wir hätten allerdings verdeutlichend hinzuzufügen, was zum Teil schon unsere Ausdrucksweise nahelegt, daß die Diener nicht notwendig allesamt dämonische Seelen darstellen, sondern auch Begabungen bedeuten könnten, welche die Seele des Helden selbst besitzt – wie etwa die der Seelenausfahrt. Allerdings bedarf auch oft der Schamane zum eigenen Seelenfluge dämonischer Helfer.

Einen dieser Diener vermag allerdings Propp nicht befriedigend zu erklären: den Fresser[5], der dem Helden hilft, ungeheure Mengen von Wein und Brot oder Fleisch zu vertilgen. Er meint, daß hier der Held ein Toter sei; daß er als solcher ohne Maß zu essen vermöge, sucht er mit der Vorstellung einleuchtend zu machen, daß die Speise den Toten unaufgehalten passiere, und er verweist dazu auf Wesen, die wie die Babajaga, die Urhexe, ohne Rücken sind. Schon vor Propp hat man hier den Helden als den gefräßigen, unersättlichen Tod selber auffassen wollen, eine Ansicht, die Propp zurückweist; denn sie liegt ja außerhalb der eigentlich rituellen Sinngebung. Aber auch seine eigene Meinung bezeichnet er nur als eine Hypothese; er empfindet sie selbst nicht als wirklich schlagend, denn auch sie entbehrt ja des eigentlich rituellen Sinnes. Wohl ist wirklich der Vollmann der rituellen Kultur fast immer ein Toter, da ihn die Jünglingsweihe auch durch den Tod hindurchführt – aber warum ist dann die Vielesserei in der Freierprobe von einer so entscheidenden, beispielhaften Bedeutung?

Um die Lösung anzubahnen, stellen wir die Frage in dieser Form: gibt es den Fresser im Kult und gibt es einen wirklichen Tatbestand, etwa parapsychologische Beobachtungen, die den kultischen Vielfraß und damit auch den des Märchens verständlich machen? – Bevor wir die einschlägigen Belege aufführen, erwähnen wir, daß es auch im Mythos den Typ des Fressers gibt;

---

[4] Grimm Nr. 134, vgl. Nr. 71.
[5] Propp, Le radici storiche S. 507f.

bei den Indogermanen sind es Thor, Indra und – minder auffallend – Herakles[6], die auch sonst in wesentlichen Zügen übereinstimmen. Da der Mythos nach wohlbegründeter Ansicht eine Abstraktion aus uralten Ritualen ist, ein Bild des Beispielhaften und Typischen daran, so wiese schon das mythische Vorkommen uns mit Entschiedenheit auf rituelle Vielesser. Allerdings gibt es bei uns von ihnen nur noch spärliche Überbleibsel, die sich ohne die Zeugnisse anderer Kulturen nicht mehr verstehen ließen. Für Indien vermöchten wir freilich sogleich auf eine Rolle im Totenritual zu verweisen, auf den euphemistisch *[mildernd verhüllend]* so genannten Großen Brahmanen nämlich (Mahābrāhmanáh), der dort für nichts anderes entlohnt wird, als daß er so viel ißt, wie er nur immer fassen kann, in dem Glauben, daß es der Seele des Toten, je mehr er vertilgt, um so besser geht.[7] Mithin scheint wenigstens die Richtung, in der Propp seine Lösung suchte, in diesem indischen Brauch eine gewisse Bestätigung zu erfahren. Auch nordamerikanische Kulte deuten dorthin.

Bei den Maidu in Kalifornien finden wir als den typischen Fresser den Kultnarren.[8] Der Name, den dieser dort führt, bedeutet in der Tat nichts anderes als „Esser", und man sieht ihn auch bei den großen Kultfeiern fast ohne Unterbrechung essen oder ums Essen bemüht – oft in komischer Weise die Regel gegen das Essen durchbrechend, die der Kultführer für alle anderen Rollen aufrechterhält. Die totenkultliche Wurzel liegt auch hier zu Tage – oder wir hätten genauer zu sagen, da das Fest als Ganzes nicht ein Kultfest für die Toten ist: die Mitbeteiligung der Toten am Fest der Lebenden werde durch den schmausenden Narren gesichert. Seine „Morgensprache" vom Dach des Tanzhauses, bei der er ebenfalls zuerst nach Speisen ruft, verlautbart, wie er selber bekennt, die Stimme der Toten (I only proclaim the voice of the dead). Warum gerade der Narr es ist, der auf der großen Stammesfeier die Toten vertritt, und zwar nicht nur in Amerika, ist eine hochinteressante Frage, die wir hier nicht zu lösen haben. Auch der erwähnte indische Groß-

---

[6] Fr. R. Schröder, Indra, Thor und Herakles, Zeitschrift für deutsche Philologie, Bd.76, Berlin 1957, S. 1–41, besonders S. 28–32.

[7] J. Gonda, Zur Frage nach dem Ursprung und Wesen des indischen Dramas, Acta Orientalia XIX, Leiden 1943, S. 329–453, besonders S. 395–402, 398. Im Mahābhārata Bd. X S. 172 wird ganz allgemein gesagt, daß die dem Brahmanen geschenkte Speise in seinem Leib...genossen wird. – ferner Bd. XI S.175.

[8] Roland B. Dixon, The Northern Maidu, Bulletin of the American Museum of Natural History XVII, New York 1905, S. 119–346, besonders S. 315–318.

brahmane hat übrigens eine Beziehung zu einem vielessenden Narren, zum Vidūṣaka nämlich, der stehenden Hanswurstrolle des indischen Dramas.[9]
Ein ganz ähnlicher Zusammenhang wie bei den kalifornischen Maidu begegnet uns auch bei den Hopi-Indianern in Arizona. Auch dort gibt es die Narren bei den großen Tanzfesten, unter ihnen auch den Typ des Vielfraßes, und für diese werden Massen von Speisen von den rituell dazu verpflichteten Verwandten herbeigeschleppt. Außerdem verschlucken sie allerlei ekelhaftes Zeug, vor allem gewiß in der Absicht, die Zuschauer lachen zu machen. Alle diese Narren, besonders aber die Fresser, vergegenwärtigen nach dem Berichterstatter das Urvolk (represent the very ancient people).[10] Von den Hopi besitzen wir obendrein das Zeugnis eines Mannes, der selbst oft die Rolle des Kultnarren gespielt hat, des Sonnenvogtes Don C. Talayesva, und er bestätigt uns, daß die Narren ohne Mühe ungewöhnliche Mengen von Speisen bewältigen. Er erzählt immer wieder von den Massen von Lebensmitteln, welche die Ritualmuhmen für die Narren auf den Tanzplatz tragen. Die Spaßmacher selber erklären, daß das Essen die höchste Lust des Lebens sei und danach erst die Liebesfreuden. „Wir hatten den ganzen Tag lang gegessen, aber abends waren wir immer noch hungrig", mit diesen Worten schildert er eine eigene Erfahrung, und an einer anderen Stelle deutet er ihren wunderbaren Hintergrund an: „...unsere Muhmen *[Tanten]* brachten uns wieder etwas zu essen. Wir aßen und aßen wie junge Raupen und wurden nicht satt. Es verbirgt sich ein Geheimnis dahinter, daß Hanswurste so viel und so lange essen können und trotzdem hungrig bleiben."[11] Welcher Art ist dieses Geheimnis?

Unter dem Namen Phagomanie und anderen kennt die abendländische Psychologie bei lokalisierbaren Hirndefekten krankhafte Seelenzustände, in denen nicht nur „unstillbarer Heißhunger ohne Sättigungsgefühl" auftritt, sondern gegebenenfalls auch der Verlust aller Ekelgefühle, und es wird demgemäß auch Widerliches verschlungen wie von jenen Hopi-Hanswursten.[12] Nun ist zwar zu vermuten, daß die Zustände in der europäischen Klinik wie auf dem indianischen Kultplatz wirklich physiologisch etwas miteinander gemein haben, daß es sich hier wie dort um Funktion oder Ausfall gleicher

---

[9] J. Gonda, Zur Frage nach dem Ursprung und Wesen des indischen Dramas, Acta Orientalia XIX, Leiden 1943, S. 329–453, besonders S. 395–402, 398.
[10] J. Walter Fewkes, Ancestor Worship of the Hopi Indians, Annual Report...Smithsonian Institution 1921, Washington 1922, S. 485–506, besonders S. 494.
[11] Don C. Talayesva, Sonnenhäuptling Sitzende Rispe, Ein Indianer erzählt sein Leben. Kassel 1964, S. 192, 316, 216, 195, 193.
[12] Ernst Kretschmer, Medizinische Psychologie, 12. Aufl., Stuttgart 1963, S. 173 f.

Hirnpartien handelt, aber die pathologische Betrachtungsweise allein gibt uns keinen Aufschluß über den Kern solcher Kulterlebnisse. Denn bei den indianischen Kultnarren sind ja diese Zustände zur Festzeit verfügbar und können willkürlich eingeleitet werden. Suchen wir auf anderen Wegen aus unserem eigenen Kulturkreis das Verständnis für diese fremdartigen Erscheinungen zu eröffnen, so müssen wir uns jenen Randzonen der abendländischen Wissenschaft zuwenden, in denen noch unbefangen das gesamte Phänomen mit der Deutung, die es sich selber gibt, verzeichnet wird. Da finden wir nun in der „Nachricht von dem Vorkommen des Besessenseyns", die Justinus Kerner 1836 veröffentlicht hat, den folgenden merkwürdigen und beispielhaften Fall der Barbara Rieger. Dieses zehnjährige Mädchen hatte seit seinem vierten Jahre an Konvulsionen *[Schüttelkrämpfen]*, Angstzuständen, Lähmungen und dergleichen gelitten, neuerdings aber war eine vollendete Besessenheit bei ihr aufgetreten, in der zwei Männerstimmen in verschiedenen Mundarten aus ihr sprachen, ein Maurer und ein Provisor *[Verwalter]*. Beide behaupteten, wirklich gelebt, nun aber das Leben quittiert zu haben. Sie peinigten das Mädchen auf allerlei Weise, besonders der Provisor, der freilich nur alle drei Tage sprechen konnte.

„Oft forderten die Dämonen Speise und waren dann lustig, noch durch diesen Leib essen zu können. Dann aber fraß das Mädchen das Vorgelegte wie ein Tier, wie eine Katze, wie es sonst nie aß. Oft nahmen die Dämonen dem Mädchen, was es sich zum Essen aufbewahrt hatte, fraßen es und machten sich dann lustig, wie das Kind sich ärgern werde, wenn es, lassen sie es wieder zu sich kommen, seine Speisen gefressen finde. Dies war auch wirklich so; denn wieder zu seiner Individualität gekommen, fühlte und wußte das Kind nicht im mindesten, daß Speisen in seinen Leib gekommen (hatten die Dämonen auch noch so viel gefressen), hatte Hunger und forderte die Speisen, und aß mit Appetit, als wäre nichts in seinen Magen gekommen.[13] In dieser Kernerschen Beobachtung halten wir demnach den Schlüssel in der Hand für alle Fragen, die wir bisher gestellt haben. Auch die Speiseprobe des Märchens ist mithin auf einen dämonischen Helfer des Helden abgestellt, und

---

[13] Justinus Kerner, Nachricht von dem Vorkommen des Besessenseyns, Stuttgart 1836, S. 41–44. Weitere Belege für übermäßiges Schlingen bei Besessenen siehe bei P. Adolf Rodewyk, Die dämonische Besessenheit in der Sicht des Rituale Romanum, Aschaffenburg 1963, S. 162f., und Josef von Görres, Die christliche Mystik, Bd. IV, 1, 1842, S. 206ff. Der Bericht Kerners ist jedoch insofern einzigartig, als dort gerade die Dämonen selbst als die Fresser erscheinen, nicht der Besessene. Zur „Dämonisierung des Nahrungstriebes" vgl. auch Görres, Bd. IV, 2, S. 387ff.

zwar höchstwahrscheinlich auf einen Dämon oder eine Totenseele, die ihm innewohnen. In dem Märchen von den sechs Dienern soll der Königssohn dreihundert Ochsen verspeisen und dreihundert Fässer Wein austrinken und darf einen einzigen Gast dazu laden; das ist aber eben jener Fresser, der die Aufgabe in Wirklichkeit allein und statt seiner bewältigt. Auch von jenem Brahmanen beim Totendienst und von den Kultnarren der Maidu und der Hopi hätten wir also zu vermuten, daß sie solche dämonischen „Mitesser" hätten, daß ihnen die Totenseelen innewohnten, welche die eigentlichen Esser in ihnen wären, und wir dürften sogar, wenn wir es für möglich hielten, annehmen, daß die Speise in Wirklichkeit gar nicht einverleibt, sondern in zauberischer Weise entführt würde – so wie überhaupt das Herbeizaubern und das Verschwindenlassen zu den gewöhnlichsten magischen Künsten gehören, oft mit Geisterhilfe. Es fehlte das Sättigungsgefühl dann nicht infolge Ausschaltung der zugehörigen Zwischenhirnstelle oder nicht allein deswegen, sondern weil tatsächlich der Magen nicht gefüllt worden wäre. Solange indes einschlägige exakte Beobachtungen nicht beigebracht werden, ist der Entscheid zwischen der rein hirnphysiologischen und der magischen Erklärung müßig und lediglich eine Sache des Geschmacks.

Für die Hopi läßt sich die Vorstellung der kultischen Besessenheit wirklich belegen, und zwar bezeugt sie der eben genannte Sonnenvogt selbst – an einer Stelle allerdings, wo er nicht von den Narren, sondern von anderen Kultrollen spricht; indes dürfen wir das Entsprechende wohl auch für die Spaßmacher voraussetzen. Talayesva schildert, wie die Maskentänzer sich vor dem Fest an die Westseite des Dorfes begeben, um dem Totenvolk den Tanz anzukündigen und die Bitte vorzulegen, „daß seine Geister kommen und in unsere Leiber eingehen möchten. Auf diese Weise, glaubten wir, verwandelten wir uns in wirkliche Katschinas"[14], das heißt in die Urgötter, die früher unter den Menschen lebten – Demagottheiten in der Terminologie A. E. Jensens.

Wenn wir also bei europäischen Festen der Mittwinterzeit, da ohnehin oft auch den Toten der Tisch gedeckt wurde, die strenge Forderung finden, sich den Bauch bis zum äußersten zu füllen[15], so werden wir auch dort vermuten, daß diese Speisung ursprünglich den Toten zugedacht war, die auf den Fest-

---

[14] Don C. Talayesva, Sonnenhäuptling Sitzende Rispe, Ein Indianer erzählt sein Leben. Kassel 1964, S. 184f.
[15] Bächtold-Stäubli, Handwörterbuch des deutschen Aberglaubens, Bd. II, Sp. 1048 f., vgl. Bd. VI, Sp.1481.

tag in den lebendigen Leib einzogen. Ein humoristisches Bild vom dämonischen Anteil am menschlichen Festmahl gibt uns eine dänische Sage[16], wo der Hirt unter dem Zauberhut die Mitesser erblickt: „Wie sich nun die Gäste zu Tisch setzten, sah er eine unheimliche Menge Trolle zwischen ihnen sitzen und den Gerichten kräftig zusprechen, so daß die Leute durchaus nicht begreifen konnten, wo all das Essen hinkam, das aufgetragen wurde ..." Ursprünglich aber wird man diesen mithaltenden Geistern die Leckerbissen nicht mißgönnt, sondern sie dazu geladen haben, und jeder Bissen, den man an der festlichen Tafel in den Mund steckte, wird doppelt gemundet haben, weil man in dieser Nacht nicht nur das eigene Ich, sondern auch Voreltern und Urahnen mit speiste. Daß man zu solcher festlichen Speisung imstande sei, dies zu erweisen diente unter anderem die Fresserprobe, die das Märchen bewahrt.

2. Die Somnambule

Die Vorwelt, weit davon entfernt, durch apotropäische *[Unheil abwehrende]* Riten den heimischen Toten die Rückkehr zu verwehren, lud sie vielmehr ein, an den Festen der Lebenden teilzuhaben. Dieser festliche Verkehr zwischen den beiden Welten, dies offene Tor bedeutete freilich keine schrankenlose Durchdringung, keine unterschiedslose Vermengung von Totenleben und Leiberdasein: der Zusammenhang zwischen beiden war rituell geordnet, und was die Volkskunde und vielleicht gelegentlich schon die Überlieferung als ein für allemal gesetzte Sperren mißversteht, mögen oft nur die solcher Ordnung dienenden Vorkehrungen gewesen sein. Diese, gleichsam die in das Jahr und in die Landschaft gesetzten Grenzsäulen, verleihen, wie das Totenmal, erst der totenkultlichen Begegnung Sinn und Gestalt. Von ihnen abzusehen, einem ungeordneten Verkehr zwischen Hüben und Drüben anheimzufallen, hieß tödliche Gefahren heraufzubeschwören, und manche Volkssage erzählt davon. Weit verbreitet ist die Sage von dem Manne, oft einem Totengräber, der einen Bestatteten oder auch einen Gerichteten zum Mahle lädt, der dann selbst auch der Ladung des Toten folgt, bei ihm aber seine Lebenszeit an die Totenzeit verliert und erst als Greis in einer fremdverjüngten Welt

---

[16] Nordische Volksmärchen. Übersetzt von Klara Stroebe, Jena 1915, Teil I, S. 103.

wieder einkehrt.[17] Die Kindbetterin, die aus der Urwelt des Gebärens nicht durch einen bestimmten Ritus in die Tagwelt zurückgetreten ist und trotzdem den schützenden Umkreis des Hauses verläßt, fällt ohne Anhalt in die Nacht der Unsichtbaren zurück – bisweilen auf Nimmerwiederbegegnen. Oftmals gelingt es indes, sie in die Lebenswelt zurückzuziehen: mit den bloßen Händen, im priesterlichen Gebet oder auch durch dreimaliges Umtanzen: offenbar drei historische Schichten in der Bewältigung des Ungeheuren.[18]

Max Lüthi hat bei seinen Vergleichen von Sage und Märchen gezeigt, wie das eine und gleiche Geschehen, das in der Sage einen dämonisch-verhängnisvollen Verlauf nimmt, im Märchen zu „schöner Ordnung gebracht" wird und wie zugleich der Zuhörer in diese Ordnung mit aufgenommen und in ihr geborgen wird.[19] Lüthi hat diese Funktion des Märchens als ein sinnvolles Teilstück im Gesamtzusammenhang seiner Formelemente erwiesen. Form und Funktion des Märchens aber wurden ursprünglich bestimmt durch seine rituelle Substanz, und diese war ja eben auf nichts anderes hin angelegt, als den Menschen in seinem bald hin-, bald widerfälligen Leben einzufügen in den Tod und Leben umhegenden kosmischen Zusammenhang. Wir erleben am Märchen heute, als Leser und im glücklicheren Falle noch als Hörer, diesen Gesamtzusammenhang nach an der sinnvollen Form des geschilderten Geschehens. Ehedem aber ward die lebensvolle Teilhabe an diesem Sinnganzen erwirkt durch die Initiation – das heißt durch das verwandelnde, gravierende Erlebnis der Wesensmächte und ihrer Zuordnung. Propp hat daher das Märchen überhaupt als Erzählung von der Initiation gedeutet[20], ein Gedanke, der in dieser Ausschließlichkeit wohl nicht gültig ist – immerhin berichtet uns eine Fülle von Märchen von Erlebnissen initiatischen Gehalts. Es bedeutet dies unter anderem, daß der Märchenheld oder die Heldin auf das Jenseits der Leiberwelt stoßen, daß ihnen der Tote, der Dämon, der helfende Gott begegnen, vor allem aber und oft, daß sie geradezu in das Jenseits hinüberwechseln und dort die für ihr diesseitiges Leiberleben bestimmenden Erlebnisse einheimsen. Auch die Psychologie hat den initiatischen Gehalt der Märchen ans Licht gestellt, hat in ihnen gestufte Reifungserlebnisse erkannt,

---

[17] Karl Müllenhoff, Sagen, Märchen und Lieder der Herzogtümer Schleswig, Holstein und Lauenburg, Schleswig 1921, Nr. 269. Deutsche Märchen aus dem Donauland, hrsg. von Paul Zaunert, 1958, S. 335.
[18] Richard Beitl, Im Sagenwald, Feldkirch 1953, Nr. 153. Heyl, Volkssagen...aus Tirol, Brixen 1897, S. 155, 407.
[19] Max Lüthi, Es war einmal, Göttingen 1962, S. 54–65.
[20] Propp, Le radici storiche S. 565ff.

die in der Begegnung mit numinosen *[göttlichen]* Wesen ausgelöst werden.[21] Johannes Siuts hat schon vor mehr als fünfzig Jahren die Ansicht entwickelt und begründet, daß „die chthonischen *[der Erde angehörenden, unterirdischen]* und die Seelenreisemotive", das heißt die Fahrten in die Totenwelt, dem Märchen überhaupt sein „eigentümliches Gepräge geben".[22] Vermöge dieser Erlebnisse und Begegnungen ist die Märchenwelt eine ganze und war noch ehegestern die Welt der Urvölker eine ganze; infolge des Mangels an ihnen findet sich der zivilisierte Mensch gezwungen, seine hälftenhafte Welt zu ergänzen durch die – heute immer technische – Utopie.

Indes waren doch neuerdings die Jenseitsreise, die Seelenausfahrt und die Begegnung mit Jenseitigen noch einmal nicht verschollenes Märchen- und Vorzeitmotiv, sondern lebendiges, wirkungsmächtiges Ereignis – in den Jahrzehnten um die Schaffenshöhepunkte Kerners nämlich, also etwa von 1810 bis 1840. Diese Zeitspanne nenne ich die Kernerzeit, und zwar eben im Hinblick auf seinen Forschungsgegenstand, die Erscheinungen des Somnambulismus, die in diesen Jahren nicht nur höchste Beachtung fanden, sondern auch das religiöse und philosophische Weltverständnis vielfältig mitbestimmten. Damals wurden zahlreiche derartige Ereignisse erforscht und merkwürdige Berichte darüber verfaßt. Nicht allein das Märchen hat jene Zeit für das gebildete Bewußtsein wiederentdeckt, sondern auch das märchenhafte Erlebnis, ohne daß man freilich zugleich diesen Zusammenhang samt seinen bedeutenden Folgerungen schon übersehen konnte. Wir wollen hier versuchen, für ein bestimmtes Märchen diese Verwandtschaft nachzuweisen und es vor diesem uns um so viel näheren Hintergrunde zu verstehen – das Märchen nämlich von den zertanzten Schuhen.

Es beginnt damit[23], daß eine Königstochter, die allnächtlich in ihrem Gemach eingeschlossen wird, doch des Morgens immer mit zerrissenen Tanz-

---

[21] Josephine Bilz, Märchengeschehen und Reifungsvorgänge, in: Charlotte Bühler, Das Märchen und die Phantasie des Kindes, München 1961, S. 73–111.

[22] Johannes Siuts, Jenseitsmotive im deutschen Volksmärchen, Diss. Greifswald 1911, S. 1.

[23] Die Zusammenfassung will nur die wesentlichen Züge, nicht etwa die Urgestalt wiedergeben. Sie beruht auf den folgenden Fassungen. Die Kinder- und Hausmärchen der Brüder Grimm...in der Urfassung, hrsg. von Friedrich Panzer, Teil II, Nr. 47, später Nr. 133, münsterländisch. Dazu: Bolte-Polivka Bd. III, 1918, S. 78–84, mit einer Paderborner und einer hessischen Variante. Nordische Volksmärchen. Übersetzt von Klara Stroebe, Jena 1915, Teil I, S. 97, dänisch. Russische Volksmärchen, hrsg. von Löwis of Menar-Olesch, 1959, S. 192. Balkanmärchen, hrsg. von Leskien, 1919, S. 78, bulgarisch; S. 296, serbisch. Deutsche Volksmärchen, hrsg. von Moser-Rath, 1966, S. 281, steirisch. Verzeichnis der böhmischen Märchen von Václav Tille, FFC No 34, Helsinki 1921, S. 311–318.

schuhen und etwa auch zerschlissenem Kleide vorgefunden wird und daß niemand weiß, wie das geschieht. Die Bewerber, die nach der öffentlichen Auslobung durch den König den Grund zu erforschen suchen, scheitern, weil sie der Schlafsucht nicht widerstehen können, und werden gerichtet. Erst einem Soldaten, der von irgendeinem Wesen mit magischen Gaben ausgerüstet wird, gelingt es, wach zu bleiben und der Königstochter unsichtbar zu folgen. Sie verläßt nämlich ihr Gemach durch eine Falltür unter ihrem Bett, durchwandert metallene Wälder, den kupfernen, silbernen, goldenen, überquert ein Gewässer, und wird jenseits von einem männlichen Wesen empfangen. Mit ihm feiert sie ein Fest, speisend und den Rest der Nacht vertanzend, und dabei verschleißt sie die Schuhe. Der Soldat nimmt von allen einzelnen Stätten und Episoden des Geschehens bestimmte Gegenstände an sich – meist ist er dazu mit einem besonderen Behälter ausgerüstet –, und er genießt auch die gebotenen Speisen und Getränke. Diese Fahrt wiederholt sich noch zweimal, oder sie gelingt auch etwa erst in der dritten Nacht, und darauf offenbart der Soldat vor Herrscher und Hofstaat, wie die Königstochter dazu gekommen ist, allnächtlich ihre Schuhe zu zertanzen; als Beglaubigung weist er die von ihm mitgebrachten Gegenstände vor. Die Prinzessin, bestürzt aber geständig, sträubt sich nicht gegen die vom König ausgelobte Hochzeit, und der Soldat wird durch diese Ehe Thronfolger.

Wir heben zunächst die das Jenseits bedeutenden Züge heraus und beginnen mit dem zugleich bezeichnendsten und fremdartigsten, den metallischen Wäldern. Schon Siuts hat sie als Stationen auf der Fahrt an den Totenort betrachtet[24]; vor allem aber hat Otto Huth mit Nachdruck diese drei Bereiche als Stufen des Weltberges gedeutet, den die tote oder die ekstatische Seele erklimmt.[25] Die drei Metalle, Kupfer, Silber und Gold, bezeichnen die drei Himmel oder die Himmelssphären mit den zugehörigen Planeten Venus, Mond und Sonne, und sie kehren andererseits als Verklärungsstufen der Seele wieder in den metallischen Rüstungen des Märchenhelden oder den Glanzgewändern der Heldin. Das Märchen, nach Huth sowohl gnostischer wie alchemistischer Symbolik nahestehend, lasse die Menschenseele sich vollenden auf der goldenen Höhe des Weltberges, im Hieros Gamos mit der als Königstochter sich darstellenden Allseele. – Für die eigene Thematik dürfen wir nicht außer acht lassen, daß nicht nur in unserem Tanzmärchen, sondern

---

[24] Johannes Siuts, Jenseitsmotive im deutschen Volksmärchen, Diss. Greifswald 1911, S. 36.
[25] Otto Huth, Der Glasberg, Symbolon Bd. II, 1961, S. 15–31.

auch in der weitaus überwiegenden Anzahl der anderen, der Weg auch rückwärts durchmessen wird, daß es sich also meist nicht um die „ewige Vollendung" der toten Seele handelt, sondern um den initiatischen „Ewigkeitsaugenblick" der ausgefahrenen.

Fragen wir nach Bestätigungen in den ekstatischen Erlebnissen der Kernerzeit, so finden wir wohlbezeugt sowohl das Heraustreten der Seele aus dem Leibe mit dem Besuch nahegelegener Örtlichkeiten wie auch die Fahrt in das Seelenland. Selbstredend haben wir es hier, unserem erscheinungswissenschaftlichen Grundsatz gemäß, nur mit der Vergleichbarkeit der berichteten Erscheinungen zu tun, nicht aber mit ihrer „Objektivität". In diesem Sinne dürfen wir feststellen, daß Christiane Käpplinger und Caroline Stähle, die ersten Somnambulen, deren Erscheinungen Kerner veröffentlicht hat, daß Friederike Hauffe, die Seherin von Prevorst, und Philippina Demuth Bäurle, die Somnambule von Weilheim unter Teck[26], – daß sie alle sich während ihres magnetischen Schlafes an Orte der Nahwelt begeben – schauend oder auch, nach ihrer Beschreibung, wesenhaft – und daß sie dergestalt mit entfernten Menschen oder Dingen verkehren. Weit wichtiger aber als dies zweckvolle Hinaustreten der Seele sind für uns die großen Reisen an das höchste Ziel der Seele, Schauungen vom Jenseits, durch die sich eben auch das Seelenschicksal vollendet und die seelische Störung, mit der diese Frauen in den „magnetischen Kreis" eintraten, ihre Lösung findet. Merkwürdig ist, daß gerade bei der Seherin von Prevorst eine solche vollendende Seelenausfahrt fehlt: sie aber krankte eben auch nicht am Tode. Der Christiane Käpplinger jedoch wird nachdrücklich das Bild der gemähten Ähre gewiesen[27], jenes Tod und Leben umspannende Zeichen der Eleusinien. Auch bezeichnet sie den initiatischen Charakter ihrer Schauungen klar mit den „im Jenseits" gesprochenen Worten: „Ich habe stets an eine Unsterblichkeit der Seele geglaubt, aber in diesem magnetischen Zustande wurde mir die völlige Gewißheit derselben, die mich auch im wachen Leben wie eine Ahnung begleiten wird."[28]

---

[26] Justinus Kerner, Geschichte zweyer Somnambülen, Karlsruhe 1824. Ders., Die Seherin von Prevorst, in: Kerners Werke, hrsg. von R. Pissin, Teil 4 und 5. Verwaltungsaktuar Bäurle, Reisen in den Mond..., Geschichte einer Somnambüle in Weilheim an der Teck..., Neudruck Göppingen 1920.
[27] Justinus Kerner, Geschichte zweyer Somnambülen, Karlsruhe 1824, S. 219.
[28] Ebenda S. 201.

Fragen wir zunächst, ob die Somnambulengeschichten uns auch dazu verhelfen, die märchenhaften Züge des Jenseits zu beglaubigen oder zu verstehen! Da haben wir nun als erstes hervorzuheben, daß es dort die rätselhaften Metallwälder allerdings nicht gibt, und wir stellen dazu bestätigend fest, daß die Bilderwelt der Jenseitsvisionen bei allen Völkern und zu allen Zeiten ihr Material aus der kulturellen Überlieferung erhält und daß dementsprechend die Visionen unserer Somnambulen aufs stärkste geprägt sind von ihrer christlichen Lehre. Dennoch ist es nicht diese allein, die das Bild bestimmt, und wir dürfen sogar umgekehrt behaupten, daß die Aufgabe der Somnambulen als Kultmedium ihrer Gemeinde es geradezu fordert, daß sie auch andere lebenswichtige Anschauungen ihrer Umwelt im Bilde des Jenseits mit versinnlichen. So war es offenbar die kultbiologische Aufgabe der Weilheimer Somnambulen, das neue Bild des astronomisch bestimmten Kosmos mit den traditionellen biblischen Ansichten zu verschmelzen: ihre Seelenfahrt ist daher eine Reise durch die Sternenwelt mit den Planeten als Stufen jenseitiger Seelenschicksale; aber noch immer vollendet sich die höchste Stufe im Bilde des himmlischen Jerusalem.

Die Kupfer-, Silber- und Goldwälder fehlen also in den Jenseitsvisionen vor 150 Jahren, und wir dürfen dies einerseits als ein Beweisstück für die Überlieferungstreue des Märchens ansehen: daß es nämlich der Substitution *[Ersetzung]* seiner Jenseitsbilder durch die geschichtlich späteren widerstanden hat. Andererseits aber fehlt die Staffelung, die in den Metallwäldern zum Ausdruck kommt, durchaus nicht; auch die Sternstufen der jungen Bäurle dürfen wir als Beleg dafür anführen, obwohl dort nicht die Dreizahl, sondern neun Sternstufen mit der Himmelsstadt als zehnter vorkommen. Aber Caroline Stähle findet die Verstorbenen auf drei Stufen, die Verdammten zwischen Himmel und Erde, die Halbseligen im Monde, die Seligen in der Sonne.[29] An ihr selbst entsprechen diesen Schauungen drei Zustände: Verzweiflung, Seligkeit und äußerstes Entzücken – in ihrem Anblick kenntlich am Ausdruck der Leichenstarre, als Entzücken und als höchste Verklärung.[30] Diese Zustände sind bei Christiane Käpplinger ganz entsprechend. Philippina hat ausführliche Schilderungen ihrer Jenseitslandschaft gegeben, und deren Elemente sind meist die vertrauten ihrer heimischen Landschaft, wenn auch stets in überirdischem Glanze und oft in bedeutungsvoller Gestalt. Im Hinblick auf

---

[29] Ebenda S. 300f.
[30] Ebenda S. 307, 300.

Glasberg und Weltberg erwähnen wir hier einen Berg Philippinas, „schön rund und geformt wie ein Apfel", und die vielfachen Treppen, die sie an verschiedenen Jenseitsorten vorfindet und deren Stufenzahl stets genau verzeichnet wird – meist 20 oder ein Vielfaches davon bis zu 420.[31] Christiane erschaut einmal im Jenseits „ein unbeschreiblich lichtes Tal" mit einem grünen Baum „und einen Berg ach! schöner als unsere Weibertreue", das heißt als der kegelförmige, weinbestandene, burggekrönte Berg der Heimat; der Himmel ist wie Silber und „alles brennt in Glanz...".[32] Hier finden wir doch auch eine Andeutung der visionären Metallfarbe, nämlich den silbernen Himmel, und es gibt in der Tat noch eine weitere wichtige Beziehung zwischen den Somnambulen und dem Metall: ihre außerordentliche Empfänglichkeit für deren Wirkungen. Wir erwähnen hier nur die eingehenden Beobachtungen, die Kerner in dieser Hinsicht mit der Seherin von Prevorst angestellt, die er in der ersten Auflage seines Buches ausführlich wiedergegeben, in den folgenden jedoch nur in einer deutenden Zusammenfassung von Görres gebracht hat.[33] Des verwickelten Zusammenhangs halber sei auch wenigstens eine Erscheinung an der Caroline Stähle angeführt. Sie hatte, für eine Somnambule nichts Ungewöhnliches, ihrem Hausherrn, dem Stadtpfarrer Gundert, die unerwartete Ankunft zweier Personen vorausgesagt und unter anderem auch die Art, wie sie zuerst ins Haus treten würden. Die Möglichkeit dieser Vorschau führt sie später überraschenderweise auf eine Goldmünze zurück, die jene mitgebracht und dem Pfarrer übergeben hätten, eine Tatsache, die bis dahin nur Gundert allein bewußt war, die aber Caroline nun ans Licht zieht, weil man der Münze in ihrem Zustande bedarf.[34]

Man hat oft in den merkwürdigen formalen Übereinstimmungen von Visionen verschiedenster Seher einen Hinweis sehen wollen auf objektive Gehalte. Es wäre in unserem Zusammenhange wenigstens zu bedenken, ob nicht die Metallwälder des Märchens in der allgemeinen menschlichen Natur einen Grund hätten und ob nicht gerade die Metallfühligkeit der Somnambulen, die ja auch den Rutengängern zugeschrieben wird, ebenfalls auf diesem Grunde beruhte. Hingewiesen sei an dieser Stelle andererseits auf die Beobachtung

---

[31] Verwaltungsaktuar Bäurle, Reisen in den Mond..., Geschichte einer Somnambüle in Weilheim an der Teck..., Neudruck Göppingen 1920, S. 243; S. 101, 144, 159, 163, 183, 213, 221.
[32] Justinus Kerner, Geschichte zweyer Somnambülen, Karlsruhe 1824, S.14.
[33] Justinus Kerner, Die Seherin von Prevorst, in: Kerners Werke, hrsg. von R. Pissin, Teil 4 und 5, S. 67ff., 75ff.
[34] Ebenda S. 298f., 307.

Lüthis, daß das Märchen eine Vorliebe für alles Metallische und Mineralische besitzt, und auf seine Erklärung, daß diese Vorliebe in dem allgemeinen Bedürfnis des Märchens nach formstarren Materialien wurzelt – wie etwa auch dem Glase –, weil deren Gestaltschärfe der Formbestimmtheit des Märchens entgegenkommt und sie mitbedingt.[35] Auch dies ist natürlich nicht nur ein märchenhafter, sondern ein menschenhafter Zusammenhang überhaupt und gerade eben auch ein Kennzeichen des rituellen Zeitalters, in dem gar kein menschliches Ereignis in seiner biologischen Wandelbarkeit belassen, sondern alles in unwandelbaren rituellen Formen gefaßt und gesteigert wurde.

Als ein altertümlicher Zug des märchenhaften Jenseits sei noch das Gewässer erwähnt[36], das die Fahrenden nach Durchquerung der Wälder überwinden müssen und wozu ihnen meist ein Boot von drüben entgegenkommt. Wir erkennen darin leicht den Grenzstrom des Altertums und den Nachen seines Totenschiffers, die das Märchen bewahrt hat, während beides in den mir bekannten Somnambulengeschichten fehlt. Der Grund dafür ist offensichtlich, daß die Jenseitsreise des christlichen Zeitalters hinaus- und hinaufgeht, die märchenhafte aber hinein und hinab. Wunderbare Gewässer fehlen zwar auch in den somnambulischen Visionen nicht, sie bezeichnen indes keine Grenze, sondern gehören, wie der Lebensquell des Märchens, zur jenseitigen Zentrale. Philippina spricht des öfteren vom Urquell und seinen Engeln; Christiane sieht, wie aus einem Rasenhügel eine wunderbare Quelle entspringt und wie zwei Selige aus ihr mit goldenem Becher schöpfen.[37] Beide werden auch des öfteren in feierlicher Weise und um sie zu weihen und zu stärken, von den Jenseitigen getränkt.[38] Christiane wird von ihrem Führer auch wiederholt mit einem Apfel gespeist, und wir erinnern uns dabei sowohl an den Apfel als Speise der Jenseitigen – von Idun, Avalon und den Hesperiden bis zum Garten Eden – wie auch an den Märchenapfel als Gabe der Jenseitigen an das kinderbegehrende unfruchtbare Königspaar. Die Speisung ist aber auch in unserem Schuhmärchen, mit dem Tanze zusammen, wesentliches Bestandstück des Jenseitsfestes.

---

[35] Max Lüthi, Das europäische Volksmärchen, Bern 1960, S. 27f.
[36] Johannes Siuts, Jenseitsmotive im deutschen Volksmärchen, Diss. Greifswald 1911, S. 38ff.
[37] Justinus Kerner, Geschichte zweyer Somnambülen, Karlsruhe 1824, S. 33; verg. S. 22.
[38] Ebenda S. 233f., 238, 240, 242. Verwaltungsaktuar Bäurle, Reisen in den Mond..., Geschichte einer Somnambüle in Weilheim an der Teck..., Neudruck Göppingen 1920, S. 173ff., 188.

Die Somnambulen wandeln niemals allein in die jenseitige Welt, stets gesellt sich ihnen ein Führer zu oder eine Führerin. Meist scheinen es bei den jungen Somnambulen männliche Führer zu sein, bei Christiane und Philippina die frühverstorbenen Brüder, deren Tod schon ursprünglich traumatisch den Somnambulismus mit ausgelöst hat. Es kommen aber auch weibliche Geister und Schutzgeister vor, gelegentlich auch die tote Mutter oder Großmutter, und wir erinnern uns dabei an ganz entsprechende Züge der Märchen. Unsere Tanzprinzessin wandelt zwar in mehreren Fassungen allein ihren Weg und trifft erst tief drinnen auf den gastlichen Prinzen. Aber in der dänischen Fassung kommt ein weißgekleidetes Mädchen zu der Prinzessin, fragt sie, ob der Soldat schlafe, rückt mit ihr das Bett beiseite und geleitet sie auf dem Wege – ein nebelhaftes Wesen, von dem dann nicht weiter die Rede ist –, aber gerade darum eine sehr getreue Entsprechung unserer jenseitigen Somnambulen-Führer. Eine Prinzessin und ihre „Zofe" fahren in einer böhmischen Variante aus, und auch dort ist die Zofe die eigentlich tätige und kundige Fahrtgenossin.[39] In der Grimmschen Fassung sind unter den zwölf Prinzessinnen nur zwei, die eine wirkliche Rolle spielen, die jüngste, um die es eigentlich zu gehen scheint, die an den Soldaten denkt und seine Nachforschungen fürchtet, und die älteste, die zur Nachtfahrt, unbekümmert um den Wächter, antreibt. In diesen beiden sind die ursprünglich wesentlichen Gestalten zu erblicken, die Somnambule und ihre jenseitige Führerin; die übrigen zehn gesellten sich ihnen vermutlich nur deswegen zu, weil die Zahl 2 in ihrer Bedeutsamkeit gerade für das vorliegende Erlebnis nicht mehr verstanden wurde – in einer hessischen Variante trat dafür die Märchenzahl 3 ein[40] – und weil das Dutzend zertanzter Schuhe, das wohl ursprünglich ist, eine entsprechende Zahl von Tänzerinnen zu fordern schien.

Sehr altertümlich ist das Tanzmotiv in unserem Märchen, und wir schauen danach in den christlichen Somnambulengeschichten fast vergeblich aus. Aber auch dem Märchen ist es nicht allgemein eigen; das russische weiß nur, daß die Zarentochter jede Nacht fortläuft und laufend die Schuhe verträgt; in dem bulgarischen ist sie ein kühnes und mutwilliges Mädchen und macht jede Nacht „weite Fahrten". Diese Fahrten entsprechen den somnambulischen „Reisen" noch genauer. Indes gibt es doch umgekehrt auch tanzende Somnambule. Aus den Niederlanden wird mündlich von einem offensichtlich

---

[39] Verzeichnis der böhmischen Märchen von Václav Tille, FFC No 34, Helsinki 1921, S. 314.
[40] Bolte-Polivka Bd. III, 1918, S. 78.

somnambulischen Mädchen, das auch in scheinbar wachendem Zustand merkwürdige Begabungen zeigt, das Folgende überliefert. An einem Kirmestage, als die übrigen Mädchen mittags zum Tanze gingen, da legte dieses sich schlafen. Das war den anderen auffallend, aber sie wunderten sich nicht mehr, als sie die Schläferin in der Herberge schon in vollem Springen fanden. Indes, „sie tanzte nicht nur in einer Schenke, sondern in allen zugleich, wo nur Musik war". Das Mädchen wird später durch einen kirchlichen Exorzismus von der – vermeintlichen oder wirklichen – Besessenheit befreit.[41]

Wurden bisher einzelne Züge aus den Visionen der Somnambulen mit den Märchenmotiven verglichen, so haben wir nun entschiedener die Frage zu stellen, ob andererseits unsere Erzählung Anzeichen dafür biete, daß die geschilderten Erlebnisse ebenfalls somnambulischer Art seien und ob darin etwa auch der Schlüssel für den Gesamtzusammenhang liegen könne. Dazu stellen wir zunächst fest, daß es sich allerdings um Erlebnisse handelt, die in engster Verbindung mit dem Schlafe stehen. Dem Märchen ist es keineswegs eigentümlich, seine Wunder in eine Traumwelt zu verlegen und mit dem Erwachen das Erlebte zu entwirklichen. Sehr oft beginnt die Jenseitsreise gerade mit einer Tagesfahrt in den Raum, – was immer mit dieser Artung der Ausfahrt gemeint sein möge. In unserem Märchen aber ist das Erleben ganz entschieden an Nacht und Schlaf geknüpft, ja, geradezu an das Bett. Aus dem wohlbewachten Zimmer entschwindet die Prinzessin allnächtlich nach dem Zubettgehen. Dem Soldaten wird ein Schlafmittel gegeben, und aus dem Bett des Vorzimmers beobachtet er die Königstochter. Diese klopft an das Bett, und es sinkt in den Boden, oder sie öffnet unter dem Bette die Falltür und damit den Gang, der in die jenseitige Welt führt. – Sie alle gelangen dorthin, indem sie ins Bett und in Schlaf und etwa noch unter den Schlaf sinken. Das Märchen ist kein mesmeristischer Bericht; es erzählt nicht, daß die Prinzessin einschlafe, daß am Morgen zwar eine Spur des somnambulischen Erlebnisses nachbleibe und dies ihrer Umgebung rätselhaft sei; daß aber für die Königstochter Amnesie bestehe und erst recht die Wächter nicht wissen könnten, was dem Mädchen in seinen nächtlichen Visionen zustoße. Sondern es erzählt von der Hadesfahrt *[Unterwelts- bzw. Todesfahrt]* als von einer Wirklichkeit, die der diesseitigen Umgebung verborgen bleibt, die zu erschließen der König aber ein so dringendes Bedürfnis fühlt, daß er für die Aufklärung die Hand der Tochter und sein eigenes Reich auslobt.

---

[41] Niederländische Sagen, hrsg. von J. W. Wolf, Leipzig 1843, Nr. 402.

Ist das Märchen nicht ein rein phantastischer Bericht, sondern ein realistischer, der von wirklichen Erlebnissen erzählt, dann müssen gemäß den aufgewiesenen Einzelzügen die nächtlichen Ausfahrten der Prinzessin den Jenseitsreisen der Somnambulen zumindest verwandt sein. Was aber bedeuten dann die Erlebnisse des Soldaten? Wir können von vornherein sagen, daß sie außerordentlich viel seltener sein müssen als die der Königstochter, da er, im Einklang mit unserer Deutung, dann an den Gesichten, nein, an der Ausfahrt des Mädchens selbst unmittelbar Anteil hätte. Daß es gemeinsame Träume gibt, wird hin und wieder berichtet; daß auch das somnambulische Erlebnis von mehreren Personen geteilt werden könne, ist wichtiger Bestandteil eines Sagentyps, auf den wir unten zurückkommen! Vorerst heben wir hervor, daß nach der Meinung des Märchens doch auch der Soldat „schläft". Auch er geht wirklich ins Bett (in den slawischen Fassungen legt er sich auf der Schwelle nieder) – er erhält Schlaf- oder Rauschmittel – die erfolglosen Bewerber verschlafen die Lösung. Das in den Märchen oft in entscheidender Lage vorkommende unwiderstehliche Schlafbedürfnis, dessen Überwindung doch die conditio sine qua non für die Lösung der Aufgabe ist, vergleicht sich den esoterischen Konzentrationsübungen, bei denen sich an einem bestimmten Punkte entscheidet, ob der Übende in den gewöhnlichen gewinnlosen Schlaf verfällt, oder ob ihm der Sprung in den Hellschlaf gelingt. Die Lage beispielsweise, in der sich die Söhne des Bauern befinden, dem nächtlich der Fruchtbaum beraubt oder das Korn zertanzt wird, ist zum Verwechseln ähnlich der Situation, die der Schwarze Hirsch schildert in dem Ritual „Rufen nach dem Gesicht".[42] Auch hier bliebe der Rufer, der das Mitternachtsgesicht verschläft, gewinnlos. Im Märchen aber schaut der Wachende den Goldvogel in der Nacht und gewinnt ihm eine Feder ab als magischen Wegweiser zur Schicksalserfüllung.

Das dänische Märchen, das in einzelnen Punkten der rituellen Wirklichkeit noch besonders nahesteht, bietet nun aber für den „magnetischen" Schlaf des Soldaten noch besondere Indizien. Um zu prüfen, ob der Soldat wirklich schlafe, sticht ihm die Begleiterin der Prinzessin eine goldene Nadel in die Ferse: er aber lag unbeweglich. Ganz entsprechend wird dem jungen Mann in böhmischen Fassungen entweder ein Nagel in die Fußsohle gestoßen oder er mit einer Kerze gebrannt. Diese Proben aber finden sich vor 150 Jahren ge-

---

[42] Black Elk's Account of the Seven Rites of the Oglala Sioux, ed. by J. E. Brown, Oklahoma 1953, S. 44 ff.

nauso wieder in den Untersuchungen zur Tiefe und Echtheit des magnetischen Schlafes, und sie sind immer wieder vorgenommen worden bei hypnotischen Experimenten seither. Der zweiten von Kerners Somnambulen träufelte man brennenden Siegellack in die Hand, stach sie mit Nadeln, entfachte durch Anblasen eine große Kohle auf dem Handteller: sie war nicht zu erwecken, „nicht im geringsten veränderten sich ihre Gesichtszüge, gleiches Entzücken blieb auf ihnen, nicht im mindesten bewegte sich die im Brande rauchende Hand". Auch Demuth Bäurle gibt auf Nadelstiche nicht das geringste Zeichen von Empfindung oder Unterdrückung derselben.[43] Die letzte Feststellung scheint uns besonders auch im Hinblick auf unseren Soldaten wichtig: den Schmerz zu unterdrücken mag leicht fallen, völlige Empfindungslosigkeit zu simulieren aber gewiß nicht.

Einen anderen Zug des dänischen Märchens identifizieren wir nicht mit gleicher Sicherheit. Während nach den meisten Fassungen der Soldat in drei aufeinanderfolgenden Nächten an der Fahrt der Prinzessin teilhat, verfällt er in der dänischen zweimal in einen tiefen Schlaf und vermag ihr erst in der dritten Nacht zu folgen. Die dreimalige Wiederholung gehört zur Form des Märchens, und es läßt sich daher der substantielle Gehalt einer solchen Staffelung nicht mit Gewißheit behaupten. Dennoch sei hier angeführt, daß der Durchbruch in das lichte Jenseits auch bei den Somnambulen nicht im ersten Anlauf gelingt: der magnetische Kreis beginnt mit tiefen, nach außen und innen ereignislosen Schläfen, welche die Umgebung vom gewöhnlichen Schlaf kaum unterscheiden kann. Erst im Rückblick läßt sich ihre autohypnotische *[in den hypnotischen Zustand sich selbst versetzende]* Natur erkennen. Sehr kennzeichnend sind Demuth Bäurles Angaben über diese vorbereitenden Schläfe. Sie gab nämlich an; daß sie von Finsternis erfüllt seien, und erst später zeigen sich in ihnen hier und da starke Hellen: durch diese „werde sie geschwächt und für das, was sie werden solle, vorbereitet".[44]

Wir glauben uns damit der Tatsache noch weiter versichert zu haben, daß unsere Märchenerzählung mit den zum Vergleich herangezogenen Somnambulengeschichten auf demselben seelischen Vermögen ruht. Wir werden im folgenden diese Einsicht noch vertiefen, wünschen jedoch nun das Ganze ins

---

[43] Justinus Kerner, Geschichte zweyer Somnambülen, Karlsruhe 1824, S. 300, 308, 304. Verwaltungsaktuar Bäurle, Reisen in den Mond..., Geschichte einer Somnambüle in Weilheim an der Teck..., Neudruck Göppingen 1920, S. 106.
[44] Verwaltungsaktuar Bäurle, Reisen in den Mond..., Geschichte einer Somnambüle in Weilheim an der Teck..., Neudruck Göppingen 1920, S. 11,14.

Auge zu fassen und nach dem eigentlichen Sinn des Geschehens und seinem Verlauf zu fragen. – Eingangs haben wir den initiatischen Charakter vieler Märchenhandlungen betont, und wir dürfen das gleich für zahlreiche Somnambulengeschichten behaupten: hier wie dort werden der Held oder die Heldin in dem entsprechenden Alter eingeführt in die beiden Urgeheimnisse des Menschseins, Tod und Zeugung. Das somnambulische Gegenbild des Mädchens von Orlach, die erlösungsbedürftige Nonne, läßt sich in einem Sarge in das Haus der Zeugung tragen.[45] Von Christiane haben wir schon ihre Vision der Kornähre und das Erlebnis der Unsterblichkeit angeführt. Wir fügen jetzt noch hinzu, daß es am Ende ihres somnambulen Kreises um ihre im Jenseits gehegten „Blumen" geht, um das Vergißmeinnicht, das Veilchen und die Lilie. Ein zunächst in holder Gestalt erscheinender „Versucher" bietet ihr als Tausch dafür viele schöne Dinge an, sucht sie ihr aber dann als drohender Unhold durch grausame Qualen abzudringen. Sie widersteht diesen Verlockungen und Leiden, und ihre Blumen bleiben im Jenseits, wo sie erst nach ihrem Tode sie wiedersehen wird. – Christiane blieb unvermählt und stand zeitweilig in der Gefahr, einem religiösen Wahn zu verfallen. Offensichtlich war die Initiation in die diesseitige Fülle des Lebens bei ihr mißglückt – wofür man aus Kerners Darstellung auch einen psychologischen Grund entnehmen und vielleicht einen physiologischen vermuten dürfte. Gewonnen hatte sie allerdings einen seherischen Geist, der ihr mancherlei Schicksalsweisungen gab und der sie im vierten Lebensjahrzehnt zu einem mystisch-visionären Werk inspirierte.[46]

Zwischen einem Fürsten des Jenseits und der diesseitigen Hochzeit bewegt sich das Schicksal unserer Märchenprinzessin. Die Gestalt des Jenseitigen ist in unseren Fassungen nicht eindeutig: liebevolle Prinzen begegnen den Prinzessinnen in der münsterländischen und der hessischen Variante bei Grimm, ein Zarensohn in der bulgarischen, der wunderschöne Sohn des Vilenzaren in der serbischen, aber ein häßlicher Troll in der dänischen, der Teufel in der steirischen, drei Riesen in einer paderbornischen, der Höllenfürst in böhmischen Fassungen. „Ambivalent" *[Zwiespältig]* zeigt sich der

---

[45] Heino Gehrts, Das Mädchen von Orlach, Stuttgart 1966, S. 279 f.
[46] Beschreibungen über das Wesen der Gottheit, der menschlichen Natur und der christlichen Religion...von Christiane Käpplinger, einer Bürgerstochter zu Weinsberg, Heilbronn 1843. Über Wahnvorstellungen Christianes äußert sich Kerner besorgt in Briefen September–Oktober 1844, fand aber anscheinend die Besorgnis schon bald unbegründet; – nach freundlicher Mitteilung von Prof. Lee B. Jennings, Austin-Texas.

Schloßherr des russischen Märchens, zuerst als ein liebender Mann, dann aber als verfolgender sechsköpfiger Drache. Es spricht alles dafür, daß dieser Doppelsinn ursprünglich ist, die schöne liebende Gestalt und die Möglichkeit zu furchtbarer Verwandlung. Auch ohne Christianes Erlebnis dürften wir dies vermuten. Die reine Verböserung in einzelnen Varianten ist zu erklären durch die sehr naheliegende Verwechslung und Vermengung mit zwei anderen Motivkreisen: einerseits mit der Hexenausfahrt, eine Anähnelung, die in den böhmischen Varianten vollends durchgeführt ist, und andererseits mit dem Märchen vom dankbaren Toten, dessen Königstochter in der Tat von dem jenseitigen Liebhaber als einem bösen Dämon besessen ist.[47] Daher muß auch dieser Dämon von einem hilfreichen Totengeist erschlagen werden, während in unserem Tanzmärchen, wo es sich nur um die somnambulische Prinzessin dreht, auf den Jenseitsfürsten überhaupt nicht eingewirkt wird. Die dänische Fassung allein macht hier eine Ausnahme, folgt also offensichtlich der Beeinflussung durch das „Besessenheitsmärchen" am weitesten.

Im Einklang mit dem Sinn eines initiatischen Geschehens überhaupt und der zweifachen Gestaltung, die der Jenseitsfürst in unseren Märchenfassungen erfahren hat, nehmen wir an, daß das Tanzfest im Jenseits selbst „ambivalenten" Sinnes ist, daß es die Pole Tod und Zeugung noch ungeschieden umkreist. Dabei bleiben der zeugerische wie der Todespol noch gleichsam verhüllt, was besonders deutlich beim Vergleich mit dem Hexentanz hervortritt, dem Fest der gebärfähigen Frauen, die mit den Toten zusammen das Bocksfest feiern – offensichtlich in dem ursprünglichen Sinne, daß sich so die Wiederkehr der heimischen Toten durch ihren Leib anbahne, und die ebenfalls, nach dem Zeugnis zahlreicher Sagen, zugleich daheim in unerwecklichem Schlafe liegen.

Wir sind damit vorbereitet, den zertanzten Schuh der Prinzessin, den Zwang, unter dem der König Einblick in das Geschehen zu erhalten sucht, und die heimgebrachten Kostbarkeiten zu begreifen. Es versteht sich nach dem Gesagten von selbst, daß das initiatische Geschehen nicht bei der Nacht für Nacht wiederholten Ekstasis anhalten kann, sondern daß es fortgeführt werden muß bis zu der vollendeten Initiation des jungen Weibes, bis dahin, wo sie des im kultischen Tanze umworbenen Jenseitsgutes auch in der Leiberwelt wirklich teilhaftig wird. Daß dies aber Nacht für Nacht nicht der Fall

---

[47] Heino Gehrts, Das Märchen und das Opfer, Untersuchungen zum europäischen Brüdermärchen, Bonn 1967, S. 186–194.

ist, dafür sind die zertanzten Schuhe das Zeichen, in einzelnen Fassungen zwölf Paar von einer einzigen Prinzessin: Symptome für eine mächtig innere Bewegung, von der aber nach außen kein Gewinn erwächst, sondern lediglich die „Abnutzung" spürbar wird. Im Hinblick auf die Wirksamkeit kultischen Tanzens bedeuten die abgewetzten Schuhe den äußersten Gegensatz zu dem Goldbecher des Jenseitsfürsten und den kostbaren Zweigen, die der Soldat mitgebracht und bewahrt hat.

Der Schuh ist als Fruchtbarkeitszeichen bekannt[48] und gehört mit Tanz und Hochzeit unmittelbar in den hier berührten Erlebnisbereich. Zu hüten haben wir uns aber vor einer allzu engen Auslegung des Symbols, so, als bedeute der Schuh auch hier, wie allerdings in mancherlei volkstümlichen Überlebseln, nur die Vagina. Die leibliche Erotik der Prinzessin hat gerade als unerweckt zu gelten: die Hochzeit mit dem Jenseitsfürsten, in der Grimmschen Fassung die „Erlösung" der Jenseitsprinzen, steht immer erst noch bevor. Der Schuh ist daher ebenso auch noch der Totenschuh, den der Tote und der Schamane zur Jenseitsreise anlegen und oft auch der Märchenheld als eisernen Schuh. Und selbst den Eisenschuh und sogar ebensolche Reserveschuhe verschleißt er, ehe er auf seiner kosmischen Reise bis zu Sonne und Mond das Lebensziel erreicht. Erreicht! – im Sinne des wunderbaren Wortes: Einmal gewonnen – für ewig gewonnen bis ans Ende der Zeiten.[49] Die Prinzessin aber hat allmorgendlich nichts für das Hiersein gewonnen als ein Paar zerschlissene Schuhe. Dieser Zug bestätigt uns auch den oben vorweggenommenen Schluß, daß für die Prinzessin, nach dem ursprünglichen Verstande des Märchens, Erinnerungslosigkeit besteht. Wie die Erlebnisse des Hochschlafes den Somnambulischen nicht in das Tagesbewußtsein nachfolgen, so weiß auch sie am Morgen nicht, wo sie in der Nacht gewesen ist. Nur ein vages Ahnen ist da, fort war sie, die „Sohlen" sind abgewetzt. Unter diesem Gesichtspunkt dürften wir in den zerfetzten Schuhen auch geradezu das Symptom der somnambulischen Hinfälligkeit sehen, den durch die Anfälle wie gerädeten Leib: nach den Erlebnissen der Nacht wäre die Prinzessin selbst wie zerschlagen. Der Symbolsprache des Märchens gemäß wird das Symptom nicht an der Person aufgewiesen, sondern in einem ihr gehörenden Ding vergegenständlicht.

---

[48] Bächtold-Stäubli, Handwörterbuch des deutschen Aberglaubens, Bd. VII, Sp. 1292–1353.
[49] D. T. Suzuki, Die große Befreiung, Konstanz 1947, S. 65.

Das Anliegen des Königs und die Aufgabe des Soldaten sind damit klargestellt: die Prinzessin ist eine heilungsbedürftige Somnambule, und der König bedarf eines Schamanen, der ihr in den Schlaf hinein zu folgen, der ihre Erlebnisse zu teilen und den Gewinn aus ihnen mit heimzubringen vermag. Der Soldat wäre schon anfangs gern zu dem Unternehmen bereit, schöpft aber den Mut dazu erst aus seiner schamanischen Initiation, denn so dürfen wir seine Begabung mit bestimmten Zauberdingen deuten: mit dem unsichtbar machenden Stab oder Mantel, das heißt eben dem Vermögen der Seelenausfahrt; mit der wegweisenden Kugel, die ihm anderen Seelen zu folgen gestattet; mit dem „Säckchenfülldich" des russischen Märchens, das ihm aber in anderen Fassungen als Ranzen schon vorher zu eigen ist. Dieser Behälter erscheint uns als die ausschlaggebende Begabung, denn er dient ihm dazu, alle wichtigen Dinge, die der Prinzessin und ihm auf der Jenseitsfahrt vorkommen, zu „behalten": von der Nadel an, die ihm in den Fuß gestoßen wird, bis zum Becher des Jenseitsfürsten. Der Soldat des russischen Märchens – mit dem Zaubersäckel, das auf ein Wort alles in sich faßt – entleert überhaupt das ganze Jenseitsschloß und bringt sein Inventar mit für den Zaren.

In den meisten Fassungen ist er am dritten Morgen nur allzu bereit, den Inhalt vorzuweisen, das Nachtleben der Prinzessin aufzudecken und dergestalt den eigenen Kopf zu retten. In der dänischen aber hält er damit zunächst hinter dem Berge, und erst auf der Leiter zum Galgen „packt er aus".

Ebenso fängt auch in einer böhmischen Variante der Soldat erst auf dem Richtplatz an zu reden. Natürlich läßt sich auch dieser Zug rein formal, aus der Absicht der Spannung und Steigerung erklären; sinnvoller schiene mir indes, daß auch bei dem Soldaten zunächst noch Amnesie besteht und daß die Bewußtseinssperre erst im Angesicht des Todes durchbrochen wird. Es entspräche dies auch einem anderen, recht häufigen Märchenmotiv: daß der Königssohn auf der „Rückwegsschwelle"[50] sogar die im Jenseits geworbene Braut vergißt: eines der entscheidendsten Indizien für die somnambulische Artung vieler der im Märchen geschilderten Erlebnisse. Jedenfalls geht, im Vergleich mit diesem Motiv, aus der Situation des dänischen Soldaten ganz entschieden hervor, was Säckel und Ranzen zu bedeuten haben: sie sind zuvörderst Realsymbol der Erinnerungsfähigkeit – was der Soldat aus dem

---

[50] Hedwig von Beit, Symbolik des Märchens, Bd. I, Bern 1952, S. 569 ff., 771.

Behälter nimmt, das eben erzählt er auch. Die Prinzessin kann nicht anders als ihm zustimmen.

Warum eigentlich? Wieso kann die Erzählung des Soldaten, wenn wirklich, wie wir meinen, für die Fürstin Amnesie besteht, ihre eigene Erinnerung wecken, so daß sie mit Fug und auch für die Zuhörer glaubhaft seine Worte bestätigen kann? – Die Somnambulen wußten nach dem Erwachen nichts von ihren Gesichten, die sie doch selbst im Hellschlafe geschildert hatten und sie erkannten sie nicht wieder, wenn ihnen das Erzählte vorgehalten ward. In einigen Fällen war es indes von Wert, daß sie sich an Einzelheiten des Geschauten im Erwachen selbst erinnerten, etwa damit ihnen ein drüben offenbartes Heilverfahren auch hier als geweiht erschien oder um ihnen eine Zuversicht mitzuteilen, deren sie drüben versichert waren, hier aber ermangelten. Dies Ziel erreichten Kerner und schon andere magnetische Ärzte vor ihm auf den Rat ihrer Somnambulen, indem sie durch eine posthypnotische Suggestion *[nachhypnotische Beeinflussung]*, wie wir heute sagen, die notwendige Erinnerung mit irgendeinem Vorgang des Wachens verkoppelten.[51] Eben dies ist die schamanische Leistung des Soldaten, eben darin besteht das Entscheidende seiner Anteilnahme an der Jenseitsfahrt der Prinzessin. Er nimmt nicht etwa nur unsichtbar davon Kenntnis, sondern er macht sich auch jedesmal, wenn er ein Mitbringsel einpackt, bemerkbar. Sein Dabeisein verändert, ja stört bereits das Erlebnis der Nachtfahrerin. Im Grimmschen Märchen jammert die Jüngste der Zwölfe an allen Stationen des Weges, weil sie Entdeckung durch den Soldaten befürchtet. Auf der Treppe tritt er ihr aufs Kleid; als er die Zweige abbricht, kracht es gewaltig, und das Mädchen fährt vor Schrecken zusammen; wenn er ihren Becher leert, wird ihr angst. Im russischen Märchen ist die Angst noch vergegenständlicht, in den Metallwäldern sind Alarmsaiten ausgespannt, und Trommeln erdröhnen, wenn der Soldat die Äpfel von den Bäumen bricht. Im serbischen Märchen beklagen sich Gras, Bäume und Meer bei der Prinzessin über Beschädigungen, da sie doch bisher, ohne zu verletzen, hindurchgeschwebt sei, und das Mädchen verwundert sich und erschrickt. In der bulgarischen Fassung erdröhnt der Wald, als der Bursche einen Ast niederbricht, und die Zarentochter hält inne auf dem Weg, bis es wieder stille wird. Im böhmischen Märchen fällt die Königin

---

[51] Justinus Kerner, Geschichte zweyer Somnambülen, Karlsruhe 1824, S. 121, vgl. S. 118 und 385–390, mit Hinweis auf van Ghert, Kieser, Bendsen im Archiv für den thierischen Magnetismus.

jedesmal, wenn der „Schlafhans" einen Zweig bricht, in Ohnmacht. In einer weiteren böhmischen Variante aber schlägt der Soldat dem Mädchen einen Zahn aus, den er dann auch später zusammen mit den gebrochenen Ästen vorweist.

Abgesehen von den erwähnten posthypnotischen Befehlen gibt es in den Somnambulengeschichten kaum etwas, das diesen Kunststücken des Soldaten vergleichbar wäre, und dies ist auch leicht daraus zu erklären, daß die Kernerzeit eben des einen Vermögens fast ganz ermangelte, das allein zu solcher inneren Mitwirkung im somnambulen Jenseits befähigen konnte: des schamanischen. Doch sei wenigstens noch auf zweierlei Verwandtes hingewiesen. Ohne in das somnambulische Inbild einzugehen, wirken auch die Beobachter fördernd oder störend auf das Erlebnis ein. Bei den Weihungen Philippinas mußten zum Beispiel die Beisitzer auf die Knie fallen, und als sie es einmal unterlassen hatten, war die jenseitige Zeremonie wirkungslos geblieben und mußte wiederholt werden.[52] Christianes jenseitige Möglichkeiten stehen in vielfältigem Zusammenhang mit dem „Nervengeiste" sowohl Kerners wie anderer Personen, die sich ihr nähern. Noch genauer zu dem Märchenmotiv stimmt die Rolle, die der Schneider Dürr in der Besessenheitsgeschichte der Caroline Stadelbauer gespielt hat, ein Geisterbeschwörer, dessen sich auch Kerner bei seinen Besessenenheilungen bedient hat. Hier ergab sich, für die Zuschauer offensichtlich ein vollendetes Zusammenspiel zwischen dem geistersichtigen Schneider und dem Dämon, der die Caroline besessen hielt. Dürr wußte, ob der Satan da war, um den Dämon zu bestärken, oder ein Engel, um ihn zu bedrängen, und ganz dementsprechend verhielten sich auch die Besessene und der Dämon.[53] Aber der Schauplatz für diese „Geistergemeinschaft" ist der körperliche Sachraum, sie ist nicht, wie im Märchen, beschränkt auf den Raum der somnambulischen Schauung, von der im Sachraum lediglich Rechenschaft gegeben wird. Überdies ließe sich natürlich die Erlebensgemeinschaft in jenem Besessenheitsfalle auch allein erklären aus der gesteigerten somnambulen Feinfühligkeit für Rede und Gebärde im Sachraum.

Nur in den Berichten des ausgehenden kultischen Altertums selbst finden wir wirkliche Vergleichsmöglichkeiten, die uns das Geschehen im Märchen ein wenig aufhellen helfen, nämlich in den Berichten von den Hexenfahrten.

---

[52] Verwaltungsaktuar Bäurle, Reisen in den Mond..., Geschichte einer Somnambüle in Weilheim an der Teck..., Neudruck Göppingen 1920, S. 247ff., vgl. auch S. 80ff.
[53] Prof. C. A. Eschenmayer, Conflict zwischen Himmel und Hölle an dem Dämon eines besessenen Mädchens beobachtet, Tübingen 1837.

Die Hexe liegt, soweit über sie unter dem Aspekt des Sachraumes ausgesagt wird, in unerwecklichem Schlafe.[54] Unter dem Aspekt der inneren Gesichte aber trifft sie mit vielen ihresgleichen zusammen, und alle teilen ein und dasselbe kultische Erlebnis. Noch merkwürdiger ist, wozu aber auch andere Ekstase-Erlebnisse stimmen, daß die Hexen an einem bestimmten Ort des Sachraumes zusammentreffen und auch, um dorthin zu gelangen den Raum durchmessen. Gewöhnlich sind sie auf dem Wege und am Kultplatz in ihrer menschlichen Gestalt unsichtbar, obwohl sie sich durch Wetter- und Lichterscheinungen hier wie dort bemerklich machen können. Es gibt aber höchst merkwürdige Sagen, die von einer Begegnung zwischen den seelisch und den leibhaft Anwesenden erzählen. Auf dem Wege wird etwa der Mensch vom Zug des Nachtvolkes mitgerissen und bewußtlos in ferne Gegenden entrückt.[55] Des öfteren stößt der Wanderer unversehens auf den Kultplatz, er ist der Schau von vornherein offen und hält das Geschehende für körperhaft. In der christlichen Sage liefert er oft den Gegenbeweis, wenn er heilige Worte nennt, die Schau damit auslöscht und sich plötzlich einsam an spukhaftem Orte findet.[56] Aber es kommt auch vor, daß der leibhafte Mensch am Feste der Seelen teilnimmt. Sehr verbreitet ist die Sage von dem Musikanten, der zum Tanze aufspielen muß und erst am Morgen aus dem verworrenen Treiben mit der Teufelsfiedel aus Katze und Katzenschwanz erwacht.[57] Wird aber der Wanderer in den Reigen mit hineingezogen, so kann der Leib im Tanze der Seelen nicht mithalten und wird „so lange herumgeschwenkt, bis er atemlos niedersinkt".[58] Die für unsere vorliegende Untersuchung bedeutsamste Begegnung aber ist die, bei welcher ein leibhafter Eingriff in das ekstatische Geschehen stattfindet, ein Schuß in den Hexenwirbel läßt die Getroffene entweder leibhaft herabstürzen, oder man findet sie verwundet in ihrem Bette

---

[54] Karl Müllenhoff, Sagen, Märchen und Lieder der Herzogtümer Schleswig, Holstein und Lauenburg, Schleswig 1921, Nr. 337. F. J. Vonbun, Beiträge zur deutschen Mythologie, Chur 1862, S. 83.
[55] Stöber-Mündel, Die Sagen des Elsasses, Teil II, Straßburg 1896, Nr. 86. Richard Beitl, Im Sagenwald, Feldkirch 1953, Nr. 300.
[56] Stöber-Mündel, Die Sagen des Elsasses, Teil I, Straßburg 1896, Nr. 12, 21.
[57] Stöber-Mündel, Die Sagen des Elsasses, Teil I, Straßburg 1896, Nr. 157f. Karl Müllenhoff, Sagen, Märchen und Lieder der Herzogtümer Schleswig, Holstein und Lauenburg, Schleswig 1921, Nr. 342.
[58] Karl Müllenhoff, Sagen, Märchen und Lieder der Herzogtümer Schleswig, Holstein und Lauenburg, Schleswig 1921, Nr. 336, vgl. Westfälische Sagen, hrsg. von Paul Zaunert, Jena 1927, S. 275.

zu Haus.⁵⁹ Des öfteren kommt auch der Messerwurf vor, wovon – mit einer höchst merkwürdigen Reminiszenz an die den Praktiken gleichzeitige Psychologie – eine Vorarlberger Sage folgendes erzählt. Ein Bursche verlor sein Messer, indem er es in einen Windwirbel warf. Später aber findet er es bei Fremden in einem weit entfernten Orte wieder und erhält auf eine vorsichtige Frage die folgende Antwort: „Dieses Messer hat im vorigen Sommer meine Tochter mit nach Hause gebracht. Sie war auf die ‚freie Kunst' ausgefahren; da ward ihr dies Messer in den ‚hohlen Leib' geworfen. Sie wurde davon so schwer getroffen, daß sie nur noch das väterliche Haus zu erreichen und ihr Unglück kurz mitzuteilen vermochte, worauf sie ihr junges Leben lassen mußte...".⁶⁰

Wir ziehen aus diesen Berichten und aus den Beunruhigungen des somnambulischen Geschehens durch den Soldaten bis zum Zahnausschlagen hin den Schluß, daß der Verfolger der Prinzessin sich nicht etwa in demselben Zustand befindet wie sie. Er nimmt an ihrem Erlebnis nicht etwa teil wie die Hexe auf dem Hexenfeste teilnimmt an den Erlebnissen ihrer Schwestern, sondern er bewahrt, so dürfen wir vielleicht versuchsweise sagen, einen weit körperlich-raumverbundneren Zustand. Das Zeichen, welches das Märchen für die Verschiedenheit der Zustände bietet, ist diejenige Gabe, die den Soldaten für die im somnambulischen Geschehen Befangenen – auch für den Jenseitsfürsten – unsichtbar macht. Die Verwandtschaft der märchenhaften Tanzfahrt und der sagenhaften Hexenfahrt ist in der Tat so nahe, daß sie in den böhmischen Fassungen identifiziert werden. Aus diesem Grunde ist dort in einigen Varianten die Heldin auch keine Prinzessin, sondern die Königin selbst, der Ort des Festes eine Windmühle, sein Herr der Teufel selbst, das Ende nicht Hochzeit, sondern Verdammnis für die entlarvte Hexe. Daher stammt in einer dieser Fassungen, jedoch in logischer Fortführung des allgemein vorhandenen „Störungsmotives" – der ausgeschlagene Zahn. Er entspricht haargenau einem so stark körperhaft mitbedingten Eingriff wie dem Messerwurf in den „hohlen Leib" (– hohler Leib ist wohl einfach eine Bezeichnung für Unterleib und nicht auf die Seelenfahrt speziell bezogen).

Der Zahn der böhmischen Königstochter eröffnet uns, als deutlichste Ausprägung der leibhaften Störung, allerdings noch einen anderen Aspekt

---

⁵⁹ Niederländische Sagen, hrsg. von J. W. Wolf, Leipzig 1843, Nr. 290 f.
⁶⁰ Sander-Vonbun, Die Sagen Vorarlbergs, Innsbruck 1889, Nr. VIII, 5b. Vgl. Bächtold-Stäubli, Handwörterbuch des deutschen Aberglaubens, Bd. VI, Sp. 194, 196.

des Geschehens. Wir können nicht übersehen, daß das Ausschlagen eines Zahnes in initiatischen Riten eine hervorragende Rolle spielt.[61] An seiner Stelle kommt in anderen Kulturen die Beschneidung vor oder das Abhacken des kleinen Fingers der linken Hand, welch letzteres auch im Märchen überliefert ist.[62] Da die Reifezeremonien am Anfang in der vielfältigsten Weise auf ein „abaissement du niveau mental" abzielen, daß heißt auf die Abtötung der kindlichen Person, ihres Ich-Bewußtseins, und in der Folge auf die Begegnung mit Toten und Dämonen, so dürften wir im Einklang mit dem Ergebnis der vorliegenden Untersuchung die erwähnten blutigen Riten als den schmerzhaften Eingriff deuten, der den Eintritt der neuen reifen Person in ihre Erwachsenenwelt signalisiert und dergestalt bewirkt. Der Einschnitt coupiert die somnambulische Phase der Initiation, weckt die bewußte Person und zieht – dort in die „Märchenhandlung" sinnvoll eingeordnet, hier an das Leibesleben schmerzhaft assoziiert *[verknüpft]* – die Erlebnisse jener Phase mit hinüber in das posthypnotische, leibhafte und weltbewußte Dasein. Er gibt vermutlich auch den Anhalt für das Vermögen, die im Jenseits erworbenen Fähigkeiten weiter für die kultische Daseinsordnung zu nutzen. Mit einer Leiter aus den Knochen der „Opferhühner" beginnt die Prinzessin den Glasberg zu besteigen, die Leiter vollendet sich aber erst, so daß sie die Höhe des Berges erreicht, wenn sie das äußerste Glied des kleinen Fingers abschneidet.[63] Die Unanschaulichkeit dieses Märchenzuges gab dem Verfasser schon in frühester Kindheit ein damals völlig unlösbares Rätsel auf und trübte ihm die Lust an diesem Märchen – und diese Unlust blieb ihm ein halbes Jahrhundert lang unvergeßlich. Es läßt sich auch ein solches Motiv weder aus vermeintlicher Phantastik des Märchens begreifen noch aus der Logik der Erzählform, sondern allein aus Opfergnose *[Opfererkenntnis]* und wirklicher Kultüberlieferung. Nur die Knochen eines Opfertieres können eine Leiter ins Jenseits, nur ein Opferfinger kann deren oberste Sprosse bilden. – Die Deutung dieses befremdlichen Motives ergibt nebenher die wichtige allgemeine Erkenntnis, daß das Märchen seinen Sinn nicht allein mit vorgegebenen Symbolen ausdrückt, sondern auch durch erfundene Zeichen.

---

[61] Felix Speiser, Über Initiationen in Australien und Neu-Guinea, Verhandlungen der Naturforschenden Gesellschaft in Basel, Bd. XL, 2. Tl., 1929, S. 189–192, 199–201. Ad. E. Jensen, Beschneidung und Reifezeremonien bei Naturvölkern, Stuttgart 1933, besond. S. 113.
[62] Propp, Le radici storiche S. 145ff. Vgl. St. Lagercrantz, Fingerverstümmelungen und ihre Ausbreitung in Afrika, Zs. f. Ethnologie 67, 1935, Berlin 1936, S. 129–157.
[63] Ludwig Bechstein, Märchen, „Der weiße Wolf".

In einer besonderen Form verknüpft auch das dänische Tanzmärchen Fingerblut und Opfergewinn. Dort tritt nämlich der Soldat nach der Enthüllung noch einmal eine Jenseitsfahrt an, ausgerüstet mit der Goldnadel, die ihm in die Ferse gerannt ward, und dem Fingerhut der Prinzessin. Die Nadel stößt er dem Troll ins Herz, läßt drei Blutstropfen in den Fingerhut fallen und entzaubert mit je einem Tropfen die wunderbaren Wälder, die sich damit zu Königreichen verkörpern. Dies und die mitgebrachten Zweige in den anderen Fassungen sind Gewinne, die weit über die bloße Erinnerung an die Jenseitsschauungen hinausgehen – Mitbringsel, deren die Somnambulen der Kernerzeit nicht mehr habhaft werden konnten. „Ich werde später", sagt Philippina, „in einige Träume verfallen, in welchen mir hie und da etwas vorkommen wird von dem, was mir in meinem somnambülen Schlafe gezeigt worden ist, damit mir doch nur etwas bleibt".[64] Noch tragischer, als diese Worte klingen, ist das Ergebnis der Fahrten Christianes. Ihre Blumen bleiben am Jenseitsorte des siebenten Grades, wie es bei ihr heißt, verwahrt. Sie überwindet Tod und Zeugung drüben, indem sie dem Versucher widersteht und sich von ihm kreuzigen läßt.[65] Von hier, aus der Leiberwelt, vermag ihr kein Helfender zu folgen, und so bleibt das Geschick Christianes vom zwanzigsten Jahr an fixiert. Der Soldat aber führt den goldenen Zweig und den Becher der Jenseitstränke heim in das Königreich, zu dessen Herrscher er sich damit initiiert. Auch hat er die Prinzessin, als heilungsbedürftige Somnambule, nicht etwa nur vom somnambulischen Hange kuriert, sondern er hat diesen Hang als ein positives Vermögen für das Königreich gewonnen, er hat den hemmungslosen Anheimfall an die jenseitige Welt ritualisiert und eine Brücke geschlagen für die Erinnerung. Hochzeit und Thronfolge bedeuten, daß eine hellsichtige Königin und ein magisch fernwirkender König über das Reich herrschen werden. Beide aber besitzen auch das Vermögen der Jenseitsreise und dazu, am Tische der Jenseitigen als Gesandte der Lebenden zu speisen. Durch die Teilnahme am Totenfest sichern sie, so dürfen wir im Hinblick auf das Ergebnis im ersten Teile dieser Untersuchung sagen, die Gegenseitigkeit des Zusammenhanges von eingeleibten und jenseitigen Seelen. Die Prinzessin mit den zertanzten Schuhen und ihre Erlösung durch den Soldaten wären deswegen auch keineswegs als Einzelfall zu bewerten; das Märchen

---

[64] Verwaltungsaktuar Bäurle, Reisen in den Mond..., Geschichte einer Somnambüle in Weilheim an der Teck..., Neudruck Göppingen 1920, S. 226.
[65] Justinus Kerner, Geschichte zweyer Somnambülen, Karlsruhe 1824, S. 241ff.

bewahrt nicht einen historischen, sondern es zeigt einen typischen Fall. Die Töchter der Könige eröffnen ihre Seelen erwünschterweise dem Jenseits; die Gefahr eines Anheimfalls an die untere Welt und an einen Troll wird hingenommen, weil ihre Erlösung zugleich das Heil ihrer Gatten, als der künftigen Könige, entbinden hilft und bewährt. Darum ist auch von den erfolglosen Bewerbern nicht einer zu viel gefallen – als Opfer für die inneren Schätze des Königreiches.[66]

---

[66] Ein merkwürdiges Beispiel für Vorkommnisse aus einem völlig anderen Überlieferungsbereich, die meine Auffassung von AT 306 bestätigen, liefert die griechische Sage von Melampous. In Argolis sind drei Königstöchter, auf „göttlichen Beschluß vom Wahnsinn befallen", wie von Bremsen verfolgte Kühe tobend, in die Berge gerannt. Melampous, ein Seher und Heiler, macht sich, zusammen mit seinem Bruder, auf, sie einzufangen, zu heilen und heimzuführen. Die mittlere Königstochter stirbt unter dem Heilungsversuch, von den geheilten heiratet Melampous die ältere, sein Bruder die jüngere, und beide erlangen auf diese Weise die Königsherrschaft im Lande, wo auch zuvor schon ein Doppelkönigtum bestanden hat. Die Quellen bei Robert von Ranke-Graves: Griechische Mythologie. Reinbek 1960. I, S. 210–214. Den königlich-initiatischen Sinn des Geschehens stellt ausführlich dar: Walter Burkert: Homo Necans. Interpretation altgriechischer Opferriten und Mythen. Berlin 1972. S. 192ff.

VERWEHRTE WEIDEN – VERBOTENE TÜREN

Zwei initiatische Märchenmotive

In der Erziehung sind es selbstverständliche Forderungen, daß ein Kind gehorsam und wahrhaftig sei, und was auch immer die folgende Betrachtung über einige Märchen ergeben möge, jene Forderungen bleiben sinnvoll und gerechtfertigt. Wenn sie abgewandelt oder ergänzt werden müssen, dann sind damit Vorgänge betroffen, die hinausreichen über das Feld eines ersten kindlichen Wachstums, – und es werden Felder betreten, auf denen es um Anderes und Weiteres geht, als mit den Erziehungsformeln gemeint sein kann. Gibt es doch Lebensbereiche, zu denen Erziehung und Ausbildung wohl gewisse Grundlagen liefern können, aber in jenen anderen Bereichen ist Unvorbereitbares gefordert, für das Bravheit und Klugheit keinen Ausschlag mehr geben. Das nächstliegende Beispiel für die aus ganz anderen Quellen gespeisten Entscheidungen sind jene drei Brüder, von denen die zwei älteren wegen ihrer Gescheitheit und Vernünftigkeit zu großen Hoffnungen Anlaß geben, während der Jüngste der kindliche Dummhans geblieben ist und in manchen Erzählungen dazu noch ein Faulpelz. Und dennoch erreichen nicht jene das große lockende Ziel, sondern der Dümmling.

Haben wir die Erziehungsideale des Gehorsams und der Wahrhaftigkeit vorangestellt, so folgen nun aus einigen Märchen Geschehnisse, in denen der Ungehorsam und das Ableugnen von Einbrüchen ins Verbotene als die Wegmarken zum allseits erwünschten Ziele gelten müssen. Es handelt sich dabei um die Motive der verbotenen Weiden und der verbotenen Tür. Verfolgen wir den Verlauf, wie er in einem Märchen aus Südtirol, aus Hafling, erzählt wird. Es handelt sich dort um den Lehrling eines Schmiedes, dem sein Meister vorwirft, daß er des Sonntags immer die Kirche versäume, und wenn das am nächsten Sonntag wieder geschähe, würde er ihn aus der Lehre und aus dem Hause jagen. Es kommt nun just an diesem Tage, da der Schmied selber schon fort ist, ein Soldat zu dem Lehrling und beteuert, daß er jetzt, stehenden Fußes, den zerbrochenen Degen zusammengeschmiedet haben müsse. Obwohl der Lehrling des Meisters Kirchgangsbefehl dagegen hält, besteht der Soldat auf sofortiger Reparatur, und der Junge führt sie aus. Der Soldat jedoch, weil der Junge des Meisters Werkstattzeichen auf die Waffe geschlagen hat, ein Kreuz, verweigert die Annahme. Der Lehrling aber begegnet auf dem Kirchwege dem schon heimkehrenden Meister, der ihn nun aus Haus und Lehre verweist. – Es ist bemerkenswert, wie in der Einleitung dieser Fassung schon das Motiv des Ungehorsams eine Rolle spielt und der Hörer nicht sicher weiß, ob der Junge recht gehandelt habe oder nicht. Schematisch geurteilt, kaum, – im Grunde, angesichts des Soldaten und seines Waffenbedarfs, doch wohl sinngerecht. Für den Lehrling folgt zweierlei aus diesem Handeln: „Er nahm den Degen mit und wanderte...hinaus in die weite Welt": der weltzugewandte Aufbruch des Jünglings, der sich wird wehren können.

Der junge Mann fragt manchen Tag vergebens auf seiner Wanderung nach Arbeit und Unterkunft. Endlich wird ihm angeboten, nah einer verwünschten Alpe das Vieh zu hüten. Aber, sagt der Besitzer, ein freundwilliger Graf, er müsse achtgeben und kein Stück in die verwünschte Alpe hineinlassen. Hier besteht nun eine klare Grenze zwischen dem Erlaubten und dem Verbotenen, und der Hirte ist auch anfangs ganz darauf bedacht, sein Vieh an dem Übertritt zu hindern. Indessen: drüben wächst üppiges Gras, hüben ist magere Weide, und der Bursche rennt den ganzen Tag umher, die unfolgsamen Tiere zurückzutreiben, und abends ist er todmüde. Am vierten Tage endlich, gegen Abend, läßt er die gefräßigen Tiere, da bisher sich nichts Feindliches gezeigt hat, hinüber ins verbotene Land. Da kommt ein scheußlicher Drache gelaufen, das Vieh rennt vor ihm weg, aber der Hirte, verborgen hinter einer Föhre *[Kiefer]*, stellt sich mit seinem Degen dem Ungetüm entgegen und schlägt ihm den Kopf ab. Im Drachenhaupt findet er einen eisernen Schlüssel, den Leib zerstückelt er, die Brocken stürzt er in einen Abgrund. Ähnlich geht's an den folgenden Tagen mit einem zwei- und einem dreiköpfigen Drachen, – in jenem findet er einen silbernen, in diesem einen goldenen Schlüssel.

Die zerstückelten Drachen liegen im Abgrund, die Schlüssel hat der Bursche versteckt, er selber schweigt; denn von der ganzen Sache soll niemand etwas wissen. Das Vieh wird zum Verwundern feist *[fett]*, der Graf fragt, wie das zugeht, aber der Hirte sagt ihm kein Wort. In der Folge entdeckt der Junge, hier und da den Boden aufgrabend, die eiserne Tür, zu der sein Schlüssel paßt, kommt in einen Saal von Eisen, wo ein Rappe steht und ein Harnisch hängt. Kommt von da in einen silbernen Saal; dort steht ein rotes Roß, hängt ein Silberharnisch, und schließlich tut sich ihm ein Goldsaal auf mit Schimmel und goldenem Harnisch.

Dies ist nun eine außerordentliche Situation. Der Hirtenbub, indem er die gebotene Grenze überschritten und sich dort bewährt hat, nämlich nicht mit dem Vieh geflüchtet und dabei verschlungen worden ist wie seine Vorgänger, sondern vor dem Ungeheuren Stand genommen und sich behauptet hat, ist nach wie vor ein schlichter Viehhüter. Doch im Innern, in seinem Innern und unter der Erde, hat er eine wunderbare Vollkommenheit gesammelt und bewahrt; denn er hat sie nicht nach außen gekehrt durch Ruhmredigkeit. Für wie viele Buben läge es nicht nahe zu rufen: Ich habe die Drachen erschlagen, mein Graf, und habe für dich die fetten Weiden freigemacht! – Der Gewinn bleibt verborgen und verschwiegen und bleibt damit frei für die eigentliche Bewährung, die noch kommt. Der Junge schweigt, trotz des geheimen Druckes, – wie es denn in einem flämischen Märchen in dieser Situation heißt: Er schwieg, daß ihm die Schweißtropfen die Stirn herabliefen. – Offenbar werden darf das Errungene nicht in der Rede, sondern im Wirken, draußen im Wettstreit mit den anderen Streitern um das hohe Gut des Menschenlebens.

Im Märchen erscheint der höchste zu erringende Wert oft in Gestalt der Braut, vielfach als Königstochter. In anderen Kulturen, die ein solches Ziel noch unverhüllt benennen, ist diese Königstochter meist eine Frau aus dem benachbarten Jenseits, eine helfende Göttin. In unserer Fassung ist die Braut eine Tochter des Dienstherrn, des Grafen. Aber in diesem vor 150 Jahren aufgezeichneten Märchen erscheint das Mädchen wunderbar erhaben – in der Stellung einer Göttin, nämlich auf einer Säule stehend, eine Blume emporhebend, und wer die Blume erjagt, gewinnt die Braut. Diese Art, die Braut auf einer schwer erreichbaren Höhe aufzustellen, ist im Glasbergmärchen die Regel. Den gläsernen Berg hinauf kann man nicht mit gewöhnlichen Pferden reiten. Ähnlich wie in den verbotenen Weiden gewinnt auch dort der Held auf nicht-alltägliche Weise die drei Wunderpferde, die ihn hinaufzutragen vermögen bis zu der Königstochter hoch oben, – und statt des Glasberges finden wir auch in diesem Märchen oftmals menschengefügte, hochgebaute Vorrichtungen, etwa einen Turm von 12 Balkenlagen, eine Diele mit Häuschen darauf, ein hohes Gemäuer, den Dachfirst mit der Königstochter darunter am Fenster.

In unserem Südtiroler Märchen erjagt der Hirtenbub die Blumen, den Veilchenstengel, den die Grafentochter oben auf der Säule hält, dreimal, mit dem Rappen, dem Fuchs, dem Schimmel, unerkannt, nur daß er in dieser Fassung dem Mädchen jedesmal die Blume heimlich zusteckt. Erst als der Graf von dieser seltsamen Gabe erfährt, kommt der Sieg des Unscheinbaren ans Licht. Doch erst beim Hochzeitsmahl legt er das Geheimnis seiner siegreichen Rosse bloß. Was in dieser Fassung dann von den Pferden beim Besuch der Stallungen offenbart wird, ist in seiner Besonderheit nicht das Gewöhnliche, aber ganz zutreffend in Bezug auf die Wesensart dieser Reittiere: es sind Geisterpferde. Hier sind sie nämlich die Vorfahren des Grafen: der Schwarze hatte dem Urgroßvater des Hirten jene Alpe entwendet, der Rote wußte ein wenig davon, der Weiße nichts. Diese drei, die wegen jenes Frevels ausharren mußten unter der Erde bis zur Bloßlegung ihres Unrechts, verschwinden nun zu ihren jenseitigen Schicksalen: Verdammnis, Buße, Befreiung.

Daß der Ort der Geisterreittiere unter der Erde ist, das wissen auch andere Fassungen, so in besonders eigenartiger Form eine slowenische Variante. Dort erfährt der Hirte von dem letzten der drei Dämonen, die er erschlägt, daß er einen schweren Stein fortrücken müsse und dann eine Stiege fände, die unter die Erde führe – in eine Schenke, wo alles versteinert sei. Durch seine Berührung aber vermöge er die Steinernen zu entzaubern. Er beginnt mit der Kellnerin, die ihn führt und unterweist, und dann belebt er den Stallknecht, die drei Pferde und anderes Vieh.

Im Zimmer aber, wo der Wirt und die Wirtin sitzen, wird er vor dem Berühren gewarnt: denn das würde nicht gut für uns sein! – Es scheint so, als träte hier das Totenmotiv in einer weit älteren Form auf als in der Haflinger Fassung: der Wirt unter der Erde wäre eine Art Totengott, und wenn man die Toten dort dem lebendigen Wirken wieder zuführen will, darf man grad das unterirdische Herrscherpaar nicht mit erwecken.

In dieser Fassung ist der „Held" ein Magdsohn, der mit der Dorfjugend im Streite lebt und stets unterliegt, – bis eine Vila *[weiblicher Naturgeist bei slawischen Völkern]* ihn säugt und er im Streit überlegen ist: da dulden sie ihn erst recht nicht mehr im Dorf. Wie der Meister den Schmiedelehrling vertrieben hat, wurde oben erzählt. In dem flämischen Märchen wird der „dumme Pieter" von der eigenen Mutter, die außer ihm noch ein verhätscheltes Töchterchen hat, so mit Arbeit geplagt bei mangelnder Anerkennung und Kost, daß er das Haus verläßt. Dreimal notgezwungener Aufbruch, – aber schon ein wenig für die Welt gerüstet – mit der Leibeskraft aus der Vilenmilch, mit jenem neu geschmiedeten Soldatenschwert – und der Pieter mit einem Hämmerchen, dem einzigen ihm überlassenen Muttergut – jedesmal also mit dem Mittel des Tapferen gerüstet, das ihn obsiegen läßt angesichts dämonischer Machtaufbrüche aus den unteren Bereichen.

Der unduldsame Lehrmeister, die streitlüsternen Dorfjungen, die herzlos kalte Mutter, die überheblichen älteren Brüder, der tadelsüchtige Vater, – all dies sind häufig vorkommende Alltags- und Märchenrollen; sie treiben den Jungmann in die Welt, wo er sich selber findet und weit hinausschreitet über das, was jene zu erreichen oder zu vermitteln vermögen. Er nämlich bleibt nicht im Kreise von Erwerb und Erfolg, sondern überschreitet die Grenze zum Wesentlichen, zu den Wesen, die von drüben hereinwirken in den beklemmenden Ring von Tat und Untat, – er erlebt seine Initiation. Inire, Hineingehen, das ist der Sinn dieses Wortes, Eingehen in das Walten geheimer Mächte, Wirken zu können mit ihnen im Verein. Sich lösen aus dem Tatsachenzirkel, in den jene tyrannischen Mächte und Personen ihn eingesperrt haben, und der Schau geöffnet zu werden für die heimlich sinnspendende Anwesenheit von Seelen, von Geistern und Göttern. Das eigentlich ist Leben, volles Leben – und dies war das Leben in der alten Zeit, da ein jeder initiiert wurde und die Fülle der wirkenden und waltenden Mächte erlebte – oft auch, indem er seinen eigenen Schutzgeist gewann und erlebte, – einen jenseitigen Helfer, den angestammten Hilfsgeist seiner Sippe, vielleicht den Urahn, der nicht in Jahrtausenden versunken war, sondern ewig-nah und wirkungsmächtig blieb.

Jene Zone, die sich der junge Mensch da eröffnet, ist ein lebendig Geheimes, es wirkt im geheimen, und es würde sein wirkungsvolles Leben verlieren, würde es wie eine Tatsache an die Tatsachenwelt angeschlossen. Darum schweigt der Hirte von den Geisterreittieren, die er jenseits der ihm gesetzten Grenze seiner Weide hegt. Sogar wenn er wirkt mit ihnen zusammen, deckt er seine körperhafte Existenz nicht auf. In dem Haflinger Märchen deutet er den Zusammenhang nur für die „Göttin Braut" an, indem er ihr das Errungene, die Veilchenstengel übergibt. Denn in der Tat, das Geheimnisvolle soll sich ja nicht im Jenseitigen erschöpfen, sondern hier zur Wirkung kommen. Bemerkenswert ist es, daß in einem nahverwandten Märchenkreis, dem vom Goldener, wo der Held auf den Geisterpferden Schlachtenhilfe leistet, der Zusammenhang mit seiner Person, mit dem Grindkopf, als der er in der profanen Welt gilt, erst durch ein extrem leibhaftes Widerfahrnis offenbar wird: durch die in der Schlacht erhaltene Wunde, – eine Eröffnung des Geheimen durch ein schicksalhaft notwendiges Ereignis zwischen drüben und hüben.

Das Motiv von der verbotenen Tür ist durch die grimmsche Fassung vom Marienkind allgemein bekannt. In diesem Märchentyp ist die Hauptgestalt ein Mädchen, und der Verlauf erfaßt daher auch ihr Schicksal als Gebärerin mit. In der grimmschen Variante und ihren Verwandten wird dem Kinde von seiner Pflegemutter, also meist der Jungfrau Maria, verboten, eine Tür zu öffnen; es verstößt gegen das Verbot und leugnet seinen Ungehorsam. Zur Vergeltung wird es verstoßen und dazu der Sprache beraubt. Wegen ihrer Schönheit wird die Stumme trotzdem Braut eines Königs und seine Königin; doch jeweils kommt nach der Geburt eines Kindes die Pflegemutter, verlangt das Eingeständnis des Ungehorsams und entführt das Neugeborene. Denn die junge Mutter leugnet nach wie vor. Damit gerät sie in den Verdacht, die eigenen Kinder zu fressen und wird schließlich zum Feuertode verdammt. Nun erst gesteht sie, sie erhält die Kinder zurück, und ihr Schicksal mündet ins Glück.

Bei diesem Verlauf wird nun gar kein Zweifel daran gelassen, daß das Mädchen hätte gehorchen und den Ungehorsam hätte eingestehen sollen.

Die Drangsal, die von der Mutter Gottes über sie verhängt wird, erscheint als eine gerechte Vergeltung für ihre beiden Verfehlungen. Mancher Märchenkundige war freilich doch darüber verwundert – wie der schwedische Forscher Waldemar Liungman –, daß die Maria „ein Kind raubt und dabei, wie es oft heißt, der Mutter Blut um den Mund streicht", und er stößt sich andererseits daran, daß das angenommene Kind „in seiner Verlogenheit verharrt."

Derlei Bedenken gegenüber diesem Märchen zeigen an, wie es mir scheint, daß der ursprüngliche Verlauf und die Bewertung des Verhaltens Wandlungen erfahren haben. Die Änderung besteht hier offensichtlich darin, daß ethische oder religiöse Werte das Übergewicht erlangt haben gegenüber den initiatischen. Denn der Gang der Initiation fordert, wie uns das Weidenmotiv lehrt, den Verstoß, den Ausgriff über die vom „Herrn" gesetzte Grenze, aber dann auch die Kraft zu schweigen. Selbst wenn wir den Ablauf einer eigentlich christlichen Fassung zugrunde legen, daß nämlich hinter den erlaubten zwölf Aposteltüren sich die verbotene dreizehnte Tür zur Schau der Dreifaltigkeit öffnet, selbst dann wäre das Schweigen die angemessene Antwort. „Hast du die dreizehnte Tür geöffnet? Gesteh!" – „Nein." – „Nein? Doch warum leuchtet dein Angesicht? Ich seh's, du hast das tiefe Geheimnis geschaut. Dein Nein tat recht daran, es für die Rede zu verhüllen. Dein Ja sei allein fürs Herz und fürs Wirken!" – So etwa wäre, sehr verkürzt, der Verlauf eines initiatischen Gespräches, das den Sinn des entschiedenen Nein aufhellt. Wir könnten das Nein sogar noch anders verstehen, ganz einfach nämlich aus der Überwältigung und der Wandlung des „Kindes" von grundauf. War es denn dies Kind, das die Tür geöffnet hat? Wo ist denn das Kind geblieben, das die Tür geöffnet haben könnte? Der Vorwurf der Verlogenheit, wo fände der einen wirklichen Angriffspunkt?!

Nun gibt es in der Tat in weiter Verbreitung Fassungen dieses Märchens, in denen die Bewertung ganz anders ist als in dem bisher besprochenen Untertyp. Das standhafte Verleugnen zumal unter der unmittelbarsten Bedrohung, verbrannt zu werden, gilt als die eigentliche Erfüllung und zeitigt heilvolle Folgen. Allerdings war dieser Ablauf nicht mehr zeitgemäß, wie es die Marienkind-Fassung am deutlichsten zeigt. Auch auf die altertümlicheren Fassungen hat sich die geistige und religiöse Wandlung der Jahrhunderte ausgewirkt; sie wurden nicht mehr von einer sinnverwandten Welt erhalten und erlitten Einbrüche in ihrem Verlauf.

Wir haben hier eine finnische Fassung mitgeteilt, die es klar ausspricht, daß die junge Frau im Ableugnen die Probe bestanden hat, daß sie stark geblieben ist; aber wir erfahren nichts von der heilvollen Wirkung, nichts vom lebendigen Gewinn aus der Bewährung. Auch eine steirische Fassung von gleicher Entschiedenheit in Bezug auf das standhafte Schweigen läßt einen entscheidenden Zug ungedeutet. Die Herrin über jene Zone der Prüfung ist schwarz wie Pferde und Wagen dieser mächtigen Frau auch in anderen Fassungen; sie wird schneeweiß nach dem letzten Leugnen auf dem Scheiterhaufen und sagt, daß sie nun erlöst sei. Aber kein Wort fällt über den Sinn ihrer Erlösungsbedürftigkeit und den Zusammenhang mit dem Mutter gewordenen Mädchen.

Erlösung der Geister meint heute hinweg, hinauf in die Ewigkeit, – meinte ehedem, hierher zurück zu mitwirkendem Dienen als Totengeist unter lebendig verbundenen Menschen, – und der Lebende vollendete seine Initiation, indem er die Verbindung mit einem helfenden Toten gewann. Doch auf seiten der „erlösten" schwarzen Frau fehlt die Versicherung, daß sie künftig Hilfe spenden werde von drüben. Allerdings überläßt sie der jungen Frau und den Ihrigen das Schloß, in dem sie ihre „Gesichte" gehabt hat, – ein für uns nicht mehr abschätzbarer Gewinn, da in Sagen und Märchen „Schloß" oft meint: Heiligtum, was ja das Haus initiatischer Prüfungen durchaus zu sein vermag.

Die Haflinger Fassung zu den verbotenen Weiden zeigte eine deutliche Beziehung zur Totenwelt. Es kann nicht fehlen, daß sie auch in einzelnen Varianten zur verbotenen Tür vorkommt. Offenbart sich dem Mädchen in jenem Haus das Lebensgeheimnis, dann kann dessen tiefer Schatten nicht verhohlen bleiben. Die schwarze Frau selbst zeigt den dunklen Aspekt des Gesamtlebens. In der finnischen Fassung ist es geradezu ein redender Toter, der durch eine mechanische Vorrichtung, einen Draht, mit der tabuierten Tür zusammenhängt – als sei es eine Attrappe zum Erschrecken und Erproben der Initianden.

In einer holsteinischen Variante mit teilweise stark abweichenden Einzelheiten, aber typischem Gesamtverlauf – ist die das „Schloß" beherrschende Gestalt, die auch die Frage stellt, gespensterhaft weiß; als das Mädchen die verbotene Tür öffnet, bricht ein kalter Windstoß hervor, der sie in einen tiefen, finsteren Abgrund wirft. Dort kommen sechs Träger mit einem Sarg zu ihr, zeigen ihr die weiße Gestalt darin und erklären, daß diese sonst von einem bösen Geist besessen sei. Die sechs Sargträger hätten im Schloß ebenso wie die in den Abgrund Gestoßene versagt. Sie vermöchten sie aber unbemerkt wieder hinaufzubringen, und in der Folge vermöchte sie durch standhaftes Leugnen auch die sechs Träger zu erlösen. Wieder im Schloß leugnet sie gegen den Weißen ihren Verstoß und wird stumm. Sie wird aus dem Schloß vertrieben, heiratet, gebiert, verweigert das Ja, das Neugeborene wird tot bei ihr gefunden, und sie soll hingerichtet werden. Der Scharfrichter steht schon mit erhobenem Beil über ihr, erstarrt, bleibt bewegungslos, da fliegt der Weiße herbei, fragt, sie schüttelt den Kopf, ein Nein auch um jener sechs Unerlösten willen: der böse Geist fliegt noch einmal auf und stürzt tot hernieder. Das Neugeborene ist wieder aufgelebt, König und Königin sind in Liebe versöhnt, das ganze Geheimnis ist nun offen, und an der noch einmal wiederholten Hochzeit nehmen auch die Eltern der jungen Frau und die erlösten Sargträger teil, und das sind sechs schöne Damen. – Auch in dieser seltsamen Geschichte, in ständiger Toten- und Todesnähe, hat das leugnende Nein die erlösende Kraft.

Vergegenwärtigen wir uns noch eine Harzer Fassung, die inmitten eine deutlich erkennbare Störung aufweist, die trotzdem in dieser Gestalt gewissenhaft überliefert wurde: „Ja, ja, früher ist manches passiert, das alles vergessen wird, wenn unsereiner es nicht behielte und neu auftischte", sagt die Großmutter einleitend. – Hier wird einem Vater seine vierzehnjährige blühende Tochter im Walde von einer grünen Jungfer entrückt. Im Mittelstück ist offenbar das eigene Erlebnis der Tochter ausgefallen. Der Vater, im Bemühen, die Tochter wiederzufinden, kommt selbst in die Hütte der Grünen; die sitzt da „und ist halb Fisch und halb Mensch, und darum her sitzen lauter kleine Männlein mit steinernen Beinen auf kleinen Treppen und das geraubte

Mädchen...nicht weit von der Thür auf goldenem Thronen", und war sie zuvor bereits schön, ist sie jetzt „ein wahrer Engel von Schönheit". – Der Vater nimmt die Tochter mit heim, und es folgt die Königshochzeit. Nach den drei Geburten, Knaben mit goldenen Locken, mit goldenem Stern, mit goldenem Hirsch auf der Brust, erscheint der Kindbetterin jedesmal die grüne Jungfer und stellt, wie auch sonst, ihre Fragen, hier in der Form: „Kind, wie hast du mich in meinem Drangsal gesehen?" Sie erhält die Antwort: „Herzliebste Mutter, ich habe dich nicht gesehen." Nach dem dritten Ableugnen sagt die Grüne: „Weil du nun so verschwiegen gewesen bist und dich selbst durch den schrecklichen Tod auf dem Scheiterhaufen nicht zum Ausplaudern hast bringen lassen, so bist du und bin ich und dein Mann...dadurch gerettet." Wie der Mann, der einmal als goldener Hirsch erscheint, in die Erlösung verflochten ist, bleibt unausgesprochen. Was das Mädchen erlebt und gesehen hat, ist nicht völlig klar. Dennoch, obwohl es sich nicht erschöpfen kann in dem, was der Vater wahrgenommen hat, muß es doch dem ihm zuteilgewordenen Gesicht entsprechen. Die Doppelgestalt der grünen Jungfer, die teilweise versteinerten Männlein, der Goldthron für das Mädchen – scheinen auf das Lebensgeheimnis selbst hinzuweisen. Dessen bildhafter Anblick, dessen wirkende Kraft hätten das Mädchen zu fast übermenschlichem Erblühen gesteigert. Daß dazu das aufdeckende Wort höchst unangemessen wäre, ist ohne weiteres einzusehen. Jene höchste Schönheit ist im Märchen, wie es sich versteht, nicht ein kosmetischer Gewinn, sondern entspricht dem Goldhaar des Jungmannes, das er im geheimen Bereich gewinnt, und bezeichnet wie dort die lichte Kraft, in der ein Mensch zu wirken vermag. Im Falle unserer Märchenkönigin offenbart es sich in den goldenen Zeichen der von ihr geborenen Knaben. Eben diese Goldkinder werden es sein, in denen die Initiation der Mutter welthaft wirksam wird.

Initiation – der Weg in die geheime Mitte des Lebens, wo sich dem Knaben, dem Mädchen jene Mächte des Innern offenbaren, die eigentliche, die tiefste Erfüllung schenken. Im von innen gebotenen Entschluß tut sich das Tor dahin auf, – im Schweigenkönnen bleibt dem Manne, bleibt der Frau die Macht, das Leben hindurch, wenn es geboten ist, die Pforte immer wieder zu durchschreiten und gerade sie auch am Ende noch offen zu finden.

Ignaz und Joseph Zingerle: Kinder- und Hausmärchen aus Süddeutschland. Regensburg 1854 / Hildesheim 1975. S. 326-338. Hafling.

A. M. A. Cox-Leick und H. L. Cox: Märchen der Niederlande. Düsseldorf 1977. Nr. 2. Flandern.

Else Byhan: Wunderbaum und goldener Vogel. Slowenische Volksmärchen. Eisenach und Kassel 1958. S. 51-71.

Friedrich Panzer: Die Kinder- und Hausmärchen der Brüder Grimm...in der Urfassung. Wiesbaden o.J. Teil I, Nr. 3.

August von Löwis of Menar: Finnische und estnische Märchen. Düsseldorf 1962. Nr. 33.

Paul Zaunert: Deutsche Märchen aus dem Donauland. Düsseldorf 1958. S. 97-101. Steiermark.

Wilhelm Wisser: Plattdeutsche Volksmärchen. Neue Folge. Hamburg 1961. Nr. 77. Holsteinisch-dänisch.

August Ey: Harzmärchenbuch . Stade 1862 / Hildesheim 1971. S. 176-180.

Dazu:

Waldemar Liungman: Die schwedischen Volksmärchen. Berlin 1961. S. 203.

Marie Luise von Franz: Bei der schwarzen Frau. Deutungsversuch eines Märchens. In: Wilhelm Laiblin: Märchenforschung und Tiefenpsychologie. Darmstadt 1969. S. 299-344.

BILD UND NAME DER GELIEBTEN

Betrachtungen zu einigen Märchentypen und zum Wesen der Liebe

[Erschienen in „Liebe und Eros im Märchen. Veröffentlichungen der Europäischen Märchengesellschaft – Band 11", Erich Röth Verlag, Kassel 1988, S.157–182 und S.213–217.]

„Das Erleben der göttlich Liebenden zu preisen hebt auf die Verfehlungen des Kaliyugas."

nach Jayadeva, Gītagovinda V,14

Liebende sind wir schon, ehe das Gegenbild unserer Liebe uns leibhaft erschienen ist. Das wissen zumal diejenigen unter den Dichtern, die mit sehnsüchtigen Versen die Geliebte besungen haben, ehe sie ihr begegneten, Klopstock, Hölty, Lenz, Maler Müller, Lenau.[1] In diesen Gedichten „An die Ersehnte", „An die künftige Geliebte", ringen die Gewißheit einer künftigen Erfüllung und die tödlichste Ungewißheit miteinander. Mag sich auch der Rausch der Sehnsucht steigern bis zum Vergegenwärtigen eines beglückenden Phantasmas, so lauert darin zugleich auch die Angst, daß in der wirklichen Zukunft ein erbarmungsloses Niemals droht. Sie müßte schon geboren sein, sie geht und steht, sie lacht und weint, – aber an welchem Ort, wie ist ihr Name? – und ihr Bild, ist es dies, das in der Sehnsucht, im Traum den Liebenden umspielt? Diese Lage, in der sich die Dichter empfinden, spiegelt in einer besonderen Weise Menschenlos: die Qualen des räumlichen Außereinander, unsere jammervolle Ungewißheit in Bezug auf das unumgänglich eigene Künftige.

In diesem Falle ist die Not indes nicht bezogen auf ein amorphes *[gestaltloses]*, noch ganz unentschiedenes Los, sondern auf eine lebendige Person, an ihrem Ort, mit ihrem Namen, mit dem unverkennbaren Leberfleck auf der Wange – oder was sonst in ihrem Paß vermerkt sein konnte. Es ist eine Situation, die wie kaum eine andere nach der Mantik *[Seherkunst]* zu rufen scheint. Doch kommt in den fraglichen Gedichten die Zukunftsmantik nicht

---

[1] Klopstock: Die künftige Geliebte. An Cidli. – Hölty; Die künftige Geliebte. Das Traumbild. An mein Ideal. Die Mainacht. Die Geliebte. – Lenz: Eduard Allwills einziges geistliches Lied. – Maler Müller: Verlangen und Sehnsucht. – Lenau: An die Ersehnte.

vor; sie stände außerhalb der hohen dichterischen Spannung, die jene Strophen belebt. Näher liegt für sie eine theologische Schlußfolgerung wie zum Beispiel in einem Gedicht von (Jakob Michael) Reinhold Lenz, dem er die merkwürdige Überschrift gegeben hat: Eduard Allwills einziges geistliches Lied, beim Aufstehen, Schlafengehen und bei der Versuchung der Sirenen zu singen:

> „Wie die Lebensflamme brennt!
> Gott du hast sie angezündet,
> ach und deine Liebe gönnt
> mir das Glück, das sie empfindet.
>
> Aber brenn ich ewig nur,
> – Gott du siehst den Wunsch der Seele! –
> brenn ich ewig, ewig nur,
> daß ich andre wärm, mich quäle?
>
> Ach wo brennt sie, himmlisch schön,
> die mir wird in meinem Leben,
> was das Glück sei, zu verstehn,
> was du seist, zu kosten geben!"

– Mit sieben weiteren Strophen und einer merkwürdigen Abwandlung zum Alten Testament (1. Mos. 32,37) am Schluß:
„Nein ich laß dich nicht, mein Leben!
du beseligst denn dein Kind!"

Unter den klassischen deutschen Dichtern hat keiner das Motiv der künftigen Geliebten so nachdrücklich behandelt wie Jean Paul.[2] In zwei kleinen Romanen und einer prophetischen Dichtung zur Jahrhundertwende tritt die künftige Gattin unter dem Namen Hermine in voller, sozusagen leibhafter Wirklichkeit auf; dies vor allem unter den Gesichten in der Neujahrsnacht, und ihr Erscheinen unter diesen alpdruckhaften Zukunftsvisionen kann ihn sogar zu dem befreienden Seufzer veranlassen: „O wie der Mensch nur durch

---

[2] Jean Paul: Leben des vergnügten Schulmeisterleins Maria Wuz in Auenthal. Palingenesien, Achter Reise – Anzeiger. Konjektural – Biographie, Zweite poetische Epistel. Die wunderbare Gesellschaft in der Neujahrsnacht, besonders letzte Seiten.

den Menschen in das Tageslicht des Lebens tritt, indes er in der auflösenden Einsamkeit auf seinen Geist und Leib nur wie auf einen toten, fremden, unter ihm zuckenden Torso niedersieht! – "

Aber auch in der frohen, lichten Stunde lebt diese Begleiterin; wenn der Geist in der magisch-schönen Landschaft die Ewigkeit erlebt, „da geht er nie allein", sagt er in den Palingenesien, in denen diese Gestalt zur romanhaftesten Realität herangereift ist, „sondern ewig führt er eine Seele an der Seite, die er innig liebt und der er alles zeigt und mit der er auf den Höhen betet und die er in den Frühlingstälern umarmt unter dem Abendrot. So ging Hermine mit mir durch alle meine kleinen Himmel..." Den bezeichnendsten Ausdruck für dieses Erlebnis hat Jean Paul schon geprägt in der frühen Dichtung vom Schulmeisterlein Wuz in Auenthal. Dort ruft er das Mitgefühl des Lesers für sich selber an, da all die Herrlichkeiten, von denen er erzähle, nur erdichtete seien; dann fährt er so fort: „...und wenn nur Du, Du Himmlische, der ich treu bleibe, die mir treu bleibt, mit der ich in arkadischen Julius-Nächten spazieren gehe, mit der ich vor der untergehenden Sonne und vor dem aufsteigenden Monde stehe und um deren willen ich alle deine Schwestern liebe, wenn nur Du – wärest, aber Du bist ein Altarblatt, und ich finde Dich nicht."

Indessen, – es fehlt gegenüber solcher Verzagtheit auch bei ihm nicht die tröstliche Schlußfolgerung, die uns schon bei Reinhold Lenz begegnet ist: das in uns lebende Urbild der Geliebten hat metaphysischen Rang.

In der Dichtung vom bevorstehenden Lebenslauf verfaßt Jean Paul mit Berufung auf Klopstocks Gedicht an die künftige Geliebte einen Brief an die seine, gibt ihr verschiedene Namen aus fremden und eigenen Dichtungen, Rosinette, Luise, Charlotte, Dorothea, Idoine, sagt ihr auch, daß sie ja eben die Hermine in den Palingenesien sei und schildert schließlich auch das durch die Geliebte verklärte Landschaftserleben: kam da nicht, schreibt er: „in der Begeisterung, wo ich höhere Frühlingsmonate der Liebe malte, als ich hatte, und wo das Herz neben den offenen glückseligen Inseln der Dichtkunst sein sehnsüchtiges Darben zu sehr empfand, Deine Stimme lieblich aus der Ferne her und tröstete mich und sagte: Sei still und vertraue, wir werden uns finden! Kalt schneidet jetzt ein Gedanke durch mich – ich schwebe ja hier neben den Inseln der Dichtkunst, und die ferne Stimme, die mich trösten will, kommt nur aus meiner Brust – – Nein, wer sie hineingeschaffen, der kann sie nicht lügen lassen. – –"

Ein so starkes Erleben nähert sich schon Weissagungen der Zukunft. Vom erscheinenden Bilde redet auch Klopstock in seinen Distichen:

„Oft um Mitternacht streckt sich mein zitternder Arm aus und umfasset ein Bild, ach, das deine vielleicht!"

– Der stärkste Ausdruck für dieses aufsteigende Bild ist Jean Pauls Altarblatt, doch bleiben diese Erscheinungen in traumhafter Weise ortlos. Auch Klopstock tastet, wie Jean Paul, nach einem Namen; er versucht ihn mit Laura, Fanny, Cidli, – Cidli, ein Name, den er im Messias verwendet hatte und mit dem er später auch die endlich gefundene Meta Moller benannte. – Mit dem Ausdruck unseres Jahrhunderts könnten wir sagen, daß in diesen Gedichten die Anima – wie sonst selbstredend auch der Animus – als eine Verheißung erlebt wird, der eine leibhafte Gestalt in der Körperwelt entspricht und an die sich die Hoffnung schließt, daß sie eines Tages in dem eigenen Lebenskreis aufleuchtet.

Solche Verheißungen und ihre Verleiblichungen sind auch konkret erlebt worden, als prophetischer Traum, Vision, Bilokation *[Anwesenheit an zwei Orten gleichzeitig]* und in der Ekstasis. Im Traum erscheint einem jungen Wiener immer wieder ein ihm fremdes schönes Mädchen, er streichelt es, löst ihm das Haar, entdeckt unter dem Knoten im Nacken eine Narbe. Irgendwann einmal meldet er sich, zufällig an einer Schreibschule vorübergehend, dort zu einem Kurzschrift-Kursus an, ohne den mindesten Wunsch, dergleichen zu betreiben. Er könne gleich anfangen, wird ihm gesagt; aber im Unterrichtsraum greift er gelangweilt zu einem Buch, das er bei sich hat, zum Zarathustra. Daraufhin wird er von der Lehrerin zur Kanzlei geschickt, weil es ihm, wie sie meint, an Schreibpapier fehle, – und trifft auf dem Flur auf sein Traummädchen. Auch sie hat sich dort grad angemeldet, auch sie hat den Zarathustra bei sich, auch sie kennt ihn – aus ihren Träumen –, und sie hat die kleine Narbe unterm Nackenhaar.[3]

Einem eheunlustigen Junggesellen reden die Verwandten zu, sich zu verheiraten, raten ihm zu einem jungen Mädchen in der benachbarten Stadt, das ihm unbekannt ist. Doch geht er auf die Vorschläge nicht ein. Aber dann sieht er an einem Fronleichnamstage in seinem Zimmer ein weißgekleidetes Mädchen mit einer Blumenkrone. Sie bezeichnet sich als seine Braut und reicht ihm die Hand. Nach einigen Minuten verschwindet sie wieder. Er weiß sich hellwach, aber im Hause hat niemand von der Fremden etwas gesehen. – Erst nach einem vollen Jahr gibt er dem Drängen seiner Familie nach, jene

---

[3] Rudolf Passian: Wiedergeburt. München 1985. S. 143ff. Die Angabe über die Verursachung der Narbe aus Passians Quelle.

ihm als Frau Anempfohlene kennenzulernen. Es ist Fronleichnam; nach der Prozession tritt jenes Mädchen ins Haus, mit der Blumenkrone, im weißen Festgewand, wie die Erscheinung vor einem Jahr. Das Mädchen stockt bei seinem Anblick, schreit auf, fällt in eine Ohnmacht. Auch sie hatte ein Jahr zuvor von ihm eine Erscheinung gehabt.[4]

Von hoher Eigentümlichkeit ist eine Begebenheit, die Friedrich von Gagern aus erster Hand empfangen hatte und die er ausführlich wiedergibt.[5] Eine deutsche Gräfin schreibt unter einem Decknamen und einer Ferienadresse, auch mit Verhehlen ihres Standes an einen jungen Adligen einen Brief. Der Empfänger hatte vor Jahren von der Schreiberin flüchtig gehört, wußte von ihren gegenwärtigen Verhältnissen und Interessen nicht das geringste und kannte auch ihre Schrift nicht. Trotzdem griff er zu dem Buch der Gräflichen Häuser, findet die Schreiberin in drei Minuten heraus und versieht die Antwort mit dem richtigen Namen und Stand. Von da an bis zur Heirat stand die „ganze weitere Entwicklung…völlig unter Bann und Zwang. Die beiden mußten; es war eine elementare Gewalt, die sie zusammentrieb, es war etwas vom schicksalhaften Liebestrankrausch alter Ritterromantik, es war die tödlich beseligende Not der Liebesmythe, es war Eros als Bestimmung"; so Gagern in seiner Charakteristik dieser somnambulisch getragenen Liebesgeschichte. Bilder wurden nicht ausgetauscht, doch nach sechs Wochen versprachen sich beide Liebe und Ehe. Nun begann neben den Briefen auch ein angespanntes Hinüber und Herüber im seelischen Bereich – bis zur Vision des Geliebten auf dem Parkweg zur Gräfin, Hellgesichten auf seiner Seite von ihrer Umgebung – und schließlich einem Besuch in der Nacht, bei der die Seele des Mannes hörbar, ein Phantom, um das Schloß geht, die knarrende Flurtreppe heraufkommt, an ihr Bett tritt, sich über sie beugt, sie spinnenzart betastet. Seit jener Nacht aber weiß auch der Liebende um die Gestalt der Geliebten, nicht anschaulich, sondern inbildhaft. Diese Ekstasis des Mannes war in gewisser Weise auch ein Vorgesicht, da das Paar die Hochzeitsnacht, kurze Zeit später, in eben jenem Raume feierte. Das war am 9. November 1911, und an eben jenem Abend sprach der junge Gatte eine für die deutsche Gräfin unglaubliche Prophezeiung aus: daß heut über sieben Jahr das deutsche Kaisertum sein Ende finden würde.

---

[4] Allan Kardec: Das Buch der Medien, 1861. Neudruck Freiburg – Wiesbaden 1977. S. 102f.
[5] Friedrich von Gagern: Geister Gänger Gesichte Gewalten. Leipzig 1932. S. 251–261.

Auch in Sage und Mythe wird von solchen Erlebnissen erzählt. In den Umkreis der kymrischen Mabinogion gehört die Mär vom römischen Kaiser Macsen Wledig.[6] Am hohen Mittag, bei einem Jagdausflug, verfällt er in einen tiefen Schlaf – überschreitet im Traum hohe Gebirge, weite Ebenen, fährt zu Schiffe bis an eine Insel, betritt dort eine Burg, eine schöne Halle, erblickt Jünglinge beim Brettspiel, einen königlichen Greis beim Schnitzen – und auf einem Goldstuhl vor sich eine Jungfrau. „Und nicht schwerer wäre es gewesen, am Mittag, wenn die Sonne am hellsten scheint, sie anzuschauen, als die leuchtende Schönheit dieses Mädchens." Wie er aber bei ihr Platz genommen und den Arm um sie gelegt hat, da geschieht es dem Kaiser – die Jagdhunde zerren an ihren Leitseilen, Schilde klirren, Speere klappern, Rosse stampfen und wiehern –, daß er erwacht, und „kein Leben und Wesen und Dasein war ihm geblieben von wegen der Jungfrau, die er im Traume gesehen hatte, und er hatte nicht Fingerglied noch Fingerkuppe noch irgendein größeres Leibesteil, das nicht von der Liebe zu ihr ganz durchdrungen war."
– Nun werden Boten ausgesandt, die Schöne zu suchen, aber sie kehren nach Jahresfrist ohne Ergebnis zurück. Erst als Macsen die Spürer von der Stelle aus einsetzt, an der er selbst auf jenem Jagdausflug seine Traumwanderung begonnen hatte, werden sie fündig.

Eine andere Sage dieser Art, irisch, spielt sich ab unter den alten Göttern selbst, unter den Tuatha Dé Danann.[7] Oenghus, der Sohn des Daghdhae, hat ein ganzes Jahr hindurch allnächtlich im Traum die Vision eines Mädchens, das schöner ist als alle, die er je gesehen hat; sie hält eine Laute in ihrer Hand, und unter ihrem Spiel entschläft er im Traum, ohne je mehr von ihr zu erfahren. Er verfällt in eine auszehrende Krankheit, kein Arzt vermag ihm zu helfen, bis ein seherischer Heiler berufen wird, und der sagt, als er ihn erblickt: „O schlimme Heimsuchung! Du hast dich verliebt in eine Abwesende!" – Hilfe wird nun gesucht bei den Wesen aller Feenhügel und ihren Herrschern, um das Mädchen ausfindig zu machen. Schließlich erfährt man ihren Namen; der Verliebte erkennt sie unter 150 ihresgleichen, und nach einem Kriegszuge gegen ihren Vater willigt der schließlich ein in die Verbindung. Das Paar umarmt sich, verfällt in Schwanengestalt in Schlaf und umwandelt dreimal einen See. Als weißes Vogelpaar fliegen sie zur Heimstatt des

---

[6] The Mabinogion. Translated by Gwyn Jones and Thomas Jones. London 1977. S. 79–88.
[7] Kenneth Hurlstone Jackson: A Celtic Miscellany. Harmondsworth 1976. Nr. 39.

Oenghus und versenken das Volk mit ihrem Gesang auf drei Tage und Nächte in Schlaf.

Das Motiv des Vorgesichtes, in dem die künftige Geliebte erscheint, hat auch Theodor Storm in der Novelle „Ein Bekenntnis" verwendet, in der Geschichte eines Arztes, der schicksalhafterweise seine Frau durch Euthanasie *[zweckgerichtetes Herbeiführen des Todes]* von ihren Schmerzen erlöst. Lange bevor er ihr begegnet, noch als Schüler, als eine Epidemie viele Kinder der Stadt hinrafft, hat er ein Gesicht von ihr, von einem bleichen Mädchen in einem Kreise von Knaben, die der Tod gezeichnet hat. Später, nach mehreren Ehejahren, als schon der Todesschatten sie streift, steigt auch in ihr eine dunkle Erinnerung an jene erste somnambulische Begegnung auf.[8]

Das füreinander Erscheinen, bei dem beiderseits ein Bild entsteht wie in dieser Novelle und in anderen der erwähnten Geschichten, ist in einem Märchen des vorderen Orients in eigentümlicher Weise ausgebildet. Die bekannteste Fassung ist die von dem Prinzen Kamar ez-Zamân und der Prinzessin Budûr in Tausendundeiner Nacht.[9] Es sind außerdem auch mündlich tradierte *[überlieferte]* Fassungen bekannt, die teilweise von der Buchfassung abhängig sind oder von ihr beeinflußt sein mögen. Das Bezeichnende ist, daß die beiden Königskinder in weiter Ferne voneinander leben, in der jemenitischen Fassung im äußersten Westen und Osten, daß sie beide sich weigern zu heiraten, eine Weigerung, die, sobald sie ihr Gegenbild erblickt haben, umschlägt in das heftigste Begehren nach dieser „einzigsten Gestalt". Der Märchenstil läßt die Schilderung einer Vision des Entfernten im eigentlichen Sinne nicht zu, – er fordert sie in Gestalt eines epischen Geschehens, am einfachsten als materielles, von ferne zugesandtes Bild. Aber in dem hier angezogenen Märchen werden die Partner leibhaft zueinander gebracht durch die mit den Raumesweiten spielenden Geister. Sie legen dem Jungmann das Mädchen aus der Ferne aufs Lager – mit einer unüberschreitbaren Schranke: während das eine schaut, ist jeweils das andere in unerwecklichen Schlaf versenkt. Die zwei werden also wirklich nur gegenseitig ihres Anblicks teilhaft, doch ohne daß sich Aug' in Auge tauchte. Haben aber die Geister das Mädchen wieder fortgetragen und sind die beiden erwacht, so ergreift sie der Wahnsinn der Liebe, und sie sind vom Bilde des anderen besessen, – von einem Bilde, das

---

[8] Theodor Storm: Ein Bekenntnis.
[9] Märchentext 1–4. [– Die Märchentexte sind am Ende des Aufsatzes als Anmerkung aufgeführt.].

ortlos ist und nirgends von ihnen gesucht werden kann, bis sich bei dem Mädchen der weltdurchwandernde Milchbruder einstellt. Auch kann jene Besessenheit nur durch das einzige Wesen selbst geheilt werden, dessen Bild sie empfangen haben, was das Märchen ganz konkret so darstellt, daß viele andere allerdings den Heilungsversuch unternehmen, aber damit scheitern und dem Tode durch Enthauptung verfallen. Daß die Verliebten nicht an einem bloßen Traumbilde leiden, wird ihnen durch den Ring bekräftigt, den sie beide dem anderen vom Finger gezogen haben, der aber auch mehr für ihr Selbstbewußtsein Zeugnis ablegen dürfte, als daß er zur Beglaubigung für die Umgebung bestimmt wäre. Daß in der Tat das eigentlich Gemeinte die Vision und nicht ein faktischer Geisterdienst ist, ergibt sich aus einer sonderbaren Ungereimtheit: daß grad vom Zeitpunkt der Trennung an, da die Qual ihrer Heimsuchung beginnt, durch die Liebe in Abwesenheit nämlich, wie die irische Mythe von Oenghus sagt, den beiden keine Geisterhilfe mehr zuteil wird. Dies ist besonders auffällig in der jemenitischen Fassung, in der die Kinder der Dschinnenkönige die Kinder der Menschenkönige zu Freunden erwählt hatten. Ähnlich ist das Verhältnis in der kordofanischen Version. Man dürfte daraus wohl folgern, daß dies Märchen im Grunde gar nichts von Machenschaften der Geister erzählen wolle, sondern von dem durch die Vision geknüpften oder zum Bewußtsein erweckten Schicksalsbund.

Aus den beiden Arten von Erlebnissen, dem der künftigen Geliebten und dem des traumhaften Zusammenfindens, ergibt sich für die endlich Vereinten ein Schluß, der, persönlich ausgedrückt, so lauten würde: Wir beide, so innig einander hingegeben, mit tiefer Liebe ineinander versunken, – müssen noch in einem anderen Zusammenhang miteinander stehen als dem, der sich im Vorstellen, Kennenlernen, Anbahnung von Freundschaft, Kameradschaft, Liebesgemeinschaft entwickelt. Es muß eine innere, vorgegebene, dem Zeithaften überlegene Art der Verbundenheit sein. Und wenn ich sage: Ich liebe dich ewig! so meint das nicht: in alle Zukunft, sondern eher: aus tiefster Vergangenheit, aus dem ewigen Ganzen unter der zeitlichen Gliederung, aus dem Weltkern. Eine Erklärung, mit der man rational dieses Erlebnis zum Ausdruck zu bringen sucht, ist die Vorstellung, daß ein Paar, voll inniger Liebe jetzt, schon in der Vergangenheit, in einem früheren Leben, in Liebe verbunden war. So wird es beispielsweise auch ausgesprochen in der oben wiedergegebenen Geschichte von der Narbe unter dem Haarknoten, und grad dies Erkennungszeichen soll der Liebende in einem früheren Leben verursacht haben.

Wir haben damit einige vorbereitende Einsichten gebracht zu der Rolle von Bild, Namen und Ort der Geliebten im Märchen, zumeist Beobachtungen aus Bereichen, die ihrer Herkunft nach mit dem überlieferten Märchen nicht unmittelbar in Zusammenhang stehen, die uns aber darum gerade zu einem tieferen Verständnis behilflich sein können.

Aus dem Märchen ist uns das prophetische Bild zumal aus der grimmschen Fassung des Typs 516 bekannt, aus dem treuen Johannes. Die Situation ist dort anfangs stärker spezialisiert, dies sei von vornherein festgestellt, als in vielen anderen Fassungen. Das entscheidende Merkmal, daß der Erzieher, der eigentlich für den jungen Prinzen Verantwortliche, der Vater, tot ist, kehrt in dieser Weise nicht oft wieder. Wichtig ist allein, „daß der Held das Bild der Braut sieht, von ihr träumt oder von ihr erzählen hört, immer mit der Wirkung, daß er sich in sie verliebt und sie...erringen will."[10] In der Mehrzahl der Fassungen ist dies nur unter Schwierigkeiten möglich; das Entscheidende ist aber, daß tödliche Gefahren erst dann wirklich drohen, wenn der Held die Braut schon errungen hat, daß diese überwunden werden auf Grund von Schicksalsweisungen, die der treue Helfer gewinnt, daß dann aber diese Hilfen den treuen Gefährten in harte Schicksalsfesseln werfen, zu deren Lösung es nochmals eines Opfers vonseiten des Helden bedarf.

Ich habe den Gesamtverlauf schon früher so gedeutet, daß in dem ursprünglichen Auszug und der Art, wie die hohe Braut entführt wird, ein Frevel liege, der zwangsläufig zu der Kette schlimmer Unglücksfälle bis zur Hinrichtung des Getreuen und zur Tötung der Kinder führen müsse, – ein opferlicher Zusammenhang.[11] Insgesamt dürfte damit vom inneren Ablauf etwas Richtiges erfaßt sein; indessen könnte man andererseits auch annehmen, daß die Anfangstat nicht unbedingt ein Frevel sein müsse, sondern ein kühner Ausgriff sei nach einem hohen Ziel, der allerdings dann immer erst in Opfern auszugleichen und zu rechtfertigen sei.

Auch wirft die Artung des Geschehens noch ein anderes Problem auf, in dessen Lösung der Sinn für die Schwierigkeiten der Heimkehr gesucht werden könnte. Der Typus 516 hat eine gewisse Verwandtschaft mit dem Typus 313, dem Märchen von der Unterweltstochter als Helferin des Helden. Auch dort ist die Rückkehr an den Heimatort von Lebensgefahren bedroht, und selbst nach deren Überwindung wird das Paar noch einmal geschieden

---

[10] Erich Rösch: Der getreue Johannes. FFC 77. Helsinki 1928. S. 5f.
[11] Heino Gehrts: Das Märchen und das Opfer. Bonn 1967. S. 224f.

dadurch, daß der Jüngling jede Erinnerung an die Braut verliert. Doch liegt der Grund für die Umständlichkeit des Zusammenfindens hier zutage: es geht nicht nur um sichere Heimkehr des Paares, sondern für die Braut um den Übertritt aus der Seelenwelt in die Leiberwelt. Eine ganz ähnliche Aufgabe könnte man für den Typus 516 voraussetzen, nur daß hier die Schwierigkeit nicht vorwiegend durch die Lebenskunst der Frau behoben, sondern durch die des Helfers und seine Opferbereitschaft ausgetragen würde.

Doch ist für die gegenwärtige Untersuchung der innere Zusammenhang des merkwürdigen Märchens nicht von Gewicht; es kommt allein an auf Bild, Namen und Ort der Königstochter. Bei Grimm steht das Bild in einer letzten Kammer verborgen am Ende eines langen Ganges, und der junge König soll es nicht sehen, denn er würde, zu heftiger Liebe entzündet, ohnmächtig werden und, um die Schöne zu gewinnen, in große Gefahren geraten. Indessen vermag der Diener, wie es sich angesichts der Voraussage allein schon versteht, den Prinzen von dem Schicksal der innersten Kammer nicht abzuschirmen, und das Vorausgeschaute nimmt seinen Lauf. Die Gefahren freilich vermag der Getreue durch seinen Opfertod von dem jungen König abzuwenden, wobei jedoch auch von dessen so schwer erworbenem Glück ein Teil verloren geht.

Wie in den Kinder- und Hausmärchen wird in vielen Fassungen die Liebe durch ein Bild ausgelöst, das der Held unerlaubter- oder erlaubterweise zu sehen bekommt. In anderen Fassungen wird nur der Name genannt, oder er tritt, wie auch in der grimmschen Fassung, als ein weiterer Reiz zum Bilde hinzu. Wie sich versteht, ist in den verschiedenen Strängen des Erzählens das Motiv in unterschiedlicher Weise ausgebildet worden. Wir haben Fassungen, in denen über die Herkunft des Bildes nichts gesagt wird; auch ein Traumgesicht kann am Anfang stehen. Bei Basile erblickt der Held einen schwarzen Raben in seinem Blut auf einem weißen Marmorstein, und daraus erwächst in seinem Herzen wie ein Mosaik das Bild der schönen Frau. Sehr anmutig, doch, wie es scheint, vereinzelt, ist in einem friesischen Märchen der Sammlung Poortinga der Zusammenhang ausgebildet. Dort wäscht sich die schöne Prinzessin am Fluß, „aber das Wasser wollte ihr Spiegelbild nicht wieder loslassen und nahm es mit" bis an die See, wo der Prinz es erblickt. Geheime Absichten werden angedeutet, wenn der Maler des Bildes mit dem Mädchen in Verbindung steht und das Bild unter die Leute hinausträgt. Des öfteren handelt es sich um die Ausmalung eines Schlosses, und in einer Fassung aus dem Bakonyerwald sagt der König zu dem Sohn, als der seine Heiratsabsicht erklärt, das Bild sei ja nur gemalt; „des is e schlechti Einbildung..., wer waaß, existiert die in der Welt." Doch der Sohn erwidert: „Wann se net wär, hätt se der Moler net moln können." Manchmal verdoppelt sich das Bildmotiv, so daß die Schöne am Ziel noch einmal als Bild erscheint, so in besonders bedeutsamer Form in einer Fassung aus dem Böhmerwald. Dort müssen Held und Helfer mit der Frau im Wagen dreimal um das verwunschene Schloß fahren, um sie von dort zu lösen, und sie sitzt dabei zwischen ihnen wie eine goldene Sonne.[12]

In den Namen, die der Prinzessin gegeben werden, wird manchmal das Wunderbare nur durch die Ferne ausgedrückt, so wenn sie Tochter des Königs von Engelland oder Niederland heißt, oder des Königs Dalmar oder des Zaren Kirbit. Auch diese Namen sind an sich schon bezaubernd; faszinierender aber ist die Tochter des Königs der sieben goldenen Berge, die Tochter des Königs von Siebenstern; die gestohlene, verwunschene Zitterdella; Schah Sanam, die Schwester der sieben Devs; die schöne Rora, von zwölf Feen aus Tau gemacht; dem Winterjanosch seine Tochter; die Schöne der Erde oder die Weltschöne; Licht des Herzens, die Prinzessin aus alter Zeit, die Königstochter vom goldenen Dache.[13] Kommen Bild und Name zusammen vor, so stellt sich die Frage, ob die Faszination des Bildes oder die des Namens stärker ist. Altertümlicher erscheint gewiß das Namensmotiv, zumal dann, wenn das Schicksal des Jungmannes, seine Bindung an die ferne Schöne ihm wie eine Verfluchung auferlegt wird, genauer, mit dem irischen Wort, als eine Geis. Der Königssohn zerschmeißt einem Weibe immer wieder den Wasserkrug auf dem Rücken, ein exquisites Vergnügen; die Geschädigte aber will den König nicht aus Rache seines einzigen Sohnes berauben, was sie wohl könnte; doch sie rächt sich trotzdem, indem sie den Burschen mit dem Brautnamen in eine Schicksalsfessel schlägt.[14] Auf eine andere Weise verknotet sich die Schlinge, wenn das Knäblein entweder schon im Mutterschoße oder nach der Geburt unablässig weint und ihm Trost schließlich nur durch das Versprechen der wunderbaren Braut gespendet werden kann.[15] Daß die zau-

---

[12] Märchentexte 6, S. 285. 7, S. 53. 8, S. 243. 18, S. 776: die Traumbraut verdoppelt in ein Steinbild auf dem Hofe der goldbedachten Burg und die unterweltsverbannte Tochter eines Erdenkönigs. 9,115: Solche Wagenfahrten erinnern an die Fahrten mit dem Nerthus-Bild in der Germania des Tacitus 40.
[13] Märchentexte 10, S. 44, 354. 49, S. 142. 24, S. 147. 44, S. 104. 17, S. 369. 9, S. 110. 48, S. 105. 11, S. 85. 8, S. 245. 25, S. Xf. 26, S. 108. 15, S. 187. 5, S. 55.
[14] Märchentexte 27, S. 65, 74, 85. 26, S. 108. 16, S. 89. 28, S. 137.
[15] Märchentexte 29-32.

berhaft Schöne das eine unumgängliche Schicksal des Jungmannes ist, kommt ja auch sonst zum Ausdruck durch die augenblickliche Faszination, der er verfällt; er selbst hat jäh, wie es von Macsen Wledig gesagt wird, kein Leben, Wesen und Dasein mehr. Manche Erzähler haben für den Schicksalszwang noch besondere Aussagen erfunden. Einzig und allein für den Prinzen Karl ist im pommerschen Märchen die wunderschöne Prinzessin in dem wilden Meer in der Steinklippe bestimmt. In der Fassung aus dem Bakonyerwald verzichtet der Held auf eignes Tun; er hat, so wird gesagt, „das ganze Schicksal seinem Bruder überlassen." Bei einem rumänischen Erzähler findet der Prinz auf dem Oberboden „die Schriften der Tage" und liest darin, daß er die schöne taugeschaffene Rora für sich gewinnen müsse. In einer Novelle in tausendundeiner Nacht findet das Bild der schönen Dschamîla just der einzige Jüngling, den das Mädchen für sich gewählt und um dessentwillen es alle anderen Freier verschmäht hat. In einem Mischtyp derselben Sammlung (303, 516) ist das Bild einer Geisterprinzessin eingewirkt auf der Innenseite eines Gewandes, und der Geisterkönig sendet es an den König Salomo. Doch gibt dieser Gewand und Bild weiter, denn er ist dem Mädchen nicht bestimmt, und es gelangt schließlich an einen menschlichen Königssohn, der mit seinem brüderlichen Helfer zusammen die Suchreise nach der Geisterschönen auf sich nimmt.[16]

Die Märchennamen besagen oft zugleich, daß die Wunderschöne nur in weiter Ferne und bei fremden Wesen zu finden ist. Man braucht sieben Jahre, um dorthin zu kommen, mit Geisterpferden aber nur einen Augenblick. Ihr Schloß öffnet sich nur in der Mitternachtsstunde, es liegt hinter Klappfelsen, hinter dem fast undurchdringlichen Walde, dem Feuerland und dem Schwarzen Meere, oder man muß außerdem noch den Verlockungen eines Paradiesgartens widerstehen. Hinter dreimal neun Ländern, im dreimal zehnten Reich wird Wassilissa, Kirbits Tochter, die wunderschöne Braut, gefunden. Oder im Reich der Braut bewegt sich die Sonne grad in entgegengesetzter Richtung zu der gewöhnlichen Sonne.[17] Mithin erscheint die Prinzessin, wie in anderen Typen, auch in 516 als eine Jenseitige.

Der Prinz ringt mit einer ähnlichen Frage, wie die Verfasser der eingangs angeführten Dichtungen: wie find ich sie? Während aber für jene sich nirgends ein Weg auftut, den sie beschreiten könnten, um zu dem holden Inbild

---

[16] Märchentexte 10, S. 39. 8, S. 248. 11, S. 85. 13, S. 399. 12, S. 305f.
[17] Märchentexte 8, S. 245. 15, S. 188. 11, S. 87. 9, S. 114. 24, S. 147. 19, S. 65.

zu gelangen, warten im Märchen ringsum Hilfsquellen, die nur angeschlagen werden müssen, um zu sprudeln. Der Weg selber, den der Held nicht zögert zu beschreiten, ist ein Strom der Fruchtbarkeit, wurde in der alten Zeit vermutlich auch deswegen so erlebt, weil noch jeder Weg ins Unendliche und Unbekannte führte. Auf dem Wege tun sich neue Wege auf und stellen sich Begegnungen ein, die weiterhelfen. Weitverbreitet ist im Typus 516 das kleine Haus, in dem die beiden Weltfahrer übernachten; doch nur der Held schläft, der Helfer wacht, und es erscheinen in tiefer Nacht geheimnisvolle Gestalten als Frager und Antworter, Greis und Greisin, Vater und Tochter, die ihre Kunde von der wunderbaren Braut preisgeben. Ihre Erscheinungsweise, ihre Verwunschenheit, ihre dunkle Gewandung bezeichnen sie als Tote. Dementsprechend bringt die arabische Fassung unseres Typs aus Jerusalem ihren Erscheinungsort, eine Hütte, mit ihrem Grabe zusammen: sie sterben in der Nacht, da der Held mit der Königstochter hochzeitet, und der Helfer sitzt bei den Sterbenden und bestattet sie in ihrer Hütte noch in der Hochzeitsnacht. Später errichtet er ein Grabmal über der Stätte.[18]

Da wir die deutlichsten Vorstellungen von der Artung solcher Vorgänge bei den Völkern finden, deren Anschauungen nicht durch Fremdeinflüsse revidiert worden sind, so erwähnen wir an dieser Stelle ein Eskimomärchen aus Alaska, das nicht zum Typus 516 gehört, sondern von der Wiederbringung eines entrückten Weibes durch den Ehemann erzählt.[19] Schon bevor der Jungmann namens Wolf die Frau erlangt, helfen ihre Voreltern ihm auf dem Wege zu ihr. Sie wissen von ihm und raten ihm, wie er ihre Enkelin gewinnen kann. Später, als er mit seiner wieder befreiten Frau vor dem Unhold flieht, erscheinen ihre Hütten ihnen als schützende Behausungen. Ihre Wesensart und Rolle wird von vornherein klargestellt: „Die alte Frau und der alte Mann waren Totengeister*. Sie waren Mann und Frau, die an zwei verschiedenen Stellen begraben waren, und der junge Mann hatte also in ihren Gräbern gewohnt. Denn wenn Tote* auf der Erde umgehen*, werden ihre Gräber zu Häusern."

Solche Vorstellungen sind nicht volkstumsgebunden. In einem Märchen der westsibirischen Ostjaken findet der jüngste Bruder, der die drei entrückten Frauen wieder holt, ebensolche Hilfe in den Hüttchen alter Menschen,

---

[18] Märchentexte 14,170f.
[19] Knud Rasmussen: Die Gabe des Adlers. Eskimoische Märchen aus Alaska. Frankfurt am Main o.J., 164–170. Statt der mit * bezeichneten Wörter hat die Übertragung: Gespenster, tote Leute, umherziehen.

und es wird ihm dort gesagt: „Wir...sind...die Ahnengeister deiner Eltern. Wir sind gekommen, euch zu helfen. Deshalb vergeßt nicht, wenn ihr daheim seid, uns Opferschale und Opferkessel zu bereiten!"[20]

Es ist wohl kaum zu bezweifeln, daß die Häuschen unserer Märchen mit ihren schemenhaften Gestalten aus dem gleichen Ursprung herrühren wie die wiedergegebenen Zeugnisse der Araber, der Eskimos und der Ostjaken. Im Böhmerwaldmärchen sind der Alte und die Alte die verzauberten Eltern der entrückten Braut, und sie werden in ihrer Erlösung mit erlöst. In dem Häuschen einer pommerschen Fassung erscheinen und verschwinden ein schwarzer Mann und eine schwarze Jungfer, Vater und Tochter, in geisterhafter Weise; nur durch ihren Schicksalsrat sind sie dort mit der Handlung verbunden. In einer weiteren pommerschen Variante findet das weisende Gespräch in einem verwünschten Schlosse statt, und zwar zwischen einem Stein in der Mitte des Zimmers und drei Tauben, die um Mitternacht herzufliegen; es sind Mutter und Töchter, und diese vier werden am Ende durch den Helfer in besonderer Weise ebenfalls erlöst, – ganz offenbar eine späte Erfindung, um die ratgebenden Wesen, deren Artung nicht mehr verstanden wurde, in den Hauptverlauf einzubeziehen. Andererseits könnte man die Erlösung der Ahnengeister auch so in einen alten Sinnzusammenhang eingegliedert denken, daß sie allerdings in dem Augenblick mit erlöst seien, da die Fortdauer des Geschlechtes in der Leiberwelt wieder einmal gesichert ist. Wie man sich in einer schamanischen Kultur konkret die Anrufung der Alten vorstellte, die zur Hochzeit des Stammeserben raten sollen, zeigt eine jakutische Fassung des Motives.[21] Dort wird in einem Märchenepos (Oloncho) erzählt, wie ein ungebärdiger Jungmann so zornig an der Jurte seiner Eltern rüttelt, daß schon der Himmel zwischen den Balkenfugen hereinzuschauen beginnt. Die Mutter redet ihn an, heißt ihn erwachsen sein, gibt ihm den Namen und den Rat zu heiraten. Wo die passende Frau zu finden sei? Sie beschreibt ihm den märchenhaften Weg, und wenn er bei der Schmiede auf dem Sandkap am Schwarzen Meere angekommen sei, solle er seine Stute absatteln, zerstückeln und die Stücke ausstreuen mit den Worten: „Dem Geiste des Wachstums, der Erde und der Stätte, der Feuchtigkeit!" Dann solle er sich auf Sattel und Decke niederlegen, sich mit dem Pelz bedecken und schlafen. Der Bursche führt

---

[20] Sibirische Märchen 1. Hrsg. von János Gulya. MdW 1968. Nr. 13. Bes. S. 90.
[21] 9, S. 113, 117. 10, S. 39, 353. Vgl. 8, S. 244, 252f., alter Mann und drei Töchter, am Ende erlöst. Ivan Alexandrovič Chudjakov: Verchojanskij Sbornik. Irkutsk 1890. S. 183ff.

das aus und belauscht, zwischen Schlaf und Wachen, wie es heißt, das Gespräch des Alten mit der Alten.

Das Bild, der Name einer Verwunschenen, einer feenhaften Geliebten; das Aufsichnehmen einer Suchfahrt, das wegweisende Traumgespräch helfender Ahnen, – ist das nur ein Märchenthema oder auch ein Thema unserer leibhaften Welt? – und wenn nicht unserer Gegenwart, dann vielleicht in menschlicher Vergangenheit und darum anthropologisch von Gewicht? – Beginnen wir mit dem Bilde, so gilt es einen grotesken Irrtum aufzulösen. Niemals verlieben wir uns in eine Person, einen Charakter. Packt uns die Liebe, so kann es nicht die Person sein, was uns ergreift; sie und ihre Gemütsverfassung, ihre Vorzüge und Begrenzungen lernen wir ja danach erst kennen, als schon Verliebte. Was aber anfänglich Auge und Ohr fasziniert, ist immer ein Bild von weit höherer Allgemeinbedeutung, als sie der sogenannte Gegenstand unserer Liebe beinhaltet. Das Sosein eines Charakters mag zur Wertschätzung des „Gegenstandes" beitragen oder mag auch der Liebe schließlich abträglich sein. Aber woran sich die Liebe anfänglich entzündet, ist immer die wunderbare, bezaubernde Erscheinung eines Wesens, die den Wert wie den Makel der betreffenden Individualität zunächst völlig verdeckt.

Mann und Weib erleben einander in erster Linie als Symbole, und in diesem Erlebnis keimt auch die Liebe.

Ein jedes Weib, ob schön, ob häßlich, ob alt, ob jung, ist für den Mann ein Symbol, dies zwar nur unter anderem, aber doch in sehr wesentlicher Weise und in einem noch allgemeineren Sinne, als dies eine Mannesgestalt für den Mann sein kann. Besonders leicht zu verstehen ist diese Symbolhaftigkeit im Hinblick auf das Mädchen – Kore als eine Göttin – auf die Braut, mit deren Hochzeitstracht deutlich ihr Wesen als lichte Göttin des Lebens ausgedrückt wird – auf den Jüngling als Apoll, als Reiter im Morgenrot, als Cornet. Ebenso erscheint im Angangsaberglauben[22] als Symbol bekanntlich die triefäugige, krumme, schiefbeinige Alte, die des Mannes morgendlichen Weg kreuzt, ein gefürchtetes ominöses Gespenst – und hinter dieser Symbolgestalt entschwindet völlig die armselige bemitleidenswerte Person, die oft unverdientermaßen unter ihrer Erscheinung hat leiden müssen. Umgekehrt kann im tiefzerfurchten Antlitz von Greis und Greisin auch hochaus Tröstliches erscheinen, die Schriftzüge der durchlittenen Schicksale als Überwin-

---

[22] Wörterbuch der deutschen Volkskunde 3. Bearb. von Richard und Klaus Beitl. Stuttgart 1974. S. 25.

dung und menschlicher Wert, die Altersrune als Gewinn und Zeichen der Weisheit. Die Rater, die dem Helden und der Heldin im Märchen begegnen, sind oft die weise Alte oder der Alte, kundig aller Schicksalswege. Wichtig zu wissen bleibt, daß in der Kore, der Braut, dem apollinischen oder ritterlichen Jüngling, in der Hexe, in Greis und Greisin zunächst nicht Personen sichtbar werden, sondern daß sie als Symbole, Sinnbilder, Bilder erlebt werden und dies zu einem Teile immer auch bleiben können.

Der dümmste Schlagertext, der die Liebe ein Märchen nennt, enthält daher, wenn man es recht bedenkt, immer noch ein Körnchen Wahrheit. Die erste Begegnung der Liebenden in einem mythischen Bilde schildert Storm in seiner Novelle Psyche.[23] Eine junge waghalsige Schwimmerin droht in der Nordsee zu ertrinken; ein junger Mann entreißt sie der Flut, ein symbolisches Geschehen, das Storm mit der Episode im Märchen des Apuleius vergleicht, wo Psyche sich aus Verzweiflung über Amors Flucht in den Strom gestürzt hat. Doch „es scheute der milde Fluß den Gott...und schonte der Unglücklichen. Sorgfältig trug er sie auf unschädlichen Wellen an das blumenreiche Gestade."[24] Es beleuchtet den von uns aufgedeckten Zusammenhang, wenn in der Novelle das Mädchen wie der junge Mann zunächst Scheu tragen, das mythische Erlebnis im Meer durch Person und Namen aufs Festland der Tatsachen zu übertragen.

Indessen, die Inbrunst der Liebe selbst drängt Liebende zu jener Übertragung, und das bedeutet unter anderem den Versuch, aus dem Bilde des geliebten Menschen Weissagungen zu schöpfen über seinen Charakter. Und hier droht nun eine Gefahr. Liebste und Liebster sind zunächst und in erster Linie erscheinende Wesen. Eine jede echte Erscheinung aber kann, dies eben ist die Gefährdung, verwechselt werden mit dem bloß täuschenden Anschein. Das Glamour Girl täuscht die Sonnengöttin bloß vor, der vermeintliche Apoll entpuppt sich als ein dürftiger Dandy. Aus diesem Grunde wimmelt es im Liebesleben von mannigfaltigen Enttäuschungen.[25] Doch nicht allein aus diesem Grunde, sondern auch daher, daß der Liebe eigentliches Wesen dem großen Haufen unbekannt bleibt und er daher von der Person fordert, was nur ihr Bild zu gewähren vermag. Das Bildmotiv des Märchens zeigt in völlig

---

[23] Theodor Storm: Psyche.
[24] Lucius Apulejus: Der goldene Esel Buch V.
[25] Der poetische Versuch, den ersten Zustand der Liebe zu bewahren, ohne den Schicksalsweg zu beschreiben, bei Rilke, „Lied": Du, der ichs nicht sage. Vgl. auch Späte Gedichte: Du im voraus verlorne Geliebte.

realistischer Weise, wie die Faszination der Liebe einsetzt mit dem Bilde der Göttin. In dieser Schicksalswelt aber ist es uns aufgegeben, das Bild auch in der eingeschränkteren Person, die sich uns nach und nach enthüllt, fortzulieben.

Das Bilderlebnis auf der Seite des Mädchens und die Bestätigung seines Gehaltes auf der Seite des Jungmannes ist in einer unnachahmlich wundersamen Weise ausgeprägt in manchen Fassungen des Goldener-Typs, AT 314 und 502. Den Fähigkeiten des Erzählers entsprechend, aber auch je nach der Tradition in seinem Lebenskreis – ist die entscheidende Szene, das eigentlich visionäre Erlebnis, in sehr unterschiedlicher Weise ausgestaltet: der Blick nämlich, der hinter der Äußerlichkeit des Grindkopfes seiner inneren Mächtigkeit, seiner goldenen Potenz ansichtig wird. Schlicht und sehr treffend bringt eine kordofanische Fassung das Geschehnis zum Ausdruck.[26] Als schon alle Ungewißheiten und Fährlichkeiten überstanden sind, als der Held sich in seiner Lichtgestalt enthüllt und seine Frau zu sich auf das Zauberroß genommen hat, da spricht sie zu ihm: „So habe ich dich einmal am Teiche hinter dem Gasr gesehen." – Nur sie, oft die jüngste von drei Prinzessinnen, hat den Jüngling in seiner eigentlichen, in der Gestalt seines Wesens erblickt; an diesem einmaligen Durchschauen entzündet sich ihre Liebe, an das einmal Geschaute bindet sie Los und Leben. Alle Welt kennt den Gehilfen des Gärtners nur in seiner niederen Alltagsgestalt. Unter den prunkenden Höflingen und Fürsten wählen die älteren Königstöchter sich ihren Gatten – durch Überreichen oder Zuwerfen eines symbolisch bedeutsamen Gegenstandes, oft eines Apfels, sonst auch einer Rose, eines Kranzes, Ringes, Tuches, einer Goldapfelsine, goldenen Kugel, eines goldenen Eies.[27]

Die Jüngste zeichnet mit dieser Kostbarkeit, die den innersten Lebenswert meint, den Unscheinbaren, den Verachteten aus: sie liebt, denn sie weiß, weil sie gesehen hat. In einer hessischen Variante[28] sieht die Prinzessin alle Samstage den schönen, von Gold und Silber funkelnden Reiter, sagt aber nichts davon, „denn sie meinte, es könne nur ein Engel sein, der da erscheine, und von Erscheinungen soll man nicht reden, sonst verschwinden sie, und man sieht sie nicht mehr." Eines Tages aber wird sie gewahr, daß es der Gärtner-

---

[26] Märchentexte 33, S. 178. Gasr = Schloß.
[27] Märchentexte Apfel: 2, S. 94. 3, S. 88. 25, S. 164. 28, S. 77. 37, S. 197f. 42, S. 80. 46, S. 240 (golden). Rose: 2, S. 86. 45, S. 80. Kranz: 36, S. 48ff. 43, S. 98. Tuch: 33, S. 171f. 43, S. 99. Ring: 43, S. 97f. Goldapfelsine: 35, S. 60. Goldkugel: 44, S. 45. Goldnes Ei: 41, S. 126.
[28] Märchentexte 17, S. 281. AT 650A + 314A + 530 + 502.

bursche ist, der ein Kettchen schüttelt und damit das Pferd herbeilockt, der sich dann „aufschwang und, augenblicklich in Gold und Silber strahlend, in dem Garten herumritt. Da entbrannte sie in Liebe zu ihm, und diese war so heftig, daß sie krank wurde" und nur noch wie ein Schatten umherschlich. – Diese Variante zerlegt wie kaum eine andere das visionäre Erlebnis in das der Erscheinung und das ihres personalen Trägers und macht dann weiterhin die psychologisch sinnvolle Unterscheidung, daß zwar das Mädchen von dem wundersamen Bilde des Strahlenreiters ergriffen ist, daß aber die volle Leidenschaft der Liebe sie erst packt, sobald sie den menschlichen Kern der Erscheinung gewahr wird.

In ganz anderer Weise hat ein kaukasisches Märchen die Vision ausgebildet.[29] Die Prinzessin erblickt den kahlköpfigen Tölpel, der das Haupt mit einem Schweinsdarm zu verdecken pflegt, als Badenden: Zuerst sah sie nur etwas Helles, Glänzendes, aber „wie sie genauer hinschaute, waren es die goldenen Haare Sasxwathos, die wie Wellen im Flusse wogten. Da wurde es ihr schwer ums Herz, und sie verfiel in einen Zustand großer Traurigkeit. Alle forschten sie aus, was sie denn habe, aber sie war stumm und sprach kein Wörtchen. So sehr hatte sie sich in den Gänsehirten verliebt, daß sie vor Liebe fast starb." – Auch andere Fassungen haben den Anblick des Badenden, doch keine mit dem wunderbar erfundenen Wogenbilde.

In einer kabylischen Variante[30] beobachtet das Mädchen ungesehen den Stadtarmen mit dem Kuhpansen auf dem Kopf, wie er, um einen fremden Hund zu retten, mit einer riesigen Schlange ringt. Seine Lumpen reißen, ein herrlicher Silberstoff schimmert drunter heraus, die Schlange schlägt ihm den Pansen vom Kopf, und leuchtendes Goldhaar quillt hervor. „Fast berauscht vor Erstaunen", sieht sie ihm zu, bleibt „gänzlich verwirrt", als er fort ist, am Orte, verfällt in Gedanken an den goldhäuptigen Bettler. Doch geht sie dann sehr verständig weiter vor; es kommt nicht zu der im Typus sonst häufigen Entzweiung zwischen Vater und Tochter, sondern zu einer Verabredung über die spätere Erprobung aller Schwiegersöhne. Zwei hochsinnige Menschen: der Vater achtet die Tochter, sie kann Vertrauen setzen in ihn. Fast spaßhaft wirkt am Ende die Verständigkeit der jungen Frau, wenn sie in der Nacht vor der letzten Entscheidung sich noch einmal vom Silbergewand und vom goldstrahlenden Haupt des schlafenden Gatten überzeugt.

---

[29] Märchentexte 34, S. 53. Der Text hat an dieser Stelle irrigerweise Schweinehirt.
[30] Märchentexte 37, S. 195.

Das Mädchen muß nicht durch die Vision der Goldenen Aura in Liebe verfallen. Im persischen Märchen ist sie „von der Schönheit des Prinzen ganz benommen." Oft wird sie durch seine zauberhafte Gartenkunst fasziniert. Im dithmarsischen Märchen ist sie Zeugin, wie der Gehilfe die Gewächse im Gold- und Silberlicht aufglänzen läßt. Häufig bindet der Gärtnerbursche besonders schöne Sträuße; in einer Tiroler Fassung blinkt es darin noch von Gold, und Goldstücke rollen zu Boden. Schließlich kann die Schau auch völlig fehlen, und der zauberische Liebesbann wird in den Ausfall der Wahl verlegt: in einer afghanischen Fassung wird die achtlos ausgeworfene Rose der Jüngsten dreimal dem unscheinbarsten Freier zuteil. Die Schwestern, die sich den Reichsten und den Schönsten ausgesucht hatten, lachen, aber die Kleine sagt: „Das ist Allahs Wille!" – Diese Variante bezeugt mithin eine orakelhafte Auffassung jener Würfe, die aber, wie sich versteht bei weitem nicht für alle derartigen Szenerien gilt.[31] Vielmehr wird normalerweise die Schicksalsbestimmung schon zuvor in der Lichtvision offenbar.

Die Motive der Vision und der Wahl hat ein Märchen der Thai, ein hinterindisches Jātaka, das heißt, die Geschichte von einer Einkörperung des Buddha, in einer sehr differenzierten und metaphysisch vertieften Weise ausgebildet.[32] Die Prinzessin hat in der Stunde, da der Prinz die Stadt betritt, einen Traum von einem Göttersohn, der ihr Zauberfrüchte von süßem Geruch und mit einer Füllung von Edelsteinen in den Schoß legt. Sie schmückt sich mit den Juwelen, erwacht, badet das Gesicht, trinkt frisches Wasser und geht ans Fenster. Der Muschelprinz – als „Waldschrat" – betritt gerade den Königsplatz. Die beiden erblicken sich, lächeln einander an, „der Strahl der Liebe durchzuckt ihr Herz." Der Beitext sagt, sie seien schon in früheren Geburten als Mann und Frau miteinander verbunden gewesen, und vorbestimmt war daher die gegenwärtige Begegnung, die Wendung zum Fenster, der Gang über den Platz, Anschauen und Lächeln. Zu der Gattenwahl – durch Auswerfen eines Blütenkranzes – fordert der König seine Tochter unter dem Hinweis auf, daß sie damit einen schon ehedem „auf dem Wege der Verwandlungen" mit ihr verbundenen Mann wiederfinden möge. Sie selbst ruft die himmlischen Götter und die Geister der Erde herbei, „um Zeuge zu sein des Wunders der Wahrheit, das ich nun vollbringen werde mit diesem Blumenkranz. Wenn irgendein Mann hier vor mir auf dem weiten Platz in einem früheren

---

[31] Märchentexte 35, S. 59. 39, S. 127. 38, S. 441. 40, S. 206. 2, S. 87.
[32] Märchentexte 36, S. 46–51.

Dasein mit mir Gemeinschaft hatte auf tugendhaftem Lebensweg, so will ich ihm abermals gehören! Ich bitte, daß dieser Blumenstreif aufliege und umwinde die Hand jenes ewig geliebten Mannes!" – Sie schleudert das Blumengewinde empor, es beschreibt einen wunderbaren Flugweg „und zischt, ein Blütenstrahl, auf den Muschelprinzen zu, dessen rechte Hand er umwindet." Die nicht erwählten Hochgestellten beschimpfen in höchst gemeiner Weise die Prinzessin, doch der König sagt: „Ob Tugend oder Sünde meines Kindes auf dem Weg der Verwandlungen dies ist ihr Mann!" Unmittelbar darauf kommt es indes doch zu den Verkennungen und Verbannungen, die zu dem Märchentypus gehören. – Bei den Thai ist die Vorstellung der Wiedergeburt religiöse Konvention und gerade auch den Jātakas eigentümlich. In dieses Märchen des Goldenertyps aber geht sie in höchst sinnvoller Weise ein, und darum konnte es so scheinen, als gehöre sie auch dazu. Im allgemeinen liegt indes das Schwergewicht des Goldener-Motivs auf der Vision, in deren Lichte eine wahrhaft erstmalige Begegnung sich ereignet, in deren ursprünglichem Glanz die Liebe erstmals und für immer aufleuchtet.

Die falschen Vorstellungen vom Wesen der Liebe haben den irrigen Gedanken hervorgebracht, daß die Bilder, die in unseren Märchen die Liebe des Mannes entflammen, Porträts sein müßten, ja, man hat diesen fehlerhaften Gedanken noch dahin ausgebaut, daß er zu einer Datierung des Märchenmotives gereichen könne. Wäre porträthaftes Malen erst seit dem Spätmittelalter geübt worden, so könne das Motiv nicht älter sein.[33] Wollte diese Behauptung Allgemeingeltung beanspruchen, so wäre sie sicher falsch.[34] Wie im Goldener-Typus sich die Liebe des Mädchens am Nimbus *[Glanz]* des Mannes entzündet, so ist es im Typus Treuer Johannes und in anderen Erlebnissen der Einzigen die Aura einer Göttin, die zur Suchfahrt auffordert, und für den Jungmann ist es gleichgültig, ob das Bild gemalt ist, im Erzählen entworfen wurde, in einem faszinierenden Namen beschlossen ist oder in einer notwendigerweise unähnlichen Webarbeit besteht. Ja, in einem georgischen Märchen geht die Faszination von einem Tuche aus, in das nur die Worte eingestickt sind: „Glücklich wird sein, wer mich, die dieses Tuch verloren hat, heiratet."[35] – Gemäß dem, was wir über die Schicksalhaftigkeit des Liebesgeschehens gesagt haben, verstehen wir, daß es auf photographische Ähnlichkeiten

---

[33] Märchentexte 47, S. 819. Der Herausgeber, Walter Scherf, zitiert diese Meinung und distanziert sich von ihr.
[34] In 1001 Nacht kommt das Motiv schon um 1000 vor, in Nizamis Turandoht um 1200.
[35] Märchentexte 21, S. 294.

gerade nicht ankommt, sondern daß die Magie der Liebe unterhalb aller Wahrnehmung durch ihren Bildzauber auf eine zur Empfängnis gestimmte Seele wirkt.

Allerdings gibt es eine Märchengruppe, deren Sinn darin liegen könnte, daß der wählende Liebhaber selbst irrigerweise das Bild personalistisch-porträthaft auffaßt und dadurch eine Katastrophe herbeiführt. Dies wäre innerhalb des Typs von der wahren und der falschen Braut, AT 403, jene große Variantengruppe, die man als „das Bild der Schwester" betiteln könnte. Allein um diese Fassungen geht es hier. – Ein König wird darauf aufmerksam, daß sein getreuer Diener täglich andächtig ein wunderbares Mädchenbildnis beschaut. Es handelt sich aber nicht um einen abergläubischen Bilderdienst, sondern um das brüderliche, der einzigen Schwester geweihte Gedenken. Der König, fasziniert von dem Bilde, wünscht dessen Urbild zu heiraten, doch als der Bruder mit seiner Schwester zu Hofe kommt, zeigt es sich, daß das Mädchen nichts weniger als schön ist. Der König heiratet es trotzdem (!), wirft aber den Bruder, der ihn mit dem Bilde und mit dem Schwur auf die noch höhere Schönheit des Vorbildes getäuscht hat, in ein Verlies, manchmal mit todbringenden Tieren zusammen. In manchen Fassungen läßt er ihn auch hinrichten. Episch wird dieser Ablauf so dargestellt, daß auf dem Wege die wahre schöne Braut ins Wasser geworfen und die häßliche, mit Kleidern und Kleinodien jener angetan, dem König zugeführt wird. Dies bewerkstelligt die Mutter der falschen Braut, indem sie auf dem Wege der Schwester Gehörstäuschungen, dem Bruder Augentäuschungen anhext. Wahr und falsch sind hier auf zwei Personen verteilt, und die Handlung läßt den König am Ende die wahre Frau wiedergewinnen, die falsche zum Tode verdammen. Als Hintersinn dieses epischen Ablaufes wäre ein Läuterungsweg des Königs denkbar, ein Weg, der von dem porträthaft mißverstandenen Bilde einer vermeintlichen Person über ihre Verkennung und Verwerfung hinführen würde zu der wahren, der eigentlichen Braut, zu dem wahren Urbild, im Verhältnis zu dem das vom Bruder mit Andacht angeschaute Abbild nicht trügt. Eine solche Sinngebung könnte darin ihre Bestätigung finden, daß die wahre Braut nach dem Anschlag auf ihr Leben allnächtlich aus dem Wasser auftaucht, in der sinnvollsten Gestaltung des Motives vom Meeresgrunde herauf.[36] An den ist sie jedoch mit goldener Kette gefesselt, und es ist der König, der die Fessel durchhauen muß: eine Anadyomene *[die aus dem Meer Auftauchende]* des

---

[36] Märchentexte 22, S. 153ff. 23, S. 95ff. 27, S. 223ff.

Märchens, das wahre, aus der Unendlichkeit des Meeres schließlich wieder auftauchende Urbild der Braut.

Vielleicht könnte man diese Vorstellung von dem Geschehen im Untertypus „Bild der Schwester" in Zusammenhang bringen mit dem merkwürdigen Satz eines indischen Tantrikers, den ich hier, weil er möglicherweise etwas unzulänglich übertragen ist, in einer Paraphrase *[in anderen Worten]* wiedergebe: „Beginnt man ein lebendes Geschöpft zu lieben, so verfängt man sich am Ende in der Liebe zu einem diesseitigen Geschöpf. Wendet man sich jedoch in Liebe einem Bildnis zu, in dem bloße Materie zum Bilde einer Göttin zusammengefügt ist, so eröffnet man sich dadurch der Liebe zu einer Göttin."[37] – Ein bemerkenswerter Satz, der schlichtweg behauptet, daß die einem angefertigten Gebilde zugewandte Liebe zu einem höheren Ziele führe als die Liebe, die sich an einem geschöpflichen Wesen entzündet. Diese Ansicht unterscheidet sich, als Ausdruck einer kultischen Gesinnung, von der hier vorgetragenen, unterstreicht aber auf jeden Fall den hohen Rang und Gehalt, den die im Märchen angesichts eines Bildes aufflammende Liebe hat. Es wäre aber absurd, den hohen Rang, den der Tantriker dem Bildnis zubilligt, der leibhaften Jungfrau, dem leibhaften Jungmann abzuerkennen, denn in ihren Auren erscheinen ja ebenfalls die Bilder der Götter.

Daß dem in der Aura erscheinenden Menschen etwas Göttliches innewohne, daß dergleichen zumal in jenen Augenblicken am erotischen Gegenbilde erlebt werde, in denen sich die erlebende Seele der Liebe öffnet, erscheint vielleicht in einer Zeit des vorwaltenden Sexualismus, des darniederliegenden Erotizismus als eine gewagte Behauptung. Darum sei hier zunächst an den Ausdruck: meine angebetete Geliebte erinnert, der, auch wenn er heuchlerisch ausgesprochen wird, doch irgendwo ein dementsprechendes Erlebnis voraussetzt, – und an die Worte, mit denen Jean Paul das Wesen der künftigen Geliebten kennzeichnet: Himmlische und Altarblatt.

Des weiteren ist hier zu erinnern an die altertümliche Überzeugung großer Liebenden, daß die Geliebte imstande ist, auch über die Ferne hin Schutz und Siegeskraft zu verleihen. In der Edda ist es die Kultwalküre Sváva, die im

---

[37] Tantra. Hrsg. vom Institut für Auslandsbeziehungen. Stuttgart o.J. S. 23: „Beginnt man, ein lebendes Geschöpf zu lieben, so endet dies wiederum in der Liebe zu einem lebenden Geschöpf. Wendet man sich jedoch in Liebe einem Bildnis zu, das lediglich umgewandeltes, eine Devatā darstellendes Material ist, so endet dies in der Liebe zu einer Devatā." Devatā = Gottheit, Göttlichkeit.

Schlachtensturm ihren Geliebten, Helgi, beschützt.[38] Im hohen Mittelalter ist eine entsprechende Anschauung auch bei uns, zumindest literarisch, sehr verbreitet. In Wolframs Gralsdichtung rät Parzival dem Freunde bei einer entscheidenden Wendung seines inneren Schicksals, nämlich als er sein Vertrauen an Gott verliert, künftig Kampfeshilfe nur von dem in Minne *[Liebe]* ihm verbundenen Weibe zu erwarten. Und diese Erwartung und der entsprechende Kampfesruf bleiben in Übung auch über die Versöhnung mit Gott hinaus, und der heidnische Bruder, als er ihm im Streite gegenübersteht, denkt und handelt gleichermaßen.[39] Die gleiche Überzeugung wird an zahlreichen Stellen der mittelhochdeutschen Literatur geäußert[40], und sie hat sich über die Jahrhunderte, zumindest in der Literatur, lebendig erhalten. Sie findet sich in Voltaires Zadig in der folgenden Fassung: „Wenn man von einer schönen Frau geliebt wird,..., so entgeht man allewege der Gefahr."[41] – Dem Cornet Rilkes schenkt der Freund ein Blütenblatt von der Rose der Geliebten: „Als ob man eine Hostie bricht. ‚Das wird Euch beschirmen.'" Und der Cornet „lächelt traurig: ihn schützt eine fremde Frau."

Schreibt man dergleichen auf das Konto der nachlebenden mittelalterlichen Minnetheorie, so sollte man doch nicht übersehen, daß der Vorstellung anfänglich ein Erlebnis zugrunde liegt, und ich meine dies oben ausreichend bezeichnet zu haben. Was wir zu übersehen geneigt sind, ist dies, daß in allen älteren Kulturen das Erlebnis selbst Grundlage und Ausgangsort von Vorstellung und Ausübung war – und daß erst seither die Umstülpung eingetreten ist, nach der ein aus dem Erlebnis abstrahierter Begriff zur Grundlage des Handelns und eines abgeleiteten Nacherlebens wurde. So war es überhaupt ohne Zweifel das ursprüngliche Erlebnis des Mädchens im Nimbus, das heißt seiner unpersönlichen Erscheinung als ein götterverwandtes Bild, das zu mannigfaltigen Brauchtümern und entsprechenden Mythen- und Märchenmotiven Anlaß gegeben hat. Hier ist nur noch die Braut zu erwähnen als reinste und stärkste Ausgestaltung des besprochenen Erlebnisses. Der Brautlauf ist nicht ein Brauch, der in erster Linie der Person gewidmet ist, sondern ein Ritus für die Gemeinde, der bei dieser Gelegenheit, nämlich am Hoch-Zeit-Tage eines Mädchens, das Bild der Lebensgöttin gezeigt werden soll, ein

---

[38] Edda, Helgakvidha Hiǫrvardhssonar, Prosa hinter Str. 9.
[39] Wolfram von Eschenbach: Parzival S. 332, 10ff. vgl. S. 370, 18f., S. 742ff.
[40] Jacob Grimm: Deutsche Mythologie 4. Auflage. Nachdruck Tübingen 1953. I, S. 329ff. III, S. 113f.
[41] Voltaire: Zadig, Chap. Le basilic, fin.

lebenspendendes Licht-Bild für die Anteilnehmenden. Es scheint ein solches bis in unsere Tage geblieben zu sein für all die braven Augenzeugen, die sich zu Toren und Portalen drängen. Die Etymologie des Wortes „Braut" ist strittig; daß aus allen bisher vorgeschlagenen allein die von Wilhelm Braune vorgeschlagene zutreffen kann, nämlich der Zusammenhang mit einem römischen Beinamen der Venus, Frutis, würde unter den hier vorgetragenen Gesichtspunkten außer Zweifel stehen.[42] Die altnordischen Belege des Wortes brúdhr im Sinne von Göttin sind zudem zahlreich genug, um die von jener Etymologie abzuleitende Bedeutung zu stützen. Erwähnt sei nur, daß Freya sowohl Vanadís wie Vanabrúdhr genannt werden kann und daß die an den Vanen Njǫrdhr vermählte Skadhi den Beinamen godhbrúdhr führt. Dazu sei noch die Göttin Thórgerdhr hǫlgabrúdhr erwähnt. Besonders schlagend ist, scheint mir, die Bezeichnung der Rückenlehne des Stuhles als stólbrúdha, stólbrúdhr, beides Feminina im Singular, und stólbrúdhur = stólbrúdhir, ein Femininum im Plural. Angesichts der Götterbilder, mit denen die Sitze ausgezeichnet waren, ist die Benennung Stuhlgöttinnen für die Lehne eindeutig. Der ursprüngliche Sinn des Wortes Braut läge im Ritual, was sich ohnehin von selbst verstehen dürfte, und zwar in der rituellen Erscheinung der Göttin des Lebens, die nur von einem jungen Weibe an seinem Hochzeittage dargestellt werden kann. Von dorther zweigen die profanen Bedeutungen aus, also „Hochzeiterin" und „Jungvermählte", und andererseits der sakrale Sinn „weibliche Gottheit".

Vergleichen wir die Ausgestaltung überlieferter Motive in verschiedenen Märchenfassungen, also beispielsweise des Goldener-Motivs, so müssen wir annehmen, daß der Text nicht nur von einem überlieferten Wortlaut bestimmt wird, sondern auch von individuellen und traditionell angeregten Erlebnissen des Erzählers. Demgemäß dürften wir überzeugt sein, daß unsere Märchen, erwachsen auf dem Boden eines ursprünglichen Erlebens, auch später noch lange Zeit hindurch von gleichartigen Erlebnissen gespeist wurden. Wenn im Märchentyp Treuer Johannes und anderen die Geliebte als feenartiges oder göttinhaftes Wesen erscheint, so muß dies nicht unbedingt kulturgeschichtlich erklärt werden, besonders nicht im Hinblick auf eine bestimmte Kultur oder Kulturschicht, sondern wäre schon unmittelbar abzuleiten aus Typen des Erlebens, die ihre Wirklichkeit auch heute noch durchsetzen können. Der

---

[42] Wilhelm Braune: Neuhochdeutsch Braut in den germanischen Sprachen. PBB, 62, 1907, S. 30–59. Vgl. auch Heino Gehrts: Rāmāyaṇa. Bonn 1977, S. 66, 226, Anm. 62.

Mensch, der nicht als Person, sondern als Bild oder Symbol erlebt wird, erscheint zwar nicht als Gleichung einer göttlichen Epiphanie *[Erscheinung]*, aber doch als ihr verwandt.

Dem Bilde, dem in der Aura erscheinenden Wesen eignet, anders als der Person, auch ein Zug von Unbetastbarkeit, von Ferne, auch von zeitlicher Ferne und von Ewigkeit. Besonders stark ist dies ausgedrückt in dem rätoromanischen Namen der märchenhaften Geliebten: die Prinzessin aus alter Zeit.[43] Damit wäre auch die Notwendigkeit der Wanderung verständlich geworden: das Göttliche an der Geliebten als ein Fernbild; die Künftige, die Ersehnte muß hinter den Bergen, hinter den Meeren, unter anderen Himmeln aufgesucht werden.[44] Auch dieser märchenhafte Zusammenhang läßt sich mithin im Liebeserleben unmittelbar auffinden, besonders dann, wenn wir annehmen, daß die Geliebte zuerst im Traum, in der Vision geschaut wird. Dazu sind abschließend indes noch zwei kulturgeschichtliche Konkreta zu erwähnen, in denen diese Liebeserlebnisse institutionalisiert sind. Der eine Zusammenhang ist der schamanische, zu dem hier nur kurz zu sagen ist, daß die göttliche Geliebte dem jungen Mann in der Vision erscheint, daß sie ihm die kosmischen Wege angibt, auf denen sie errungen werden kann, daß sie als sein Weib nach der Hochzeit sein Haupthilfsgeist sein wird, durch den er auch in der Geisterwelt eine Art herrscherlichen Standes erlangt und helfende Geister als Diener.[45]

Die Ankündigung des künftigen Weibes in der Vision, die Aufforderung zur Weltenwanderung kann jedoch auch noch einen anderen, leibhafteren Sinn haben, der mit dem Schamanismus nichts zu tun hat. In früheren Zeiten, in manchen Gegenden bis auf unsere Tage, hockten die Menschen nicht so dicht beieinander wie neuerdings, und sie sind auch nicht einmal vergleichsweise so weit herumgekommen wie die Gegenwärtigen. Man kannte die

---

[43] Carl Gustav Jung: Erinnerungen Träume Gedanken. Zürich 1967, S. 290. „Die Anima des Mannes trägt einen eminent historischen Charakter. Als Personifikation des Unbewußten ist sie getränkt mit Geschichte und Vorgeschichte. Sie enthält die Inhalte der Vergangenheit und ersetzt das im Manne, was er von seiner Vorgeschichte wissen sollte. Alles schon gewesene Leben, das noch in ihm lebendig ist, ist die Anima."

[44] Den Ferne-Charakter des echten erotischen Erlebnisses und den schwer zu lösenden Widerspruch zwischen dem fernehaltigen Bilde und dem begrenzten Wesen der Person hat zumal Ludwig Klages nachdrücklich hervorgehoben: Vom kosmogonischen Eros. Jena 1930. S. 98, 121, 202f.

[45] Dazu Verfasser: Schamanenweihe in einem niedersächsischen Volksmärchen. In: Vom Menschenbild im Märchen. Hrsg. von Jürgen Janning, Heino Gehrts und Herbert Ossowski. Kassel 1980. S. 72–90.

wenigen umliegenden Dörfer, den nächsten Marktflecken, aber sehr oft nicht einmal die Hauptstadt der eigenen Provinz. In einigen ländlichen Gebieten oder innerhalb von Inselgruppen gab es daher bestimmte festliche Tage zu keinem anderen Zweck, als daß die heiratsfähige Jugend Gelegenheit erhielt, den Partner kennenzulernen. In manchen Weltgegenden lebten aber die Menschengruppen noch viel ferner voneinander. Viele eskimoische Erzählungen setzen, um die Bedeutsamkeit von Fest und Begegnung hervorzuheben, mit der in den Weiten vereinzelten Familie, mit zwei, drei Verwandten ein[46], und der junge Mann muß weit hinausschweifen, um eine Frau zu finden, so beispielsweise der oben erwähnte Jungmann Wolf, dem die Ahnen der Frau zu ihr hinhelfen.

In unseren Volkssagen ist des öfteren die Rede von einem jungen Paare miteinander Versprochener, die aus Armut nicht heiraten können und die dann durch einen Schatzfund an Ort und Stelle, durch die Schlange, durch einen erlösten Toten zu dem nötigen Heiratsgut gelangen und in ihrem Heimatdorf die Ehe schließen können. Doch im Märchen ist die Freite *[Werbung]* fast stets mit einem Aufbruch, mit einer Wanderung verwoben.

Außer der weiten Streuung der Siedlungen gibt es allerdings noch ein Kulturmotiv, das den Kreis der für die Ehe wählbaren Partner einschränkt und das den Heiratslustigen seinen Blick in die Ferne richten läßt, das Brauchtum der Exogamie nämlich. Die Klan-Exogamie besagt, daß man innerhalb des Klans oder auch eines größeren Verbandes von Klanen nicht heiraten durfte. Wenn aber die ganze Ortschaft nur vom eigenen Klan oder Klanverband besiedelt ist und sogar auch die benachbarten Ortschaften, dann entsteht daraus zwangsläufig auch die Localexogamie, also die unumgängliche Pflicht des Mannes, sich sein Weib außerhalb der heimatlichen Örtlichkeiten zu suchen.

Hier ergibt sich nun die Möglichkeit für das Einspringen visionärer Elemente, für den Traum vom künftigen Weibe, die Seelenfahrt zur ersehnten Geliebten. Es ist ein Glück, aber auch eine Beschwernis, ein solches Bild im voraus zu empfangen. Diese Empfängnis gibt der Suche ein Ziel, aber sie hindert den Sucher auch daran, sich mit der Ersten, Besten zufrieden zu geben. Er muß schon todüberwindend die Klappfelsen durchschreiten, um der Jungfrau „Licht des Herzens" zu begegnen, um seiner Lebensleuchte ansich-

---

[46] So Knud Rasmussen: Die Gabe des Adlers. Eskimoische Märchen aus Alaska. Frankfurt am Main o.J., S. 25f.

tig zu werden. Hierin dürften wir dann auch den menschlichen Sinn der Exogamie sehen: daß Mann und Weib nicht in der nächstbereiten Stillung des Liebesbedürfnisses ihr Behagen suchen, sondern den Großen Eros überhaupt erst einmal erleben, der, indem er in die Fremde und die Ferne strebt. sich um eines höchsten Zieles willen der Not und dem Tode auszusetzen bereit ist. Das Märchen sendet für den dazu Berufenen ein wunderbares Bild von ferne her, aus der Geisterwelt in die Nahwelt. Die toten Ahnen helfen mit, es zu verwirklichen, zu verleiblichen. Es ergäbe sich daraus die Folgerung, daß der wirklich liebende Mensch der märchenhaft Liebende ist, – wie es denn wohl auch als eine einfache Wahrheit gelten kann, daß der eigentliche Mensch der märchenhafte Mensch ist.

–

Märchentexte. Angeführt sind nur solche Fassungen, aus denen im Text zitiert wird, nicht alle, die verglichen worden sind. In den Anmerkungen werden die Textbände mit ihrer laufenden Nummer zitiert.

GdV = Gesicht der Völker, Eisenach-Kassel, später Kassel.

MdW = Märchen der Weltliteratur, Jena bis 1944, später Düsseldorf-Köln, bzw. Köln.

1 Die Erzählungen aus den tausendundein Nächten. Übertragen von Enno Littmann. Wiesbaden 1953. II, S. 357–437. Die Geschichte von Kamar ez-Zamân.

2 Märchen aus Afghanistan. Gesammelt von Gisela Borcherding. GdV 43, 1975. Nr. 4. Das Märchen vom Prinzen Kamarozamon.

3 Märchen aus dem Jemen. Gesammelt von Werner Daum. MdW. 1983. Nr. 11.

4 Märchen aus Kordofan. Hrsg. von Leo Frobenius. Jena 1923. Nr. 14.

5 KHM 6. AT 516. Hrsg. von Heinz Rölleke. Stuttgart 1980.

6 Giambattista Basile: Das Pentameron IV, S. 9.

7 Ype Poortinga: De ring van het licht. Friese volksverhalen in Nederlandse vertaling van Theun de Vries. Leeuwarden 1977, Nr. 13. AT 516.

8   Deutsche Volksmärchen, Neue Folge, hrsg. von Elfriede Moser-Rath. MdW 1966. Nr. 66. AT 516. Bakonyerwald.

9   Von Königen..., Märchen... hrsg. von Gottfried Henßen. Schloß Bentlage bei Rheine 1959. Nr. 19. AT 516. Böhmerwald.

10 Volksmärchen aus Pommern und Rügen. Hrsg. von Ulrich Jahn. Norden 1891, Neudruck Hildesheim 1977. Nr. 7. Varianten S. 353f., 354f. AT 516.

11 Rumänische Volksmärchen. Hrsg. von Felix Karlinger und Ovidiu Bîrlea. MdW 1969. Nr. 11. AT 516.

12 Wie 1, V, S. 228–315. AT 303 + 516.

13 Wie 1, VI, S. 379–408, einleitend AT 516, Ia.

14 Arabische Märchen. Ges. von Enno Littmann. Frankfurt am Main 1984. S. 160–183. AT 303 + 516. Jerusalem.

15 Schweizer Volksmärchen. Hrsg. von Robert Wildhaber und Leza Uffer. MdW 1971. Nr. 55. AT 516. Rätoromanisch.

16 Der Schlangenknabe. Georgische Volksmärchen. Hrsg. von Vera Nowak. Moskau 1977. S. 89–98. AT 516 + Koščej.

17 Deutsche Hausmärchen. Hrsg. von Johann Wilhelm Wolf. Göttingen 1851. Neudruck Hildesheim 1972. S. 383–389. AT 516.

18 Das Märchen von den Sternprinzen. In: Hwb. d. Ab. s.v. Sterne. Sp.776ff. Nach: ZdMyth. 2, 1854, 4 S. 36f. AT 516.

19 Schwedische Volksmärchen. Hrsg. von Waldemar Liungman. GdV 1965. S. 65–68. AT 516.

20 Zigeunermärchen. Hrsg. von Walther Aichele und Martin Block. MdW 1962. Nr. 6. AT 516.

21 Georgische Märchen. Hrsg. von Heinz Fähnrich. Wiesbaden (1980) S. 294–304. AT 516 + 519 + Koščej.

22 Bretonische Märchen. Hrsg. von Ré Soupault. MdW 1959. Nr. 12. AT 403.

23 Der Davidswagen. Märchen aus der Gascogne 11. Ges. von Jean Francois Bladé. Übers. von Konrad Sandkühler. Stuttgart 1954. S. 88–98. AT 403.

24 Russische Volksmärchen. Hrsg. von August von Löwis of Menar und Reinhold Olesch. MdW 1959. Nr. 29. Typ Koščej.

25 Neugriechische Märchen. Hrsg. von Paul Kretschmer. MdW 1919.

26 Märchen aus dem Kaukasus. Hrsg. von Isidor Levin. MdW 1978. Nr. 17. AT 516 contaminiert. Ossetisch.

27 Sicilianische Märchen. Ges. von Laura Gonzenbach. Leipzig 1870. Neudruck Hildesheim 1976. Nr. 12. AT (425). Nr. 13. AT 408. Nr. 14. AT 313.

28 Mazedonische Volksmärchen. Hrsg. von Wolfgang Eschker. MdW 1972. Nr. 31. AT 408.

29 Ungarische Volksmärchen. Hrsg. von Ágnes Kovács. MdW 1966. Nr. 24. Mit AT 409B*.

30 Der grüne Recke. Ungarische Märchen. Hrsg. von Ágnes Kovács. GdV 1986. Nr. 8. Mit AT 409B*.

31 Drawida-Märchen der Kuwi-Kond. Hrsg. von Paul Schulze. München 1922. S. 113–123. AT 306A. Eingang entsprechend AT 409B*, doch nach der Geburt.

32 Österreichische Kinder- und Hausmärchen. Hrsg. von Theodor Vernaleken. Wien 1864. Nr. 46. Typus Koščej mit AT 409B*, nach Geburt.

33 Kordofan, wie 4, Nr. 15. AT 314.

34 Kaukasische Märchen. Hrsg. von Adolf Dirr. MdW 1920. Nr. 11. AT 314. Georgisch.

35 Persische Märchen. Hrsg. von Artur Christensen. MdW 1958. Nr. 5. AT 314, 502.

36 Muschelprinz und Duftende Blüte. Liebesgeschichten aus Thailand. Zürich 1966. S. 9–111. AT 314, 502.

37 Märchen der Kabylen. Ges. von Leo Frobenius. Hrsg. von Hildegard Klein. MdW 1967. Nr. 24. Typus Goldener.

38 Sagen, Märchen und Lieder der Herzogtümer Schleswig, Holstein und Lauenburg. Hrsg. von Karl Müllenhoff. Neue Ausgabe. Schleswig 1921. Nr. 605. AT 314.

39 Wilhelm Busch: Aus alter Zeit. (Neu) hrsg. von Gert Ueding. Stuttgart 1982. Nr. 38. AT 314.

40 Kinder- und Hausmärchen aus Süddeutschland. Ges. durch Ignaz und Joseph Zingerle. Regensburg 1854. S. 198–209. AT 314.

41 Finnische und estnische Märchen. Hrsg. von August von Löwis of Menar. MdW 1962. Nr. 37. AT 502.

42 Märchen aus Turkestan und Tibet. Hrsg. von Gustav Jungbauer. MdW 1923. Nr. 6. AT 314.

43 Jugoslawische Märchen. Hrsg. von Joseph Schütz. Frankfurt am Main 1975. Nr. 12. AT 502.

44 Märchen und Sagen aus Wälschtirol. Ges. von Christian Schneller. Innsbruck 1867. Neudruck Hildesheim 1976. Nr. 20. AT 314.

45 Märchen der Usbeken. Hrsg. von Ilse Laude-Cirtautas. MdW 1984. Nr. 18. AT 314.

46 KHM 136. AT 502.

47 Ludwig Bechstein: Sämtliche Märchen. Hrsg. von Walter Scherf. Darmstadt 1974. Nr. 61. S. 285–288. AT 403.

48 Armenische Märchen. Hrsg. von Isidor Levin. MdW 1982. Nr. 12. AT 516/301.

49 Mabik und der Wolkenriese. Volksmärchen aus der Bretagne. Übertr. von Dagmar Fink. Stuttgart 1977. S. 142–153. AT 516.

BRÜDERLICHKEIT

– ehedem und vor zweihundert Jahren

Daß in der Gestalt neuerer Literaturwerke archetypische Ablaufsformen wiederkehren können, ist ebenso gewiß wie die Wiederkehr archaischer Konflikte in den Lebensläufen des gegenwärtigen Jahrhunderts: die Psychologen haben uns ausgiebig darüber belehrt. Eine solche Umsetzung haben, wie sich versteht, auch Dichter von vornherein zum Leitfaden ihrer Gestaltung erwählt – und entweder den Entwurf vollends durchgeführt, oder sie waren von irgendeinem Wendepunkte an genötigt, dem Wandel der Zeitcharaktere den geforderten Tribut zu entrichten und auf einen vom vorgegebenen Ausklang völlig verschiedenen Fortgang hinzusteuern. Reizvoller als den Lineaturen solcher bewußten Übertragungen nachzugehen, ist es, in dem Werke, das in sich selber zu beruhen scheint und das nach keinem längst entfalteten Schema entwickelt worden ist, das vorzeiten ausgearbeitete Urbild Zug um Zug wiederzuentdecken. Im Folgenden suche ich eine solche Aufgabe für einige Romandichtungen Jean Pauls zu erfüllen.

Der Dichter selbst war überzeugt, daß in den Werken der Literatur die Tendenz wirksam sein könne, zum mindesten im Hinblick auf die Charakterzeichnung der Personen, ursprünglich einfache, mythische Bildungen zu entwerfen: „Je höher die Dichtung steht, desto mehr ist sie Charakteristik der Seelen-Mythologie, desto mehr kann sie nur die Seele der Seele gebrauchen, bis sie sich in wenige Wesen, wie Mann und Weib und Kind und darauf in den Menschen verliert."[1]

Die den Blumen-, Frucht- und Dornenstücken[2] weithin zugrunde liegenden archetypischen Ereignisse sind die des sogenannten europäischen Zweibrüdermärchens, das im Typenverzeichnis die Nr. 303 trägt.[3] Es bewahrt, wie ich meine, jene urbildhafte Verkettung von Ereignissen, der sich zwei Jungmannen, die einander den Bruderschwur leisteten, ehedem unterstellten. Der Ablauf des Märchengeschehens sei im Folgenden kurz wiedergegeben und seine Bildwelt dabei zum Teil schon entschlüsselt.

---

[1] Jean Paul: Vorschule der Aesthetik § 59.
[2] Jean Paul: Blumen-, Frucht- und Dornenstücke oder Ehestand, Tod und Hochzeit des Armenadvokaten F. St. Siebenkäs im Reichsmarktflecken Kuhschnappel; kritische Ausgabe von Klaus Pauler: Siebenkäs. München 1991.
[3] Aarne-Thompson: The Types of the Folktale. Helsinki 1964. AT 303. Grimms Märchen Nr. 60 und 85.

Auf wunderbare Weise werden zwei Knaben gezeugt; oft entstammen sie einer besonderen Speise, etwa einem Fisch, der selbst den Rat zu seiner zeugerischen Verspeisung gibt, auf diese Weise also seine Ausgeburt in zwei Kindern, in Zwillingen betreibt. Dem Ursprung aus einem Wesen entsprechend, sehen sie einander auch vollkommen gleich. Aus einzelnen Teilen oder Abfällen des Fisches gehen oft auch die Reitpferde, die Hunde, die Waffen der Zwillinge hervor. Die Knaben wachsen in einem sehr beschränkten Umkreise heran und brechen als Jünglinge dann auf in die Welt. Auch jetzt unterscheiden sich die beiden Brüder sichtbarlich in nichts, unsichtbar jedoch in dem einen notwendigen Zuge, daß sie nacheinander auf die Welt gekommen sind, einer also der Ältere ist. Doch der bis dahin verborgene Unterschied wird offenbar, sobald sie an eine Wegscheide gelangen, da nun der Ältere symbolgemäß den rechten Pfad einschlägt, der Jüngere aber den linken. – In der Zone des leibhaften Geschehens sind damit zwei unterschiedliche Lebenslose angebahnt; im Schicksalsbereich tritt eine Gabelung der Zwillingslose ein, sozusagen eine äußerliche Doppelung der Zwillingseinheit.

Das symbolisch Zutreffende einer Rechtswendung des Älteren, der Linkswendung des Jüngeren wird einleuchtend in einem Zigeunermärchen des Typs.[4] Dort ist von drei Brüdern der Jüngste ein Seher und wird von den anderen für einen Narren gehalten, eine deutliche Variante zu dem in den Märchen häufig anzutreffenden Dümmlingsmotiv. Die Mutter der drei ist von einem Drachen entführt worden, und die Brüder machen sich auf die Suche nach ihr. Als sie dann an einen Kreuzweg kommen, sagt der Älteste: „Ich gehe geradeaus!" – der Mittlere wendet sich rechts. Der Jüngste, dem nur der Weg zur Linken bleibt, stößt bald auf ein Loch im Berge, das von einem Felsblock verdeckt ist. Da weiß er, dort unten weilt die geraubte Mutter. Hier wird also dargestellt, daß nach links der Weg dessen führt, der das seelische Vermögen besitzt.

Diese Darstellung entspricht auch dem allgemeinsten Symbolverständnis.

Die rechte Hand ist die des Handelnden, auch im besonderen die Schwerthand. Die Rechte weist auf den Weg der Taten, dorthin wenden sich die Unternehmungslustigen, die vom Willen Bestimmten. Dem entspricht der Entschluß des Ältesten: Ich gehe geradeaus! – eine deutliche Willensbekundung. Ebenso bestimmt in dem dänischen Zweibrüdermärchen, aus dem

---

[4] Zigeunermärchen. Hrsg. von Walther Aichele und Martin Block. Düsseldorf Köln 1962. Nr. 48.

weiter unten eine Episode anzuführen ist, der Ältere mit gleicher Entschiedenheit: „Ich reite jetzt zur Rechten und du zur Linken!" Ohne Widerstreit wenden sich darum die Jüngeren, die Schicksalsbereiten, die Ahnungsvollen, die Sinnenden linkshin, und ganz entsprechend macht in dem Zigeunermärchen der Jüngste den Fund unter der Erde, und es ist die Mutter, die er dort findet, nicht die königliche Jungfrau, nicht die Braut, auf die der rechtshin Gewandte trifft. In alter Zeit waren derlei Zusammenhänge eine Selbstverständlichkeit; aber auch wir können das noch ohne Grübeln verstehen.

Wie genau in einer ursprünglichen Kultur auf dergleichen geachtet wird, können wir einer Fassung des Typs entnehmen, die bei den Yoruben aufgezeichnet worden ist, einem westafrikanischen Volke von alter bedeutender Kultur.[5] Dort wählt Taiwo den linken Weg, Kehinde den rechten. Taiwo ist der Erstgeborene, aber der Jüngere; Kehinde ist der Nachgeborene, doch er hat „bei der Geburt den Jüngeren vorangeschickt, um nachzusehen, ob es sich lohnt, auf die Welt zu kommen." Dieses seltsame Motiv wiederholt sich also in gewisser Weise an der Wegegabel.

Im Märchen reicht die Zweiung an der Wegegabel weder bis an die Wurzeln noch ist sie endgültig. Seelisch bleiben die zwei verbunden, was im Märchen angezeigt wird durch das Not- und Todes-Zeichen, das die Brüder an der Wegezwiesel *[Wegegabelung]* einsetzen. Auch läuft der aufgegabelte Schicksalsweg an dem vorausgeschauten Orte wieder zusammen. Notwendigerweise ist dieser Ort eine Stätte der letzten Not, des leiblichen Todes. Notwendigerweise, weil Schicksal in der Unausweichlichkeit der Todesverfallenheit seine bedeutungsschwerste Ausprägung erreicht. Zunächst aber führt die Wendung zur Rechten auf die Bahn der Taten, in alter Zeit mithin auf den Weg heldenhafter Kämpfe. Der ältere Bruder stößt auf eine Königstochter, die unter tödlicher Bedrohung durch einen Drachen steht. Er erschlägt das Ungeheuer und gewinnt auf diese Weise die Hand der Thronerbin und mit ihr das Königtum.

Der Drache ist nicht ein Symbol des Bösen, wozu ihn unwissender Eifer bisweilen machen will, sondern die alle Bedenklichen abweisende Wehr vor dem großen lebendigen Gewinn, hier also vor der Königlichkeit, die sich in der Prinzessin darstellt. Der Drache ist in manchen Sagen auch eine Wehr vor dem Goldschatz oder vor dem Brunnen, aus dem der Sieger das Wasser des Lebens zu schöpfen vermag. Auch das Gold ist in der Sagenzeit nicht etwa

---

[5] Westafrikanische Märchen. Hrsg. von Ulla Schild. Nr. 43. Anm. S. 290.

ein Kapital, sondern lebendige Leuchte. Dieser gleicht im Wesen auch die Königstochter, in deren Gestalt der Drachensieger eben die Lebensleuchte gewinnt, die ein König in sein Reich ausstrahlt. In der mittelalterlichen Sage von Ortnit und Wolfdietrich wird von der einen Königstochter, die würdig ist, des Herrschers Gemahlin zu werden, verkündet, daß sie vor allen Frauen leuchte wie das schöne Gold neben dem jämmerlichen („kranken")Blei.[6] Sie leuchtet vor allen Frauen, recht als eine Rose strahlt. Königswesen ist nicht Macht, sondern Leuchtkraft. Die Krone ist das Realsymbol dafür. Sie zeigt sichtbarlich an: ihr alle in meinem Reich, auch der Ärmste hat Anteil an dem Wunder des belebenden Lichtes. Darum verwahrt der Gekrönte auch das Gold nicht als ein wohlhabender Mann, sondern streut es aus mit vollen Händen. „Wirf von dir" ruft Walther von der Vogelweide dem deutschen König Philipp zu, „denk an den freigebigen Saladin, der gesagt hat, daß Königshände durchlässig sein sollten!"[7] Das ist echten Königs Wesen, daß er überallhin Leben, Lebenslicht ausstrahlt. Königstochter, Lebenswasser, Goldschatz, – diese drei gleichen sich im Wunder des inneren Lichtes. Eben darin gründet ursprüngliches Königtum, und dies entbindet der Held, der bereit ist, um dessentwillen sein Leben einzusetzen. Darum strahlt auch er im Ruhmesglanze. Was er innerlich ist, tritt auf diese Weise nun auch sichtbarlich nach außen. Damit sich dies verwirklichen kann, liegen jene drei im Gewahrsam des Drachen, der mit dem Verschlingungstode droht.

Den Tiefsinn der Vorzeit, wie er sich im Zweibrüdermärchen und in der Blutsbrüderschaft kundtut, haben wir damit noch nicht vollends ausgelotet. Noch ist der Schicksalsweg nicht bis an sein Ende beschritten. Die Wehr vorm Wesenslichte zerkliebt man, dem Tode trotzend, mit dem Schwerte; das erfordert Heldenmut. Doch erreicht der Heldensinn dort noch nicht das Wegesende. Erst in der Unausweichlichkeit der Todesverfallenheit prägt sich Schicksal am bedeutungsschwersten aus. Und darum ist auch hier der Ort, da sich die Zweiung der Zwillinge wieder in einem Lose verbindet. Folgerechterweise erliegt der ältere Bruder einer Lockung aus dem Todesbereich, einem Feuerschein aus dem Walde, oder er folgt einer vorüberziehenden Hinde *[Hirschkuh]*, die in vielen Überlieferungen Reittier des Todes ist – oder einem dämonischen Hahn, dem Schreier der Zeit. Diesen Verlockungen folgt

---

[6] Ortnit und die Wolfdietriche. Hrsg. von Arthur Amelung. Bd. 1, Berlin 1871, S. 5, Vers 15f.
[7] Walther von der Vogelweide. Hrsg. von Carl von Kraus. Berlin 1950. S. 21, V. 17,6; S. 25, V. 19, 23

der Königgewordene, er reitet ihnen nach und gelangt auf diesem Wege endlich an jene Stätte, wo die Gefahr auch dem Heldensinn nicht mehr weicht. In einer sehr eindrucksvollen dänischen Fassung[8] wird diese Zone so geschildert:

Der Drachensieger mit seinen helfenden Tieren, dem Pferde, dem Hunde, dem Sperber, trifft auf ein häßliches altes Weib, das einen Sack auf dem Rücken trägt und mit dem Stock im Sande scharrt. Er fragt sie, wer sie wäre und was sie in solcher Morgenfrühe dort treibe. „Ach, ich bin ein armes, altes, verlassenes und kinderloses Weib", antwortete sie, „und ich gehe hier und suche ein wenig Beine zusammen; aber ich kann mich kaum selbst schleppen, vielweniger noch meinen Sack. Und wenn du ein echter und rechter Ritter bist, so hilfst du einem alten Weibe und lässest mir meinen Sack von deinem Pferde zu meiner Wohnung tragen." – „Wo bist du denn zu Hause?", fragt der König. „O, gleich da in der Nähe", antwortet das Weib; „ich werde voraus gehen und dir den Weg zeigen, wenn du mir wirklich den Sack von deinem Pferde heimtragen lassen willst."

Da sprang der König von seinem Pferd herab und legte den Sack darauf, der nichts weniger als leicht zu heben war und übel nach all' den verfaulten Knochen, die darin waren, roch. Das Weib ging voraus und geraden Weges ins Meer hinein. Sie schlug mit ihrem Stock ins Wasser und murmelte: „Vorn eine Brücke und hinten nichts", und daher war beständig trockenes Land, aber auch nur da, wo sie, nämlich das Weib, der König, welcher sein Pferd am Zügel führte, und der Hund, welcher ihm auf den Fersen folgte, gingen. Vorne und hinten und auf beiden Seiten war nur das tiefe Meer; aber der Nebel war so dicht, daß man die eigene Hand vor den Augen nicht sehen konnte und so folgten der König und die Tiere dem Weibe, ohne zu wissen, wo sie gingen und wohin der Weg führte.

Sie gingen immer weiter und kamen an kein Ziel. „Ihr habt aber weit nach Hause", sagte der König. „Ja, jetzt werden wir aber gleich da sein", antwortete das Weib. Und es währte wirklich nicht mehr allzulange, da kamen sie an einen großen Berg, der mitten im Meer draußen lag. Das Weib klopfte mit ihrem Stock auf denselben und er öffnete sich und da kamen alle in eine

---

[8] Dänische Volksmärchen. Erzählt von Svend Grundtvig. Übersetzt von Adolf Strodtmann. Leipzig 1885. S. 277–328.

große, steinerne Stube hinein, in der mitten auf dem Boden ein ungeheuer großer Holzstoß brannte.

Der König legte den Sack nieder, sah sich um und sagte: „Das ist aber ein schreckliches Feuer da; bratet Ihr denn hier Menschen?" – „Ach nein, keine Spur!", antwortete das Weib; „aber so eine alte Haut, wie ich, kann schon ein bischen Wärme brauchen." Dann nahm sie ein Haar von ihrem Kopfe und sagte zu dem König: „O leg doch dieses Haar auf dein Pferd, dann wird es stille stehen bleiben. Es stampft mir ja sonst den Fußboden entzwei." Der König erfüllte ihren Wunsch und das Pferd stand wirklich still; er hatte eben nicht gehört, wie das Weib dabei murmelte: „Festgeschmiedet an der Erde, soll das Haar zur Fessel werden!" Darauf nahm sie noch ein Haar von ihrem Kopfe und bat den König: „O nimm das und leg es auf deinen Hund, er schaut mich so falsch an und da fürchte ich mich, daß er mich beißen könnte." Auch diese Bitte erfüllte ihr der König und der Hund legte sich sofort nieder und blieb ruhig liegen. Er hörte wieder nicht, daß sie dabei dieselben Worte wie vorher murmelte. Dann nahm sie noch ein drittes Haar von ihrem Kopfe und sagte zum König: „Geh, sei so gut und wirf dieses auf deinen Sperber, er fliegt sonst herum und erschreckt mein Küchlein.". Der König tat es und sie murmelte ihren Spruch und der Sperber blieb ruhig sitzen. Dann sagte sie noch: „Und lege auch ein Haar auf das Blanke auf deiner Seite, um es zu bedecken, weil es mich sonst blendet und meinen alten Augen so weh tut." Mit diesen Worten warf sie ein Haar auf den goldenen Griff von des Königs' Schwert und murmelt wie die vorhergehenden male.

Der König glaubte, das Weib müsse nicht recht gescheit sein, aber er fürchtete sich weder vor ihr, noch vor sonst jemand. Er wollte sich jetzt ein wenig an diesem wunderlichen Ort umschauen.

Da richtet sich das Weib auf und war so hoch wie ein Haus und grimmig anzuschauen und dann schrie sie: „Nun will ich dich dafür bezahlen, daß du mir meinen hübschen Jungen umgebracht hast. Jede Nacht muß ich gehen und am Strand seine Knochen sammeln und suchen, bis ich sie alle zusammen habe, damit ich ihn wieder lebendig machen kann."

Da merkte der König nun, bei wem er zu Gast war. Er griff nach seinem Schwert und ließ seinen alten Kriegsruf: „Steht mir bei in dieser Stund', Sperber, Pferd und du, mein Hund!" ertönen. – „Oho, die Haare sind zu eisernen Fesseln geworden, drum können dir deine Tiere nicht mehr helfen!" rief die Hexe höhnisch aus; und das Schwert ließ sich nicht ziehen und von den Tieren rührte sich keines von der Stelle. Darauf schlug das Weib mit seinem Stock nach dem König und er fiel sogleich um und war tot wie ein Stein. Dann stieß sie ihn in eine tiefe Höhle unter dem Fußboden hinunter; die Tiere ließ sie aber, wo sie waren.

Am Ende seines Weges gelangt in dieser Weise der ältere Bruder an das Totenfeuer, an den Leichenbrand, und wird dort des Lebens beraubt – durch die „Hexe", die diese Stätte beherrscht. Sie ist die Mutter des Drachen, die aber nicht, wie er, mit Leibesübermacht dem Krieger den Tod bringt.

Doch wird sie durch die Benennung Hexe nicht etwa als das gewöhnliche böswillige Zauberweib gedeutet, sondern in ihr erscheint die Gestalt menschlicher, unausweichlicher Todesverfallenheit, in ihr erreicht der Gang des Schicksals seine bedeutungsschwerste Ausprägung. Sie ist die Tödin, wie eine solche Gestalt in süddeutschen (Pest)-Sagen bezeichnet wird.[9] Die Braut, die Gebärerin, die Mutter sind Wesensgestalten im Lebensablauf, die als Weib erscheinen müssen; ganz sinnvoll wird das Lebensende dann auch als eine Greisin geschaut, die eine jegliche Lebenskraft überwältigende Macht besitzt, gewaltiger und völlig anders als der Drache. Darum wird diese nicht mit Körperkraft wirkende, todbringende Übermacht als zauberisch gedeutet, und sie wird Hexe genannt. Vor ihr sind Schwert und Speer keine Waffe; Helm und Schild bieten keinen Schutz. Mit einem Haar – welche außerordentliche Bedeutungskraft der Märchensprache! – das sie auf des Jungmannes Tiere legt, ja ihn selber legen läßt, versteinert sie diese – ein Verlust seiner lebendigen Substanz – und ohne Aufwand entmächtigt sie danach auch den königlichen Helden, auch er erliegt dem Haar der Tödin und wird zu Stein.

Was nun? – Das Märchen und der Schwurbrüderbund bieten eine Antwort auf diese unlösbar erscheinende Frage. Die Zweiung findet hier ihre Einung, sie vollendet sich gerade hier. Der ältere Bruder war ja kein Einzelner, der Schwurbruder ist im Bunde des Blutes mit dem Lebenden verwoben und blieb es auch als Versteinter. Im Märchen wird bei dem jüngeren nun das Notzeichen wirksam, und er macht sich auf, den Bruder heimzuholen aus der Verfallenheit in den Tod. Fragen wir nach der leibhaften Möglichkeit dazu, dann ist sie vorweggegeben in der Einheit des Wesens, das sich am Ursprung in den Zwillingen verkörpert hat, das auch Eines blieb in den Zweien, die

---

[9] Sagen aus Kärnten. Hrsg. von Georg Graber. Graz 1944. S. 164. Sagen aus Uri. Gesammelt von Josef Müller. Band I, Basel 1978. Nr. 82,f,g. „Tötin".

zwar getrennte Wege einschlugen, aber trotzdem im Notzeichen seelisch verbunden blieben. Ja, man darf wohl geradezu sagen, daß die zwei Leiber von Anfang an Verkörperungen einer einzigen Seele waren, daß also der Leib des Überlebenden, des linken Zwillings, dazu vorbestimmt ist, auch dem älteren, dem rechtshin gewandten, eine Bleibstätte im Leben zu bieten.

Daß in der alten Zeit die Vorstellung von einer Vereinigung des toten Bruders, des Gefallenen, mit dem lebenden wirklich bestand, bezeugt uns für das Mittelalter das Eckenlied[10], ja das Lied nennt sogar das alte Wort, mit dem ein solcher doppelt lebendiger Krieger benannt wurde, nämlich, im Einklang mit der Todessymbolik der roten Farbe, als „roter Degen". Dietrich von Bern wird von Ecke, einem Ritter, angegriffen und erschlägt ihn. Danach begegnet ihm dessen Bruder Fasold, und sie beginnen mit aller Kraft sich zu bekämpfen. Dietrich empfindet eine Übermacht des Gegners und ruft ihm zu: „Du bist ja ein roter Degen. Gott möge mich vor dir beschirmen! Eckes Herz ist in dich gefahren, ob er auch als Toter im Walde vor mir lag, da ich von ihm ritt. Entlaß den Zweiten, kämpf' allein als ein wirklich kühner Mann!" Fasold entgegnet ihm: „Warum wirfst du mir zwei Herzen vor! Da ist doch auch Diethers Herz in dir, dein wunderbar kühner Bruder, den ein Weib gleich wie dich gebar. Damals fuhr seine Kraft in deinen Leib, als auf dem grünen Lande ihn Wittich von Raben erschlug, der kühne Mann."

Nach dem Zeugnis des Eckenliedes bedurfte es keines Rituals zu der Vereinigung, sie vollzieht sich unter den leiblichen Brüdern ganz spontan mit dem Kriegertode des einen. Der Überlebende bietet dem Gefallenen eine Bleibstätte im Leben, – er ist der Leibgeber, wie ein brüderlicher Freund bei Jean Paul mit Namen heißt. Wo indes die Brüderlichkeit nicht gründet in der Geburt aus einem Mutterleibe, sondern unter längst Ausgeborenen geschlossen wird, da muß der Überlebende den Toten auf besondere Weise heimholen, – indem er seinen Tod rächt.[11] Daher wird unter Schwurbrüdern, wenn der Bund geschlossen wird, die Blutrache zumeist ausdrücklich genannt. Ihr Sinn ist auch ganz auf die zwei beschränkt. Es handelt sich dabei nicht um Blutschuld und Blutbuße unter zwei Gemeinschaften, sie ist kein Rechenexempel der Sippe; es geht um den einzelnen, um seine Lebenssubstanz, die an den Besieger verloren gegangen ist, dazu auch um das früher errungene Ruhmeslicht, um die Glorie alter sieggekrönter Gefechte, die auf einen

---

[10] Eckenlied. Hrsg. von Martin Wierschin. Tübingen 1974. S. 81f.
[11] Die Schwurbrüder. Hrsg. von Walter Baetke. Hamburg 1924, S. 36f. Dazu der Hrsg. S. 8f.

Schlag verloren ist, indem sie an den Sieger überging. Und nicht nur dies. Nach den alten Anschauungen reicht die Ohnmacht bis in den Tod hinein: des Unterlegenen Seele muß dem Sieger Knechtsdienste leisten.[12] Rächt aber der Bruder den Todesverfallenen, so gewinnt er ihm nicht nur das Siegeslicht zurück, sondern erlöst auch die geknechtete Seele.

Daß die zwei heimkehrenden Märchenbrüder Einer sind, wird auch durch die Einzigkeit der Braut und die Einzigkeit des gewonnenen Reiches bezeugt. Die Einkehr des Jüngeren bei der vom Älteren gewonnenen Braut und in deren Reichserbe ist auch seine Heimkehr in seine Ehe und in sein Königtum. Der anfangs Gewinnende ist der Ältere, durch seinen opferbereiten Einsatz gewinnt er das Königtum, doch nicht für sich oder für den Jüngeren, sondern für sie beide. Rühmlicher Opfergang des Einen, todüberwindendes Rachewerk des Anderen verschlingen sich zum Gewinn einer vollkommenen Königsherrschaft, einer solchen, die Tod und Leben in gleichen Maßen umspannt und sie rituell zu gestalten vermag. Manche Märchenfassungen bringen das auch darin zum Ausdruck, daß die Brüder aus dem Todesbereich das Wasser des Lebens und das des Todes oder die Todes- und die Lebensrute heimbringen. Es geschieht ja das Furchtbare, daß der eben aus dem Tode vom Jüngeren Freigemachte den Bruder tötet, weil der erzählt hat, wie er in der Königsstadt für den Älteren gehalten wurde, sogar von der jungen Königin, und daß er mit ihr zu Bette gegangen sei. Er versäumt zu sagen, mit dem dazwischen gelegten Schwerte. Da tötet ihn der eifersüchtige Bruder, der erst daheim erfährt, daß der Getötete das Schwert zwischen sich und des Bruders Gattin gelegt hatte. Eines von den helfenden Tieren holt darauf aus dem Bereich der toten Hexe das belebende Mittel; damit wird auch der Jüngere wieder aus dem Tode ins Leben zurückgebracht. Es liegt in diesem Geschehen nicht die bloße Entgleisung aus Eifersucht, sondern das für die Initiation notwendige Sterben und Wiederaufleben, das der ältere durchquert hat und das so auch dem jüngeren zuteil wird. Nun erst sind sie beide für ihre königliche Aufgabe initiiert. Auch ist das Schwertbeilager nicht nur eine Bettruhe in Enthaltsamkeit, sondern ist ebenso ein Teil der Initiation, und es ist wohl auch als eine Vorstufe aufzufassen von der Einkehr der beiden Brüder bei der einen, den beiden gehörenden Braut.

---

[12] Dazu Helgakvida Hundingsbana II, 39. Dazu Kommentar von Gering-Sijmons, Bd. 3, Halle 1931, S. 127, 38.

Die Einzigkeit der Braut stellte für die Erzähler der Spätzeit ein Problem dar. Sie bedurften auch für den jüngeren Bruder eines befriedigenden Abschlusses. Die Notlösungen gehen vom einfachen Fallenlassen des zweiten am Schluß – bis zum unaufhebbaren Streit um die Braut. Sehr einfach stellt ein tirolischer Erzähler seine Zuhörer zufrieden: „Paul ging nach Hause zu seinen Eltern, und auch ihm ging es gut sein Lebetag."[13] Wer entschiedener die Befriedigung der Hörer in einem ausgewogenen Abschluß anstrebte, fand sich zu erzählerischer Flickschusterei genötigt, – so unübertrefflich in einer obersächsischen Fassung: „Da is noch so 'ne junge Dame, da werd noch enne Hochzeit jefeiert, un da kricht e das Schloß, un da kemmt e uff de Rejierunge."[14] Unauflöslich wird das Problem in einer Fassung aus dem Zillertal. Dort zanken sich die Brüder auf dem Strome um die Braut, fallen sich in die Haare, und als das Boot umschlägt, ertrinken sie beide.[15] Noch grausiger endet eine hannöversche Fassung, die von drei Brüdern erzählt bei sonst typischem Ablauf. Aus Eifersucht ersticht der zweite den dritten, der erste den zweiten. Der Überlebende, der Süden heißt, „erschrak, als er sich allein sah und kehrte traurig ins goldene Schloß zurück. Am andern Morgen kam der brennende Hirsch vorbei, doch Süden verfolgte ihn nicht, denn das Tier war rot wie Blut. Und weil es immer rot aussah wie Blut, jagte es Süden nimmer wieder; und weil der Hirsch nicht wieder verfolgt wurde, lief er jeden Morgen am goldenen Schlosse vorüber und läuft daselbst bis an den jüngsten Tag."[16] Das sind schwere Entgleisungen, kakodämonische *[mißlichdämonische]* Ausbrüche aus der alten Brüderlichkeit, Hilfskonstruktionen, zu denen der Verlust des alten umfassenden Sinnes die Erzähler nötigte. Wer wollte es übersehen, daß damit auch ein deutlicher Hinweis gegeben ist auf den alten, hier von uns entfalteten Sinn. Zu hoffen wäre, daß auch die zünftige Erzählwissenschaft dieser Aussage der Texte Beachtung schenken und Folgerungen daraus ziehen möchte.

War die Vorstellung lebendig, daß zwei Brüder aus einem Mutterleibe auch nach dem Tode vereint blieben, dann lag es nahe, daß zwei einander zutiefst verbundene Freunde dies auch zu verwirklichen suchten. Es lag nahe,

---

[13] Ignaz und Joseph Zingerle: Kinder- und Hausmärchen aus Süddeutschland. Regensburg 1854. / Hildesheim 1975. S. 136.
[14] Gottfried Henßen: Von Königen, Hexen und allerlei Spuk. Rheine 1959. S. 65.
[15] Ignaz und Joseph Zingerle: Kinder- und Hausmärchen aus Süddeutschland. Regensburg 1854. / Hildesheim 1975. S. 274.
[16] Carl und Theodor Colshorn: Märchen und Sagen aus Hannover. Hildesheim 1978. S. 154.

das Blut zu vermischen, und dies geschah nicht im Becher, sondern nach dem altskandinavischen Ritual im Erdboden. Aus der Schwurgrube wurde der Rasenstreifen empor gestemmt, und dort unten, also im Weltengrunde, wurde beider Blut ausgegossen und die Bruderschaft beschworen. Der Eid aber faßt von vornherein, ganz dem Märchenverlauf entsprechend, den Kriegertod des einen ins Auge und den Aufbruch des anderen in den Kampf, nämlich zur Blutrache.[17] Im Märchen begibt sich dazu der Lebende an den Ort, da der brüderlich Verbundene den Tod gefunden hat; denn daß des Hingeschiedenen Seele an diesem Ort haften bliebe, wäre eine verbreitete Vorstellung, und im Totengedenken an dieser Stelle wäre die Heimholung eingeleitet. Mit der Lebensrute oder dem Lebenswasser der Todeshexe erlöst der Märchenbruder den Versteinerten.

Das Brüderritual und die Brüdermär haben in den Zeiten, da der archaische Sinn sich verdunkelt hatte und der Bund nach alter Weise kaum noch eingegangen wurde, doch in der Literatur immer noch eine Rolle gespielt. Das tiefsinnigste, durchdachteste Folgewerk, war die Legende von Amicus und Amelius, die in der außerordentlichsten Weise den alten Zusammenhang neu ausprägt in dem Verhältnis von Adam und Christus, dem Todesverfallenen und dem Erlöser. Wir neigen dazu, der Bekehrungszeit nur die fremde und bisweilen auch mörderische Gewalt zuzuschreiben und bedenken allzu wenig, daß damals schöpferische Geister versucht haben müssen, einen Ausgleich zwischen der Tradition und den neuen Ideen schöpferisch auszugestalten. Ihr Wirken wieder aufzudecken wäre ein erstrebenswertes Ziel. Es ist allerdings unerreichbar, wenn man sich den ältesten Überlieferungen gegenüber dumm stellt.

Das berühmteste Beispiel aus der eigenen Überlieferung ist die Siegfriedsage, die ursprünglich den Bruderbund Siegfrieds und Gunthers enthielt; sie ist aber bei weitem nicht mehr das ausdrucksstärkste, weil in der Entwicklung der Fabel das Motiv schließlich zurücktrat. Dagegen verlaufen die Schicksale der Schwurbrüder Ortnit und Wolfdietrich noch deutlicher gemäß dem alten Vorbild. Auch der erste deutsche Prosa-Roman der „Goldfaden" von Jörg Wickram[18] enthält noch Erinnerungen an das Brüdermotiv. Obwohl dort von einem Ritual der Verbrüderung keine Rede ist, werden die Träger der Hand-

---

[17] Die Schwurbrüder. Hrsg. von Walter Baetke. Hamburg 1924, S. 36f. Dazu der Hrsg. S. 8f.
[18] Jörg Wickram: Der Goldfaden. München o.J. „geschworener Bruder" S. 112, „Geselle" S. 85; und öfter. „in gleicher Gestalt" S. 212.

lung doch wiederholt „geschworener Bruder" genannt – und noch öfter „Geselle", ein Wort, das im Mittelhochdeutschen noch ganz eindeutig einen freundschaftlich, einen brüderlich Verbundenen bezeichnete. Märchenhaft ist im Goldfaden auch das Verhältnis zum Tier. Dem Vater des führenden Bruders, einem Bauern, läuft, als seine Frau schwanger ist, ein Löwe zu, und nach ihm wird der von ihr Geborene Leufried genannt. Er trägt auf der Brust auch, dem Herzen nah, ein Mal wie von einer Löwentatze. Der zweite Bruder gesellt sich zu jenem durch „Vermittlung" des Löwen, da ein reicher Kaufmann, um den wunderbar zahmen Löwen anzuschauen, öfter zu dem Bauern kommt und um Gevatterschaft bittet bei dem Kinde, das die Bäuerin demnächst gebären wird. Überdies verspricht er, „das Kind als mein eigen Fleisch und Blut zu erziehen und es neben meinem natürlichen Sohne in gleicher Liebe und Erlernung, wie auch in Kleidung, Speise und Trank zu unterhalten." Auch wird vereinbart, daß des Kaufmanns Ehefrau bei der Entbindung der Bauersfrau zugegen sein solle. Überdies will der Kaufmann den Leufried „als meinen eigenen Sohn", den seine Frau ihm geboren hat, halten. In dieser Weise kommt also im Goldfaden die Bruderschaft zustande, da auch der Vater des einen Bruders, der Walter heißt, Gevatter des anderen, Leufrieds, ist. Die übrigen Ereignisse der Erzählung sind kaum mit dem Brüdermärchen zu vergleichen, obwohl Leufried den Schwurbruder einmal aus Todesnot erlöst. Walter ist von einem Räuber einsam im Walde an einen Baum gebunden worden, und Leufried befreit ihn. Bemerkenswert ist auch, daß nur eine junge Frau in der bräutlichen Hauptrolle vorkommt, eine dem Leufried in Liebe verbundene Grafentochter, während Walter, beiläufig und erst spät, mit einem bescheidenen Mädchen aus deren Gefolge vermählt wird. Auch das Liebesverhältnis Leufrieds zu seiner Braut bahnt sich durch ein Tier an, einen Hund, der ihm zugelaufen ist und der sich auch seiner Geliebten anschließt. In diesen einzelnen Zügen tun sich, so scheint es, märchenhafte Einwirkungen kund. Wickram kannte sich offenbar in der Welt der Märchen aus und gestaltete seinen Roman unter ihren Einflüssen.

Stärker tritt das Schwurbrüdermotiv hervor in dem ersten Roman der neueren Zeit, der lebendige Literatur geblieben ist, im Simplicissimus von Grimmelshausen.[19] Der Titelheld des Buches kommt nach abenteuerlichen Begebenheiten des Dreißigjährigen Krieges in die Obhut eines Hofmeisters,

---

[19] Hans Jakob Christoffel von Grimmelshausen: Der abenteuerliche Simplicissimus. 13.Aufl. Darmstadt 1985. Brüderschwur S. 165. „Das Herz teilen" S. 354f.

der den bis dahin verwahrlosten Knaben in ein gebändigtes Lebenslos hinüberführt. Mit seinem Sohn, der wie sein Vater Herzbruder genannt wird, kommt es zu dem eidlich bekräftigten Bunde. Wir machten „eine solche Freundschaft, daß wir ewige Brüderschaft zusammenschwuren, kraft deren wir einander in Glück und Unglück, in Liebe und Leid nimmermehr verlassen wollten", – „daß wir eidlich zusammenschwuren, einander bis in den Tod zu lieben und in allen Nöten beizustehen." In der Tat helfen die beiden einander in allerlei schwerer Not, bis der Herzbruder in Simplicissimi Pflege an einer Krankheit stirbt. In seltsamer Weise ist das Rachemotiv mit der Schwurbrüderschaft verschränkt. Just dem Todfeinde seines Herzbruders, doch ganz unabhängig von dessen Schicksalen, gerade dem Bösewicht Olivier, ist Simplicius bestimmt, das sagt der väterliche Herzbruder voraus, den Rachedienst zu leisten. Der Durchführung geht eine Episode voraus, die in jeder altnordischen Schwurbrüdersaga stehen könnte, ein Zweikampf auf Leben und Tod nämlich der unentschieden bleibt und auf einen Eidschwur zu gegenseitigen treuen Diensten hinausläuft. Die beiden erkennen einander dann erst, und da Olivier der Wahrsagung fest vertraut, daß Simplicius ihn einmal rächen werde, erklärt er sich bereit, mit ihm „das Herz im Leibe zu teilen", und bietet ihm die Hälfte aller gegenwärtigen und der künftig noch zu erringenden Besitztümer an. Das Rachewerk vollzieht Simplicius kurz darauf, nicht etwa durch Bundestreue oder Freundesliebe bewogen, sondern unter dem Zwang der Situation, im Gefecht mit einem Trupp räuberischer Gegner, von denen die zwei überfallen worden sind und die Olivier getötet haben. Bemerkenswert ist an dieser Erzählung von Grimmelshausen, wie der Spitzbube, dessen ganzes Sinnen und Trachten sonst auf räuberischen Gewinn und Genuß gerichtet ist, trotzdem einer Sorge eingedenk bleibt: daß für ihn nach seinem Tode Rache genommen wird, und demgemäß ist der zunächst fremde Simplicius ihm als Schwurbruder hochwillkommen.

Dagegen ist in dem wahren Bruderbund, der den Simplicius mit dem Herzbruder verbindet, von der Blutrache keine Rede. Es ist allerdings Herzbruders Vater, den auch Simplicius Vater nennt, der die Rache für Olivier voraus verkündet hat und dadurch beiträgt zu der friedlichen Endung des Zweikampfes unter jenen beiden. – In dieser Weise leben unter den vieren fast alle wesentlichen Motive der Schwurbrüderschaft noch einmal auf, ihr höchstes Geheimnis wenigstens verbal in der Formel: „das Herz im Leibe zu teilen". Daß unter den Läuften des Dreißigjährigen Krieges oftmals noch der

Brudereid unter den stets gefährdeten Kämpfern ausgetauscht wurde, daß er noch lebendiges Brauchtum war, mögen wir wohl glauben.

Das Not- und Todeszeichen fehlt in der Erzählung von Grimmelshausen allerdings. Indes ist aus jener Zeit noch ein Blutsritus überliefert mit dem alleinigen Zweck, eine telepathische Nachrichtenverbindung herzustellen, – von dem Kopenhagener Mediziner Thomas Bartholinus.[20] Zwei Menschen haben damals noch Wunden ineinander bluten lassen, um danach durch Stochern in den Narben einander Zeichen zu übermitteln.

Auch in dem mittelhochdeutschen Epos von Ortnit und Wolfdietrich geht ein todesgefährlicher Zweikampf der Schwurbrüderschaft voraus.[21] Dem schwerverwundeten Ortnit bringt sein Gegner, eben Wolfdietrich, im Helme erquickendes Wasser, und der Darniederliegende spricht dann: „Wenn Ihr einverstanden seid so wollt' ich Euch zum Gesellen haben!" – „Da schworen sich die edlen Fürsten zusammen. Nichts solle sie trennen als der Tod!" Aber auch im Tode noch sind sie vereint. Nach einer Fassung der Sage nämlich werden sie in einem Sarge bestattet, doch nicht nur die zwei Schwurbrüder, sondern mit ihnen auch die Königin, die Ehefrau und Liebende. Ein merkwürdiger Nachklang zu der Brautschaft der beiden Märchenbrüder mit der einen Königstochter.

Unter den deutschen Dichtern späterer Zeit hat einer wiederholt das innerste Wesen von Freundschaft und Brüderlichkeit dargestellt, Jean Paul.[22] Er war nicht unser größter Dichter, der war ja Goethe; wohl aber besaß er unter allen eine außerordentliche bildnerische Kraft. Er war seherisch begabt und bildmächtig und hat wiederholt in seinen Romanen das Thema der Brüderlichkeit in unüberbietbarer Tiefe ausgestaltet. Er hat vermutlich auch das Zweibrüdermärchen gekannt, überdies aber auch rituelle Ausprägungen der Freundschaft. So wenig es sonst üblich ist, in Romandichtungen völkerkundliche Belege anzuführen, so zitiert er doch die Liebenden, wie es dort heißt, auf Tahiti, die „auch die Namen mit den Herzen wechseln", wie die Freunde in seinem Roman Siebenkäs, – und die balkanischen Morlacken, die „auf der einen Seite für Rache und Heiligung einen Namen (osveta) haben, und auf

---

[20] Archiv für den Thierischen Magnetismus VIII,1. Leipzig 1821, S. 154f.
[21] Ortnit und die Wolfdietriche. Hrsg. von Arthur Amelung und Oskar Jänicke. Berlin 1871. Der Bruderschwur: Bd. I, S. 224. = Wd. B. II, Vers 379ff. Das gemeinsame Begräbnis: Bd. II, S. 347.
[22] Von Jean Pauls Werken sei hier nur die kritische Ausgabe des „Siebenkäs" angeführt: Hrsg. von Klaus Pauler, München 1991. – Eine Seele in zwei Körpern S. 69. – Tahiti S. 70 – Morlacken S. 95. Die aneinander sterbenden Freunde S. 58. Kleiderwechsel, Totenhemd S. 459.

der andern sich am Altare zu Freunden trauen und einsegnen lassen". – Von den Freunden seines Romanes Siebenkäs sagt er selber, daß die Ähnlichkeiten im Leiblichen wie in den Gesinnungen „sie zu Einer in zwei Körper eingepfarrten Seele machten." Als Traumbild schildert er zwei Freunde, die das Verhängnis in einer Schlacht auf die gegnerischen Seiten gelenkt hat und die, beide verwundet, einander in die Arme fallen: „Lege Deine Wunde an meine, Geliebter! – Nun können wir uns wieder versöhnen; Du hast ja mich dem Vaterlande geopfert und ich Dich. – Gib mir Dein Herz wieder, ehe es sich verblutet. – ‚Ach wir können nur miteinander sterben!' Und jeder gab sein wundes Herz dem Andern hin. – Aber der Tod wich vor ihrem Glanze zurück, – und der Eisberg, womit er den Menschen erdrückt, zerfloß auf ihren warmen Herzen; die Erde behielt zwei Menschen, die über sie als Berge aufsteigen und ihr Ströme und Arzneien und hohe Aussichten geben,..."

In dem Roman Titan findet sich der Satz: „Einige Menschen werden verbunden geboren; ihr erstes Finden ist nur ein zweites, und sie bringen sich dann als zu lange Getrennte nicht nur eine Zukunft zu, sondern auch eine Vergangenheit." Hier wird auch ein solches Finden geschildert. Auf einer Maskerade trägt der eine die Totenmaske und drückt den anderen an sich. Dabei sagt er: „Ich bin ein Sterbender, und das ist mein Gesicht (indem er die gelbe Totenmaske emporhielt); aber ich habe meinen Albano, und ich sterbe an ihm." Die Freunde im Siebenkäs sind sich äußerlich völlig ähnlich, nur hinkt der eine, Leibgeber, etwas, und ihre Ähnlichkeiten machen sie zu „Einer in zwei Körper eingepfarrten Seele". Daß sie sich verbrüdern und ihre Namen austauschen, ist bei einer solchen gemeinschaftlichen Innenwelt keiner Frage bedürftig. So fordert auch Aristoteles, den Jean Paul anführt, von den Freunden, daß sie „nur Eine Seele haben."

Die beiden Gebrüder leben „überhaupt in einer Gütergemeinschaft des Körpers und Geistes", und sie schritten „über die Klüfte des Lebens aneinander geknüpft wie die Kristallsucher auf den Alpen sich gegen den Sturz in Eisspalten durch Aneinanderbinden decken." Der Verlauf des Romanes ist auch so, daß der eine, Firmian, unter der Obhut des anderen, Leibgebers, einen fingierten Tod stirbt. Dabei hinterläßt er der Freundin des anderen, die seine Braut werden wird, eine Witwenpension, – was den Rechtskundigen unter den Lesern der Zeit den Anlaß gab zu schweren Vorwürfen gegen den Dichter. Indes hat diese Sicherung der Freundin des anderen durch den Sterbenden einen mythischen oder märchenhaften Sinn, und im Roman haben die Freunde der Witwenkasse auch deren Auslagen wieder erstattet. Der angeblich Verstorbene übernimmt die Amtsstellung des Überlebenden, und dessen liebende Freundin wird seine Frau. In all dem wird die Einheit und Gleichheit der Schwurbrüder gefeiert, und das wird symbolisch auch im Austausch der Kleidungsstücke zwischen dem „Verstorbenen" und dem Überlebenden dargestellt. Doch läßt Jean Paul dies nicht etwa in einem Raume vor sich gehen, sondern sie werfen die einzelnen Stücke durch die Türe einander zu. Und abschließend ruft Leibgeber „Das Totenhemde her!" Der Freund begreift, daß der andere „mit dieser Körperwanderung in Kleider auf etwas Höheres" aus sei als auf die gleiche Erscheinung in der künftigen Dienststellung, die Firmian vom Leibgeber übernimmt: „nämlich auf das Bewohnen des Gehäuses oder der Hülle, die seinen Freund umschlossen hatte." Der Ausgleich zwischen den beiden wirkt sich auch auf Leibgebers Hund aus, der mit langer Nase zwischen den beiden einherirrt. „Ich schätze ihn wegen seines Betragens gegen Dich noch einmal so hoch", sagte Leibgeber; „glaube mir, er wird mir gar nicht untreu, wenn er Dir treu ist." Etwas Verbindlicheres konnte er dem Freunde „schwerlich sagen."

Während das Motiv der einzigen Braut im Engelhard des Konrad von Würzburg in der Sage von Ortnit und Wolfdietrich, im Goldfaden noch mehr oder weniger stark ausgeprägt ist, fehlt es im Simplicissimus. Bei Jean Paul dagegen kehrt es in mehreren Romanen aus innerer Notwendigkeit wieder: den im Herzblute zutiefst verwandten Brüdern erscheint die Anima in einerlei Gestalt. Eine lebendige Erfüllung der gemeinsamen Liebe ist der Epoche allerdings, anders als der märchenhaften Vorzeit, versagt. Allein im Siebenkäs verwirklicht sich andeutungsweise dank der bildnerischen Kraft Jean Pauls der Archetypus über das hinaus, was Zeitgeist und Recht als leibhaftes Los noch zuließen.

Der letzte Roman Jean Pauls, der Komet, verwendet ausdrücklich das Motiv der Blutsbrüderschaft.[23] Seltsamerweise wird sie geschlossen nach einer Prügelei der Knaben, erinnert also ein wenig an das oben berührte skandinavische Motiv und an die mörderischen Zweikämpfe unter Simplicissimus und Olivier wie unter Ortnit und Wolfdietrich. Im Kometen erklärt sich der Eine als „Dein ewiger höchst beständiger Blutsfreund", der Zweite als „Dein ewiger Freund". Im Hinblick auf die vorausgegangene blutige Balgerei erwähnt der Dichter das Blut, „das sonst bei mehreren Völkern Freunde sich ausritzten und ineinander gemischt auf ihre Freundschaft tranken."

---

[23] Jean Paul: Der Komet oder Nikolaus Marggraf. Zweites Vorkapitel.

Es wäre ganz abwegig, wenn wir die Liebesbeteuerungen unter den Freunden vergangener Tage auch sexualistisch verstehen wollten. Daß brüderlich empfindende Freunde Ausdrücke verwenden, die uns sonst nur zwischen den Liebenden verschiedenen Geschlechts begegnen, darf keinen Anlaß zu solcher Mißdeutung geben. Eher möchte uns eine solche Redeweise überschwenglich erscheinen. Doch müssen wir bedenken, daß man in alter Zeit und als Dichter in der Zeit der Romantik anders sprach, als wir im technokratischen Zeitalter es gewohnt sind. Auch gehörten die Liebesbeteuerungen unter Brüdern nicht nur der Dichtung an. Nicht anders klingen die Worte der Bruderliebe unter einem allbekannten Brüderpaar. Als der ältere 1805 von Savigny nach Paris berufen ward – zur Mithilfe bei seiner Erforschung des römischen Rechtes im Mittelalter, – wurde er auf eine Zeitlang von dem jüngeren getrennt, und dieser schrieb dem nach Paris Entführten, wie traurig er wäre; „noch jetzt bin ich wehmütig und möchte weinen, wenn ich daran denke, daß Du fort bist. Wie Du weggingst, da glaubte ich, es würde mein Herz zerreißen, ich konnte es nicht ausstehen, gewiß, Du weißt nicht, wie lieb ich Dich habe." Und einige Monate später der andere aus Paris: „Lieber Wilhelm, wir wollen uns einmal nie trennen, und gesetzt, man wollte einen anders wohin tun, so müßte der andere gleich aufsagen. Wir sind nun diese Gemeinschaft so gewohnt, daß mich schon das Vereinzeln zum Tode betrüben konnte." Wilhelm antwortet: „Was Du schreibst vom Zusammenbleiben, ist alles recht schön und hat mich gerührt. Das ist immer mein Wunsch gewesen, denn ich fühle, daß mich niemand so lieb hat als Du, und ich liebe Dich gewiß ebenso herzlich."

Es ist eigenartig und verlockt dazu, Vergleiche mit dem Brüdermärchen heranzuziehen, – daß von den beiden Brüdern nur der eine, Wilhelm, geheiratet hat, daß aber Jacob später zu ihm gezogen ist; „in ihren Schuljahren hatten sie an einem Tische gearbeitet, später an zwei Tischen in demselben Zimmer, zuletzt in zwei aneinanderstoßenden Zimmern"; sie lebten jahrelang in Gütergemeinschaft. „Wilhelms Frau sorgte für Jacob mit schwesterlicher Liebe" und als sie verwitwet war, hat sie auch weiterhin, nach wie vor, für ihn gesorgt bis zu seinem Tode, drei Jahre später. Auch bestattet wurden die Brüder nebeneinander.[24]

---

[24] Wilhelm Scherer: Jacob Grimm. Berlin 1921. S. 9, 19, 319, 321.

DER SCHLAF DES DRACHENKÄMPFERS ORTNIT

Auf einem weitläufigen Wege hat Claude Lecouteux eine Antwort auf die Frage gesucht, warum Ortnit im Schlafe dem Drachen erliegt, und dieser Weg führte nur zu einer sehr veräußerlichten Beziehung.[1] Geht man hingegen von den Befunden aus, die ich in meinem Buch über das Zweibrüdermärchen niedergelegt habe, so ergibt sich eine sehr einfache und zudem sinnbereichernde Antwort.[2] In jenem Buche glaube ich bewiesen zu haben, daß die Verknüpfung der Sagen von Ortnit und von Wolfdietrich auf keinem anderen Hintergrunde vorgenommen worden ist als dem der Schwurbrüderschaft, mittelhochdeutsch geselleschaft, und daß das Zweibrüdermärchen zu dem Gehalt der Schwurbrüderschaft das epische Sinn-Inbild darstelle. Mit diesem Hintergrund, an dem das reiche Material zur Schwurbrüderschaft, das wir besitzen, kaum einen Zweifel läßt, ist zugleich klargestellt, daß der eine der Brüder, immer der ältere und dies selbst unter Zwillingen, sterben muß. Dadurch erhält der jüngere die Gelegenheit zum Rachekampf, der nach dem aufgeschlüsselten Sinn des Zweibrüdermärchens auf die Wiederbringung des Toten hinausläuft. Die Verpflichtung zur Blutrache ist der Hauptinhalt sowohl der nordischen Fostbrüderschaft wie der deutschen geselleschaft gewesen, und ihre Vollstreckung hatte eine doppelte Wirkung: sie befreite den Toten aus der „Versteinerung", und sie trug dem Lebenden einen toten Helfer ein. Das Eckenlied spricht dies in zwei archaischen Strophen aus: daß in der Brust des überlebenden Bruders auch das Herz des Toten schlägt und seine Stärke verdoppelt.[3]

Damit ist klargestellt, daß der Gesamthandlung gemäß Ortnit sterben muß; warum er auch schon nach der Handlung des Ortnit-Epos allein dem Tode verfallen ist, habe ich ebenfalls zu klären versucht. Im allgemeinen pflegt der Held im Märchen die hohe Braut zu gewinnen nicht durch einen Kriegszug und nicht durch heimliche Entwendung, sondern indem er selbst „den lîp en wâge gît", meist in einem Alleingang. Ein bestimmtes Märchen nun stellt ein sehr ähnliches Problem, das vom treuen Johannes; denn dort wird gerade jenes Risiko nach Kräften vermieden, und der Diener versucht im Auftrage seines toten Königs den Kronprinzen vor aller Todesgefahr zu

---

[1] „Euphorion" ,Band 73, 1979, S. 347–355.
[2] Heino Gehrts „Das Märchen und das Opfer. Untersuchungen zum europäischen Brüdermärchen", Bonn 1967, S. 262–283.
[3] „Eckenlied", Fassung L. Hrsg. von Martin Wierschin. Tübingen 1974, Str. 197f.

bewahren. Der Rückschlag der Zone, aus der die Braut entführt worden ist, verfolgt den Helden bis in die Hochzeitsnacht, und in mehreren Fassungen bricht diese Macht in Drachengestalt in die Brautkammer ein.[4] Mit anderen Worten: weicht der Mann vor einem solchen hochgesteckten Ziel, einem Unterfangen, bei dem es die Königstochter vom Goldenen Dache (der Welt) zu gewinnen gilt, der Todesbedrohtheit aus, deren Bestehen allein das Anrecht an die hohe Braut verleiht, so öffnet sich der Todesrachen just neben dem Brautbett, das heißt dort, wo der Raub sich der Vollendung naht. Im Falle des Märchens, dürfen wir sagen, vollendet der Diener den Opfergang und stürzt als Selbstopfer für den König in den steinernen Tod. Der Verpflichtung, den Getreuen ins Leben zurückzuführen, vermag der König nur dadurch nachzukommen, daß er die Frucht des erschlichenen Brautlagers für ihn opfert.

Auch dem Brauträuber Ortnit droht ein solcher Rückschlag aus der beraubten Zone; doch scheidet Alberich, der „Johannes" der Ortnitsage, als ein Geist und zumal als Vater für die Möglichkeit eines stellvertretenden Opfers aus. Der König selbst muß sich dem Drachen stellen und muß dem Verhängnis gemäß das Leben in diesem nachgeholten Drachenkampfe verlieren. – Warum verliert er es im Schlafe? Für die Form, unter der das Wagnis schicksalhafterweise mißlingen mußte, standen mehrere Möglichkeiten zur Wahl. Am einfachsten, doch ziemlich banal ist die kämpferische Niederlage des Wachenden, so wie es die Hertnid faßt. In der Ortnit-Sage wäre dies, schon um der göttlichen Rüstung willen und des Geistesschwertes halber, kein passender Ausgang. Die Lösung, den Helden im Schlafe erliegen zu lassen, bot sich überdies als Nächstliegendes dadurch an, daß zahllose Märchen vom Schlaf des Drachenkämpfers erzählen. Der Held pflegt in den Märchentypen 300 und 303 vor dem Kampfe zu schlafen und nach ihm ebenfalls, und bei dem Schlafe nachher kommt er dann oftmals ums Leben.[5] Ja, es gibt sogar einen osteuropäischen Märchentypus, der in einer sehr geschickten Weise die Handlung so aufbaut, daß der Held sogar beim Kampfe selbst in unerwecklichem Schlafe liegt; das ist der Fall im Typus 300 A mit dem Titel: „Der

---

[4] „Der getreue Johannes. Eine vergleichende Märchenstudie" von Dr. E. Rösch. FFC Nr. 77, Helsinki 1928, besonders S. 126f.
[5] Aarne-Thompson „The Types of the Folktale. FFC Nr. 184, Helsinki 1964, Typus 300, IV, a – e; c. Typus 303, III, mit Verweis auf Typus 300. Als Beispiel: Brüder Grimm, KHM Nr. 60.

Kampf auf der Brücke".[6] Der Kunstgriff, der dies möglich macht, beruht darauf, daß der Thronfolger in den Personationen zerfällt wird, die allesamt aus einer einzigen wunderbaren Geburt dreier Mütter stammen, der Zarin, der Magd und der Kuh, und die alle drei auch den Namen Iwan führen. Die beiden „höheren Funktionen" pflegen in der Hütte neben dem Kampfplatz in tiefem Schlafe zu liegen, während die „tierische Funktion", Iwan Kuhsohn, auf der Brücke den Kampf besteht.

Drachenkampf und schlafender Drachenkämpfer lagen für die alte Dichtung also keineswegs so weit auseinander, wie es nach Lecouteux' Untersuchungen scheinen könnte. Vielmehr mußte auch Ortnit, dem Sinn des Drachenkampfes entsprechend, den Kampf im Schlaf angehen, und dann drängte sich ohne weiteres ein Fortgang auf, bei dem er auch schlafend dem Drachen erlag; denn dies ist die Gefahr, die den Helden in zahlreichen Märchen bedroht. Die Frage, auf die unsere Untersuchung stößt, lautet deswegen eher: Warum wacht er nicht auf? Warum weckt ihn keiner? – Daß Ortnit dem verhängten Tode ausgeliefert ist, haben wir dargetan; daß ihm in der späten Stunde keine weckende Funktion mehr zu Hilfe kommen kann, liegt ebenfalls in der vorausgegangenen Handlung begründet. Der Drachenkämpfer des Märchens hat ja die vom Drachen mit der Verschlingung bedrohte Braut zur Seite, um ihretwillen findet der Kampf ja statt. Sie ruft ihn, sie rüttelt ihn, sie läßt in letzter Verzweiflung ihre Träne ihm ins Angesicht fallen, und er erwacht. In der unter rituellem Gesichtspunkt entgleisten Fassung der Ortnit-Sage aber ist die Braut längst Frau des Königs geworden, ist dadurch mit ihm in ein Schicksal verschlungen und kann nicht mehr auf Grund eigener Macht helfend in seine Geschicke eingreifen. Ja, sie selbst ist, statt durch einen Drachensieg gewonnen und darin erhöht und ermächtigt zu sein, zum machtlosen Weib daheim auf der Burg geworden. Ihr Schicksal kann nur dadurch einen neuen Aufschwung gewinnen, daß um sie aufs neue gerungen wird, in dem Rachekampf nämlich, den Wolfdietrich in der Drachenhöhle selbst, im Todesbereiche heißt das, besteht.

Ich glaube damit die Antworten auf die gestellten Fragen aus den alten Anschauungen selbst abgeleitet zu haben. Nur noch eines Hinweises bedarf es zu ihrer Abrundung. Daß der Drachenkämpfer vor und nach dem Siege schläft, erzählen die Märchen; daß er auch unter dem Kampfe schläft, deutet

---

[6] Aarne-Thompson 300 A, als Beispiel: Russische Volksmärchen. Hrsg. von Reinhold Olesch. Düsseldorf 1959, S. 22.

lediglich der Typus Iwan Kuhsohn an. Wie läßt sich das Schlafmotiv in diesen Berichten verstehen, was soll es heißen, daß der Held im Schlafe wider den Drachen streitet? – Eine ausführliche Antwort kann hier nicht gegeben werden; es ist lediglich zu vermerken, daß das Schlafmotiv in mancherlei anderen Märchentypen ebenfalls eine entscheidende Rolle spielt. Unter ihnen ist freilich der bekannteste, „La belle au bois dormante" *[der Dornröschenschlaf?]*, der unbedeutendste, deswegen nämlich, weil im Schlafe dort nichts geschieht. Im Drachenkampfmärchen aber muß der Held schlafen, um überhaupt den Drachen bestehen zu können, um überhaupt ihm sich gegenüber zu finden, und wenn die bedrohte Königstochter ihn weckt, dann nicht, damit er in alltäglicher Wachwelt mit dem Sachs *[germanisches Eisenmesser, kurzes Schwert]* nach ihm haut, sondern sie weckt ihn in den Hoch- oder Hellschlaf, in die Welt der Gesichte, wo allein er dem Drachen, dessen Schlund vor ihr gähnt, gegenübertreten kann. Dieser Weckruf ist es eigentlich, der beim Auszuge Ortnits fehlt, und nur darum erliegt er bewußtlos dem Ungeheuren.

FLUCHT

Menschliches Urerlebnis und Märchenmotiv in der Welt

[Dieser Beitrag ist eine vom Herausgeber erstellte Gesamtfassung mehrerer in sich zusammengefügter Aufsätze zum Thema Flucht. In Teilen erschienen als: „Flucht. Mythisch – anthropologisch – magisch" in „Märchen in der dritten Welt. Veröffentlichungen der Europäischen Märchengesellschaft – Band 12", Erich Röth Verlag, Kassel 1987, S.150–177 und S.191–194. und „Flucht und Verweilen" in „Die Zeit im Märchen. Veröffentlichungen der Europäischen Märchengesellschaft – Band 13", Erich Röth Verlag, Kassel 1989, S.67–83 und S.176–177]

Das Thema Flucht wird eingeleitet durch ein westafrikanisches Mythenmärchen mit dem Titel: Ngurangurane, Der Sohn des Krokodils. Aufgezeichnet wurde es vor 90 – 100 Jahren bei den Pangwe, und zwar im Süden ihres Siedlungsgebietes, in Gabun, bei dem Teilstamm der Fâng.

Nur ein Wort ist vorbereitend zu erklären: Fetisch. Es handelt sich dabei um einen dem Zauber dienenden Gegenstand. Der Begriff hat keine inhaltliche Beziehung zu dem psychopathologischen Begriff Fetischismus *[Begehren bestimmter Gegenstände oder Körperteile]*, der von dem Wort abgeleitet ist. Der Bedeutung nach hängt er vielmehr zusammen mit den uns vertrauteren Wörtern Amulett, Talisman, Mascotte *[Maskottchen]* und mit dem indianischen Gebrauch des Wortes Medizin. Unsere Edelstein-Amulette zeigen uns, daß die Wirksamkeit solcher Dinge aus ihrer stofflichen Beschaffenheit herrührt. Doch wird diese Wirkkraft nicht materiell gedacht; das zeigt der Zusammenhang der Steine mit den Tierkreiszeichen. Auch der Fetisch wirkt vermöge der Stoffe, aus denen er zu bestimmten Zwecken zusammengestellt wird.

Irrigerweise wird das Wort Fetisch des öfteren im Sinne von „Götzenbild" verwandt. Aber ein Fetisch ist keine Gottheit, und er stellt keine vor. Er muß nicht einmal in menschlicher Gestalt gebildet sein. Doch gehören die Pangwe zu jenen westafrikanischen Stämmen, die durch ihre eindrucksvollen Skulpturen berühmt geworden sind, und bei ihnen kommen daher vielfach auch Fetisch-Figuren vor. Diese haben dann Höhlungen oder Behälter, in denen die eigentlichen Fetisch-Substanzen aufbewahrt werden. Allerdings ist es möglich, daß der Figur auch noch ein körperloses Wesen einverleibt wird;

damit erhält sie dann ein eigentlich dämonisches Leben und eine gewisse Individualität. Von solcher Wesensart, dürfen wir annehmen, ist der Fetisch in unserem Mythenmärchen.

Das großartige Märchenepos von der Flucht eines ganzen Volkes vor dem Ungeheuer der Urzeit, hat, wie bereits gesagt, ein Mann aus dem westafrikanischen Stamme der Fâng, die auch Pangwe genannt werden, überliefert.[1] Über den Erzähler berichtet der Sammler, P.H. Trilles, ein französischer Missionar, daß er sich in einem Augenblick der Todesgefahr zum Christentum bekehrt und den Namen Henri erhalten hatte, obwohl er ansonsten einen nicht eben tadellosen Lebenswandel führte. „Einige Tage später wurde er von den Kriegern eines Nachbarstammes ergriffen, aus dem er eine Frau geraubt hatte. Mit ebenso erschreckender wie erstaunlicher Geschicklichkeit durchschnitt man ihm zur Strafe die Sehnen an den Gelenken der Finger, der Hände, der Ellbogen, der Füße und der Knie, verband ihn sorgfaltig, so daß alle Fleischwunden verheilten, und brachte ihn zurück in sein Dorf. Obgleich alle Gliedmaßen unversehrt waren, war er doch keiner Bewegung mehr fähig und ist eines elenden Todes verfahren."

Und dies war seine Erzählung:

Es war einmal, und das ist schon lange, lange her, ein großer Zauberkundiger, und das war Ngura-ngurane, der Sohn des Krokodils.

Und ich erzähle nun, wie er geboren wurde; das ist der erste Teil. Was er vollbracht hat und wie sein Feind zu Tode gekommen ist, das wird der zweite Teil sein. Doch alle seine Taten zu erzählen, das wäre unmöglich, ja, wo fände sich wohl einer, der sie alle noch im Gedächtnis trüge.

Also nun, wie er geboren worden ist, damit fangen wir an.

Zu jener Zeit, in der alten Zeit, da wohnten die Fâng am Ufer eines breiten Stromes, – ach, war der breit! – so breit, daß man das andere Ufer gar nicht sehen konnte. Sie fischten damals vom Ufer aus. Denn hinauszufahren auf den Strom, nein, das gab es noch nicht. Niemand hatte ihnen bis dahin beigebracht, einen Einbaum auszuhöhlen. Der es ihnen dann beibrachte, das war Ngura-ngurane. Die Männer seiner Familie lehrte Ngura-ngurane diese Kunstfertigkeit, und seine Familie, das waren die Menschen, waren die Fâng.

---

[1] Zitiert nach Blaise Cendrars: Anthologie nègre. Buchet/Chastel 1947, S. 193–205. Quelle, gemäß allgemeinem Literaturverzeichnis: R.G. Trilles: Contes et légendes fân. Neuchâtel 1898. Vgl. auch: P. H. Trilles: Proverbes, légendes et contes fang. Bulletin de la Société Neuchâteloise, Tome XVI, Neuchâtel 1905, S. 157–170.

Im Strom lebte ein ungeheuer großes Krokodil, der Obervogt der Krokodile. Sein Kopf allein war länger als meine Hütte da, seine Augen größer als eine Ziege, und seine Zähne, die schnitten einen Menschen entzwei wie ich eine Banane – tscht! Sein Leib war von riesigen Schuppen bedeckt. Ein Mann mochte seinen Spieß darauf schleudern, tock! – aber wutsch! der Spieß flog zurück. Und der das versuchte, das konnte der stärkste aller Männer sein: schrumm! der Spieß sprang zurück. Ja, das war schon ein schreckliches Untier.

Also nun, eines Tages, da ging dieser Unhold in das Dorf von Ngura-ngurane; aber der, der war zu der Zeit noch nicht geboren. Und der damals die Fâng regierte, das war ein Obervogt; denn er hatte viele Menschen unter sich, die Fâng und auch noch andere. Ngan-Esa, der Obervogt der Krokodile, ging also eines Tages in das Dorf der Fâng, und er schreit: Ich rufe dich, Vogt! –

Sogleich kommt der Vogt herbeigelaufen. Und der Obervogt der Krokodile sagt zum Obervogt der Menschen: Hör gut zu! – Und der Menschenvogt sagt:

Ohren! – Das will sagen: bin ganz Ohr.

„Was du von heute an zu tun hast, ist dies! Jeden Tag habe ich Hunger, und ich meine, daß mir Menschenfleisch besser bekommt als Fischfleisch. Du wirst also jeden Tag einen Sklaven binden und wirst ihn mir ans Flußufer bringen, den einen Tag einen Mann, den anderen eine Frau, und an jedem ersten Tag des neuen Mondes ein junges Mädchen, schön bemalt mit Rötel und glänzend von Fett. Nun weißt du, was du zu tun hast. Wage es nicht, ungehorsam zu sein, sonst vertilg' ich dir das ganze Dorf. Das wär's – und du, halte den Mund!"

Der Obervogt der Krokodile sagt kein Wort mehr, kehrt zurück in den Strom. Aber im Dorf, da beginnt der Jammer, das Wehklagen. Ein jeder barmt sich: Das ist mein Tod! – So stöhnen sie alle, der Obervogt, die Männer, die Frauen. Am nächsten Tage aber, morgens, als die Sonne aufgeht, da erscheint der Obervogt der Krokodile am Strande: Wah! Wah! – Sein Rachen war ungeheuerlich, länger als meine Hütte dort, und die Augen riesig, wie eine ganze Ziege. Heutzutage, – ach, das sind ja keine Krokodile mehr, die man heutzutage sieht. Und an dem Morgen und von da an hat man sich beeilt, für den Krokodilsvogt das herbeizuschleppen, was er verlangt hat, einen Mann den einen Tag, eine Frau am nächsten Tage – und am ersten Tage jeden neuen Mondes ein junges Mädchen, schön geschmückt mit Rötel und Öl, strahlend von Fett. Man führte aus, was der Krokodilsvogt befohlen hatte, und niemand wagte es, sich zu widersetzen; denn er hatte überall seine Krieger, die anderen Krokodile.

Und der Name dieses Krokodils war Ombure: die Gewässer gehorchten Ombure, die Wälder gehorchten Ombure, er hatte überall seine Leute, er war der Herr des Waldes, aber er war vor allem Herr der Gewässer. Und jeden Tag fraß er entweder einen Mann oder fraß eine Frau, und sehr zufrieden war er mit diesem Leben, und er war allzeit ein guter Freund, meine Hörer, der Fâng!

Aber die Fâng, die hatten längst alle Sklaven dahingegeben, und der Obervogt hatte all seine Reichtümer aufgeopfert, um Sklaven zu kaufen. Er hatte keine Schatztruhe mehr, nicht einen einzigen Elefantenzahn. Es war dahin gekommen, daß er Menschen ausliefern mußte, Menschen aus den Fâng selbst. Und der Vogt versammelte alle seine Mannen im Gemeinschaftshaus. Er sprach lange zu ihnen, gar lange, sehr lange, und lange Zeit sprachen nach ihm auch die anderen Krieger. Als das Palaver beendet war, da war alle Welt sich einig, und sie hegten im geeinten Herzen einen Entschluß: daß man fortziehen müsse. Der Obervogt sprach es aus: „Die Frage des Aufbruches ist bejaht. Wir gehen weit fort, weit von hier bis über die Berge hinaus. Wenn wir ferne von hier sind, ferne vom Fluß, jenseits der Berge, dann kann uns Ombure nicht mehr erreichen. Dann finden wir unser Glück wieder." – Und es wurde beschlossen, die Aussaat nicht zu erneuern und zum Ende der Jahreszeit mit dem ganzen Stamm die Ufer des Stroms zu verlassen. Und so ward es ausgeführt.

Zu Beginn der trockenen Jahreszeit, wenn alle Gewässer seicht sind und man gut reisen kann, machte der Stamm sich auf den Weg. Am ersten Tage, da ging man geschwind, geschwinde – so geschwind man nur laufen konnte. Jeder Mann trieb seine Frauen an, und die Frauen, mit beschleunigten Schritten, wanderten stumm dahin, gebeugt unter der Last der Vorräte, des Hausrats. Denn man nahm alles mit, die Töpfe, die Schüsseln und Körbe; die Messer, die Stampfer und Hacken, alles, alles. Jede Frau trug ihre Bürde, und die wog schwer. Sie hatte es schwer, denn zu all dem, was ich aufgezählt habe, hatte man noch Maniok *[tropische Kulturpflanze]* getrocknet und schleppte den Vorrat mit. Die Frau hatte es schwer, denn auch die Kinder mußte sie tragen, die Kleinen, die noch nicht laufen konnten, und die, die's nicht lange aushielten.

Und man mußte leise sein; die Männer schwiegen, die Frauen schwiegen; die Kinder weinten, aber die Mütter sagten: Seid still! – Der Obervogt ging an der Spitze, er führte den Zug, denn ihm war das Land am besten bekannt: oft war er auf Jagd gewesen, und um den Hals trug er eine Kette aus den Zähnen des großen Affen.

Wirklich, – er war ein großer Jäger.

Am ersten Tage sahen sie sich oftmals um und glaubten in ihrer Angst schon das Gebrüll des Krokodiles zu hören: Wah! Wah! – ach, und die, die am Ende gingen, das kalte Grausen griff ihnen oftmals ans Herz. – Aber nichts ließ sich hören. Und am zweiten Tage wanderten sie ebenso dahin, und nichts war zu hören. Und am dritten Tage wanderten sie dahin wie zuvor, und nichts ließ sich hören.

Indessen, – am ersten Tage war der Krokodilsvogt aus dem Wasser gestiegen und, wie er's gewohnt war, an die Stelle gegangen, wohin man, der Übereinkunft gemäß, die Sklaven brachte, die für ihn bestimmt waren. Er kommt dort hin: Nichts! Nichts! – Wah! Wah! – Was ist das? – Er schlägt den Weg ins Dorf ein: Vogt der Fâng, ich rufe dich! –

Nichts! er vernimmt nicht einen Laut. Er kommt ins Dorf, alle Hütten sind leer und verlassen. Er geht in die Pflanzungen, alle Pflanzungen sind leer und verlassen: Wah! Wah! – Er rennt durch alle Dörfer, alle Dörfer sind leer und verödet; er rast durch alle Pflanzungen, alle Pflanzungen sind leer und verlassen. Ombure verfällt in eine entsetzliche Wut, er stürzt sich wieder in seinen Strom, um seinen Fetisch zu befragen, und er singt die Wassergeister mit einer Beschwörung an: sie sollen ihm verraten, ob die Menschen auf ihren Wegen gewandelt sind. Doch zu seinem grenzenlosen Erstaunen antworten ihm die Geister nicht. Der Vogt hatte ihnen nämlich vor dem Aufbruch Opfer gebracht, und sie hatten ihm versprochen, Schweigen zu bewahren. Auf eine nochmalige, stärkere Beschwörung müssen sie ihm dann doch Antwort stehen; aber auf ihren Wegen sind die Menschen nicht gewandelt. Es folgt die ebenfalls zweigliedrige Beschwörung der Waldesgeister, und sie erliegen dem Zwang und gestehen, daß die Menschen auf ihren Wegen flüchten. Auch Tag und Nacht, Blitz, Wind und Gewitter verraten Ombure die Fluchtwege. Doch nicht nur dies: der Fetisch des Obervogtes selber steht im geheimen unter der Botmäßigkeit Ombures, und er läßt die Fâng immer weiter wandern – über die sicheren Orte hinaus, die ihnen zusagen, – bis an einen See, aus dem Ombure schließlich wieder auftauchen wird. Die Fâng gründen ein Dorf und nennen es: Befreiung vom Krokodil. In der folgenden Nacht, gegen Mitternacht, weckt Ombure die Menschen mit seinem Gebrüll, verschlingt den Obervogt und sagt: Da habt ihr die Befreiung vom Krokodil.

Die Fâng sind darauf zu noch größeren Opfern gezwungen: den einen Tag zwei Männer, einen morgens, einen abends, zwei Frauen am nächsten Tage, so immer abwechselnd, und zu jedem Neumond zwei schöne Mädchen. Um dieser Opfer willen müssen die Fâng weithin Sklavenkriege führen und sind dank Ombures Hilfe stets dabei siegreich. Trotzdem wächst ihr Überdruß an diesem Leben bis zur Unerträglichkeit, und als nach vielen Jahren die Erinnerung an die frühere Flucht fast erloschen ist, da brechen sie wiederum auf, diesmal unter Anführung der jüngeren Krieger, unüberlegt, ohne magische Vorkehrungen, und daher ist es für Ombure ein Leichtes, sie zur Umkehr zu zwingen. Die Geister des Waldes versperren ihnen mit niederbrechenden Bäumen den Fluchtweg.[2] Als sie in ihr Dorf zurückkehren, wartet am See schon Ombure auf sie und legt ihnen ein noch schwereres Opfer auf, verlangt für jeden Tag zwei junge Mädchen. Wir verstehen, daß der altgewordene Ombure damit am innersten Leben des Stammes zehrt: hochzeitlich geschmückt werden die Mädchen am Seeufer an den Opferpfahl gebunden; in der Tiefe des Gewässers dienen sie ihm, bis er sie verschlingt.

Eines Tages muß die Tochter des Vogtes selber dort ausgesetzt werden. „Ihre Gefährtin kehrte niemals wieder, aber die Tochter des Vogtes stand am folgenden Morgen, bei Tagesanbruch stand sie dort wieder am Ufer des Sees. Ombure hatte sie verschont, und man gab ihr den Namen: die Morgenröte ist erschienen." Nach neun Monaten gebiert sie einen Sohn, Ngurangurane mit Namen der „Sohn des Krokodils". Er wächst heran zu einem vielseitig erfinderischen Genius, der als Vogt die Befreiung nicht durch Flucht, sondern an Ort und Stelle bewerkstelligt. Durch den Steinfetisch seiner Mutter beraten, erfindet er das Kultgetränk, den Palmwein, verlockt das Krokodil, sich daran zu berauschen, und bringt, da es betrunken schläft, seinen Tod zuwege. Die Totenfeier für Ombure, das heißt für den Vater Ngurangguranes, geht über in das große schöpferische Urzeitfest.

Ich habe Dzân getrunken, mein Herz ist von Wonne erfüllt, Ombure bin ich – diese Worte bezeichnen den Wendepunkt in unserer Erzählung. Und diese Verse sind sicherlich nicht nur Urworte des Ungeheuers der Anfangszeit, sondern Kultworte jedes feierlich Erzählenden in der Festzeit. In ihnen erlebt er immer wieder die befreiende Erhöhung der menschlichen Existenz. Solche Sangesworte waren ganz ähnlich, weit vom Lande der

---

[2] Das Motiv der umgekehrten Hindernisflucht, bei der ein Verfolger vor den Fliehenden magische Hindernisse erzeugt: Motiv D 673.

Pangwe entfernt, zu hören in Indien in vedischer Zeit. Der Rauschtrank heißt dort Soma, und die Berauschten sangen: „Wir haben Soma getrunken, unsterblich sind wir geworden, gekommen sind wir zum Licht, aufgefunden haben wir die Götter."

Das Märchen schildert zumal die lange schreckliche Zeit, die der Befreiung vorausgeht. Es schildert den zweimaligen Aufbruch zur Flucht mit zweimaligem Mißerfolg: einmal höchst besonnen, bedacht auf alle Hilfsmittel, Helfer und Maßregeln – umsonst! – einmal im Überdruß vor dem Unerträglichen unbesonnen davonrennend – umsonst! Ein außerordentlich eindrucksvoller Zug ist der Verrat durch den Fetisch des Vogtes. Alles ist bedacht, aber daß in der mittensten Mitte, im höchsten Vertrauen des Vogtes, das Unheil mitläuft, das bleibt ungeahnt. Es müssen hochbegabte Erzähler gewesen sein, die eine so großartige Dichtung gestalteten, und sie müssen beides besessen haben: mythischen Tiefsinn und den Blick für das Verhängnisvoll-Tatsächliche.

Als Märchen gehört das Werk zu unserem Drachenkampftypus (AT 300). Hier wie dort finden wir das Mädchenopfer und die Herrschertochter in der ausgezeichneten Opferrolle. Ich nenne diese Dichtung ein Mythenmärchen, weil sie das Geschehen in die Urzeit verlegt. Es handelt sich nicht um irgendeinen Gewässerdrachen, sondern um das Urungeheuer der Anfangszeit, das in vielen Mythen vorkommt. Zu erinnern ist an die Midgardschlange und den Fenriswolf, vor allem aber an den indischen Vṛtra, mit dessen Erschlagung überhaupt erst das Dasein beginnt.

In dem Mißlingen beider Fluchtversuche wird die Ausweglosigkeit offenbar: es gibt keine Ausflucht mehr. Ausweglosigkeit, auch diese mit wenigen Worten meisterhaft charakterisiert: „Über ihren bittertraurigen Brautlauf weinen und wehklagen die Töchter der Fáng. Man vernimmt ihre Klage am Abend. Am Morgen ist sie verstummt. Nie mehr, nicht einen Laut von ihnen hören, gramerfüllt, die Mütter der Fáng." – Ausweglosigkeit, Gottverlassenheit, das Grauen, das in den Freitod treibt, der in Wahrheit nicht frei ist.

Wo eröffnet sich dennoch ein Weg? Gerade da, wo das höchste Leid erlebt wird, gerade dort, wo die Fesselung Tag um Tag zu Tage liegt, am Opferpfahl. Der Ausweg kann nicht in der Ausflucht eröffnet werden, sondern durch die innerste Mitte des Leidens führt der eigentliche, der wahre Weg, man dürfte sagen, der Götterweg – oder eben auch und gerade der Menschenweg.

Dieser Sinngehalt sei noch einmal zusammengefaßt in altindischer Weisheit, spruchartig nach Worten des Mahābhārata:

> Wie doch entgehen mag der Schicksalsnot
> der, den des Schicksals Feuer rings umdroht? –
> Das Schicksal selber brennt die Bahn ihm frei,
> sein Weg führt, wo der Brand am höchsten loht.

Zur Anthropologie *[Wissenschaft vom Menschen und seiner Entwicklung]* des Flüchtens

Mit dem, was Ngurangurane vollbringt und den entsprechenden Worten des Mahābhārata sind wir schon weit entfernt von der ursprünglichen Lage der Fâng. Als leibliches Wesen findet sich der Mensch wieder und wieder von Gefahren umstellt, die ihn unmittelbar mit dem Verlust der Existenz bedrohen. Das ist im Grunde keine eigentlich menschliche Situation, sondern sie erwächst einseitig aus dem menschlichen Wesen, soweit es mit dem Tier verwandt ist: Mensch, ungereimterweise, als Beute. In der Literatur des Mittelalters, im Barlaam des Rudolf von Ems, findet sich dafür eine klar gefaßte Charakteristik.[3] Rudolf will dort die Menschen geißeln, deren Seele nur bei ihren Besitztümern lebt.

Die minnent dirre welte guot,
die lebent als ein tûbe tuot –

so beginnt er:
Die in das Gut dieser Welt verliebt sind, die leben, wie eine Taube sich verhält, wenn sie auf einem Baume sitzt und ein Adler sie bedroht: gar sehr fürchtet sie sein Ungestüm, sie wirft sich in einen Dornbusch, fährt von da auf einen Baum, von dort in eine Felsenwand oder in ein anderes Gemäuer: in vliehender natûre / lebet si gên dem vederspil – angesichts des Beizvogels lebt sie in der Natur des Fliehens. –

In diesen Worten, vor 750 Jahren geprägt, wird ein Bild entworfen von der besinnungslosen Hast, mit der ein schwächeres Wesen eine Zuflucht sucht, aber als ein spöttisches Bild von dem Menschen, der auf einem selbstgewählten Irrweg seiner Menschlichkeit verlustig gegangen ist. Rudolf spricht vom Menschen in selbstverschuldeter Schwäche. Daß solche Schwä-

---

[3] V. 5223ff.

che nicht selbstverhängt sein muß, erfahren wir alle Tage. Oft und immer öfter wird sie vom Menschen dem Menschen angetan, und der geschändete, reduzierte Mensch lebt dann nur noch in vliehender natûre, die Flucht ist ihm zur eigentlichen Form seines Existierens geworden.

Es ist eine verbreitete Meinung, daß die fliehende Natur, das heißt, der Mensch als Beute des mächtigeren Tieres, nicht Reduktion *[Zurückführung]*, sondern eben des Menschen ursprüngliche Natürlichkeit sei. Flucht dieser Art ist uns aus mancherlei Berichten bekannt – ein Beispiel aus Nordeuropa.[4] Gösta Berling entführt die Geliebte dem einen Freier, um sie dem anderen zuzuführen, und erliegt der Versuchung, sie für sich selbst zu erbeuten. Auf dem Schlitten rast das Paar zwischen Berg und Wald durch die Winternacht. Da kommt der Hund, Tankred, „an den Schlitten gestürzt. Er rannte so, daß es schien, als streife sein Bauch die Erde. Winselnd vor Angst sprang er in den Schlitten und verkroch sich zu Annas Füßen. Don Juan (das Schlittenpferd) machte einen Satz und raste im Galopp vorwärts. ‚Wölfe' sagte Gösta Berling. Sie sahen am Waldrande einen langen grauen Zug hinstreifen. Es mußte mindestens ein Dutzend sein. Anna hatte keine Furcht. Der Tag war so reich an Abenteuern gewesen – nun schien die Nacht sie fortsetzen zu wollen. Dahinzusausen über knirschenden Schnee, Menschen zu trotzen und wilden Tieren, das war Leben!...Don Juan lief mit den wilden Waldtieren um die Wette, und Tankred heulte vor wütender Angst...Sie banden den grünen Reiseschal hinten am Schlitten fest. Dies flößte den Wölfen Angst ein, und sie hielten sich eine Weile in einiger Entfernung. Doch als sie ihre Scheu überwunden hatten, sprang einer von ihnen, keuchend, mit offenem Rachen und heraushängender Zunge, auf den Schlitten zu. Da ergriff Gösta Madame de Staëls Corinna und schleuderte das Buch ihm in den Schlund. Wieder konnten sie einen Augenblick aufatmen, während die Tiere diese Beute zerrissen; aber bald hörten sie den keuchenden Atem der Wölfe dicht hinter sich und erwarteten, daß die Tiere in den grünen Schal bissen...Gösta wußte, daß das Pferd bald am Ende seiner Kraft sein würde, und was sollte dann aus ihnen werden?...Im nächsten Augenblick war der Schlitten von den Wölfen umringt. Graue Gestalten huschten an ihnen vorüber, weiße Zähne blitzten in weit offenen Rachen, glühende Augen funkelten. Die Bestien heulten vor Hunger und Blutdurst, ihre schimmernden Zähne waren bereit, sich in wei-

---

[4] Selma Lagerlöf: Gösta Berling. Übertragen von Ulrich Johannsen. Leipzig 1923. S. 76–79. 4. Kap.

ches Menschenfleisch zu bohren. Sie sprangen an Don Juan in die Höhe und bissen sich im Geschirr fest. Anna saß bewegungslos und konnte an nichts anderes denken als daran, ob die Wölfe sie wohl mit Haut und Haar auffressen oder ob sie noch etwas übriglassen würden, so daß man am nächsten Morgen ihre zerfleischten Glieder auf dem niedergetretenen, blutigen Schnee fände. ‚Jetzt gilt es unser Leben', sagte sie, beugte sich nieder und packte Tankred im Nacken. ‚Laß nur, es nützt nichts! Die Wölfe sind nicht des Hundes wegen heut Nacht unterwegs!' Mit diesen Worten fuhr Gösta in den Bergaer Hof ein, aber die Wölfe verfolgten ihn bis an die Treppe. Er mußte sich ihrer mit der Peitsche erwehren." – Die Flucht endet bei der Zuflucht und gelangt nicht an das Ziel einer höchsten menschlichen Hoffnung, – so jedenfalls das Fazit dieser einzelnen Szene. Ganz besonders bemerkenswert ist die biologische Reduktion der Anna: vom furchtlosen Hochgefühl der Abenteuerlust zu der Zwangsvorstellung, nur noch Wolfsfraß zu sein.

Begebenheiten solcher Art speisen das anthropologische Vorurteil über die menschliche Urnatur. Bei ihr habe es sich um eine mit mangelhafter Vernunft begabte Leiblichkeit gehandelt, und im aufgenötigten Daseinskampf habe diese einen Ersatz für die fehlenden Klauen und Zähne entwickeln müssen, und der sei die Ratio gewesen. Betrachtet man die von der modernen Rationalität entwickelten Klauen und Zähne, dann scheint jenes Vorurteil, wenigstens hinsichtlich der Ratio, nicht geradezu fehlzugreifen. Ganz entschieden aber geht die orthodox darwinistische Auffassung in die Irre hinsichtlich des eigentlich ursprünglichen menschlichen Wesens.

Um dies glaubhaft zu belegen, müssen wir uns an einen Menschenschlag halten, der noch heutzutage in urtümlichen Verhältnissen lebt, denn unmittelbar vermögen wir uns den Urmenschen nicht zu vergegenwärtigen. Ein Beispiel liefern uns die Kuwi-Khond, ein Stamm, der im nordöstlichen Deccan lebt, in den Waldbergen der indischen Provinz Orissa.[5] Die Mitteilung mag aus den Jahren um 1970 stammen, und sie kommt von der sowjetischen Ethnologin Ljudmila W. Schaposchnikowa.

„Die Dongrya Khond oder die Waldkhond sind Jäger und Ackerbauern. Sie kennen den Dschungel gut und tragen stets Waffen bei sich. Es sind in erster Linie Hieb- und Stichwaffen – Äxte mit langem Stiel, Messer mit breiter Stahlklinge in Form eines Halbmonds und kurze Dolche –, manchmal auch Pfeil und Bogen. Ein Gewehr ist bei den Waldkhond eine große Selten-

---

[5] Die sieben Töchter. Indische Märchen aus dem Bergland von Orissa. Kassel 1979. S. 138f.

heit. Mit Äxten und Messern ziehen sie auf die Jagd nach Wildschweinen, Hirschen, Wildziegen und anderen Tieren...Die Khond sind mutige Männer und lassen sich oft in einen Zweikampf mit dem starken und gewandten Räuber des Dschungels, dem Tiger, ein. Es herrscht der Brauch, daß ein Jäger, der von einem Tiger verwundet wurde, aus dem Stamm verjagt wird. Nach den Vorstellungen der Khond kann nur ein Feigling es zulassen, daß ein Tiger ihn angreift, und wenn zum Beispiel ein Tiger einen Khond tötet, so kommt die Schande über dessen ganze Familie. Deshalb werden solche Fälle von den Betroffenen sorgsam verheimlicht. Nach den Gesetzen des Stammes darf ein Feigling sich nicht mehr als Khond bezeichnen."

Es spielt für die Beurteilung dieses Zeugnisses keine Rolle, daß die Khond auch nicht ohne die Klauen und Zähne ihrer menschlichen Kunstfertigkeit in den Urwald gehen. Das Entscheidende ist die seelische oder auch die ethische Einstellung. Es kann hier keine Rede sein von einem Großtiertrauma, das den Menschen zu einem vernünftelnden Flüchtling gemacht hat, sondern das Erste und Ursprüngliche ist, daß diese Männer den Urwald betreten als Mensch, den der Tiger nicht einmal angreift. Wer hier nicht den wirklichen Vorrang des Seelischen erkennt, der ist zum Anthropologen nicht geeignet und, beiläufig bemerkt, auch nicht zum Märchenforscher. Schaposchnikowas Mitteilungen besagen nicht, daß die verabscheuten Unheilsfälle niemals eintreten, wohl aber kommt in ihrem Bericht die in der ursprünglichen Gemütsverfassung des Menschen gegründete Ethik zu Worte. Dem wäre zu entnehmen, daß in alter Zeit niemals Physis *[körperliche Beschaffenheit]* oder Denkvermögen die stärkste Waffe des Menschen waren, sondern die Seele und die in ihren Beständen gegründete Ethik.

Dieses Verhältnis hat sich zuerst in gewissen Machtstaaten des Altertums und entschiedener in der Neuzeit umgekehrt und die Seele wie die Ethik sind ins Hintertreffen geraten gegenüber rationaler Energieverwendung. Erzählungen aus aller Welt legen für die echt menschliche alte Proportion ein überwältigendes Zeugnis ab und eben auch für ein ganz anderes Verhältnis zwischen Mensch und Wildtier. Sogar der vom Menschen verstoßene Mensch konnte beim Wildtier Schutz suchen. Am Anadyr im östlichen Sibirien erzählt man sich die folgende Geschichte. Eine Ehefrau wird infolge der Machenschaften ihrer Rivalin vertrieben. Bei einem Bären findet sie Zuflucht, und er, nachdem er ihr eine Anzahl Nasen- und Ohrenspitzen von verschiedenen Fellen geschenkt hat, sendet sie zu ihrem Manne zurück. Dort holt sie das Geschenk hervor, und es verwandelt sich in schönes Pelzwerk.

Der Mann setzt die Frau in alle Rechte wieder ein und wirft die Rivalin vor die Tür. Alle Männer des Dorfes beschenkt er reichlich, und das Paar lebt von da an wohlhabend und glücklich zusammen.

Gerade auch das „wilde" räuberische Tier, bei uns der Fuchs, der Wolf, der Bär, auch in Europa sogar der Löwe, bietet dem Menschen Schutz – sogar gegen den Menschen! – und leistet die allein zum Erfolg führende Hilfe.

Fluchtmotive im Märchen

Die zuletzt wiedergegebene Erzählung hat bereits eine märchenhafte Seite, und wir wenden uns nun den Fluchtmärchen zu mit einem Satz aus dem Handwörterbuch des deutschen Märchens[6]: „Das Fluchtmotiv entstammt dem Angsttraum und ist weit verbreitet." Mit dieser lapidaren Feststellung beginnt dort die Erörterung der magischen Flucht. Die Ansicht leitet sich von der falschen Annahme her, daß die Märchen durchweg aus Träumen entstanden seien. Hinsichtlich der Flucht, das ist auf einen Blick zu sehen, ist diese Vorstellung absurd, da es im Wachraum des leibhaften Geschehens genügend Nötigungen gibt, das Heil in der Flucht zu suchen. Das haben die Menschen in aller Welt erlebt, und daher wird auch überall von Flucht und Verfolgung erzählt. Auch finden wir überall, wesensbedingt, eine bestimmte Gliederung der Flucht. Der Raum ist gepolt und gerichtet, und das Hauptziel ist das Entkommen. Aber auf dem Fluchtwege bietet sich oft eine zeitweilige Sicherung in Gestalt der Zuflucht. Wiederholt sucht sich der Fliehende vor dem Verfolger zu verbergen, und die erhöhte Gefahr, die sich mit der Annäherung des Verfolgers ergibt, nimmt der Flüchtling bei solcher Art der Ausflucht in Kauf.

Ein südamerikanisches Indianermärchen aus dem Nordosten des Mato Grosso liefert ein passendes Beispiel.[7] Die Männer des Dorfes haben beim Fischen einen Frevel begangen und sind sämtlich ertrunken. Ihre Gestalt nehmen die Pirarukus an, eine Art von Welsen, und kommen, dämonisch verwandelt, ins Dorf. Von einer Frau wird erzählt, daß sie den Ankömmling für ihren Mann hält und daß er sich von ihr lausen läßt. Doch im Genick soll

---

[6] II, S. 158, Aly.
[7] Indianermärchen aus Südamerika. Hrsg. von Theodor Koch-Grünberg. MdW. Jena 1920. Nr. 75.

sie nicht bei ihm suchen. Als er einschläft, tut sie das trotzdem und wird eine Reihe kurzer Stacheln gewahr. Sie erschrickt und beschließt zu fliehen.

„Vor ihrem Weggange sprach sie zu ihrem Papagei: ‚Wenn der Vater kommt und nach mir fragt, so sage, ich sei beim Wasserholen; kommt er wieder, so sage, ich sei beim Holz- und Früchtesuchen!' – So geschah es. Der Mann wurde von dem Papagei so lange hingehalten, bis die Frau weit entfernt war. Endlich aber merkte er den Betrug, riß wütend dem Vogel die Federn aus...und eilte seinem Weibe nach. Diese suchte Schutz bei einem Reiher, in dessen Kropf sie sich verbarg. Der Mann kam nach und fragte den Vogel, warum er so dick sei. ‚Ich habe so viele kleine Fische gegessen', erwiderte dieser. – ‚So laß deinen Kot sehen!' – Der Reiher tat wie ihm geheißen, und dabei wäre das Weib beinahe zum Vorschein gekommen. Der Mann eilte weiter. Danach setzte das Weib mit ihrem Kinde die Flucht fort, aber weit und breit war kein Wasser. Fast verschmachtend erreichte sie endlich einen Sumpf, in dem ein Zitteraal lag. Sie bat ihn um Wasser; er aber gewährte es nur unter der Bedingung, daß sie ihm zu Willen sei. Später traf das Weib einen zweiten Aal, der die gleiche Forderung stellte, um Wasser zu schaffen, aber von der Frau betrogen wurde; endlich einen dritten, der aber kein Wasser mehr lieferte...Endlich kam sie an einen Fluß, an dem ein Alligator saß. Diesen bat sie, sie überzusetzen. Der Alligator stellte dasselbe Verlangen, wie früher der Zitteraal, sah sich aber ebenfalls betrogen. Voll Ärger brachte er den Mann auf ihre Fährte. Die Frau hatte mittlerweile ein verlassenes Haus erreicht und sich ein Feuer angezündet, als sie plötzlich eine Dampfwolke aufsteigen sah. Es war ihr Mann, der Piraruku, der, seine Pfeife rauchend, des Weges kam. Sie warf ihm Asche ins Gesicht, so daß der Mann sie nicht erblickte und seine Pfeife ausging. Während er diese wieder anzündete, gewann sie einen Vorsprung und warf, als er ihr zum zweiten Male nahekam, mit Kohlen nach ihm. Das drittemal blieb dies jedoch erfolglos; da warf sie mit Salz. Ein großer Fluß bildete sich zwischen beiden, so daß die Frau gerettet war. Voll Zorn und Scham darüber, daß es ihm nicht gelungen war, das Weib in seine Gewalt zu bekommen, kehrte der Piraruku zu den Seinigen zurück, die, als sie sich erkannt sahen, ihren See wieder aufsuchten und sich seitdem nicht wieder haben sehen lassen."

Die erste Episode führt uns den Flüchtling in seinem ganzen Elend vor; die Frau vermag sich grad noch im After eines Vogels zu erhalten, wahrlich ein armes Würstchen. Dabei ist sie doch nicht völlig ohnmächtig; im Ablauf weiterer Episoden gewinnt sie noch an Macht, und schließlich auch die Übermacht. –

Das schutzbringende Verschlungenwerden durch ein Tier kommt auch in Afrika in mannigfaltiger Form vor, sogar mit vorbereitetem Unschuldserweis. Die Kiokwe, im Flußgebiet des Loange, erzählen, wie eine Frau, die als Köchin bei Riesen dient, von einer Kröte gewarnt wird, daß sie die nächste Speise sein werde. Sie nimmt zögernd das Angebot des Tieres an, sich von ihm verschlingen zu lassen. Die Kröte verschluckt obendrein noch viel Mehl, begegnet auf der Flucht wiederholt mißtrauischen Riesen, muß sich jedesmal dreifach erbrechen, darf aber das Mehl wieder hinunterschlucken. Im Dorf erbricht sie das Mehl und dann auch die Frau. Die Kröte sagt: „‚Sprich nicht über die Sache!‘ Die Frau sprach nicht darüber." In einer Erzählung der Lamba in Katanga und Simbabwe ist der Retter zweier Geschwister ein Frosch, der vor den argwöhnischen Schlangen wiederholt Wasser erbricht.[8]

Bemerkenswert ist der Papagei am Anfang, der sprechende, die Frau vertretende Vogel. In dieser Form erscheint im südamerikanischen Märchen der Anwesenheitszauber, der auch in unserem Märchentyp 313 häufig vorkommt. Dort flieht die Unterweltstochter mit dem Helden zusammen, sorgt aber zuvor durch Speichel oder Blut oder durch Beschwören mehrerer Gegenstände dafür, daß noch lange nach ihrem Aufbruch die Eltern Antworten von ihr erhalten.[9]

Wie in dem südamerikanischen Beispiel spricht der Flüchtling oft ein Wesen, auf das er stößt, um Hilfe und Zuflucht an. Das kann dann ein wirklicher Helfer sein, es kann sich aber auch als Ausbeuter erweisen, der hohe

---

[8] Leo Frobenius: Dichtkunst der Kassaiden. Atlantis Bd. XII, Jena 1928, S. 263–265. – Lamba Folklore. Collected by Clement M. Doke. Memoirs of the American Folk-Lore Society, Vol. XX, New York 1927, S. 246–248. Vgl. auch Ludwig Kohl-Larsen: Die Frau in der Kürbisflasche. Ostafrikanische Märchen der Burungi. GdV 36, Kassel 1967, S. 57–60. Die Frau flieht vor dem Löwengatten – der Löwe ist hier Totentier, -dämon, Hinweis von Diether Röth –, setzt mit sprechendem Speichel einen Anwesenheitszauber; Helferin ist die verschlingende Schildkröte, Hindernisse sind ausgeworfene Mehlkalebassen [aus einem Flaschenkürbis hergestelltes Gefäß].

[9] KHM 56, Blutstropfen. – Kurt Ranke: Schleswig-Holsteinische Volksmärchen I. Kiel 1955, S. 158, twê Dütt Sand mit Spee. – Indianermärchen aus Südamerika. Hrsg. von Theodor Koch-Grünberg. MdW. Jena 1920. S. 24, Gebot an den Hauspfosten, der sonst zum Bericht verpflichtet, zu schweigen. ebd. S. 36, eine Pfütze von Speichel antwortet bis zum Vertrocknen. – Nordamerikanische Indianer, Osage: Field Columbian Museum. Anthropology VII, S. 18f., Hirschgeweih, das den Verfolger zurückruft. ebd. S. 21ff. Sprechender Kot. – Sigrid Koch: Erzählungen aus der Südsee. Berlin 1966, S. 73, antwortender Baum. Motiv: D 1611.

Gegenleistungen fordert, oder gar schrecklicherweise als Complice des Verfolgers entpuppen.

Daß dem Flüchtenden unter der Flucht Macht zuwächst, gilt für viele andere Fluchtmärchen ebenso wie für das südamerikanische. Als beispielhaft sei das Bantumärchen von Sikulume angeführt, das von dem verachteten Sohne der Hauptfrau erzählt.[10] Beim Auszug zur Vogeljagd gilt er unter den Brüdern noch als stumm und schwachsinnig; doch er allein vermag die Gefahren zu bannen und die Gewinne einzuheimsen. Die verschiedenen Fassungen schildern verschiedene Abenteuer: Überwindung der Menschenfresser und Heimkehr mit ihrem Vieh, Tötung des volkverschlingenden Ungeheuers und Mannesweihe in dessen Haut als Mantel, Werbung der Braut beim feindlichen Schwiegervater, – und sie gestalten jeweils die Flucht verschieden: das Fett auf dem Stein, das die Menschenfresser zum Streiten und Verschlingen des Steines verleitet; das zaubrische Gewässer, in dem die Verfolger ertrinken; die eigentliche Hindernisflucht, bei der sich mitgeführte Dinge in gewaltige Hemmschwellen verwandeln. Am Ende wird Sikulume der mächtige Häuptling. Auch in den heimischen Märchentypen 314 und 313, Goldner und Unterweltstochter, ist der Machtzuwachs durch die Flucht wesentliches Bestandstück. Er ist schamanischen Sinnes und besteht im Grunde darin, daß auf der Flucht Grenze und Distanz gesetzt werden, die gegen die Zone des Machtursprungs abschirmen und den Rücklauf des Gewonnenen verhindern.

Im allgemeinen verläuft die Flucht selber in der Horizontalen, und meist liegen auf ihr auch die Zufluchtsorte der Erzählung. Aber die Natur des Erlebnisses, die Bedrängnis auf dem Fluchtweg, legt es nahe, auch in der Vertikalen eine Zuflucht zu suchen, entweder in der Erde – in einem gegrabenen Loch, im zaubrischen Einschußloch eines Pfeiles, in dem Loch einer Maus, eines Gürteltieres, der Termiten *[schabenähnliches Insekt]*[11] – oder aufwärts, in einem Baum, auf einem Felsen. Doch auch nach oben setzt oftmals der Bedroher die Verfolgung fort, oder, ein weitverbreitetes Motiv, er sucht den Baum zu Falle zu bringen – entweder mit der Axt oder seinen Hauern oder

---

[10] Blaise Cendrars: Anthologie nègre. Buchet/Chastel 1947, S. 243–254. – Märchen und Sagen der afrikanischen Neger, ges. von Toni von Held. Jena 1904, S. 1–11.

[11] Bureau of American Ethnology, Bulletin 26, Washington 1901, S. 118–128. Kathlamet: gegrabenes Loch. – Annual Report of the Bureau of Am. Ethn. 14, S. 196–199. Menomini: Einschußloch. – Indianermärchen aus Südamerika. Hrsg. von Theodor Koch-Grünberg. MdW. Jena 1920, S. 36. Warrau: Gürteltierloch. – Die Jaguarzwillinge. Mythen und…Märchen brasilianischer Indianer. Hrsg. von Herbert Baldus. GdV 28 Kassel² 1987, S. 149 Krahó: Termitenloch.

auf zaubrische Weise. Da ist dann guter Rat teuer, und es erwacht der Menschenwunsch, fliegen zu können, um der irdischen Bedrängnis zu entkommen. In den Märchen der Welt wird ihm auch oft die Erfüllung zu teil. Entweder leihen Vögel den Menschenkindern ihre Flügel, oder sie tragen sie selbst mit sich fort.[12]

Aber auch Flug-Zeuge werden im Märchen im kulturell sinnvollen Zusammenhang erfunden. Die Safwa, ein Bantustamm, erzählen davon, wie ein Knabe und zwei Mädchen in die Hütte eines Werwolfes geraten. Sie werden sein Wesen erst gewahr, als er schon ausgegangen ist, um seine Kumpane zum Verspeisen der Kinder einzuladen. Der Knabe schnitzt nun eine Trommel, verbirgt die Mädchen darin und geht dann selbst in sie ein. Er singt: „Trommel, trage uns zu meiner Mutter! Wir kamen unter die Menschenfresser!" Seltsam ist, daß die Trommel nicht in einem Zuge fliegt, sondern zwischendurch niedergeht. Dadurch erwachsen den dreien weitere Gefahren, vor denen sie noch auf andere Weise flüchten müssen. Daß man mit der Trommel fliegen kann, wird aus ihrer Natur eines Ekstase bewirkenden Musikinstrumentes zu erklären sein.[13]

Eigentlich zauberhafter ist es, wenn die Bäume selbst nun anfangen, sich in die Höhe zu dehnen und immer weiter hinauf zu wachsen, oder auch der Fels wächst unter den Verfolgten empor. Auf diese Weise gelangen sie dann, so des öfteren in nordamerikanischen Märchen, auch in den Himmel. Die märchenhafte Handlung schlägt wohl gar in einem Sternenmythos um, und über dem Erzähler stehen die Verfolgten als Sternbild am Himmel. Diese Form des Geschehens enthält etwas zutiefst Menschliches; sie hängt mit dem Gefühl der Erhebung zusammen, mit allen Sehnsüchten, die das Menschen-

---

[12] In einem Märchen des afrikanischen Nyassa-Gebiets – Hermann Baumann: Das doppelte Geschlecht, S. 334 – ist ein einseitiger Vogel, also ein dem Jenseitigen zugehöriges Wesen, bei der Flucht behilflich; das macht deutlich, daß es sich nicht lediglich um Vorgänge im Hiesigen handelt. Vgl. Sigrid Koch: Erzählungen aus der Südsee. Berlin 1966, S. 73, 74. – Russische Volksmärchen, hrsg. von Erna Pomeranzewa, Berlin 1967, Nr. 46: Schwäne retten den Knaben von dem Baum, den die Hexe annagt. – Blaise Cendrars: Anthologie nègre. Buchet/Chastel 1947, S. 77–81: Menschenfresser versucht den Fluchtbaum der Kinder mit dem Daumennagel anzusägen; Rettung durch den Vogel, der aber auf mattenbelegten Wegen empfangen sein will. Bakalong. – siehe auch Tochter des Zitronenbaums. Märchen aus Rhodos. Hrsg. von Marianne Klaar. GdV 28. Kassel 1970, Nr. 15. – Die Pantöffelchen der Nereide. Griechische Märchen von der Insel Lesbos. Hrsg. von Marianne Klaar. GdV 53. Kassel 1987, Nr. 4 und Selma Lagerlöf: Gösta Berling. Übertragen von Ulrich Johannsen. Leipzig 1923. S. 198, ferner unten S. 199f.
[13] Elise Kootz-Kretschmer: Die Safwa. II. Bd., Berlin 1929, Nr. 38.

herz mit den Bergen, den Wolken, der Oberen Welt und dem Himmel verknüpfen.

Wir bringen ein Beispiel für ein solches Fluchtmärchen. Der Verlauf haftet zunächst an der Erde und spielt sich in Gestalt der Hindernisflucht ab, über die noch ausführlich zu sprechen ist. Dann aber wendet sich die Bewegung nach oben, den Himmelsmächten entgegen. Die Erzählung stammt von den Bellacoola an der kanadischen Pazifik-Küste. Ich gebe ihr die Überschrift „Der Ronnenmann". In der englischen Vorlage steht „stump", in der deutschen Übertragung „Baumstumpf". In Wirklichkeit aber dürfte es sich nicht um den Stumpf handeln, sondern um den gestürzten Stamm, dessen Äste abgesplittert und abgestorben sind, um den Baumkadaver, der unter der Borke von vielfältigem Leben wimmelt und der daher selber von einem dämonisch-wiedergängerischen Leben erfüllt erscheint. Im Mittelalter, als es im deutschen Sprachgebiet noch den Urwald gab mit vielerlei gestürzten Bäumen, gebrauchte man noch das Wort „Ronne" für den liegenden Stamm. Noch heute lebt das Wort im Schweizerischen, und in den Märchen Haltrichs aus Siebenbürgen kommt der Ronnemann vor, als Schelte für einen Riesen.[14]

„Es war einmal eine Frau, die ging in den Wald, um Beeren zu sammeln. Sie verirrte sich und kam zuletzt an einen Fluß. Dort sah sie einen wild aussehenden Menschen auf sich zukommen. Als er bei ihr war, fragte sie ihn: ‚Wer bist du?' ‚Ich bin der Ronne', erwiderte er. ‚Wo wohnst du?' fuhr sie fort, worauf er antwortete: ‚Nicht weit von hier.' ‚Weißt du nicht, wo meines Vaters Dorf liegt?' fragte sie weiter, und er gab zur Antwort: ‚Ich weiß es wohl, werde es dir aber nicht verraten, denn ich will dich zum Weibe haben.' Das arme junge Weib sah keine Möglichkeit des Entkommens und folgte dem Ronnenmann. Bald hatte dieser einen Pfad erreicht, der zu einer Baumgruppe führte, unter der sein Haus stand. Sie trat ein und setzte sich traurig nieder.

Kurze Zeit darauf sagte der Ronne zu ihr: ‚Komm heraus! Mein Kopf sitzt voller Läuse; du sollst mich lausen.' Sie willigte ein und wollte ihm, der schon hinausgegangen war, folgen, da hörte sie plötzlich eine Stimme, die sie anrief. Sie hielt inne, sah sich um und erblickte eine Frau, die am Fußboden festgewurzelt war;...Diese händigte der jungen Frau eine Ahle *[nadelartiges*

---

[14] Indianermärchen aus Nordamerika. Hrsg. von Walter Kretschmer. MdW. Jena 1924, Nr. 28a. Ronnemann als Scheltwort für einen Riesen bei Josef Haltrich: Sächsische Volksmärchen aus Siebenbürgen. Bukarest 1973, S. 190.

Werkzeug, Lochvorbohrer] aus und sprach: ‚Nimm dies! Die Läuse, von denen dein Gatte spricht, sind in Wirklichkeit Kröten. Verwende die Ahle, um sie zu fangen! Schaudere und kreische nicht, wenn du sie erblickst, denn sonst wird er dich töten. Spieß' die Kröten auf die Ahle und wirf sie hinter dich! Du mußt so tun, als ob du die Läuse mit den Zähnen knackst und ißt, in Wirklichkeit aber nur auf deine Fingernägel beißen, um deinen Gatten durch das Geräusch zu täuschen!' Die junge Frau ging hinaus und setzte sich an der Seite ihres Gatten nieder. Er legte sein Haupt auf ihren Schoß, und sie begann, es nach Läusen abzusuchen. Dabei sah sie die Kröten, spießte sie auf die Ahle, warf sie über die Schulter und biß sich gleichzeitig auf den Daumennagel. Sogleich fragte der Ronne argwöhnisch: ‚Was höre ich da? Knackst du auch die Läuse?' Sie bejahte. Nach einiger Zeit hieß der Ronne sie innehalten, und sie gingen ins Haus. Bevor sie sich schlafen legten, sagte er: ‚Ich werde morgen in der Frühe fortgehen.' Als die junge Frau aufwachte, sah sie, daß ihr Gatte das Haus bereits verlassen hatte. Sie erhob sich, ging zu der festgewurzelten Frau und fragte sie: ‚Kann ich irgendwie hoffen zu entkommen, wenn ich fortlaufe?' ‚Du kannst es versuchen', antwortete jene, ‚aber wisse, daß dein Gatte scharf auf dich aufpaßt. Sein Nachttopf ist sein Wächter und wird ihm alles berichten, was in seiner Abwesenheit vorgeht.'

Spät abends kehrte der Ronne heim, und die Frau tat, als sei sie glücklich, ihn wiederzusehen. Dann sagte er ihr wieder, er wolle am andern Morgen früh fortgehen. Als es Morgen geworden und er fort war, sagte die junge Frau zu der festgewurzelten, daß sie jetzt den Versuch machen wolle, zu entfliehen. Sowie sie aber das Haus verlassen hatte, rief der Nachttopf seinen Herrn. Dieser hörte es sogleich, obwohl er weit entfernt war, verfolgte sie und brachte sie ins Haus zurück. Am folgenden Morgen ging der Ronne wieder fort; da sagte die festgewurzelte Frau zur jungen, sie solle einen Feuerquirl nehmen und damit am ganzen Rande des Nachttopfes Löcher bohren. Als das geschehen war, gab sie ihr noch eine uringefüllte Blase, einen Kamm und einen Reibstein. Dann riet sie ihr, westwärts davonzulaufen, und unterrichtete sie, wie sie den Urin, den Kamm und den Reibstein gebrauchen solle.

Die junge Frau verließ das Haus, und sogleich begann der Nachttopf zu rufen; seine Stimme war aber nicht mehr so laut wie früher, weil sein Rand durchlöchert war. Nichtsdestoweniger hörte es der Ronnenmann, eilte nach Haus und verfolgte sein Weib. Als er sich ihr näherte, warf sie die uringefüllte Blase über die Schulter, und der Urin verwandelte sich in einen See, der den Verfolger aufhielt, weil er um ihn herumgehen mußte. Bald hatte er sie aber von neuem eingeholt; da warf sie den Kamm über die Schulter, und dieser verwandelte sich in ein Dickicht, das der Verfolger nicht durchdringen konnte, sondern umgehen mußte. Schon hatte er sich bereits wieder bedenklich der Frau genähert, als diese den Reibstein über die Schulter warf. Der Reibstein wurde zu einem hohen Berge, der wuchs und wuchs und trug sie zum Himmel empor. Oben angelangt, entdeckte sie einen Pfad, und dem folgte sie. Bald erblickte sie das Haus der Sonne und durch eine Ritze desselben den Sonnenmann, der drinnen saß und sie aufforderte einzutreten. Die Frau öffnete die Tür, aber im Eingange loderten Flammen, so daß sie nicht wagte, hineinzugehen. Der Sonnenmann rief ihr zu, sie solle nur mutig hindurchspringen; sie tat es und kam mit heiler Haut hinein. Nicht lange danach hatte auch der Ronne auf seiner Verfolgung das Haus erreicht. Er lugte durch die Wandritze hinein, und der Sonnenmann hieß auch ihn eintreten. Beim Versuch, es zu tun, wurde jedoch der Ronne von den Flammen des Türeinganges verzehrt.

Die junge Frau wurde nun eingeladen, in einer Ecke des Hauses ihre Wohnung aufzuschlagen. Sie blieb, und als einige Zeit vergangen war, gebar sie einen Knaben, welcher der Sohn der Sonne war und Totqoaya hieß...Eines Tages fragte der Sonnenmann die junge Frau: ‚Hast du Heimweh?' Darauf erwiderte sie, daß sie sich sehne, zu ihrem Vater zurückzukehren. Da ließ der Sonnenmann sie auf die Erde blicken und wies ihr das Dorf, aus dem sie stammte. Sie fragte ihn: ‚Aber wie soll ich hinunterkommen?' Er zeigte ihr, wie sie an seinen Wimperhaaren hinabklimmen sollte. Sie nahm ihren Knaben auf den Rücken und stieg hinab. Am Abend hatte sie ihres Vaters Haus erreicht, und alle ihre Verwandten und Freunde waren froh, sie wiederzusehen."

Die beiden indianischen Erzählungen enthalten einen wichtigen Zug, den wir verallgemeinern dürfen. Der Verfolger ist ein Fisch, ein Baumstamm, also scheinbar ein Naturwesen, in Wirklichkeit aber ein Dämon. Fluchtmärchen erzählen fast nie von der Verfolgung durch das bloß animalische Wildtier, sondern fast stets von dämonischen oder dämonisierten Wesen als Bedrängern. Dabei haben wir allerdings zu beachten, daß im Weltbild der frühen Jäger das rein animalische Wildtier in unserem Sinne gar nicht vorkommt. Trotzdem ist das Naturwesen Tier, wenn es auch von eigner und eigenartiger Wesenskraft erfüllt erscheint, nicht dämonisch geartet.

Oftmals hat der verfolgende Dämon die Natur eines Toten oder auch des Todesdämons selber. Das zeigt sich deutlich am Ronnenmann, noch klarer aber an dem Piraruku; denn der Wels hat sich ja die Gestalt des ertrunkenen Ehemannes angeeignet. Dieser Zug des Märchens gibt Anlaß zu einer wichtigen allgemeinen Beobachtung. Die Frau flüchtet vor der Erscheinung ihres toten Ehemannes aus dem Hause, in dem sie mit ihm zusammen gelebt hat. Diese Richtung der Flucht kennen unsere Märchen mit tödlichen Dämonen nicht. In den typischen Fluchtmärchen AT 313 und 314, die wir später heranziehen, sind die Fliehenden dem heimischen Bereich zugewandt; dort suchen sie die Rettung, und sie ist für die Erzähler dort auch selbstverständlich. In einem Märchen Siebenbürgens wirft der Hüne, nachdem er noch das letzte magische Hindernis überwunden hat, den Fliehenden Donnerkeile nach; „allein es war umsonst, sie fielen an der Grenze des Hünenlandes nieder, und jene waren schon im Reich der Menschenwohnungen und gelangten nun glücklich nach Hause."[15]

Im russischen Märchen vollendet sich das Entkommen im heiligen russischen Reich. In unseren heimischen Sagen bezeichnen Schwelle und Traufe *[Unterkante des Daches]* des Hauses den schirmenden Bannkreis. Auch in der weiten Welt sind oft das heimische Dorf, die Hütte der Mutter und Verwandtes die endgültige Zuflucht dessen, der vor dem Dämon flieht.[16]

Sehr wahrscheinlich hängt bisweilen jene andere Fluchtrichtung, vom Hause aus ins Weite, mit einem uns sehr fremden Brauchtum zusammen, das die Völkerkunde noch hier und da in der Welt vorgefunden hat: daß nämlich die Siedlung, in der ein Todesfall eingetreten war, von allen Einwohnern insgesamt und auf immer verlassen ward.[17]

Es versteht sich, daß auch in unseren Märchen die Flucht vom Zuhause vorkommt, dann aber nicht vor tödlichen Dämonen, sondern vor den gefährlichen Anverwandten, – wie in den Märchen von den zwölf Brüdern, denen der Tod droht bei der Geburt einer Schwester (KHM 9 – AT 451), von Allerleirauh, die der eigene Vater mit Notzucht bedroht (KHM 65 – AT 510B), von Kari Holzrock, die auf dem wunderbaren Stiere reitend entflieht (As-

---

[15] Josef Haltrich: Sächsische Volksmärchen aus Siebenbürgen. Bukarest 1973, S. 198.
[16] KHM 51: „Da gingen die Kinder zusammen nach Haus und waren herzlich froh..." Indianermärchen aus Südamerika. Hrsg. von Theodor Koch-Grünberg. MdW. Jena 1920. Nr. 75: „So konnten sie zur Hütte der Mutter kommen. Diese freute sich...".
[17] Georg Buschan: Illustrierte Völkerkunde II, Stuttgart 1923, S. 784, 789, 793, 801. – Flucht des Kindes auf dem weißen Ochsen vor der tötenden Dämonin, die ins Haus eingedrungen ist, auch in dem finnischen Märchen Nr. 21, Finnische und estnische Märchen. Hrsg. von August von Löwis of Menar. MdW. Düsseldorf 1962. Keine Heimkehr.

bjørnsen und Moe 19 – AT 511A) und von anderen Mädchen, denen die Stiefmutter nach dem Leben trachtet.

In diesen Märchentypen mit der Flucht aus dem Hause erschließt der Aufbruch von daheim erst die eigentliche Handlung. In anderen Typen ist die Flucht eng mit dem Hauptgeschehen verwoben; wir erwähnen die Flucht vor dem dämonischen Entführer, Fitchers Vogel (KHM 46 – AT 311) und ein damit verwandtes Novellenmärchen, das von der Räuberbraut, die vor dem mörderischen Bräutigam flieht (KHM 40 – AT 955). Den eigentlichen Märchengeheimnissen weit näher stehen Figuren wie der Goldener (AT 314, 502) und Aschenputtel sowie Moirin (AT 510), die alle drei nicht in ihrer Glanzgestalt, nur in ihrer Alltagsgestalt erkannt werden dürfen und darum fliehen müssen.

Schließlich sind die Märchen zu nennen, die den Gehalt des Lebens selber als den Gewinn der Flucht darstellen und die daher mit entsprechenden Mythen nah verwandt sind: die vom Lebenswasser und vom Goldvogel. Im Märchen vom Lebenswasser (KHM 97 – AT 551) muß die Rückfahrt nicht notwendig in Gestalt der Flucht vor sich gehen. Oft aber kommen dort das Jenseitstor oder die Klappfelsen vor, die Schranke zwischen Zeitlichkeit und Ewigkeit, die nur, wo diese coincidieren *[zusammenfallen]*, im Hauch der Zeit, im Nu, fluchtartig zu überwinden ist. Daher muß der Reiter das tödliche Tor in rasender Eile durchqueren. Die Hauptperson erscheint hier als der Räuber der einzigartigen Kostbarkeit, der Ewigkeitsessenz, die allein dazu taugt, die Zeitlichkeit schöpferisch zu bestehen. Dieser Raub hat mythische Parallelen im Somaraub Altindiens und im Raube des Dichtermetes durch Odin. Auch dieser erreicht flüchtend nur mit genauer Not seine Heimstatt, Asgard. Der Gott auf der Flucht als Räuber des lebensnotwendigsten Gutes – zeigt das Fluchtmotiv in kosmischen Dimensionen. In dem uns vertrauten Märchen scheint das Maß nur verkleinert. In der Krankheit, in der Trübsal des Königs, das heißt in der Not des Reiches, erweisen sich Raub und diebsmäßige Flucht als unausweichlich geboten.

Immer in Gestalt einer Flucht geht die Heimkehr vonstatten in dem anderen Goldvogelmärchen, dem mit dreifachem Gewinn oder Raube (AT 550). Der Held erlangt, nachdem er auf zwei Stationen, bei den Königen des Goldvogels und des Pferdes, als Dieb erwischt worden ist, auf der dritten Station die schönste Braut. Eigentlich müßte er sie gegen das Pferd und dieses gegen den Vogel austauschen, denn dies hat er den beiden Königen, um vom verhängten Diebestode freizukommen, geloben müssen. Aber er kann die drei

Lebenskleinodien nicht teilen und trennen, alle drei muß er heimführen, und daher muß er von Station zu Station bis an die Grenzen der Heimwelt flüchten, wo er freilich zunächst den Neidischen erliegt. Diese werden dadurch zu den eigentlich mörderischen Strauchdieben und reinigen den Helden von dem Schandmal und der Nemesis *[vergeltenden, strafenden Gerechtigkeit]* des Räuberischen.

Das Hin und Zurück um höchster jenseitiger Güter willen hat die Grundform eines schamanischen Beutezuges in die Andere Welt. Schamanischer Gestalt und schamanischen Sinnes ist auch dasjenige Märchen, das die höchste Fluchtgeschwindigkeit aller Märchen überhaupt zeigt: das Märchen vom todlosen Koščej.[18] Dort ist der eigentliche Räuber der dämonische Koščej, das todlose Todesgespenst. Er hat die schönste Braut in die Tiefe seiner Welt entrückt, und zunächst sind alle Versuche des Helden, mit ihr in die Heimwelt zu flüchten, vergeblich; das Roß des Todes ist schneller als das seine, und er verliert sogar vorübergehend das Leben. Erst als er der Urwelthexe, bei der drei Tage drei Jahre sind, ein Pferd abgedient hat, besitzt er ein Reittier, das geschwinder ist als das des Todes, und in einem rasenden Ritt entkommt er mit der schönsten Braut dem todlosen Koščej. Dies Märchengeschehen ist offenbar gestaltverwandt mit der schamanischen Aufgabe, auszufahren und die Seele des Sterbenden, wenn es der Retter vermag, dem Dämon des Todes wieder zu entführen.

Flucht mit der Braut, mit der unschätzbaren Kostbarkeit – vor dem tötenden Dämon, vor dem Unterweltsherrn – ist ein wesentliches Bestandstück der beiden Märchentypen, die geradezu nach dem Fluchtmotiv heißen. Es sind die Märchen mit magischer Flucht, AT 313 und 314. Für sie werden im Folgenden Beispiele gegeben sowie Sinn und Möglichkeit in der Gestalt ihrer Fluchtmotive untersucht.

Die Hindernisflucht

Der alte Soldat und der Schimmel – ein sehr kurzes Märchen aus dem Nachlaß der Brüder Grimm, ist in der Gruppe der Fluchtmärchen ein typisches Beispiel für die Goldhaar-Variante mit Hindernisflucht. Der Held gelangt in den Bereich eines dämonischen Dienstherrn, der ihm für das Übertreten ge-

---

[18] Ein pommersches Beispiel: Deutsche Märchen seit Grimm. Hrsg. von Paul Zaunert. MdW. Düsseldorf 1964, Nr. 1.

wisser Anordnungen die Todesstrafe androht. Auf unerlaubte Weise verschafft er sich goldenes Haar und erwirbt sich die Freundschaft eines zaubrischen Tieres, meist eines Pferdes. Auf ihm flieht er und erzeugt durch Auswerfen mitgeführter Gegenstände in seinem Rücken drei Hindernisse für den Verfolger. Dieser kann zwei davon überwinden, das letzte hemmt ihn endgültig. Der Held kommt an einen Königshof, lebt dort als unscheinbarer Gärtnerbursche und bewährt sich in drei Schlachten mit Hilfe des Pferdes als Sieger. Am Ende erhält er die Königstochter zum Weibe, die normalerweise sein eigentliches Wesen schon frühzeitig erkannt hat. Der Typus ist nahverwandt mit dem Typus „Eisenhans", und beide werden unter dem Titel „Goldener" zusammengefaßt (AT 314 und 502). Sie unterscheiden sich nur in der Art, wie der Held zu seinem Goldhaar kommt und wie er zu dem Herrn steht, dem er am entlegenen Orte dient.

Als hindernisschaffende Gegenstände sind die drei Leuchter der angeführten Fassung einmalig, der Einfall eines Erzählers, der vom Ursprünglichen weggeführt hat. Die Hindernisse sind in der Regel Waldesdickicht, Felsenberg, Gewässer: dies als das letzte unüberschreitbar für den Dämon, weil es in der alten Mythologie der Fluß zwischen Lebensreich und Totenland war. Die Gegenstände, aus denen die Hindernisse entstehen, sind oftmals ein Stück Holz, also Ast, Dorn, Span, Zapfen, danach Stein und Wasserguß. Die Forschung wird auf diese Weise mit Belegen versorgt für das Pars-pro-toto-Prinzip der Magie – das heißt: ein Teil habe die Wirkung des Ganzen – und wird dadurch in die Irre geführt. Wenn nämlich ganz andere Gegenstände ausgeworfen werden – in weiter Verbreitung zum Beispiel der Kamm wie in unserem Bellacoola-Märchen, aber auch Spiegel und Striegel, Handtuch und Kleider, Beeren und Pfirsiche, dann ist sie bereits am Ende ihrer Weisheit. Zu Albert Wesselskis Zeit, als er seinen „Versuch einer Theorie des Märchens" veröffentlichte (1931), hatten schon mehrere Forscher das Altertum des Kamm-Motivs ans Licht gestellt. Trotzdem behauptet Wesselski: „...die Märchen, wo anstatt Erde, Wasser und Dornen eine Bürste, ein Kamm und ein Spiegel ausgeworfen werden, weisen in eine Zeit, wo man besser als den primitiven Satz von der Wesenseinheit des Teils und des Ganzen die Erfordernisse der Toilette kannte, die sich übrigens ganz gut zur Anwendung der nachahmenden Magie eigneten."[19]

---

[19] S. 34.

Kein Zweifel, daß Bürste, Spiegel und Handtuch hier Spätlinge sind. Aber sie wurden in den Zusammenhang hineingezogen durch den vor alters dort schon eingeführten Kamm. Eine einzige derartige Tatsache wirft die Anschauung von den „primitiven" Ursprüngen solcher Märchenabläufe über den Haufen und zwingt dazu, das Pars-pro-toto-Prinzip auf die Anwendungen zu beschränken, in denen es wirklich einmal gegolten haben mag. Vielleicht sind diese nur im spätzeitlichen Aberglauben zu finden, und das heißt auch: im Aberglauben spätzeitlicher Wissenschaft.

Zudem gesteht Wesselski noch, daß die beiden genannten Gruppen zaubrischer Gegenstände schwer zu erklären seien, „aber Früchte und Kleidungsstücke spotten jeder Erklärung".[20] Was hätte er wohl zu sagen gewußt, wenn er noch hätte erklären müssen, wieso grad die Corinna der Mme. de Staël toddrohende Verfolger hemmen könne! Ich habe nicht vor, den großen Reichtum der Hindernisvariationen aufzurollen. Nur dies sei in der Kürze gesagt, daß in indianischen und afrikanischen Märchen die ausgeworfenen Speisen, Beeren oder Fett zum Beispiel, natürlicherweise das Wildtier zum Fressen verleiten und dann folgerecht auch das dämonische Wildtier aufhalten, – was gäbe es da zu grübeln! Wenn sonst in den Erzählungen jägerischer Kulturen auch Speichel, Rotz und Kot hinterlassen werden, so versteht es sich dort von selbst, daß sie Witterung stiften, daß sie als „Duftseelen" vom Dämon auch verschlungen werden, ja sogar der Stein, auf dem der Flüchtige sie hinterließ, mit ihnen.[21]

Anders die Pfirsiche der alt japanischen Fluchtmythe! Sie entstammen der chinesischen Mythologie, sind die Frucht der Unsterblichkeit, und daß der Lebensgott sie den Kriegern der Todesgöttin, die ihn verfolgen, hinwirft, ist von ganz durchsichtiger Symbolik. Wie dürfte man zu hoffen wagen, was in individuellen Zügen einer bestimmten Kultur gründet, nach Wesselskis Art aus einer abstrakten wissenschaftlichen Regel zu deduzieren *[den Einzelfall aus dem Allgemeinen ableiten]*! Auch andere der genannten Speisen mögen eher unter einer ritualistischen als einer pragmatischen Vorstellung ausgestreut werden, so etwa in Afrika die Hirse, die dort zugleich die – weiße! – Totenspeise ist; in Ostafrika heißt das Reich der Toten „Hirseland".[22] Bemer-

---

[20] S. 70.
[21] Henry A. Junod: Les chants et les contes des Ba-Ronga. Lausanne 1897, S. 214: „der Held schneuzt auf die Erde, die verfolgenden Menschenfresser lecken die Köstlichkeiten auf.".
[22] Freundlicher Hinweis von Diether Röth: so bei den Iraku im Abflußlosen Gebiet Tansanias, vgl. Ludwig Kohl-Larsen: Der Perlenbaum. GdV 33, Kamel 1966, S. 226f., Anm. 1; in einer

kenswert ist auch, daß manche indianische Erzähler im Nordwesten Amerikas, die Fluchtmärchen typisch europäischer Herkunft übernahmen[23], das hinderniserzeugende Ding abgewandelt haben in eine Decke, in Decken nacheinander, und darin offenbar dem „deckenden" Sinngehalt dieses Gegenstandes in ihrer Kultur gerecht wurden.

Sonst mögen ausgeworfene Kleider auch einerseits als Witterung und Aufenthalt für das Wildtier gedacht worden sein, andererseits aber, ihrer Verwendung nach, als Abwehr tödlichen Frostes – sie kommen zumal in Eskimo-Märchen vor – und sie sind daher symbolisch auch Sperre und Verzögerung für den Todesdämon.[24] Meist verwandeln sich derartige Gegenstände nicht in anschauliche Hindernisse, obwohl, wie sich versteht, alles, was den Verfolger Zeit kostet, ihm auch einen Raumverlust einbrockt und sich bildhaft als räumliches Hindernis darstellen kann. Bildsymbolik ist allerdings nicht der Kern der Sache, wie wir sehen werden.

Es soll hier nicht darum gehen, den ganzen weiten Beziehungsreichtum des Goldenermärchens aufzudecken. Zutage liegt, daß es sich um die beispielhafte Erzählung von einer Initiation handelt: aufgezwungene Abgeschiedenheit eines Jugendlichen bei einem ambivalenten *[zwiespältigen, in sich widersprüchlichen]* Wesen, das Todesschrecken und höchstes Lebensgut verwaltet; Erwerb der Kostbarkeit, Goldhaar und Zauberpferd; Rückkehr in die profane Welt; Bewährung als Unscheinbarer; Enthüllung des eigentlichen, in der Initiation erworbenen Wesens. Die Beziehung der Hindernisflucht zum Totenritual, die schon seit hundert Jahren bekannt ist, werden wir später flüchtig streifen. Doch mit zwei Fragen soll märchenkundlich Wesentliches angeschnitten werden: Wie kann ein winziger Gegenstand zu einem weltsperrenden Hindernis werden? Wie kann im besonderen ein Kamm so große Dinge tun?

Burungi-Geschichte – Kohl-Larsen: Die Frau in der Kürbisflasche, GdV 36, Kassel 1967, S. 21f. – läuft der seine entflohene Frau verfolgende Löwenmann in seine Behausung zurück, um seine vergessenen Krallen zu holen – aber jedesmal findet er Hirse in den Gefäßen, in denen er sie abgelegt zu haben glaubt.

[23] AT 313 bei einem Stamm des Nordwestens: die Decken verwandeln sich, die rote in ein Schlammfeld, die grüne oder gelbe in ein Dickicht von Krüppelkiefern, die weiße in glitschigen Salz- oder Eisboden, die schwarze oder blaue in ein Dornengebüsch. James Teit: The Shuswap. J. N. P. E. Vol. II, Leiden – New York 1900–1908, S. 727–729.

[24] Die menschliche Bekleidung und die Natur der Dämonen stehen in einer beziehungsreichen Spannung zueinander, die nur durch eine sehr differenzierte Untersuchung aufzuhellen ist. Zu vergleichen etwa das slowakische Fluchtmärchen, das Wilhelm Hertz: Der Werwolf. Stuttgart 1862, S. 121f. zitiert nach Wolfs Zeitschrift für Deutsche Mythologie IV, S. 244ff.

Einleitend zur Beantwortung dieser Fragen zitiere ich einen nicht zutreffenden Satz aus der älteren Märchenforschung. Friedrich Panzer, nicht irgendwer, sondern ein bedeutender Germanist, Sagen- und Märchenforscher aus der ersten Jahrhunderthälfte, will unter Märchen im wissenschaftlichen Sinne verstanden wissen „eine kurze, ausschließlich der Unterhaltung dienende Erzählung von phantastisch-wunderbaren Begebenheiten, die sich in Wirklichkeit nicht ereignet haben und nie ereignen konnten, weil sie, in wechselndem Umfange, Naturgesetzen widerstreiten."[25] – Welch ein Mangel an eigentlich durchdringender Geisteskraft bei einem bedeutenden Wissenschaftler, daß er die Wirklichkeit der Märchen mit den Gesetzmäßigkeiten der Naturwissenschaften ermessen will! Als hätte er selber angesichts der Märchen niemals mehr empfunden als unterhaltsam traumhaft wirklichkeitsfremde Phantastik! Wäre sie des Schweißes der Edlen wert? – I, for one, utterly refuse to accept such as an adequate goal for a life's research! – Ich jedenfalls weigere mich entschieden, dergleichen als würdiges Ziel eines Forscherlebens anzuerkennen! – So bekannte die hochbedeutende Gralsforscherin Jessie Weston vor 66 Jahren – gegenüber ähnlichem Kollegen-Gefasel zum Inhalt der Gralssage.

Ihre Worte sind, wie sich versteht, keine wissenschaftliche Aussage, sondern ein forscherisches Bekenntnis. Ihm hat zu folgen der Nachweis der wirklichen Gehalte, in unserem Falle mithin genauer der erlebten Wirklichkeit in den altüberlieferten großen Märchen. Einen Leitfaden dazu geben uns nur solche Wissenschaften an die Hand, die nach dem Ganzen und dem Grunde unserer wunderbaren Existenz fragen, also etwa Religionswissenschaft und Metaphysik. Der Frage nach dem Wesen der Welt können wir nicht ausweichen, wenn wir die Kernfrage nach Wesen und Möglichkeit der in den großen Märchen erzählten Erscheinungen stellen. Weitere Hilfen für die Beantwortung unserer besonderen Fragen finden wir vor allem in jenen Kulturen, in denen märchenhafte Weisen des Vorstellens und Handelns noch zum Leben und Wirken gehören oder zur Berichtszeit noch gehört haben, also bei Völkern, die gestern noch als primitiv und unzivilisiert verleumdet worden sind.

Zur ersten Frage, der nach dem Entstehen der Hindernisse! Es gehört schon fast zum Alltagswissen, jedenfalls ist es eine bekannte Erfahrung der Psychopathologie und der Rauschmittelkunde, daß Kleines groß, Großes

---

[25] Friedrich Panzer in: Deutsche Volkskunde. Hrsg. von John Meier. Berlin 1926, S. 219.

klein gesehen werden kann.[26] Man spricht dann entweder von Makropsie, Großsehen, oder Mikropsie, Kleinsehen. Uns geht hier nur die Makropsie etwas an. Derlei Sichtveränderungen können durch die seelische Einstellung zum erlebten Gegenbild hervorgerufen werden, aber ebenso auch durch Rauschmittel, und solche Wirkungen sind schon vor über zweihundert Jahren beschrieben worden. Die sibirischen Völker bis zu den Lappen in Europa hin sind, mit einigen Ausnahmen, Fliegenpilzesser gewesen oder sind es noch (Fliegenpilz = Amanita muscaria), und im Amanita-Rausch ist Makropsie etwas ganz Gewöhnliches. 1776 schreibt Krasheninikoff, daß eine schmale Spalte dem Berauschten groß wie eine Tür und ein Zuber voll Wasser tief wie das Meer erscheint. Baron von Maydell erlebte es hundert Jahre später bei den Koryaken, daß man den Berauschten veranlaßte, umherzugehen, was er ohne zu taumeln vermag, und daß man ihm dann zum Spaß ein kleines Hindernis in den Weg legte, etwa einen kurzen Stock. „Dann bleibt er stehen, betrachtet das Stöckchen mit aufmerksamen Augen und springt schließlich mit einem gewaltigen Satze darüber."[27]

Diese Fliegenpilz essenden Völker kennen die magische Flucht sowohl als Erzählmotiv wie im Totenritual. Bei der Rückkehr von der Leichenverbrennung werden in Gestalt kleiner Gegenstände und Zeichen – Striche im Schnee, Grasbüschel, Steine, Wasserbecher – Hindernisse gesetzt, die für den Verfolger als Züge der Landschaft und als Sperre erscheinen sollen. Der Verfolger dürfte ursprünglich immer der Todesdämon gewesen sein, oftmals wird aber auch der Tote als der Abzuwehrende bezeichnet, ich nehme an, in später Umdeutung. Der Brauch ist schon für das Indien vedischer Zeit bezeugt, also vor rund dreitausend Jahren, und er reicht, mit der makroptischen Begründung, herein bis in das vorige Jahrhundert und Westeuropa. In Masuren wurde, wie auch an vielen anderen Orten, das Leichenwasser hinter der Totenbahre oder dem -wagen ausgeschüttet. „Das soll bedeuten: wenn der Geist des Toten zurückkommen will, wird ein See vor dem Hause sein, und da kann er nicht hinüber."[28]

Warum ist da für den Toten oder den Todesdämon ein See? Sehen Seelen und Dämonen wie der Koryake im Amanita-Rausch? Offenbar ist das so, und

---

[26] Christian Müller: Mikropsie und Makropsie. Basel 1956.
[27] L. Lewin: Phantastica. Die betäubenden und erregenden Genußmittel. Berlin 1924, S. 122.
[28] Rigveda 10.18.4. – Caland: Die Altindischen Todten- und Bestattungsgebräuche. Amsterdam 1896, S. 113–128, besonders S. 122 – Julius von Negelein: Die Reise der Seele ins Jenseits. Zs. d. Vereins f. Volkskunde, 11. Jg., Berlin 1901, S. 266f.

dafür sei noch ein Beispiel gebracht, diesmal von bösen Geistern, von einer Art, die von den Tschuktschen Rekken genannt wird. Einige von diesen planen, einen Mann zu überfallen, aber er, von einem Totengeist gewarnt, zieht um sein Haus einen Kreis von Rentierblut. Als die Rekken herankommen, finden sie das Haus von einem grundlosen Blutstrom umgeben, in dem sie eine Furt nicht einmal mit ihren langen Stangen ausmachen können, und sie ziehen wieder ab.[29]

Besonders klar deutet auf das menschliche Erlebnis ein Sagentyp, in dem nicht von der Totenseele, sondern von der in der Ekstasis ausgefahrenen Seele erzählt wird, die Guntram-Sage und ihre zahlreichen Verwandten. König Guntram schläft draußen im Felde neben dem wachen Diener, und der beobachtet, wie ein Tierlein aus des Königs Munde herausschlüpft, vor einem Bache hin- und herläuft und ihn erst überquert, als der Diener ihn mit seinem Schwert überbrückt hat. Das Tier kriecht in das Loch eines Berges und kehrt nach Stunden zurück. Der König erwacht, als das Tier in seinem Munde wieder verschwunden ist, und berichtet von einem Traum, in dem er einen breiten Fluß auf einer Eisenbrücke überschritten und daß er dann in der Höhle eines hohen Berges einen unermeßlichen Schatz entdeckt habe. Der Diener berichtet, was er gesehen hat; der Schatz im Berge wird wirklich gefunden.

Dazu eine Parallele aus der Ferne! Bei den vorarischen und vordravidischen Sântâl in Indien wird erzählt, wie die Seele eines durstigen Mannes im Schlafe in Gestalt einer Eidechse aus seinem Munde kriecht und in einen Krug mit Wasser klettert. Aber der Krug wird zugedeckt, und nach einer Weile scheint der Mann tot zu sein, so daß man zu seiner Einäscherung schreitet. Doch dann wird der Krug wieder aufgedeckt, die Eidechse entkommt, der Mann erwacht und erzählt, wie er in einen Brunnen hinabgestiegen sei und es schwer gefunden habe, wieder herauszukommen.[30]

Es wäre ein Irrtum, wollte man sagen: freilich, wenn sich der Mensch so klein vorkommt wie eine Eidechse, dann muß ihm wohl der Krug wie ein Brunnen und der Bach wie ein Fluß erscheinen. Denn mit solcher Begründung würden wir uns auf Erlebnisse im Raum der Körper beziehen. Es geht aber um den Bedeutungsraum, in dem Bildhaftes für die Seele erscheint, und

---

[29] Waldemar Bogoras: The Folklore of Northeastern Asia ... American Anthropologist NS, Vol. 4, New York 1902, S. 586.
[30] Brüder Grimm: Deutsche Sagen Nr. 433. Dazu: Hannjost Lixfeld: Die Guntramsage. AT 1645 A. Fabula 13, 1972, S. 60–107. – Die Sândâl-Sage in: The Indian Antiquary VII, 1878, S. 273.

der Raum ist nicht durch sachräumliche Vergleiche zu erkunden. Um dies noch einmal zu verdeutlichen, wählen wir ein Beispiel aus einem tibetischen Märchen. Dort ist nicht von einer Seelenausfahrt die Rede und nicht von der Seele als Kleinlebewesen, sondern von einer ganz anderen Leistung der Seele, einem Orakel. Ein solches wird ja oftmals gewonnen durch Versenkung in die Anschauung traditioneller Hilfsmittel, meist vieldeutiger, die Schaukraft anregender Bilder. In Tibet gab es das Fadenorakel, in China die vierundsechzig wandelbaren Sinnzeichen des I Ging, in Rom die Eingeweideschau, bei uns legt man Karten noch heute. Es geht bei diesen Verfahren um ein Vortasten der Seele in den bildgeladenen Bedeutungsraum, dem dann der schwierige und täuschungsreiche Versuch folgt, für das Geschaute die Entsprechung im Sachraum zu erschließen.

In dem tibetischen Märchen hat der Gesandte des Tibeterkönigs den Auftrag, für seinen Herrn um die Tochter des Kaisers von China zu werben. Dazu muß er, wie auch die anderen Freier, schwierige Aufgaben lösen, und deren letzte ist die allbekannte Märchenfrage, welches unter vielen jungen Mädchen die Braut ist. Die Antwort kann der Gesandte nur geben, wenn er Kunde aus dem Palast selber erlangt. Er stellt auch die Verbindung zu einer alten Schloßwäscherin her, aber die hat Angst davor, daß der Hoforakelmeister sie dann unfehlbar entlarven wird. Doch versichert der Gesandte ihr, daß er imstande sei, den erfahrensten Orakelkünstler in die Irre zu führen.

„Was der Gesandte des Tibeterkönigs nun begann, war der alten Wäscherin rätselhaft. Er legte drei weiße Steinplatten übereinander, stellte einen eisernen Kessel darauf, füllte ihn mit Wasser und setzte einen Holzschemel hinein. Die verwunderte Alte erhielt eine Kupfermünze und wartete gespannt auf die Worte des hohen Herrn. ‚Liebes Mütterchen, wenn du dich auf den Schemel setzt und diese Münze in den Mund legst, wird der Wahrsager sprechen: ‚Die Kunde über die Prinzessin wurde von einem Menschen verbreitet, der auf einem hohen Berge steht; der Berg schwimmt in einem Meer von Eisen, das von drei Silberbergen umgeben ist. Er spricht mit kupferner Zunge durch silberne Zähne!' Siehst du, niemand wird jemals wissen, wo die Silberberge liegen und welcher Himmelsgeist eine Kupferzunge und Silberzähne hat. Oder man wird dich letzten Endes gar für einen begnadeten Schützling der Götter halten! Warum also solltest du mir jetzt nicht alles erzählen, was du über die Prinzessin weißt?'"

Ich vermute, daß hier etwas ausgefallen ist: daß nämlich die Wäscherin nicht nur ein Kupferstück unter die Zunge, sondern auch eine Silbermünze hinter die Zähne klemmt. Jedenfalls erbringt das Märchen ein klares Zeugnis für die makroptische Täuschung des Sehers, und demgemäß heißt es, als der Tibeter die Kaisertochter richtig bezeichnet hat und der Kaiser den Verräter entlarven möchte, daß der Orakelmeister da „nur zusammenhangloses Zeug zu reden wußte. So blieb es ewig ein Geheimnis, aus welcher Quelle der tibetische Gesandte sein Wissen hatte."[31]

Die beigebrachten Beispiele stehen in sinnvollem Einklang miteinander, und darin zeigt sich, daß sie nicht zügellose Phantasiegebilde sind, sondern die wohlverbundenen Zeugnisse einer alten Seelenkunde. Diese wäre von unserer Psychologie seit 140 Jahren, das heißt, seit dem Ende des Mesmerismus, vernachlässigt worden, lebendig geblieben aber seit alters bei anderen Völkern. Bei uns lebt sie unverstanden nur in den Märchen fort in Gestalt ihrer ehemaligen Anwendung. Übrigens sollen unsere Parallelbelege nicht beweisen, daß es die für eine makroptische Täuschung anfälligen Toten- und Dämonenseelen, den Seelenfahrer und den fernschaubefähigten Wahrsager tatsächlich gibt. Innerhalb der Märchenforschung geht es lediglich um die Einsicht, daß das Märchenmotiv verwurzelt ist in einer bestimmten derartigen Vorstellung mit klarer seelenkundlicher Grundlage und in der Überzeugung von ihrer Wirklichkeit – und nicht etwa in der bodenlosen Phantastik moderner Märchendefinitionen oder auch ihrer Traumverbohrtheit oder -seligkeit.

An der Hindernisflucht verstehen wir bisher nur, daß der Verfolger als ausgefahrene oder dämonische Seele einer makroptischen Täuschung erliegen kann. Noch nicht erklärt haben wir, warum überhaupt diese Seele in der weiten Welt auf das ausgeworfene kleine Ding stößt, denn erst infolge dieses Zusammentreffens kann sie ja dessen Faszination erliegen. Die Antwort ist, daß die Seele, die eine Seele verfolgt, sie nirgendwo anders zu treffen vermag als auf dem Wege, den die fliehende selbst sich eröffnet und auf dem sie sich bewegt. Dies allein ist der Raum einer möglichen Begegnung.

Um dies etwas verständlicher zu machen, sei ein charakterologisches Beispiel angeführt. Den Menschen, dem ich innerlich zu begegnen wünsche, muß ich in dem Bereich aufsuchen, in dem er innerlich behaust ist. Dem passionierten Mineralogen begegne ich in den Bergen und nicht im Garten, der Gärtnerin bei den Blumen und nicht bei den Fischen, dem Angler am See und nicht auf dem Felsenberg. Dem gleicht nicht, ist aber zu vergleichen die

---

[31] Märchen aus Tibet...nacherzählt von Herbert Bräutigam. Frankfurt/M 1977, S. 7–13.

Verfolgung der Seele durch die Seele, nur auf ihrem eigenen Weg ist sie zu erreichen.

Wollte der Verfolger das Holz, den Wetzstein, die Urinpfütze umgehen, so wäre er nicht mehr auf dem Wege der anderen Seele, sondern auf dem seinen und er träfe jene nun und nimmermehr. Darum sind die ausgeworfenen Dinge so breit wie die Welt, der aufgenötigte Weg ist die ganze Welt dieses Erlebens; es gibt kein Außenherum, ja, überhaupt nicht den Umgehungsraum. Erzählerisch kommen Umgehungen zwar vor; wesensgemäß ist aber nur die Weltsperre – wie in einem Algonkin-Märchen, in dem der von seinem dämonischen Weibe verfolgte Mann einen Wetzstein auswirft mit den Worten: „Möge da eine Felswand sein vor ihr, die von Meer zu Meer reicht!" – und die Verfolgerin irrt an dem von Küste zu Küste reichenden Gebirgsrücken entlang.[32] Es gibt viele indianische und eskimoische Geschichten, die zeigen, daß ein magisches Hindernis gleich welcher Art, und sei es ein Topf mit siedendem Wasser, nur in seiner Mitte überwunden werden kann, ebenso, wie in aller Welt, das mythische Hindernis der Klappfelsen.[33] Nichts anderes besagt auch unser Märchenmotiv von dem Verfolger, der, wenn er auf die Felswand stößt, seinen Gebirgsbohrer holen muß, um sie zu durchdringen.

Derlei wird in Kulturen, deren Angehörige sich auskennen, geradeswegs ausgesprochen, – dazu die entsprechende Episode aus einer Erzählung der Tschuktschen. Sie berichtet von einem jungen Mann, der gestorben war und wiedererweckt worden ist. Er hat sich dadurch zu einem großen Schamanen entwickelt, freilich zu einem bösartigen. Sein eigener Vater, der ihn sehr betrauert und der sein Wiederaufleben veranlaßt hatte, findet sich daher genötigt, ihn wieder sterben zu lassen, und gewinnt dazu eine Kele-Hexe, das heißt eine, die zu den bösen Geistern gehört. Der Sohn entflieht, findet einmal Zuflucht bei einer Eule, dann bei einem Adler und muß schließlich den langen Eisenstab mit blutiger Spitze überschreiten, den die Hexe quer über die Erde gelegt und in eine Kette hoher Eisenberge verwandelt hat. Selbst hat sie sich gespalten und je eine Hälfte wacht über ein Ende des Stabes. Der Flüchtling darf nicht versuchen, den Stab zu umgehen, rät ihm der Adler, sonst müßte er sterben. Er müsse klettern, so steil der Berg auch sein möge.

---

[32] Anthropological Papers of the American Museum of Natural History XIII, 1915, S. 371–376, besonders S. 373.
[33] Dazu Heino Gehrts: Die Klappfelsen. In: Die Welt im Märchen. Kassel 1984, S. 92–122, besonders S. 104–107.

Nun fängt er an, mit Nägeln und Zähnen die senkrechte Bergwand zu erklimmen, fällt aber schon nach wenigen Metern und stürzt ab – zu seinem Erstaunen jedoch bereits auf die andere Bergseite – und gelangt so nach Hause.[34]

Aus dem Nordosten Sibiriens führen wir noch eine weitere Episode an, diesmal von den Jukagiren, die von der geradeswegs angegangenen Überwindung des magischen Hindernisses erzählt.[35] Sie enthält auch das Kamm-Motiv. Ein Mädchen, das allein für sich im Reichtum, sorgenlos und frohgesinnt lebt, findet sich plötzlich bedroht von einem bösen Geist. „Eine seiner Lippen berührte den Himmel, während die andere auf der Erde einherzog. Dazwischen war ein offener Rachen, bereit, alles zu verschlingen, was ihm in den Weg kam." Sie flieht, wird fast eingeholt und wirft ihren „kleinen elfenbeinernen Kamm" nach hinten über die Schulter. „Der Kamm verwandelte sich in einen dichten Wald, und das Mädchen lief weiter. Als der böse Geist an den Wald kam, verschlang er ihn, kaute ihn und würgte ihn hinunter. Er verdaute ihn und gab ihn dann von sich." Da war der Wald wieder in den kleinen Elfenbeinkamm verwandelt. Der Verfolger ist hier auch ein Mensch, aber seine Magie ist größer; er entlarvt das Zaubermittel der Fliehenden, indem er es verschlingt. Einen ganz entsprechenden Versuch, der aber stets mißrät, gibt es in unseren Märchen. Der Verfolger trachtet, das letzte Hindernis, das Gewässer, auszuschlürfen, aber er erbricht sich oder er platzt: mächtiger als seiner ist der Zauber der Flüchtigen.

Wir verstehen nun auch, wieso die Hexe im Tschuktschen-Märchen mit ihren Hälften beiderseits eines hohen und breiten Eisenberges hocken kann. Das Hindernis ist ihr Machtstab; indes, das von ihr bereitete Hindernis ist zugleich auch ihre eigene Macht, sie selbst umfängt es ganz und gar, und nur durch die Mitte ihrer Macht, zwischen ihren Hälften hindurch, geht der Weg des Überwinders. Wollte man dergleichen vor dem Hintergrunde des Sachraumes klären, so fände man darin nur unsinnige Phantasien, die „den Naturgesetzen widerstreiten". Im Bildraum aber, den die ausgefahrene und die weissagende Seele erleben, ist dergleichen verständlicher Ausfluß seiner Eigenart, eben der für ihn geltenden Bedingungen.

---

[34] Waldemar Bogoras: The Folklore of Northeastern Asia...American Anthropologist NS, Vol. 4, New York 1902, S. 600f.
[35] Märchen aus Sibirien. Hrsg. von Hugo Kunike. MdW, Jena 1940, Nr. 18.

Ganz und gar nicht physikalisch ist mithin der Raum der Seelenfahrt und der Hindernisflucht zu beurteilen. Doch ebensowenig kann er psychologisch verstanden werden, etwa in dem Sinne, er sei der Bereich bloß individueller Vorstellungen. Denn dann könnte es in ihm weder Verfolgung noch Zusammenstoß, weder Aufenthalt noch Überwindung geben. Zum vollen Verständnis der Möglichkeit dieser Erlebnisse und des „Raumes", in dem sie sich abspielen, bedarf es mithin einer metaphysischen Erörterung. Wir schneiden diese Fragestellung auch unter dem folgenden Gesichtspunkt an. Märchen haben wir schon als Kinder aufgenommen, und wir wissen, daß die Initiatoren dieses Forschungsgebietes glaubten, sie böten Kinder- und Hausmärchen. Aus diesen beiden „kindheitlichen" Vorbedingungen ist die Vorstellung erwachsen, daß auch das Märchendeuten im Grunde ein Kinderspiel sei, mit dem jeder einigermaßen intelligente und ausgebildete Mensch sich erfolgreich befassen könne. Das Gegenteil ist richtig. Es gibt in unserem Kulturkreis kein literarisches Gebilde, die Gralssage ausgenommen, das zu einem tiefgegründeten Verständnis so vielseitige Kenntnisse und so weitgespannte Weltvorstellungen erforderlich macht wie das Märchen.

Um ein wenig mehr von dem hintergründigen Seelenraum des Märchens in den Blick zu bekommen, wenden wir uns den Gedankenwelten zweier geistig führender Männer der ersten Jahrhunderthälfte zu, Carl Gustav Jung und Ludwig Klages. Beide, dieser 1872 geboren, jener 1875, sind anfangs noch vom Denken ihres Jahrhunderts bestimmt, werden aber frühzeitig zu Pionieren im Umdenken für das unsere. Beide haben das Erlebnis der Seelenausfahrt selbst gehabt, von beiden liegen Berichte darüber vor, – von Klages aus seiner Knabenzeit, und zwar aus aktiver Imagination *[Einbildungskraft]* und von spontaner Nachtfahrt; von Jung aus initiatischen Erlebnissen des Mannesalters in aktiver Imagination – und aus dem Alter von über siebzig Jahren in pathischem *[von Krankheit gezeichnetem]* Erleben, als er mit einem Fußbruch und Herzinfarkt im Krankenhaus lag. Für Jung war dieses letzte Erlebnis so real, daß er sich sogar hat ausrechnen lassen, wie hoch er über die Erde emporgeflogen war: 1500 Kilometer.

Daß für Jung die Anschauungen nicht-europider Völker, der Chinesen, Inder, Afrikaner, Indianer und die Symbole und die Mythen der alten Kulturen ebenso wie die der christlichen Religion für die Erkenntnis von größtem Gewicht waren, ist bekannt. Demgemäß und eben weil er ein tiefdenkender Psychologe war, lag es im Wesen der Sache, daß er sich gezwungen fand, seelenkundliche Einsichten als metaphysische Aussagen zu formulieren.

Seine Absicht war das nicht. Er wollte Ergebnisse der Naturwissenschaft vorlegen. Das Ringen um die pur naturwissenschaftliche Aussage zeigt sich ja besonders in der Definition der Archetypen, also der Urbilder des Seelenlebens. In Bezug auf den „Raum" des Seelenlebens hat er zwei von vornherein scheinhaft naturwissenschaftliche Wörter gebildet, um auf ihn hinzuweisen, nämlich Synchronizität und kollektives Unbewußtes. Der von uns gemeinte und für die magische Flucht relevante Raum liegt dort in den Silben „Syn" und „Kol" versteckt, sie deuten hin auf das den Einzelseelen gemeinsame Medium.[36]

Auch Klages hat den Einklang gesucht mit dem Denken der alten Kulturvölker und der überlebenden Naturvölker. Als Philosoph hatte er keine Scheu vor der metaphysischen Aussage und vor dem Widerspruch, in den er damit gegenüber den Naturwissenschaften geriet. Dem Archetypen-Begriff Jungs entsprechen bei ihm Urbild und Bild, und mit der Formel „Wirklichkeit der Bilder" erhebt er für diese einen Anspruch, der weit über bloße Vorstellung hinausgeht. Der Anspruch ist metaphysisch: Bild ist eigentlicher Kern und wirkende gestalthafte Kraft des kosmischen Lebens selber. Körperhaft und räumlich erscheinen die Bilder, insofern sie in der Materie sich ausprägen. Diese Prägung ist nicht starr, nicht dinghaft; ewiger Wandel der Bilder macht vielmehr die Form des Geschehens aus. Dinge stellt darin nur der menschliche Geist fest, ein Schritt fort vom eigentlich Wirklichen. Das Postulat *[die unbedingte Forderung]* naturgesetzlicher Berechenbarkeit ist ein weiterer Schritt auf diesem Wege. Es wäre mithin ein aussichtsloses Unterfangen, Tieferlebtes gerade durch Dingliches erklären zu wollen – oder auch Märchenhaftes als unmöglich zu erweisen durch das in Naturgesetzen Festgelegte.

Weder zur Seelenfahrt noch zur Hindernisflucht im besonderen hat Klages Aussagen gemacht, wohl aber zum Wesen des Raumes und zum Verhalten der Erscheinungen im Bild- oder Bedeutungsraum, wie ich ihn hier genannt habe, zum Traumraum oder Innenraum, wie er ihn nennt. Damit will er indes nur die Traumverwandtschaft zum Ausdruck bringen, durchaus nicht

---

[36] Carl Gustav Jung: Synchronizität als ein Prinzip akausaler Zusammenhänge, in: Jung – Pauli: Naturerklärung und Psyche. Zürich 1952, S. 1–107 – Marie-Louise von Franz: Ein Beitrag zur Diskussion der Synchronizitätshypothese C. G. Jungs, in: Spektrum der Parapsychologie, hrsg. von Eberhard Bauer und Walter von Lucadou. Freiburg i. Br. 1983, S. 94–104 – Ludwig Klages: Der Geist als Widersacher der Seele. München-Bonn ³1954, S. 333–341, S. 982–995.

meint er einen nur subjektiven Raum bloßer Träumereien. Wesentliches zu diesem Thema und zu dem damit verbundenen der Makropsie, mit Belegen aus Träumen und Märchen, hat Klages zumal in dem Abschnitt seines Werkes ausgeführt, der den Titel trägt: „Die Ortlosigkeit der reinen Erscheinung". Die Überschrift setzt die normale Erscheinungsweise der Urbilder voraus: ihre Ortsgebundenheit, insofern sie in der Materie verkörpert sind.

In dem Maße aber, wie sich das Bild vom Körper und der Materie löst – und das vollzöge sich eben, setzen wir hinzu, für den Träumer, den Seelenfahrer, die Totenseele – wird es zum „Grenzfall" der reinen Erscheinung. Sie hat keine Abmessungen mehr, sondern erscheint überhaupt nur im Bilde, sie haftet nicht mehr am Orte, sondern vermag, wie im Traum, zu erscheinen, zu schwinden, im Nu sich zu wandeln. Unter anderen Beispielen führt Klages die Nuß Allerleirauhs an, die ihre drei Prachtkleider sämtlich in sich faßt, und den Traum des „Grünen Heinrich", in dem die Judith ihn lachend durch die Luft küßt, „daß ich es auf meinem Munde fühlte. Der Kuß war aber eigentlich ein Stück Apfelkuchen, welches ich begierig aß." – In solchen Märchen- und Traumbildern sind Ausmaß, Distanz und Identität gelöscht, und angesichts weiterer Beispiele und im Rahmen der umfassenderen Gedankenführung charakterisiert Klages den „Innenraum" durch die „für das Wachbewußtsein so ganz unfaßlichen Verschiebungen..., denen alle Größenverhältnisse erliegen, weil die Dimensionen entkräftet sind und die sofortige Vertauschung gestatten des Fernen mit dem Nahen, des Großen mit dem Kleinen, des Weiten mit dem Engen...". Diese Charakteristik wiegt bei Klages um so schwerer, als im Verhältnis zum Sachraum und Sinnenraum gerade der Raum der ortlos erscheinenden Urbilder die tiefere Wirklichkeit bedeutet.

Betont sei noch einmal, daß diese Anschauungen von Jung und Klages hier wiedergegeben wurden, um darauf hinzuweisen, daß man für das Märchenverstehen ganz andere Gedankenverbindungen herstellen müsse, als es die Deuter gemeinhin für nötig halten. Eben deswegen wurde auch eingangs ein Grundirrtum Friedrich Panzers angeführt, also eines im übrigen durchaus bewährten Forschers.

Wir wenden uns nun der vorhin bereits gestellten zweiten Frage zu: Wie kann ein Kamm so große Dinge tun? – Diese Frage ist um so schwieriger, als sie nicht allein auf die Natur einer Sache abzielt, sondern auf deren kulturellen Bedingungszusammenhang. Kämme gibt es, aus mancherlei Materialien, wohl schon seit dem Paläolithicum *[der Altsteinzeit]*, bestimmt seit mesolithischer Zeit *[Mittelsteinzeit]*. Als Mittel zur Hindernisflucht kommt der

Kamm vor in ganz Eurasien, nicht in Afrika und nicht im weitaus größten Teil Amerikas, wohl aber bis tief in die Inselwelt des Stillen Ozeans hinein – und auf dem amerikanischen Kontinent ausschließlich bei jenen Stämmen der nordpazifischen Küste und in deren anschließendem Hinterland, die auch sonst bemerkenswerte Verwandtschaften aufweisen mit Kulturen Nordostasiens. Wir dürfen daher sagen: Flucht ist ein urmenschlichallgemeines Erlebnis; die Hindernisflucht ist ein aus der Natur der Sache überall erwachsenes erzähltes oder rituelles Motiv, ihre Verbreitung beruht also auf Polygenese *[Theorie von der stammesgeschichtlichen Herleitung jeder gegebenen Gruppe von Lebewesen aus jeweils mehreren Stammformen]*. Der Kamm aber, als Mittel der magischen Flucht, ist eine Erfindung aus dem umschriebenen Bereich, die nicht darüber hinausgelangt ist; die Verbreitung des Motivs erklärt sich durch Wanderung. Diese drei Ursprünge, Urerlebnis, Polygenese, Migration *[Wanderung]*, sind selten so beispielhaft auseinanderzuhalten wie hier.

Aus dieser Einsicht folgt eben, daß die Verwendung des Kammes in der Hindernisflucht nicht allein aus der Natur des Gebildes herrührt, sondern aus dem Zusammenhang einer Kultur. Wir brauchen angesichts dieser Erkenntnis noch nicht zu verzagen. Können die verschiedensten Gegenstände bei der Hindernisflucht den Verfolger hemmen, dann vermag es auch der Kamm. Daher dürfen wir die Frage auch so stellen: Warum kann er es bei so vielen Völkern vorzugsweise? Woher rührt seine besondere Mächtigkeit?

Technisch besteht der Kamm aus dem Rücken und den Zinken, von denen die beiden äußeren oftmals stärker ausgebildet sind. Der Rücken war oft zur Verstärkung aus zwei oder drei Lagen zusammengesetzt und war, wie noch heute, meist etwas gewölbt. Abbildungen von Kämmen erscheinen als Verzierung auf neolithischer *[jungsteinzeitlicher]* und antiker Keramik. Was stellten sie dort vor? In lebenden Kulturen, wo der Kamm noch heute als Sinnzeichen gebraucht wird, in Nordamerika, in Südafrika, bedeutet er den Regenkamm, ein einfaches Bild: Himmelsgewölbe und Regenschauer. Auch unter den altägyptischen und den chinesischen Schriftzeichen finden sich für den Regen solche Kammformen. Es wäre zu vermuten, daß auch bei uns einmal diese Himmels- und Himmelswasser-Symbolik gegolten hätte. Auf dem Rücken zahlreicher Kämme germanischer Zeit findet man in geringerer oder größerer Anzahl ein Zeichen, den Kreis mit dem Punkt, das man als Sonnenzeichen verstehen muß. So könnte in weiten Bereichen der Rücken des Kammes, der auf den breiten Seitenzinken ruht, einmal als ein ganzer Himmel aufgefaßt worden sein – oder auch als ein Regenbogen –, in jedem

Falle als ein weltüberspannendes Gebilde: ein Schritt auf unserem Wege zum weltquerenden Hindernis.

Wir hätten auf diese Weise auch eine Himmels- und Sonnenseite des Kammes abgeleitet, und zu ihr gehört ja auch das lichte Goldhaar, das er striegelt. Doch kommt auf dem Rücken des Kammes unter weiteren andersartigen Gebilden auch ein Sinnzeichen vor, das wir dort zunächst nicht erwarten würden, nämlich ein Geschlinge von Bändern, das seinem Gehalt nach gerade nicht, wie der Sonnenring, in die obere Welt gehört, nicht auf den Kopf, sondern unter die Füße, wie alte Bildwerke es ausweisen. Wir könnten es versuchsweise die Schicksalsfessel der Unterwelt nennen. Wie gelangt sie auf den Kopf, auf den Rücken des Kammes?

In ihr zeigt sich uns die dunkle Seite des Kammes. Die eine ist wohl dem Gestrählten zugewandt, dem Strahligen und Sonnenhaften, seinem eigenen Werk, aber die andere grad dem Verwirrten, dem chaotisch Verschlungenen. Der Kamm kultiviert den Schopf, indem er die Haarsträhnen glattlegt und ebenso, indem er die zahlreich dort ihr Urwaldleben führenden Tiere vor sich herschiebt und hinauswirft. Dies also sind die zwei Seiten des Kammes, und er scheidet sie auf dem Scheitel so, wie er die zwei Welten auf dem Fluchtweg des Märchens trennt. Hinter dem fliehenden Goldhaarigen liegt die Ur- und Unterwelt mit dem Todesunhold, vor ihm das rettende Lebensreich. In dieser Doppelseitigkeit gründet auch die Verwendung des Kammes als Initiationsinstrument, wofür bei Kelten und Germanen zahlreiche Zeugnisse vorliegen. Initiation ist ein Übergangsritual. Indem der Jugendliche unter dem Kamm passiert, wird er zum Mann, der Grindkopf zum Goldschopf. Was geht da vor sich?

Das Kind kommt aus dem Chaos der Urfruchtbarkeit, aus der Ur- und Geburtswelt. Diese Welt ist auch die des Todes. Daß die Geburten daher kommen, wohin die Toten gehen, ist eine alte, vielfältig bezeugte Vorstellung. Von dieser Welt wird der Jugendliche initiatisch durch das Kämmen geschieden, märchenhaft durch die Hindernisflucht. In diesem Gebrauch als Initiationsinstrument erfassen wir das Alltagsding Kamm nun auch als ein mächtiges Ding.

Einer wichtigen Ergänzung bedarf unser Gedankengang noch. Nicht zu übersehen ist, daß das Goldhaar selbst aus dem Todesbereich stammt. Im Urbereich entspringen Tag wie Nacht, Leben und Tod, Gold und Dreck. Nicht die Initiation schenkt das Gold, das Sonnenhaar, sie läutert es nur. Das

Kind wird zum Manne, indem vom Golde das Chaotische abgestreift wird; aber die Kraft des Urweltlichen wird auf diese Weise auch verfügbar.

Am Rhein, schräg gegenüber von Bonn, in Niederdollendorf, hat man vor 1300 Jahren diesen Zusammenhang für uns abgebildet auf den beiden Breitseiten einer vierkantigen Steinsäule. Auf der einen Seite hält ein Mann in der rechten Hand den Kamm und kämmt sich; Oberleib und Kopf sind von einem Band umschlungen, das in drei Schlangen- oder Vogelköpfen endet, die mit offenem Rachen nach dem Manne schnappen. Die linke Hand liegt an seinem Schwert. Auf der anderen Seite des Steines steht ein Mann mit dem aufgerichteten Speer in der Rechten. Den Kopf umgibt ein Kranz feiner Strahlen, das ganze Feld um ihn ist von gröber gezeichneten Strahlungen erfüllt. Unter ihm zieht sich ein Flechtband-Ornament quer über die ganze Fläche. Die Symbolik des Ganzen scheint mir klar: einmal der Mann, der initiatisch mittels des Kammes das Chaos abstreift, – zum anderen der Goldene, der es eingeordnet hat. Das Geschlinge umwuchert nicht mehr den Mann, sondern er hat es unter den Füßen. Auf den Schmalseiten wiederholt sich zeichenhaft diese polare Symbolik: einerseits zwei umeinander gewundene Schlangen, andererseits, sehr schwierig zu deuten, jedenfalls ein Zeichen der Ordnung, vielleicht der von Himmelslichtern umstrahlte dreistufige Weltberg oder die Weltsäule.

Es ist bemerkenswert, daß der Jüngling, der nach der Flucht am Königshof einkehrt, sich dort als Grindkopf, gerade als der Ungekämmte, einführt. So vermag er zweckentsprechend zwischen Grind und Goldhaar zu wechseln. In Bezug auf den Kamm bedeutet dies, daß die toten Haare, all das, was er auskämmt und vom Haare abstreift, nicht allein etwas Verwerfliches ist, sondern daß, was dergestalt am Kamme haften bleibt, auch die Macht des Ursprungs in sich enthält. Darin gründet eine dem Amulett verwandte Zauberkraft des Kammes, und mancherlei Brauchtümer gehen darauf zurück. Für eine zaubrische Verwendung des Kammes gibt es geradezu die Vorschrift: je dreckiger, desto wirkungsvoller. In solchem Gebrauch erweist sich der Kamm als verwandt mit Amuletten und Talismanen, und wir können eine Bestätigung für diesen Befund auch darin sehen, daß in den Fluchtmärchen von Indianern und Eskimos das ausgeworfene, Hindernisse erzeugende Ding oftmals eine Medizin ist oder ein Amulett. Über diese an Substanz gebundene Kraft hinaus ging es uns für das Märchen allerdings um einen noch größeren Zauber des Kammes: um seinen weltenscheidenden Sinn.

Die Verwandlungsflucht

Zwei Märchentypen gibt es, in denen die magische Flucht regelmäßig vorkommt, – die Goldhaarfassung mit Hindernisflucht, die wir besprochen haben, AT 314, und die Aufgabenfassung mit Verwandlungsflucht, AT 313, die nun kurz eingeführt und für die zum Abschluß ein Beispiel gebracht werden soll.

Die Aufgaben stellt dem Helden – unter Todesdrohung – der Herr der Unterwelt, in dessen Gewalt er geraten ist. Zu bestehen vermag er die unmöglichen Aufgaben nur mit Hilfe der Tochter des Unterweltsherrn. Trotzdem müssen die beiden fliehen, werden auch hier verfolgt, sichern sich aber nicht bei fortlaufender Fluchtbewegung durch Hindernisse, sondern im Gegenteil, sie halten an, verwandeln sich und bleiben unerkannt. Der Verfolger kehrt um, und erst in seinem Domizil wird ihm klar, daß, worauf er gestoßen ist, die Flüchtigen waren. Ich sehe in diesem besonderen Vorgang, Halt und Umkehr, auch einen Beleg für den Seelenweg, auf dem der Verfolger die Fliehenden unumgänglicherweise antreffen muß. Nur daß ihn hier nicht ein Schutzwall, sondern eine verwandelte Gestalt abweist. Abweist, ohne daß ihm bei der Begegnung selbst die Identität des Gebildes aufleuchtet. Erst nach der Rückkehr kommt sie ihm zum Bewußtsein, und er unternimmt die Verfolgung aufs neue. Meist kommt ihm nicht selber die Einsicht in das Geschaute, sondern eine zweite Unterweltsperson, oft sein Weib, stößt ihn darauf.

Einen weiteren merkwürdigen Unterschied zwischen Hindernisflucht und Verwandlungsflucht entdecken wir beim letzten Halt. Bei der Hindernisflucht kehrt der Verfolger entweder vor dem dritten Hindernis entmutigt um oder er kommt daran zu Tode. Der Tod des Todesdämons ist, wie sich versteht, nur ein märchenhaftes Abschlußmotiv, oft, auch nach Antti Aarnes Meinung, eine späte Erzählerzutat. Ein Dämon ersteht immer neu aus seinem Tode; für die Flüchtlinge ist er allerdings in jedem Falle abgetan. Dagegen zeigt sich in den Märchen der Verwandlungsflucht der Dämon oftmals am Ende versöhnt und beschenkt sogar die Entflohenen. Darin kündigt sich offenbar ein ganz anderes Verhältnis zum Tode an, und dies läßt sich auch erkennen in dem Innehalten und der Verwandlungsfigur, der wir uns nun zuwenden.

Hedwig von Beit benennt in der „Symbolik des Märchens" die Nacht, die wir als Unterweltsherrn oder Todesdämon bezeichnen, mit wechselnden Namen: das Unbewußte, die Leidenschaften, Emotionen, triebhaften Impulse, wilde Natur, Naturgeist, Zerstörerisch-Böses. Dies entspricht ihrem psychologischen Ansatz. Die Verwandlungsfigur andererseits deutet sie als ein Symbol des Selbst, das Bewußtsein und Anima in einer geschlossenen, für jene Mächte unzugänglichen und unzerstörbaren Gestalt vereint. Sie bezeichnet diese auch als ein Mandala, als Temenos, als magischen Ring oder Bannkreis, betont aber, daß es sich nicht um eine reale, sondern um eine innerseelische Figur handle.

Vor dem von mir entworfenen Hintergrunde der Typen 314 und 313: Initiation beim Todesherrn, Flucht als Seele vor einer Dämonenseele – ergibt sich notwendig ein gewisser Zusammenhang mit der psychologischen Ansicht der Vorgänge. Ich meine aber, daß die seelenfahrerische, die initiatische, die schamanistische Auffassung klarere Aussagen gestattet und den allgemeinen Inhalten der alten Märchen besser entspricht; für die Hindernisflucht wäre nunmehr der ekstatische Charakter des Geschehens auch bündig erwiesen. Daß diese Aussagen bisweilen schwieriger erscheinen, ist kein Wunder, da wir alle mit psychologischen Gedankengängen und Begriffen vertraut sind, während die schamanistischen, obwohl sie noch alltägliches Geistesgut unserer Hexen waren, uns heute fremd sind.

Hinsichtlich der Verwandlungsfigur treffen indes die beiden Auffassungen zusammen in dem Wort Temenos. Mit ihm wurde ein ausgesonderter, besonders ein geweihter Bezirk bezeichnet. Darin liegt zweierlei Gehalt; nach innen bezogen, die Weihe oder Heiligkeit, nach außen gewandt gegen Wildnis oder profane Bereiche, das Abweisende, das den Inhalt Beschirmende. In einem häufigen Verwandlungsbild wird dieser Charakter der Figur, das Heiligtum, auch unmittelbar dargestellt, nämlich als Kirche, Kapelle, Heiligenbild. Des öfteren ist dies das letzte abweisende Bild. Da es sich nicht um ein christliches Märchen handelt, so finden wir im türkischen Märchen stattdessen Zentralsymbole, zumeist den von der Schlange umwundenen Baum mit den Varianten Brunnen und Schlange, Drache und Rose. In einem Hopi-Märchen, mit der Verfolgung eines Mannes durch sein totes Weib, geht die Flucht von Kiva zu Kiva, das heißt, durch die unterirdischen Kulträume, und endet in einem bestimmten heiligen Quellteich mit der Sonnenblume inmitten. In einem Eskimomärchen sind die geweihten Stationen die Gräber der Vorfahren.

Es ist klar, daß an diesem Sinne des Heiligen und des durch Heiligkeit Gefeiten auch die anderen Gebilde teilhaben: also Dornbusch und Rose – Baum und singender Vogel – Reisfeld und rufende Wachtel – Weiher und

schwimmende Ente. Die wenigen Worte zaubern jeweils ein lyrisches Bild hervor, so daß sie wie Gedichte wirken. In der Tat haben sie die allernächste Verwandtschaft zu dem kürzesten Gedicht der Welt, dem Haiku.
Einige Beispiele:

> Wind in der Kiefer –
> ganz hingegeben lauscht ihm
> der alte Teichfrosch.

> Das kleine Fohlen
> streckt doch sein samtenes Maul
> aus Blüten hervor.

> Die Nachtigall ist,
> wenn in der Kiefer sie schlägt,
> des Baumes Stimme.

Wie in diesen Haiku, wie Drache und Rose, Baum und Schlange – sind auch in allen anderen Verwandlungsfiguren die Partner Polaritäten; sie bilden miteinander ein Ganzes, sie sind das Ganze, Bilder des Kosmos. In ihnen spricht sich ein kosmisches Lebensgefühl aus. Am Menschen selbst wird es erlebt in jenen Figuren, in denen auch eine menschliche Gestalt der Partner ist: Bauer und Saatfeld, Garten und Gärtner, Teich und Fischer, Schaf und Hirte, Beter und Bild. In diesen kommt noch etwas anderes, das feit, zum Ausdruck: die Unversehrbarkeit dessen, der in dem ihm anbefohlenen Amte steht. Auch dies erleben wir in der Figur nebenher mit.

Wichtiger ist ein anderer, tieferer Aspekt. Die Hindernisse der Hindernisflucht sind lautlos. Aber in den Figuren der Verwandlungsflucht spielen oftmals Geräusche eine Rolle. Die visuelle Magie tritt dann zurück und wird wesentlich ergänzt durch die akustische: ein Beter murmelt im Gleichmaß sein Gebet, ein Vogel singt, stößt unablässig den gleichen Ruf aus, im niederdeutschen Märchen die Ente unaufhörlich park, park! Es äußert sich hierin der Zeitcharakter des Erlebnisses. Bei der Hindernisflucht, in ihrer unaufhaltsamen Transversalbewegung *[geradlinigen Bewegung]*, herrscht fast bis zur Ausschließlichkeit das Raumerleben; es mangelt ja grad an der Zeit, Zeit muß durch das Hindernis gewonnen werden. Aber in der Verwandlungsflucht ist nichts so im Überfluß da wie die Zeit; darum kann man sogar anhalten, um dem Tod zu entgehen. Die Zeit selber hält inne; es sind eben die einförmigen Töne, in denen dieser Stillstand zum Ausdruck kommt. In dem schwebenden, dem bleibenden, dem einsilbig wiederholten Ton oder Laut offenbart sich ein besonderes Zeiterleben. Bei Jean Paul, anläßlich eines anhaltenden Orgeltones, findet sich der Satz: „Ein summender Ton strömte fort, wie wenn er hinter den Flügeln der Zeit nachginge, er trug alle meine Erinnerungen und Hoffnungen, und in seinen Wellen schwamm mein schlagendes Herz." Wir nennen einen solchen stillestehenden Augenblick den ewigen; wer seiner inne wird, erlebt die irdische Ewigkeit in ihrer Fülle.

Dieses Geheimnis der Zeit wird bisweilen von einer Verwandlungsfigur auch ausgesprochen, so wenn der Priester in der Kirche zu der verfolgenden Schwester sagt: „Nein, Mädchen, ich habe niemand hier gesehen, ich bin an die hundert Jahre alt geworden, und auch die Kirche hat diese Zeit über niemanden hier vorübergehen sehen." Das ist keine Unwahrheit, sondern, wie das Zentralsymbol Baum und Schlange und überhaupt die Heiligkeit des Verwandlungsbildes es beweisen, die eigentliche innere Wahrheit. Das Temenos bleibt von der Zeitflucht unberührt.

Wollten wir noch fragen, wie das Mädchen das fertig bringt, dann ist die einfache Antwort, es sei die Magie des Eros, die das im Bilde ineinander verwobene Paar mit Ewigkeit umhüllt.

Bei Hindernisflucht und Verwandlungsflucht handelt es sich also wirklich um zwei typische Grunderlebnisse in der zeitlichen Existenz: um die Flucht durch den Raum mit wiederholten Versuchen, Zeit zu gewinnen, und um die Flucht in die Tiefe der Zeit selber; um hochgespannte Zeitnot und um den gelösten ewigen Augenblick. Wenn bei der Hindernisflucht die Staffeln im Raume einen zeitlaufverzögernden Schutz bieten gegen den nur schwer zu entmächtigenden Todesdämon, dann ruht bei der Verwandlungsflucht das zu künftigen Zeugungen vorbestimmte Paar im Schoße der Ewigkeit. Folgerechterweise verliert der Dämon vor dem letzten der dargestellten Bilder seine Macht und entweicht versöhnt.

Anmerkung

Die magische Flucht, AT 314, Hindernisflucht Mot D 672; AT 313, Verwandlungsflucht Mot D 671, wird in vielen Werken zur Märchenkunde berührt oder auch ausführlich behandelt. Hier seien nur die folgenden als ein erster Zugang genannt.

EM IV. S. 1328–1339, Flucht, Marie-Luise von Franz.

Andrew Lang: Custom and Myth. London ²1885, S.87–102, A Far-Travelled Tale.

Marie Pancritius: Die magische Flucht, ein Nachhall uralter Jenseitsvorstellungen. Anthropos VIII. 1913, S. 854–879, S. 929–943.

Stith Thompson: Tales of the North American Indians. Cambridge 1929, Nr. 205.

Antti Aarne: Die magische Flucht, eine Märchenstudie. FFC 92, Helsinki 1930

DER WEISSE WOLF

Die Suchwanderung des Weibes

Das Märchen vom weißen Wolf ist in Deutschland, in Skandinavien und in den westlichen und östlichen Nachbarländern verbreitet. Wir zählen dazu auch solche nahverwandten Fassungen, in denen für den Wolf ein weißer oder brauner Bär eintritt oder auch ein grauer Wolf oder ein Hund. Das Märchen erzählt, wie sich ein junges Weib mit dem tiergestaltigen Manne vermählt, wie es eine Bedingung verfehlt, dadurch die Entrückung des Mannes verursacht und zu einer langen Suchfahrt genötigt ist, an deren Ende die Erlösung des Mannes und die Wiedervereinigung erfolgt. Zählen wir zu dem Wolfsmärchen noch die weitere Verwandtschaft hinzu – mit vielerlei anderen Tierformen des Mannes, etwa Löwe, Pferd, Schwein oder Schlange – oder auch ganz absonderlichen Erscheinungsweisen, etwa als bloßer Kopf – dann haben wir es mit einem der verbreitetsten Märchentypen zu tun, nämlich mit dem, der die Nummer 425 trägt und der von der Suche des Weibes nach dem entrückten Ehemann erzählt.[1] Zu diesem Haupttypus gehört auch die Kurzform ohne Suchwanderung, die unter dem französischen Titel „La belle et la bête" bekannt ist, – eher eine Liebesgeschichte, in der keimende Zuneigung und treue Anhänglichkeit des Weibes den Mann erlösen. Die längere Form aber setzt weit geheimnisvollere Hintergründe voraus.

Vergegenwärtigen wir uns zunächst den Handlungsablauf in unserem Wolfsmärchen. Dabei werden wir den Eingang interpretierend wiedergeben, um doch vorweg schon etwas vom Sinn des Geschehens aufleuchten zu lassen. – Die Verwicklung hebt oft in der Weise an, daß die Heldin einen aus den gewöhnlichen Zusammenhängen hinausweisenden Wunsch äußert. Die Schwestern wünschen sich natürlicher- und angemessenerweise Schmuck und Bekleidung, sie aber etwas, was es gar nicht zu kaufen gibt, ja, was auch Erzähler und Zuhörer sich oft nicht einmal mehr klar vorstellen können. Im holsteinischen Märchen ist der Wunsch „golln Klinglöd" eine vereinzelte Wortbildung[2]; kaum verständlicher ist das „Klingklöckschen-Fingerfeld" der

---

[1] Jan-Öjvind Swahn: The Tale of Cupid and Psyche, Lund 1955. Bolte-Polivka II, S. 229ff. zu KHM 88, Löweneckerchen. Kurt Ranke: Die schleswig-holsteinischen Volksmärchen, Kiel 1955 II, S. 19–52.

[2] Wilhelm Wisser: Plattdeutsche Volksmärchen, Jena 1922, S. 266.

mecklenburgischen Fassung³, und es ist sicher falsch, wenn man für das singende, springende Löweneckerchen des hessischen Märchens die Feldlerche einsetzt.⁴ Denn der nahe anklingende Titel eines hannöverschen Märchens lautet: „Vom klinkesklanken Lowesblatt"⁵, und wenn wir damit auf die Pflanzenwelt verwiesen werden, so kommt darin sicher etwas Sinnvolles, Überliefertes zur Sprache. Auch in den von Frankreich ausgehenden Kurzformen (AT 425C) zielt der Wunsch in diesen Bereich, zumeist auf eine Rose, die ja selbst immer schon ein pflanzliches Wunder ist, deren Herrlichkeit in unseren Volksmärchen aber immer noch erhöht wird: es ist eine mittwinterliche, dornenlose, vielblütige, goldene, sprechende, tanzende oder gar eine Paradiesrose.⁶ In einem litauischen Märchen wünscht sich das Mädchen „eine kleine Matte von lebenden Blumen"⁷, in einem schwedischen drei singende Blätter⁸, bei Bechstein geht der Wunsch auf ein goldenes Nußzweiglein.⁹ Die „golln Klinglöd" werden auf einer Eiche gefunden, und wenn sie golden sind, so ist damit wohl das eigentliche Wunder ausgedrückt: ein tönendes Licht, das im Pflanzenreich zu finden ist. In einem Märchen, das dem grimmschen nahe verwandt ist und dessen Titel den der Brüder Grimm beeinflußt hat¹⁰, geht der traumgebotene Wunsch der Königstochter auf ein singendes, klingendes Bäumchen¹¹, und es wird im Mondschein um Mitternacht im Gold- und Silberglanze, himmlisch singend und musizierend gefunden. Der leuchtende und klingende Baum aber ist, nach Ausweis mittelalterlicher und neuzeitlicher Sagen, der Kultbaum der Nachtfahrerinnen, der bei uns als Lichterbaum der Mittwinterzeit wiedergekehrt ist.

Zum stärksten Ausdruck gelangt das Leuchten und Tönen des Pflanzlichen in einem holsteinischen Märchen, wo die Jüngste sich das singende, springende Kleeblatt wünscht und der König auf der Suche danach im Wald auf den weißen Wolf stößt.¹² Und der hat dieses Blatt und spielt damit und

---

[3] Siegfried Neumann: Mecklenburgische Volksmärchen, Berlin 1973, S. 150.
[4] Bolte-Polivka II, S. 229, Löweneckerchen sei für Laub mißverstanden.
[5] Carl und Theodor Colshorn: Märchen und Sagen aus Hannover, Hannover 1854, Hildesheim 1978, Nr. 20. Ähnlich Schambach-Müller Nr. 5.
[6] Jan-Öjvind Swahn: The Tale of Cupid and Psyche, Lund 1955, S. 217f.
[7] A. Leskien, K. Brugman: Litauische Volkslieder und Märchen. Straßburg 1882, Nr. 23.
[8] Bolte-Polivka II, S. 248.
[9] Ludwig Bechstein; Sämtliche Märchen, Hrsg. Walter Scherf, Darmstadt 1974, S. 101.
[10] Brüder Grimm, KRM, Hrsg. Heinz Rölleke, Stuttgart 1980, III; S. 481.
[11] Albert Wesselski: Deutsche Märchen vor Grimm, Brünn 1942, S. 131. In Frankreich taucht mehrfach der singende Lorbeerbaum auf: Bolte-Polivka II, S. 250.
[12] Kurt Ranke: Die schleswig-holsteinischen Volksmärchen, Kiel 1955 II, S. 28.

wirft es in die Höhe; das Blatt aber „blinkte in der Sonne, und es machte eine so schöne Musik, daß es eine Lust und eine Freude war." – Diese zugleich leuchtende und klingende Erscheinung kommt zumal in den niederdeutschen Fassungen vor, eine vollendete Zielform dieses Mädchenwunsches, wie mir scheint. Fragen wir nach dem Sinn einer solchen Erscheinung, die als Licht zugleich tönt, nach ihren sonstigen Vorkommen, dann werden wir an die himmlische Sphärenmusik erinnert – das heißt, an den oberen Pol des lebendig zeugenden Lichtes. Dessen Offenbarung im Wachsenden, sein Echo und Widerschein im Erdenleben aber wäre eben das klingende, blinkende Blatt. Nun erst erscheint uns der Wunsch der jüngsten Königstochter in seiner tiefen Bedeutsamkeit. Er zielt auf das Wesensgeheimnis des tönenden Lichtes, auf ein Schöpfungsgeheimnis mithin, ja, auf das Geheimnis der Urzeugung selbst, und es ist weiter kein Wunder mehr, daß in Verfolg dieses Wunsches ihr der Gatte begegnet, daß aber die Vereinigung mit ihm sich nicht auf dem gewöhnlichen Wege verwirklicht, sondern durch eine Suchwanderung, wie wir noch sehen werden, die durch die tiefste Tiefe und über die höchsten Höhen der Welt führt. Mit ihren Wünschen sind die Rollen der Schwestern eindeutig festgelegt: die zwei älteren bleiben mit ihrem Lebensziel, mit ihrem Hochzeitswunsch in der bloß menschlichen und damit allzumenschlichen Welt, während die Jüngste mit ihrer Sehnsucht über das Nurmenschliche hinausdrängt in ein welthaft gewaltiges, ja überwältigendes Erleben. Dies ist auch ein welthaft gewaltiges Erleben der Zeugung – mit einem Tier, einem weißen Wolf.

Daß der Wolf weiß ist, bedarf keiner besonderen Erklärung; wir kennen die weißen Tiere als Erscheinungen des Wunderbaren, des Götter- und Schicksalsgesandten auch sonst: den weißen Hasen, den weißen Hirsch, die weiße Hinde *[Hirschkuh]*, die weiße Schlange, in Indien den weißen Elefanten, auf den Meeren den weißen Wal. Daß es gerade ein Wolf ist, in dessen Hut sich das klingende Licht befindet, ließe sich aus einem weitverbreiteten europäischen Brauchtum erklären, in dem um die Fruchtbarkeit der Felder gestritten wird. Das bekannteste Beispiel für einen solchen Kampf ist der jahreszeitliche Streit zwischen Sommer und Winter. Hintergründiger sind jene Fehden, in denen die Wölfe als eine Kultgenossenschaft auftreten, die mit den Schadensmächten um den Erntesegen ringt. In den Weihezeiten, da diese Kämpfe ausgetragen werden, sind die Ritualbrüder in Wölfe verwandelt.[13] Beispielhaft für eine solche Kultgemeinschaft wäre der weiße Wolf, der mit dem klingenden Lichte spielt. Eine solche Feststellung mag zunächst zweifelhaft erscheinen. Doch gibt es ein Protokoll von einem Verhör, das vor knapp 300 Jahren in Livland stattfand, ohne Zwang, und in dessen Verlauf „der alte Thies" eine dem Behaupteten ganz entsprechende Aussage macht. Wie er erzählt und wie es dem mythisch und symbolisch Denkenden auch einleuchten wird, bricht die Blüte, die wir auf der Erde im Frühjahr erleben, in der Unterwelt schon ein halbes Jahr früher auf. Die Gesellen des Teufels suchten sie dort festzuhalten, aber die Werwölfe fuhren vor Weihnachten, in der Lucien-Nacht, also zu der Feier für die „Trägerin des himmlischen Lichtes", wie Lucia genannt wird, in die Hölle und holten die Korn- und Baumblüte heraus. Diese, so der alte Thies wörtlich, „würffen sie in die lufft und davon kähme dann der seegen wieder über das gantze land und über reiche und arme." Das Licht der Pflanzenwelt, nämlich ihre Blüte, ihre Fruchtbarkeit, von Werwölfen in die Luft geworfen, diese Parallele muß doch zu denken geben. Die Märchenwunder hängen durchaus nicht als Irrlichter im Leeren, neben dem Spalierobst realer, rationaler Erkenntnisse, sondern sind verwoben in allerart volkstümliche Überlieferung.

Der Wunsch der Tochter hat einen Übergriff des Vaters zur Folge. Ihre Bitte verleitet ihn, einen Zauberwald, -garten oder -palast zu betreten, und dort erliegt er dem Bann eines Zauberwesens. Aus diesem kann er sich nur lösen, indem er die Tochter dem Wesensbereich überantwortet, in den ihr Wunsch ohnehin vorauswies. Er muß einem zaubrischen Tiere eine Tochter als Braut angeloben oder, mit verhüllterem Ziel, das bei der Heimkehr erstbeggegnende Wesen als Gabe versprechen. Indessen werden zunächst doch, um diesem Schicksalsweg auszuweichen, die Möglichkeiten der ordinären *[unfeinen]* Welt erprobt. Entweder werden Dienstmägde mit Geld und schönen Kleidern bestochen, die Gefahrenrolle betrügerischerweise zu übernehmen, oder die älteren Schwestern werden befragt, ob sie in diese Brautschaft hinüberwechseln wollen; sie aber, natürlicher- und angemessenerweise, lehnen sie, als völlig außerhalb ihres Wunsches liegend, ab. Das überlieferte

---

[13] Wilhelm Mannhardt: Wald- und Feldkulte, Darmstadt 1963, II, S. 318ff. Das Protokoll Thies bei Otto Höfler: Kultische Geheimbünde der Germanen, Frankfurt 1934, S. 345ff.. Wolf und Licht werden ebenfalls zusammengebracht bei Julius Evola, Revolte gegen die moderne Welt, Interlaken 1982, S. 266, Anm.11, S. 321. Die etymologischen Zusammenhänge, got. wulfs zu wulþus, sind allerdings zweifelhaft. Bemerkenswert ist aber der gotische Wulþuwulfs, Jan de Vries, Altnordisches etymologisches Wörterbuch, Leiden 1961, 633b.

Märchen stellt diese Ablehnung seitens der beiden vielfach als etwas engherzig Unmoralisches dar, während die dritte, ganz töchterlich lieb und gehorsam, sich bereitwillig der Verstrickung stellt, der ihr Vater sie unbedachtsamerweise ausgesetzt hat. Es gibt aber doch auch genügend Fassungen, die eine deutlichere Vorstellung von der Verwicklung zum Ausdruck bringen, also ein klares Bewußtsein der Folgerichtigkeit besitzen, die vom Anhub mit jenem Wunsch zum Fortgang in der Ehe mit einem weißen Wolfe führt. Sie könne nun einmal nicht ohne den goldenen Kranz, von dem sie geträumt hatte, leben, und wenn er nur um die Brautschaft mit dem weißen Bären feil sei, dann müsse sie eben seine Frau werden, sagt die Königstochter im norwegischen Märchen.[14] Im irischen Märchen setzt sich das Mädchen auf den Schicksalsstuhl in der Kammer der verstorbenen Mutter und spricht, unvermittelt durch ein Wunschding, die Bitte aus, daß der weiße Hund des Gebirges um sie freien möge.[15] Im schwedischen Märchen gibt sich die Königstochter in die Hand des Schicksals und will mit jedem Manne zufrieden sein und sei es auch ein lahmer Hund.[16] Auch in der vorbehaltlosen Zustimmung der Tochter, den Vater auszulösen, wäre mithin ursprünglich eher ein großartiges Gefühl der Schicksalsbestimmtheit zu sehen als eine töchterlich dienstfertige Opferbereitschaft. „Ich will nicht", sagt das Mädchen im weißrussischen Märchen, „daß es durch mich uns allen schlecht geht, daß wir alle umkommen. Aber vielleicht ist es auch gut so, vielleicht ist mir das alles so bestimmt. Und um das, was einem bestimmt ist, kann man weder herumgehen noch herumfahren."[17] Natürlich kann im Märchen der Wunsch des Mädchens, der über das Menschliche hinauszielt, auch aufgefaßt sein als das sehr menschliche Begehren einer Müllers- oder einer Köhlerstochter, die einfach hoch hinaus will.[18] Das erwähnte Märchen vom Bäumchen, das in der Braunschweiger Sammlung den Brüdern Grimm vorausgeht, ist sehr moralisch abgefaßt, und die Königstochter, die hier keine Schwestern hat, wird als unerträglich hochmütig geschildert; kein menschlicher Freier tut ihr Genüge, und sie ist geradezu auf einen von den Wolken zu ihr herabsteigenden Bräutigam aus. Ganz unmoralisch märchenhaft ist aber der Abschluß, da die Stolze sich am Ende nicht etwa mit einem menschlichen König Drosselbart begnügen

---

[14] Klara Stroebe: Nordische Volksmärchen II, Jena 1919, S. 160.
[15] Käte Müller-Lisowski: Irische Volksmärchen, Düsseldorf 1957, S. 324.
[16] Klara Stroebe: Nordische Volksmärchen I, Jena 1915, S. 250.
[17] L.G. Barag: Belorussische Volksmärchen, Berlin 1968, S. 247.
[18] Kurt Ranke: Die schleswig-holsteinischen Volksmärchen. Kiel 1955, II, S. 37.

muß, sondern ganz typgerecht und wunschgemäß den aus dem Löwen entwandelten himmlischen Jüngling erhält. Eine solche predigerhafte Auffassung vom Wunsche des Mädchens, das über seinen Stand hinaus strebt, ist in unsrem Märchen jedoch die Ausnahme. Sie bestätigt uns aber das eigentlich esoterische Höherzielen eines jungfräulichen Weibes in den sinngemäß überlieferten Fassungen.

Den Eingang des Märchens haben wir deutend dargestellt; nun fahren wir in der bloßen Erzählung fort, doch so, daß wir uns auch weiterhin nicht nur auf eine Fassung stützen.[19] Die Behausung des weißen Wolfes ist meist von innen ein prächtiger Palast oder Saal, während man sich draußen im wilden Walde findet, vor der dichten Krone eines Baumes, vor einer Felsenhöhle. Das Zusammenleben mit dem Tier offenbart nichts Schreckliches, vielmehr wird oft schon von der ersten Nacht ausgesagt, daß sich das Wesen seinem Weibe in Jünglingsgestalt nähert. Doch bleibt die Nähe von einem dunklen Geheimnis verhangen, das freilich der jungen Frau selbst nicht so fragwürdig erscheint wie der Mutter und den Schwestern. Denn über kurz oder lang findet sie sich bei einem Besuch daheim deren Fragen ausgesetzt, und einige Fassungen betonen, daß es sich um die zentrale Mutterfrage handelt, etwa so, daß der Wolf sein Weib warnt, nicht mit der Mutter unter vier Augen zu sprechen oder nicht dem Rat der Mutter, sondern nur dem des Vaters zu folgen.[20] Es wird zwar niemals so offen ausgesprochen, doch ist die Frage selbstredend die sexuelle: was tut das Tier mit dir in der Nacht? – eine Frage, hinter der wir bei den Schwestern Lüsternheit, Neid und Neugier verspüren, bei der Mutter mehr Neugier und Sorge.

Über dem Geheimnis der Nacht liegt nun aber ein Verbot. Entweder schon über der Eröffnung, daß das Tier in der Nacht ein Mensch sei, oder doch, wenn jenes offenbar werden darf, über dem Versuch, das Erlebte durch Augenschein zu „verifizieren" *[beglaubigen]*. Das junge Weib folgt trotzdem aus plötzlich angefachten eigenen Befürchtungen dem Mutterrat, und die Vorsätzlichkeit des Vertrauensbruches wird noch dadurch unterstrichen, daß in der alten Zeit, um nachts unbemerkt ein Licht zu entzünden, einige schwierige Zurüstungen erforderlich sind. Im Lichte erscheint der

---

[19] Herangezogen werden fast ausschließlich die nordeuropäischen Beispiele mit dem Mann als Wolf, Bär oder Hund. Doch verzichten wir nicht ganz auf Belege außerhalb dieser Begrenzung, wenn sie besonders charakteristische Züge enthalten, die auch für den Zentralbezirk unserer Betrachtung erhellend sind.
[20] Nordische Volksmärchen, II, S. 161,176.

Geliebte göttlich schön, von einer faszinierenden Herrlichkeit des Anblicks, aber er erwacht, bisweilen von den Öltropfen der Lampe oder dem Talg der Kerze getroffen, und macht der jungen Frau heftige Vorwürfe: nur eine kurze Weile noch, und er hätte auch tagsüber die menschliche Gestalt wiedergewonnen und sich als Prinz, der er ist, zeigen können. Nun sei er in weite Fernen entrückt und dazu verdammt, eine andere, Ungeliebte, zu heiraten. Zwar verrät er den Namen jenes Bereiches, benimmt ihr aber fast jede Hoffnung, dorthin gelangen und ihn erlösen zu können.

Damit beginnt nun, gegen alle vernünftige Aussicht, die Queste des jungen Weibes, die Suchwanderung durch die Welt. Wie der Mann des Typs 400 auf seiner Suchfahrt gewinnt auch sie Helfer in den Mächten der Welt; diese weisen ihr das Ziel, begaben sie mit wunderbaren, kostbaren Geschenken, helfen ihr selbst, das Ziel zu erreichen. Es sind Sonne, Mond und Sterne und die Winde, die ihr diese Hilfen leisten. Am Ende ist noch ein besonderes Hindernis zu überwinden, ein Meer, eine Bergwand, ein undurchdringlicher Forst, der Hang des Glasberges. Den letzteren bezwingt sie in einigen Fassungen mit den Hühnerbeinchen als Leiter, die sie von den Mahlzeiten bei den Mächten hat aufheben müssen, und zu allerletzt auch noch mit dem eigenen abgeschnittenen Finger, da der letzte tote Knochen fehlt. Man kann sagen, daß die Weltwanderung durch Stationen gegliedert ist und daß der Wanderin dort jeweils entscheidende Hilfen zuteil werden. Im lothringischen Märchen setzt der Mann an den Bleibstätten große Steine[21], in einer irischen Fassung wird die Frau selbst auf neun Jahre in einen Stein verwandelt, der am Eingang des Erdhügels steht, in den er verschwunden ist.[22]

Das Motiv der Stationen ist in einer Reihe von Fassungen, die in Skandinavien, Deutschland und im Westen bis nach Portugal verbreitet sind, ganz besonders eigenartig gestaltet. Das Tier hatte während der jahrelangen Ehe die drei von der jungen Frau geborenen Kinder entweder selbst fortgebracht, oder sie waren nach der Geburt plötzlich entrückt worden: schmerzliche, die Tierehe belastende Ereignisse, fruchtbarer Boden für das von Mutter und Schwestern gesäte Mißtrauen. Nun findet auf ihrer Wanderung die Mutter ihre Kinder eins nach dem anderen wieder, jeweils in der Obhut einer meist älteren Frau und auf deren Höfen, und manchmal erhält sie von den Kindern selbst die hilfreichen Kostbarkeiten.

---

[21] Angelika Merkelbach-Pinck: Lothringer Volksmärchen, Düsseldorf 1961, S. 248f.
[22] Käte Müller-Lisowski: Irische Volksmärchen, Düsseldorf 1957, S. 326.

Am Ziel findet die Wanderin im allgemeinen ein Schloß, auf dem der geliebte Mann, jetzt in menschlicher Gestalt, lebt, wohlbehütet, nicht leicht zugänglich; denn seine Frau vermag sich dort zunächst nur mit niederen Arbeiten als Dienstmagd, als Gänsemädchen und dergleichen einzuführen. Das Schloß ist manchmal in der einfachsten Weise nur der Sitz eines Königs, des Vaters einer neuen Braut. Der Mann hat sie aus Vergessenheit oder weil er am Wiedersehen mit der einstigen Frau verzagt ist, geworben, und die Hochzeit steht unmittelbar bevor. Doch ist in einer ganzen Reihe von Fassungen die neue Braut von geheimnisvoller Artung. Sie selbst und ihre Mutter sind Hexen oder Trolle, also eher drüben als auf der alten Erde beheimatete Wesen. Sie sind es, die den Zugang zum weißen Wolfe wahren und gewähren können, und nicht auf ihn, sondern auf sie muß sich das Tun der Frau nun erstrecken. Das geschieht, indem sie der neuen Braut die Brautnächte abkauft, und zwar mit den kostbaren Gaben, die ihr auf der Wanderung zuteil geworden sind, – entweder mit den strahlendschönen Gewändern oder mit den Kleinoden des Weibes, der goldenen Spindel, Haspel, Garnwinde – oder mit verlockenden Spielzeugen, den goldenen Kugeln, der goldenen Glucke mit ihren Küken, dem seltenen Musikinstrument. Diese sind ihr für kein Geld feil, sondern nur, wie es in einer grimmschen Fassung heißt, für Fleisch und Blut.[23] Die zweite Braut ist von den Kleinoden fasziniert, hegt keine langen Bedenken, sondern willigt in den Tausch. Allerdings sucht sie die Frau zu betrügen, indem sie den Bräutigam mit einem Trunke betäubt. Zwei Nächte verbringt die Wanderin scheinbar nutzlos in der Brautkammer; ihr Mann schläft einen abgrundtiefen Schlaf, und alle Klage, alles Erzählen von dem früheren Glück und ihrer mühseligen Wanderung vermag keine Brücke zu seiner Seele zu schlagen. Erst in der dritten Nacht, da er auf eine Warnung von Lauschern hin den Schlaftrunk verschüttet hat und wach bleibt, gelingt es ihr, seine Erinnerung zu wecken und die neue, eigentliche Herzenseinigkeit herbeizuführen. Das Schicksal der neuen Braut ist je nachdem verschieden, ob sie menschlichen oder dämonischen Wesens ist. Im ersten Fall wird sie gewöhnlich durch die bekannte Schlüsselfrage ausgeschaltet, im zweiten findet sie ein Ende nach der Art der enttäuschten Dämonen, etwa wie auch das Rumpelstilzchen, das sich zerreißt: sie zerplatzt.

Wir stellen uns nun die Aufgabe, diese Märchenhandlung ihrem Sinne nach zu verstehen. Altüberlieferte Literatur zu verstehen, heißt aber vor-

---

[23] Brüder Grimm, KHM, Hrsg. Heinz Rölleke, Stuttgart 1980, II, S. 22f.

zugsweise, sie gemäß dem von ihren Schöpfern in ihnen ausgestalteten Sinne, also kulturhistorisch zu verstehen. Das ist für jedes einzelne Märchen jeweils ein schwieriges Unterfangen, weil das Verfahren eigentlich voraussetzt, daß wir die Zeitstellung und die kulturelle Umwelt des Schöpfers dazu kennen. Manche Forscher erblicken in diesem Problem bereits eine Aporie *[Ratlosigkeit, Verlegenheit]*, eine Ausweglosigkeit. Doch müßte man ein schlechter Märchenliebhaber sein, wenn man grade in der Märchenforschung vor der Weglosigkeit zurückschrecken wollte. Wir können hier die Problematik des Märchenverstehens nicht vollends aufrollen, sondern wollen nur soviel sagen, daß wir eine Fülle von Geleitszeichen haben, die uns bei dem schwierigen Unterfangen Hinweise geben und schließlich doch auf einen Weg helfen.

Ich setze dabei allerdings eines voraus. Der Wandel der Märchenerzählung kam unter anderem auch zustande durch Vergessen, Verhören, Ausflicken, Ausschmücken, Freude am Phantastischen, Motivüberpflanzung, Kreuzung verschiedener Typen und so fort. Naturgemäßerweise ist das so, damit müssen wir rechnen bei der Interessenvielfalt, der Fehleranfälligkeit und der Zeitverhangenheit aller menschlichen Bemühungen. Wir müssen aber ebenfalls rechnen mit dem erfinderischen Genius – wie dürften wir von ihm absehen! – und wir haben daher unter den äußerlich schlichtesten dörflichen Erzählern sicherlich mit schöpferischen Geistern zu rechnen, deren Intelligenz diejenige manches heutigen Forschers durchaus übertraf und ihr manchmal an Tiefe und Traditionswissen vielfältig überlegen war. Diese genialen Erzähler nun dürften sich, meine ich, nicht damit begnügt haben, Märchen bloß als bunte Geschichten und erfabelte Dichtung erfunden und tradiert *[weitergegeben]* zu haben, nur als Erzählungen von phantastisch-wunderbaren Begebenheiten, die keinen Anspruch auf Glaubwürdigkeit erhoben und die sich auch, eben weil sie in Gestalt von Wundern abrollen, niemals ereignet haben können.[24]

Sondern es ist anzunehmen, daß die Erfinder und die erzählerischen Mitschöpfer der großen Märchen, zu denen wir auch den Typus 425 rechnen, Sinngestalter und Sinnwahrer gewesen sind, denen an bloß phantastischen Fabeleien nicht gelegen war. Und nur weil sie Sinn gestalteten und überlieferten, blieben überhaupt die Märchentypen intakt und konnten einige von ihnen in neue Formen mit gewandeltem Sinn umgegossen werden. Darum

---

[24] So zumal Friedrich Panzer bei John Meier: Deutsche Volkskunde, Berlin 1926, S. 219. Weiteres dergleichen bei Lutz Röhrich, Märchen und Wirklichkeit, Wiesbaden 1964, S. 1.

vermögen auch wir immer noch, wenn wir uns nur nach den altertümlichen Gestaltungsanliegen umschauen, einen Schluß auf die Formen zu ziehen, in denen der gemeinte Sinn zum Ausdruck kommen konnte. Zu diesen Anliegen gehört aber in der Tat auch das Wunderbare, das wirklich geschieht. Denn jene Märchenschöpfer lebten in einer Welt, in der kein Wunder durch eine rationale Naturgesetzgebung verboten war, und auch uns steht noch immer die Freiheit offen, eine Welt für möglich zu halten, in der sich der Mensch das Recht auf Wunder noch nicht verscherzt hat.

Zum anderen meine ich, daß eine Märchendeutung, die des eigentlich Wunderbaren entraten zu können glaubt, die von der Voraussetzung ausgeht, daß der Märchensinn aufzuschlüsseln sei allein aus den Erzählbedürfnissen der vorletzten fünfzig Jahre, auf dem Holzwege ist. Eine psychologische Märchendeutung ist legitim; der Konsens zahlreicher Forscher weist seit langem auf die initiatische Natur vieler Märchenabläufe hin, und demgemäß müssen sie auch den Vorstellungen der Entwicklungspsychologie zugänglich sein. Eine solche Anbahnung des Verständnisses ist zumal dann der angemessene Weg, wenn sich der kulturgeschichtliche Gehalt eines Märchens noch verschließt. Das Grunderfordernis einer jeden Deutungsweise ist allerdings, daß der Deuter das individuelle Märchen wirklich selbst in seiner Tiefe erlebt habe. Ein Märchen gedeutet zu haben, verleiht nicht das Recht, mit dem dabei aufgefundenen Schlüssel sie alle auseinanderzunehmen. Ein solches schematisches Verfahren ist der Schönheit, der Tiefe, dem Wunder des Märchens ganz entgegengesetzt und führt nicht dahin, des Märchengeheimnisses innezuwerden. Vielmehr gilt es, dieses Geheimnis bis in das Geheimnis des Menschendaseins und der Welt zu vertiefen. Jenes andere Verfahren würde nicht einmal den Entwicklungsschwierigkeiten des heutigen jungen Menschen gerecht, der sich nicht mehr einbildet, daß der Lebenssinn sich in tüchtigem Erwerb, gutgeführter Liebespartnerschaft und einer naturwissenschaftlich geordneten Weltanschauung erschöpft. Sondern er bedarf auch eines ganz neu gebildeten Verständnisses für Wunder und Zauber. Auf diese Weise bleiben Traum und Märchen nicht lediglich die Falltüren, die man aufhebt, um ins sogenannte Unterbewußte hinabzuspähen, sondern sie erscheinen mit eins als die Tore einer erweiterten Wahrnehmung, durch die wir in eine neue Welt hinübertreten können. Falls die Zeit dazu noch ausreicht. Das Märchen aber ist, wie der Traum, seit jeher ein solcher Torbogen gewesen – hinaus auf den Weg der Wunder, des Zaubers, einer wahrhaft unendlichen und das heißt auch: innerlich unendlichen Welt. Auch in der Traumforschung mehren sich die Hinweise, daß wir in den Nachtgebilden nicht bloß unserer eigenen Phantasterei und unseren persönlichen Verdrängungen begegnen. Schon mit C.G. Jung setzt, wie bekannt, die Wende ein, und seit ihm heißt es, daß wir dort nicht nur mit einem persönlichen Archetypenschatz verkehren, sondern bis an ein kollektives Unbewußtes gelangen. Scheuen wir uns nicht, darin auch Züge der objektiven Welt zu erkennen und letztendlich auch Wesen, lebendige wirkliche Wesen der Welt.

Der Märchentypus 425 ist bereits in einer umfangreichen Arbeit in allen seinen Fassungen und Untertypen untersucht worden – von Jan-Öjvind Swahn – und wir haben daher für unsere Sinnfrage ein sicheres stoffliches Fundament. Auch ist allgemein bekannt, daß eine Fassung unseres Märchens bereits vor zweitausend Jahren aufgezeichnet worden ist, das Märchen von Eros und Psyche nämlich in den „Metamorphosen" des Apuleius von Madaura, der es einer noch älteren Fassung nacherzählt hat. Indessen, und damit treten wir schon in das Gebiet nicht völlig zu sichernder Schlußfolgerungen ein, obwohl das Märchen des Apuleius bereits zweitausend Jahre alt ist, hat es an der Vorlage doch schon entscheidende Abänderungen vorgenommen.[25] In den meisten Fassungen und Untertypen kehrt das liebende Paar von dem Orte, an dem die Wanderin den Gatten wiedererlangt, zurück in den Ausgangsbereich des Mädchens, also in die hiesige leibhafte Welt. Das Paar Eros und Psyche aber hochzeitet unter dem Schutze des Zeus selber auf dem Olymp – also in der Heimatwelt des Eros und verbleibt auch dort drüben oder droben. Psyche, das menschliche Wesen, die Königstochter erlangt die Unsterblichkeit und wechselt dorthinüber. Wir gehen nicht fehl, wenn wir darin eine spätreligiöse Abwandlung des ursprünglichen Märchensinnes erblicken. Aus dem Märchen ist unter orphischem und platonischem Einfluß eine Legende geworden, ein religiöses Beispiel, in dem der Seele, der Psyche, verheißen wird, daß sie nach den irdischen Mühen und getreulich auf dem gewiesenen Wege fortschreitend, schließlich des Bräutigames Verzeihung finden könne und in der Götterwelt mit ihm vereint werde: das Märchen als Bild einer gnostischen Einweihung, an dem Apuleius freilich manche Züge travestiert *[Erzählstoff in eine ihm nicht angemessene Form übertragen]*.[26]

---

[25] Amor und Psyche, hrsg. von Gerhard Binder und Reinhold Merkelbach, Wege der Forschung CXXVII, Darmstadt 1968, S. 79f.
[26] So zumal Pierre Grimal, Amor und Psyche, hrsg. von Gerhard Binder und Reinhold Merkelbach, Wege der Forschung CXXVII, Darmstadt 1968, S. 1–15.

Wir wissen zunächst nicht, ob in unserem Märchen der weiße Wolf ursprünglich ein menschliches oder ein göttliches Wesen ist. Wohl aber sehen wir, daß auch hier der entscheidende Brückenschlag zwischen den beiden Wesen drüben geschieht, jenseits des Glasberges, und daß sie dann, um die Gemeinschaft zeithaft auszuleben, hierher zurückkehren. Nicht unklar ist dieses Verhältnis in einem Untertypus, der die Signatur 425B trägt (bei Swahn 425A). Swahn sieht diese Fassung zwar nicht als den Urtypus an, aber doch als die älteste und bestimmteste Ausformung. Ich nenne diesen Untertypus das Märchen vom Hexensohn; denn oftmals wird dort die Mutter des Mannes als Hexe bezeichnet. Freilich dürfen wir in dieser Hexe nicht die gewöhnliche Dorfhexe unserer Sagenwelt sehen. Schon bei der Waldhexe ist es durchaus zweifelhaft, ob sie nicht vielmehr als ein mythisches Wesen aufgefaßt werden müsse, – wie etwa die Frau Holle, die bisweilen durchaus hexenhaft erscheint, oder wie ganz gewiß die Babajaga des russischen Märchens. An diese Gestalten sei also erinnert, wenn wir sagen, daß im Märchen vom Hexensohn der Bräutigam von Ursprung her ohne Zweifel ein jenseitiges Wesen ist. Bestätigt wird dies auch durch andere Fassungen, in denen die Mutter nicht Hexe genannt wird, sondern Fee im französischen Märchen, Teriel, eine Dämonin, im kabylischen, Divenfrau im türkischen und persischen Märchen.[27] Das Wort Div ist ja auch uns aus „1001 Nacht" als Bezeichnung für nichtmenschliche, dämonische Wesen vertraut. Eine Merkwürdigkeit dieses Untertyps besteht darin, daß die dämonische Schwiegermutter die junge Frau zu ihrer Schwester schickt, damit sie dort umgebracht wird, ebenso wie Venus, die zürnende Mutter des Eros im Märchen des Apuleius, die Psyche zu ihrer Nichte Proserpina sendet, zur Unterweltsgöttin, damit sie dort, am Totenort, festgehalten würde. Auch diese Parallele zwischen der ältest überlieferten Fassung und 425B ist also ein weiterer Hinweis auf die Jenseitigkeit des Bereiches, in dem die junge Frau nach ihrer Weltwanderung um den Gatten dienen muß.

Im Untertypus 425B ist demnach der Bräutigam von Ursprung her ohne Zweifel ein jenseitiges Wesen, das offensichtlich nach Einkörperung strebt, dessen Verkörperung jedoch Zeit erfordert und daher auch in dieser Zeitspanne gestört werden kann. Solche Hintergrundsgedanken werden in un-

---

[27] Leo Frobenius: Märchen der Kabylen, Hrsg. von Hildegard Klein, Düsseldorf 1967, S. 177. Otto Spies: Türkische Märchen, Düsseldorf 1967, S. 141. Arthur Christensen: Persische Märchen, Düsseldorf 1958, S. 14. Ernst Tegethoff: Französische Volksmärchen II, Jena 1923, S. 54.

seren heimischen Märchen nicht ausgesprochen, doch ist das durchaus möglich in den entsprechenden Kulturen, und in einem Märchen der hinterindischen Khmer wird beispielsweise dieser eigentliche Sinn zusammen mit der himmlischen Vorgeschichte völlig klargestellt.[28] Auch dort vollzieht sich der Übergang des göttlichen in ein menschliches Wesen vermittelst der Tiergestalt, und zwar der Gestalt eines Pferdes, das zunächst einmal einfach in dieser Welt erscheint.[29] Die Einkörperung eines göttlichen oder dämonischen Wesens wird in der indischen Überlieferung vielfältig geschildert, und zwar vollzieht sie sich dort auf zweierlei Weise. Entweder zeugen die Götter selbst mit den Menschenfrauen ihr Avatāra, ihre irdischleibhafte Vertretung, oder ihre göttliche Substanz gesellt sich der Zeugung bei, die unter einem Menschenpaar stattfindet. Im Märchentyp 425 begegnet uns die eigenartige Form, daß der Gott sich in ein nicht völlig leibhaftfertiges Tier verwandelt, in dieser Tagesgestalt sich einer Menschenjungfrau gesellt, aber in seiner menschlich-göttlichen Nachtgestalt mit ihr hochzeitet. Diese nicht-vollendet irdische, noch teilweise jenseitige Gestalt bedarf eines Deckmantels, am lichten Tage des Tierkleides, in der anderen Tageshälfte des nächtigen Dunkels. Unverhüllt vom Lichte getroffen zu werden, hätte sofortige Entrückung der Gottheit in den ihr eigentümlichen Bereich zur Folge. Damit ist das Verbot, über die nächtliche Menschengestalt zu sprechen oder gar, sie im Lichte beschauen zu wollen, vollkommen begründet. Der Versuch, die göttliche Anwesenheit im Lichte zu verifizieren, hat die augenblickliche Entweichung des göttlichen Wesens zur Folge, ein religionsgeschichtlich und theologisch höchst bedeutungsvoller Satz. Das Märchen vom Löweneckerchen gibt dafür ein eigenartiges, von allen anderen Fassungen abweichendes Bild. Doch zeigt gerade diese Abweichung, daß auch die Abweichler den Sinn des über dem jenseitig-diesseitigen Wesen liegenden Verbots klar vor Augen hatten. In der erwähnten Fassung neigt sich das junge Weib nicht mit der Kerze in der Hand über den Gatten, sondern sie erstrebt etwas anderes, das nicht, noch nicht zu verwirklichen ist. Sie will bei dem Besuch im raumhaft-leiblichen Verwandtenkreise nicht auf das Dabeisein des Gatten verzichten und läßt daher eine Dunkelkammer aufführen – in der irrigen Vorstellung, daß auf diese Weise ein quasi-irdisches Dasein des unirdischen Gatten zu verwirkli-

---

[28] Hans Nevermann: Die Stadt der tausend Drachen. Eisenach 1956, S. 58–74.
[29] Damit stellt sich das hinterindische Märchen zu dem türkischen Oikotypos vom „Pferdemann". – Siehe die Belege bei Otto Spies: Türkische Märchen, Düsseldorf 1967, S. 141. – Arthur Christensen: Persische Märchen, Düsseldorf 1958, S. 14.

chen sei. Aber hier ist hier und Erde bleibt Erde, – das Holz der Verdunkelung reißt, der Schein der Hochzeitsfackeln fällt in die Kammer, und es erfolgt die augenblickliche Dematerialisation des im Stadium der Verleiblichung vom Licht getroffenen Jenseitigen, er entweicht als Taube. – Nebenher sei vermerkt, daß jenes dunkle Gehäuse aus dem Löweneckerchenmärchen exakt dem Raum unter dem Hut oder dem Tuch des Zauberkünstlers entspricht und ebenso dem Kabinett der spiritistischen Séancen. Auch dort ist es nicht gut, auf der Bank der Vérificateure zu sitzen, wenn man von da aus auch mit Sicherheit versprechen kann, das Wunder zum Entweichen zu zwingen.

Die nur teilweise angebahnte, noch unvollkommene Verkörperung drückt ein finnisches Märchen – und ebenso auch andere Fassungen – derart aus, daß die Tagesgestalt des Mannes ein bloßer Kopf ist, der in einem Korbe auf die Hochzeit getragen wird.[30] Seine Nachtgestalt darf die Braut nicht verraten und sagt daher auf die Frage ihrer Stiefmutter: Er ist so wie ihr ihn seht, er ist nichts weiter als ein Kopf. – Doch die böse Mutter macht die Braut betrunken, und da sagt sie: Seine Beine sind von Silber bis zu den Knien, von Gold die Arme bis zu den Ellenbogen, einen Stern trägt er auf dem Scheitel, eine Sonne auf der Stirn und einen Mond auf dem Hinterkopf; wenn er spricht, wachsen ihm goldene Blumen aus Mund und Nase. – Da zerbricht der Jüngling das Fenster und entweicht in die fast unerreichbare Ferne.

Der Untertypus 425B, aber auch andere Fassungen im Gesamttypus erzählen also unmißverständlich von der Einkörperung eines männlichen Jenseitswesens mit Hilfe eines Erdenweibes. Dadurch erscheinen diese Märchen, mit Umkehrung der mannweiblichen Rollen, als Parallelen zu dem weitverbreiteten, uralten Märchen vom Schwanmädchen. Seine bekannteste Fassung ist wohl die aus 1001 Nacht, die Mär von dem Juwelier Hasan aus Basra und den Prinzessinnen von den Inseln Wak-Wak. Hier wird ebenso unmißverständlich von einer ersten Eheschließung des Erdenmannes mit einem weiblichen Jenseitswesen erzählt, von der Entweichung des Weibes aus der irdischen Wohnstatt mit Hilfe seines Schwanengewandes, von der weltweiten Suchwanderung des Mannes und der endgültigen Heimführung des Schwanenweibes in den irdischen Haushalt. Dieses Märchen gilt als ein Untertypus von AT 400, einem Märchen, das allgemein von der Suchwanderung des Mannes nach dem entrückten Weibe erzählt. Doch unterscheiden sich die

---

[30] August von Löwis of Menar: Finnische und estnische Märchen, Düsseldorf 1962, S. 131.

anderen beiden Untertypen gründlich von dem Schwanmädchenschema. Hier gewinnt der Erdenmann in einer gleichfalls zweiteiligen Handlung eine Frau von drüben, bricht eine Bedingung, bewirkt dadurch ihre Entrückung, folgt ihr auf einer Weltenwanderung und hochzeitet an ihrer Heimstatt. Von einer Rückkehr ist nicht die Rede. In meinem Straßburger Vortrag habe ich diese beiden nur wenig unterschiedenen Untertypen zu deuten gesucht als das epische Nachbild einer Schamanenweihe. Ihr Hauptinhalt wäre, daß der schamanische Held seinen weiblichen Hilfsgeist in einer nicht mehr gefährdeten Ehe an sich bindet.[31]

Da es sich in den beiden Haupttypen 400 und 425 jeweils um die Suchwanderung des einen Partners nach dem anderen handelt, einmal des Mannes, das andremal des Weibes, so liegt die Frage nahe, ob der Typus 425 einfach die Umkehrung des Typs 400 ist, also auch eine Schamanenweihe darstelle, und zwar die einer Schamanin, die sich ihres männlichen Hilfsgeistes versichert. Angesichts der Unterschiedlichkeit schon der Untertypen innerhalb von AT 400 und 425 müssen wir die Frage in dieser allgemeinen Form verneinen. Doch könnte es sein, daß sich in einem Untertyp von 425 etwas derartiges verbirgt, auch wenn wir das vorderhand nicht bis zur Evidenz *[vollständigen Einsichtigkeit]* zu bringen vermöchten. Nur soviel können wir allerdings behaupten, daß sicherlich das Weib des weißen Wolfes durch seine Suchwanderung eine Einweihung erfährt, die Straße einer Initiation durchläuft.

Wie geht das vor sich, was erwandert sich die Weltenpilgerin? Zunächst einmal stellen wir fest, daß sie oftmals auf der Fährte eines der Erde sich entziehenden, aus seinen irdischen Bedingungen sich lösenden Wesens durch die Welt wandelt. Ihre Fahrt ist also jedenfalls gerichtet auf ein Ziel außerhalb der Leiberwelt – östlich von der Sonne, westlich vom Mond, so benennt es eine norwegische Fassung – also ohne Zweifel eine Reise mit schamanischem Sinn. Unmittelbar schamanisch erscheint es ferner, wenn die Wanderung entweder zum Glasberg führt oder doch dieser vor dem Ziel überwunden werden muß. Denn der Glasberg ist ja das Märchensymbol für den Weltberg als Sitz der Götter, entsprechend dem Olymp, dem Meru, dem Kailāsa. Sowenig nun der Olymp oder der Himalaja oder der Fudschi als jenseitig zu bezeichnen sind, so fehlerhaft wäre dieses Wort in märchenhaften Bezügen,

---

[31] Heino Gehrts: Schamanenweihe in einem niedersächsischen Volksmärchen. In: „Vom Menschenbild im Märchen", Kassel 1980, S. 72 – 90.

wenn wir etwas anderes darunter verstehen wollten als ein Jenseits zu der rein räumlichen, körperhaften Nahwelt.

Im Märchen vom weißen Wolf überwindet die junge Frau den Glasberg oftmals mit Hilfe der auf ihm ausgelegten Hühnerknochen. Es ist merkwürdig, mit welcher Dringlichkeit in mehreren Fassungen die Helfer, also insbesondere die Gestirne die junge Frau zur Hühnersuppe einladen, die Beinchen sammeln, daß auch nicht eines fehlt, ein Bündel daraus machen und der Frau als etwas für den weiteren Weg höchst Wichtiges übergeben.[32] Auch den Erzählern muß dieses Motiv mithin als etwas sehr Wichtiges erschienen sein. In einem Märchen anderen Typs rät die Sonne sogar zum Kauf einer schwarzen Henne für diesen Zweck.[33] Kein Zweifel, es handelt sich um ein altes Opfermotiv; aus den Gebeinen des Opfertieres gewinnt der Opfrer die Leiter, die ihn zu den Himmlischen führt, ein einleuchtender Gedanke. Der Einwand, wie sich ein Tieropfer und gar noch die Opfervorstellung bis zu den späten Märchenerzählern gehalten haben sollte, ist nicht stichhaltig. Wir haben noch in spätesten Sagen die Opferung von Huhn und Bock – zur Sicherung oder Hebung eines verborgenen Schatzes, und in den Hexensagen und auf den Abbildungen der Hexenfeste spielt ja die zaubrische Suppe mit dem Fleisch von allerlei Tieren eine große Rolle, die Opferspeise, heißt das, die in den schwarzmagischen Bereich abgesunken ist. Die eben zitierte schwarze Henne, die zur Überwindung der Glasbrücke dient, zeugt für die späte Aufnahme des schwarzmagischen Opfers der Sage in einen ursprünglich heilsbringenden, den göttlichen Wesen zugewandten Märchenzusammenhang.

Das Tieropfer reicht nicht aus, um das Ziel zu erreichen. Zur Vollendung bedarf es des Opfers aus der eigenen Lebendigkeit, und daher muß die junge Frau, um die letzte Stufe zu gewinnen, zu den Hühnerbeinchen den eigenen Finger beitragen – in ähnlicher Weise, wie der junge Mann im Märchen von den drei entrückten Prinzessinnen (AT 301) den Adler, der ihn von Welt zu Welt trägt, zunächst mit Tierfleisch füttert, dann aber sich ein Stück aus dem eigenen Schenkel schneiden muß. Beidemal handelt es sich um initiatische Einschnitte.

---

[32] Ulrich Jahn: Volksmärchen aus Pommern und Rügen, Norden 1891, Hildesheim 1977, S. 332ff. – Karl Müllenhoff: Sagen, Märchen und Lieder, Schleswig 1921, S. 406f.
[33] Paul Zaunert: Deutsche Märchen seit Grimm, Jena 1912, S 409f.

Der Glasberg und seine Ersteigung oder Überwindung sind das stärkste Zeichen dafür, daß die Fahrt in die andere Welt geht; stattdessen oder überdies können auch Meer oder Dunkelwald die Grenzen bezeichnen. Weltenwanderung bedeutet aber auch, bei den Wesensmächten der Welt haltzumachen.

Es sind im allgemeinen die Gestirne, das heißt Sonne, Mond und Sterne, außerdem der Wind, also Mächte der oberen Welt, nach denen die Stationen benannt werden. Diese obere Welt beginnt aber nach den alten Anschauungen nicht jenseits einer für lebende Menschen unüberschreitbaren Kluft, sondern die Ferne der Welt selber ist schon Sitz der göttlichen Wesensmächte, und nur darin gründet der Zusammenhang einer Wanderung vom Erdenheim zu den Gewaltigen des Himmels. Im allgemeinen wissen die zunächst befragten Mächte nichts vom weißen Wolf und seinem Ziel; sie sind aber zur Wegweisung und zur Wegeshilfe imstande.[34] Darin drückt sich die Besonderheit der Märchenreise aus: die Sicherheit im Wandern wird verstärkt, während zugleich das Ziel noch verhüllt bleibt, ja, geradezu als unbekannt eingestanden wird. Inwiefern dies überhaupt ein entscheidender Charakterzug der Märchenhandlung ist, hat Max Lüthi wiederholt in sehr treffenden Sätzen zum Ausdruck gebracht.[35]

Die Gestirne beschenken das Mädchen nicht nur mit den Knochen der schon erwähnten Opferhühner – also mit dem Opferheil aus den Tieropfern, die an den Weltstationen darzubringen sind –, sondern sie begaben das wandernde Weib auch mit weiteren Kostbarkeiten darüber hinaus. Entweder nämlich mit dem der Station entsprechenden Kleide, dem Sonnen-, Monden-, Sternenkleid, oft in einer Nuß verborgen, also äußerlich nicht sichtbar, oder mit anderen goldenen Kleinoden: Spindel oder Spinnrad, Haspel und Garnwinde. Die Haspel diente dazu, von der Spindel das gesponnene Garn abzuhaspeln und auf diese Weise eine Strähne zu gewinnen, die gewaschen, gebleicht oder gefärbt werden konnte; mit der Garnwinde wurden die Strähnen aufgespult zum Weben. Diese Gegenstände sind von Gold und erweisen sich daher später als verlockende Kostbarkeiten, mit denen die Brautnächte zu erkaufen sind. Doch muß ihnen auch ein besonderer Sinn im Hinblick auf die junge Frau selbst innewohnen. Im Zeichen des Goldes pflegt Wesentliches zu

---

[34] Der Held auf seiner Suche erhält die Mittel zur Weltwanderung oft, indem er in den Erbenstreit um die Wunderdinge eingreift; dies Motiv, AT 518, scheint bei der weiblichen Suchwanderung nicht vorzukommen.
[35] Max Lüthi: Das europäische Volksmärchen, Bern 1960, S. 86.

erscheinen; in Gestalt der goldenen Geräte möchte daher dem wandernden Weibe das Wesen der entsprechenden Tätigkeiten erschlossen und zu eigen werden.

Erlernen kann Spinnen und Weben jedermann; innerhalb einer Kultur kommt es darauf an, daß man nicht nur die sogenannten Produktionstechniken beherrscht, sondern es überdies auch versteht, den wesentlichen Goldfaden mit einspielen zu lassen, – will sagen, die Gaben der Natur nicht bloß menschlich zu verbrauchen, sondern sie im Sinne der Weltgötter zu verwenden. Das spinnende Weib verrichtet dann sein Werk in der Rolle der spinnenden Göttin, die Weberin webt mit am Gewebe der Welt. Das Werkstück wird nicht um Gewinnes und Geldes willen erarbeitet; vielmehr wird ein jedes Werk in seiner innerlichsten Eigentlichkeit rituell verrichtet, in weihevoller Weise. Um dazu imstande zu sein, bedarf es einer Einweihung; dem Begünstigten wird sie durch die Weltgötter selber zuteil.[36]

Es ist etwas Eigenartiges, daß die Gottheit sich auf diesen Stationen zunächst immer als ein altes Weib zeigt; immer wird die junge Frau dort von einer Muttergottheit empfangen. Doch ist deren aktive Potenz fast immer männlich, unbekümmert um das grammatische Geschlecht: mein Sohn Sonne, ja, es kommt sogar ein Sohn vor mit dem pluralischen Namen „Sterne".[37] Die gewaltige Naturkraft dieser Söhne äußert sich in einer ungestümen Wildheit, in ihrer Freßlust, die das junge Weib mit Verschlingung bedroht. Daß es vor dieser Drohung auf dem Wege und auf der Station beharrt, ist zugleich eine Probe auf jene Unbeugsamkeit des menschlichen Wanderers, die sich um keiner Gefahr willen vom gewählten Ziele abwenden läßt. Andererseits steht immer die Muttergottheit dafür ein, daß die Söhne am Ende ihre gewaltige Kraft in den Dienst der jungen Frau stellen.

In einer ganzen Reihe europäischer Fassungen, und zwar gerade solchen, die zum Untertyp weißer Wolf gehören, haben wir nun aber eine völlig andere Art von Stationen. Immer noch führt der Weg am Ende vor ein gewaltiges, schwer zu überwindendes Hindernis, so daß wir die junge Frau immer noch bis ans Ende ihrer Welt wandern sehen; aber die Fahrt führt nicht auf den Weltberg, und es werden keine Geflügelopfer gebracht; die Reise ver-

---

[36] Daß man als Nicht-Initiierter gar nichts richtig tun könne, bringt für einen Stamm auf Neu-Guinea vorbildlich zum Ausdruck J. van Baal; Dema. Description and Analysis of Marind-Anim Culture, The Hague 1966, S. 544.

[37] Ulrich Jahn: Volksmärchen aus Pommern und Rügen, Norden 1891, Hildesheim 1977, S. 333.

läuft über ebene Erde zu großen, am Wege liegenden Gehöften. Dort stößt sie nicht auf göttliche Wesen, sondern auf Menschen, wie es scheint, eine ältere Frau und jeweils eines ihrer Kinder. Auch die dort verschenkten Kostbarkeiten sind anderer Art, eine zaubrische, Samt und Seide hervorbringende Schere, ein sich selber deckendes Speisetuch, eine immer gefüllte Flasche, eine selbst nähende Nadel und anderes.[38] Das sind also sehr wirtschaftliche, sehr irdische Gaben, die ganz der Wegführung auf der Erde entsprechen, und es erhebt sich die Frage, inwiefern die Kinder und deren Pflegemütter etwas leisten können, wozu sonst die gewaltigen Mächte der Welt und ihre Urmütter nötig sind. Hier wird doch, wie es scheint, ein Wandel im Sinn des Märchens spürbar. Ehe wir ihn aufzuklären suchen, betrachten wir erst die letzte Szenenfolge.

Die junge Frau erreicht den Zielort, hat aber den Endzweck damit beileibe noch nicht erreicht. Denn sie hat sich zwar Wirkungsmöglichkeiten zu eigen gemacht, hat sie aber noch nicht erprobt. Diese Probe verläuft so, daß sie sich der äußerlichen Zeichen des Erworbenen entäußert; sie muß Verzicht leisten auf die Kostbarkeiten, die sie hat, und ganz zurückfallen auf das, was sie ist, nun freilich auf das, was sie durch ihren Weltenweg geworden ist. Von ihrem Gatten ist sie getrennt; nicht nur, daß sie als Zugewanderte gar keinen Zugang zum Königsbräutigam finden könnte: verschlossen ist auch dieser selbst für sie. Keine Erinnerungsbahn führt in ihm zu ihr zurück, kein gerührtes Um-den-Hals-Fallen brächte die Entschürzung des in der Tiefe liegenden Knotens. Oder mit klaren Worten: das Tagesbewußtsein des Mannes reicht nicht über seine Wandlungen hinaus zurück in das, was vorher war; es ist abgedichtet gegen das, was er als Tier betrieben und nächtlicherweile in Menschengestalt als Gemeinsamkeit mit ihr erlebt hat. Das Bewußtsein des Weibes umfaßt Tag und Nacht, und die Zone der gemeinschaftlichen Erinnerungen wäre mithin nur zu erreichen in seinen Nächten und deren Träumen. Eben dies ist es, was die junge Frau nun ins Werk setzt, indem sie der zweiten Braut deren Nächte abkauft mit den auf dem Wege errungenen Kostbarkeiten.

Damit kommt es zu jenen eigenartigen Szenen in tiefer Nacht, wo der Mann in unerwecklichem Schlafe liegt – durchaus gegensätzlich zu der alten Frevelnacht bei entzündeter Lampe – und wo nun das junge Weib die ganze Nacht hindurch am Bette jammert und murmelt und vergebens sein Erinne-

---

[38] Auch goldener Apfel, Harfe, Kamm.

rungsvermögen anruft. Das Nachtbewußtsein allein lohnt es sich zu erreichen, aber eben dies ist ja betäubt. Was sagt sie, was kann sie sagen, um die Schranke zu durchbrechen? – Nun, in vielen Fassungen versucht sie natürlich, mit ihren eigenen Erinnerungen an das gemeinsam Erlebte die seinen zu wecken. Diese Reden sind zumeist in Prosa überliefert. Es kommen aber auch Sprüche in gebundener Form vor, und diese haben zur Hauptsache einen ganz anderen Inhalt. Sicherlich steckt in ihnen etwas Altüberliefertes; doch sind Verse in anderer Weise in der mündlichen Tradition gefährdet als prosaische Aussagen. Die letzteren, wenn ihre wörtliche Fassung zerstört ist, lassen sich auch mit anderen Worten treffend wiedergeben. Verse, wenn sie außer Fassung geraten, reizen zum Versuch der Neugestaltung, und dabei kann es durch heterogene *[ungleichartige]* Einfälle und Reimwörter zu starken Veränderungen kommen.[39] Immerhin haben wir eine Reihe von Sprüchen, die sehr Wesentliches bewahrt haben.

Zum ersten ist festzustellen, daß die Sprüche nichts oder fast nichts vom gemeinsam Erlebten sagen. Besinnen wir uns recht darauf, dann kann der Ruf an das verschlossen Gehaltene auch gar keine Wirkung haben. Zum zweiten erkennen wir, daß die junge Frau zum Bewußtsein des Mannes den Zugang auf dieselbe Weise sucht wie zu seinem Aufenthaltsort, freilich nicht mehr durch Beschreiten, sondern durch Beschwören des Weges. Sie sucht ihn zu öffnen, indem sie sich auf den begangenen Weg, den initiatischen Weltenweg beruft. Mit einem Initiationsspruch, sagen wir, unternimmt sie es, ihn für sich zu reklamieren, – und mit diesem lateinischen Wort wird ja das Geltendmachen eines Rechtsanspruches durch lautes Rufen bezeichnet. Hier macht nun die junge Frau einen metaphysischen Anspruch durch fortwährende, die ganze Nacht erfüllende Anrufe geltend. Es geschieht also etwas unsagbar viel Großartigeres als das bloße In-Erinnerung-Bringen durch ein gestammeltes „Endlich, Liebster!" es wäre.

Ich zitiere zunächst einen holsteinischen Spruch:
„König Medowulf, du schönster Herr!
Ich bin bei dir gewesen in der ganzen Welt,
bei Wind, Mond und Sonne,
bei kalt Hagel und Schnee.

---

[39] Auch das Überwandern einer Sprachgrenze kann gerade hier zu starken Abwandlungen führen. Ein Beispiel bei Kurt Ranke: Die schleswig-holsteinischen Volksmärchen, Kiel 1955, Nr.16,17.

Nach dir tut mein junges Herz so weh."[40]

Ich bin bei dir gewesen in der ganzen Welt – ist eine großartige Formulierung, die durchaus auch eine rein menschliche große Liebe charakterisieren könnte. Dagegen ist die letzte Zeile offensichtlich um des Reimes willen aus der kleinen, nicht welthaltigen Liebesdichtung angezogen worden. Die Hagel-und-Schnee-Zeile ist ein Überbleibsel von einer wichtigen Aussage, die sich ganz und gar nicht auf die Weges-Unbilden bei Wind und Wetter bezieht, sondern darauf, daß das junge Weib nicht nur den Himmel, sondern auch die Hölle durchwandert hat. Das sprechen gerade andere holsteinische Fassungen besonders deutlich aus. Sie erzählen, daß die Frau durch den gläsernen Berg hindurchmußte, daß sie dort zwischen wilden Tieren, schneidenden Schwertern, Nattern und Schlangen hindurchgehen mußte, eine typische Unterweltsvision, und dafür hat sie in einer Fassung sogar einen Hakenstock erhalten, um das Otterngezücht beiseitezuschieben. Also lautet eine andere holsteinische Fassung:

> „Herr Harmen, Herr Harmen,
> laß dich doch erbarmen!
> Ich bin für dich gegangen
> durch Allern und durch Slangen,
> dör Mesterbitt un Barnbitt
> und durch den gläsern Barg gegangen."[41]

Hier wird also gerade der Höllenanteil der Weltenwanderung stark betont. Eine verstümmelte mecklenburgische Fassung sagt nur mehr noch:

> „Die Boren, die beißen sich,
> die Messer, die schmeißen sich,
> ich kann nich nach dem gläsernen Berg raufkommen."[42]

Die letzte Zeile, in unbeholfener Sprache, nicht mehr sachentsprechend formuliert, zeigt doch – wie in einem quälenden Traumbilde – das überaus schwierige Bemühen des Weibes um das Erreichen des inneren Zieles.

Als vorletzter Spruch sei wegen seiner Kuriosität ein pommerscher erwähnt, aus einer gestörten Fassung, die der Gewährsmann nach der Erzäh-

---

[40] Elfriede Moser-Rath: Deutsche Volksmärchen, Düsseldorf 1966, S. 83.
[41] Wilhelm Wisser: Wat Grotmoder vertellt III, Jena 1909, S. 36. Vgl. auch die verschiedenen Fassungen bei Kurt Ranke: Die schleswig-holsteinischen Volksmärchen, Kiel 1955 S. 19–52.
[42] Siegfried Neumann: Mecklenburgische Volksmärchen, Berlin 1973, S. 152. In Bechsteins „Nußzweiglein" besteht die gesamte Erlösungshandlung im Durchwandern von elf Höllenkammern, auf die das lichte zwölfte Zimmer der Erlösung folgt. Ludwig Bechstein: Sämtliche Märchen. Hrsg. Walter Scherf, Darmstadt 1974, S 104f.

lung von Dienstmägden aufgezeichnet hat, ein Spruch, der sich indes auch nur auf das Wegerlebnis beruft:

    „Herr Prinzipal!
    auf deinen Saal
    hab ich geritten,
    mein'n kleinen Finger
    mir abgeschnitten!
    Herr Prinzipal!"

Die Märchenerzählung selbst gibt keinen Anlaß dazu, die Anrede „Prinzipal" zu verwenden.[43]

Wir schließen die Reihe ab mit einem schönen, schlichten Beispiel, das von einer gebildeten Zwanzigjährigen aus Kassel stammt, von Gretchen Wild nämlich

    „Denkt der König Schwan
    noch an seine versprochne Julian?
    Die ist gangen
    durch Sonne, Mond und Sterne,
    durch Löwen und durch Drachen:
    Will der König Schwan
    denn gar nicht erwachen?"

Hier haben wir also das Wegmotiv, gangen, das Himmels- und das Höllenmotiv und die Aufforderung, zu erwachen.[44]

Es ist höchst überraschend, daß bis in die Märchen des 20. Jahrhunderts etwas so Altertümliches wie ein einheimisches „Initiationsbekenntnis" erhalten geblieben sein soll. Wir können dazu nur auf alte und neue Entsprechungen hinweisen, in denen die Schau der oberen und der unteren Welt als Hauptinhalt der Einweihung kundgetan wird. Apuleius, der ein Geweihter des Isiskultes war, faßt selbst gegen das Ende des Werkes, das auch unser Märchen überliefert, sein eigenes Einweihungserlebnis mit den Worten zusammen: „Ich kam bis an den Bannkreis des Todes, betrat die Schwelle der Unterweltsgöttin und, alle Elemente durchfahrend, kehrte ich zurück. Um Mitternacht schaute ich die im hellsten Lichte schimmernde Sonne. Ich ge-

---

[43] Ulrich Jahn: Volksmärchen aus Pommern und Rügen, Norden 1891, Hildesheim 1977, S. 334.
[44] Heinz Rölleke: Die älteste Märchensammlung der Brüder Grimm, Cologny-Genève 1975, S. 272.

langte zu den Sitzen der unteren und der oberen Götter und betete sie aus der Nähe an." – XI,23.

Der Kern dieses Erlebnisses ist nicht kulturgebunden. Ganz Entsprechendes kehrt bei einer mazatekischen Indianerin wieder, bei Maria Sabina, einer Geweihten des heiligen Pilzes Teonanácatl: „Das Buch (der Weisheit, das ihr drüben gezeigt worden war) brauchte ich nicht wiederzusehen, weil ich alles gelernt hatte, was darinstand. Aber den Geist sah ich wieder, der es mir geschenkt hatte und andere Geister und andere Landschaften. Auch schaute ich, ganz aus der Nähe, die Sonne und den Mond, denn je tiefer man in die Welt Teonanácatls hineingeht, um so mehr erschaut man. Und wir sehen auch unsere Vergangenheit und unsere Zukunft, die dort drüben vereint sind als ein einziges Ereignis, das schon vollendet, schon vollzogen ist...Millionen Dinge sah und erkannte ich. Ich erkannte und sah Gott: eine unendliche tickende Uhr – mit den Sphären, die sich langsam umwälzen – und darinnen die Sterne, die Erde, das Weltall ganz und gar, den Tag und die Nacht, den Wehschrei und das Lachen, die Freude und den Schmerz. Wer das Geheimnis Teonanácatls bis in seine tiefste Tiefe erfahren hat, der vermag sogar jene unendliche Uhr zu erschauen."[45]

In unserem Märchen sind es irgendwelche Lauscher, denen das ungewöhnliche Geschehen in der Brautkammer, die andauernde Klage, auffällt und die nach der zweiten Nacht dem Prinzen davon sprechen, so daß er den dritten Schlaftrunk meiden kann. Wir müssen dies nicht als eine zufällige glückliche Verkettung der Umstände auffassen, sondern so, daß in Wirklichkeit die junge Frau vermöge ihres Weltbewußtseins stufenweise in das Nachtbewußtsein des Schlafenden vordringt. Gelegentlich haben die Erzähler es auch zum Ausdruck gebracht, daß der Aufklärung durch den Kammerherrn eine dumpfe Ahnung des Prinzen von dem ungewöhnlichen Gemurmel der Nacht entgegenkommt. So heißt es im Löweneckerchen, das Dortchen Wild erzählt hat: „Der Prinz...schlief so hart, daß es ihm nur vorkam, als rausche der Wind draußen in den Tannenbäumen", – was auch dadurch bemerkenswert ist, daß der Anruf zunächst vernommen wird als Stimme des Windes, als Weltlaut. Am nächsten Abend fragt der Prinz den Kammerdiener daher selbst nach dem nächtlichen Murmeln und Rauschen; daraufhin wird ihm zwar von dem armen Mädchen berichtet, das die Nacht in seiner Kam-

---

[45] Joan Halifax: Shamanic Voices. A Survey of Visionary Narratives, Harmondsworth 1980, S 134f.

mer verbracht habe, doch weiß er sich trotzdem an nichts zu erinnern. Mit den Worten des Dieners vermag der Blitz nicht zu zünden.

Dergleichen ist nun nicht etwa Wilhelm Grimm zu verdanken, der in diesem Punkte seine Braut noch verbessert hätte. In einer irischen Fassung grüßt der Prinz nach der ersten Nacht im Vorübergehen die Frau, nach der zweiten redet er sie an, und auf ihre Frage, ob er manchmal wachliege, antwortet er, das sei wohl öfter der Fall, „doch während der letzten beiden Nächte hätte er nicht aufwachen können, weil er im Traum einem schönen Liede lauschen mußte, und die Stimme müsse er vor langer Zeit und in einer anderen Welt schon einmal gehört und geliebt haben."[46] – In einer isländischen Fassung beschwört die Prinzessin den wachenden Prinzen in der dritten Nacht, „er möge sich doch an ihr Zusammenleben erinnern und sie erhören. Sie habe schon alle Kleinodien weggegeben, um mit ihm zusammenzukommen. – Durch die Zauberei seiner Stiefmutter war es dem Königssohn, als ob er von all diesen Begebenheiten nur träumte, endlich aber erkannte er doch die Königstochter, und die Freude war bei beiden unbeschreiblich."[47]

Wir müssen solche Stellen richtig verstehen; das ist nicht nur Märchenerzählung, wenngleich es sich dem Erzählten wunderbar einpaßt, sondern das sind auch Gedanken, eingekleidet in Worte der Märchenpersonen, die sich die Erzähler selber, dem Sinn der Handlung nachgrübelnd, über ihre seelischen Zusammenhänge gemacht haben. Solche Gedanken beweisen, daß nicht nur Wortlaut des einen Erzählers in Wortlaut des anderen mehr oder

---

[46] Die schöne Moireen. Geschichten aus Alt-Irland ausgewählt von Eileen O'Faólain, übersetzt von Elisabeth Schnack, Wabern 1972, S 241.

[47] Ursula Mackert: Märchen aus Island, Frankfurt 1980, S. 116. – Auf vergleichbare Anamnesis *[Wiedererinnerungs]*-Erlebnisse stößt man auch heutzutage wieder. In seinem VI. Band, The Eagle's Gift, New York 1982, schildert Carlos Castaneda, wie er sich gewisser Initiationserlebnisse erinnert. Dazu, daß in seiner Erinnerung das ganz aus dem Gedächtnis Verlorene wieder auflebt, verhilft ihm, daß die Partnerin in jenen Erlebnissen, La Gorda, spricht. Er drängt sie, „weiterzusprechen, auch etwa, sich zu wiederholen, wenn sie sonst nichts zu sagen wüßte, aber jedenfalls nicht aufzuhören. Der Klang ihrer Stimme schien für mich als eine Leitung zu wirken in eine andere Dimension, eine andere Art Zeitlichkeit. Es war, als ob das Blut mit ungewöhnlichem Druck durch meinen Leib rausche. Ich hatte ein prickelndes Gefühl am ganzen Leibe, und dann stellte sich eine seltsam körperliche Erinnerung ein." – S. 122 – „Der Klang ihrer Stimme war in der Tat mein Geleiter – vehicle –. Plötzlich kam mir das gesamte Ereignis zum Bewußtsein." – S. 302 – Zu vermerken ist, daß es sich zumal darum handelt, mit Hilfe der Stimme La Gordas eine andere Frau ins Gedächtnis zurückzurufen, die für ihn noch bedeutsamer ist als diese, nämlich die Nagual-Frau. Der Grund für die Vergessenheit: der Verlust der Nagual-Frau bereitet einen unerträglichen Schmerz; darum hat Juan Matus auf eine Zeitlang die Erinnerung an sie verschlossen. – S. 312 –.

weniger gewandelt übergegangen ist, sondern daß auch Märchensinn mitgeteilt wurde und erhalten blieb und Wortlaut daraus erneuert werden konnte.

Wir sind bisher von der Voraussetzung ausgegangen, die das Märchen des Apuleius nahe legt und die der Untertypus vom Hexensohn bestätigt, daß der Prinz in unserem Märchen ein nichtmenschliches dämonisches oder göttliches Wesen sei, von dessen Einkörperung die Begebenheit handle. Sie verliefe über die Stufen Teilverkörperung als Tier, verhüllte Erscheinung als Mensch in den Zeugungsnächten, Einbruch des Tages und Tagesbewußtseins in die Nacht, Entrückung und Rückfall in die Jenseitigkeit mit Verlust des diesseitigen Tagesbewußtseins, Wiedererweckung des vollen Weltbewußtseins und Rückkehr zur vollen Verkörperung, – und dies alles vermöge des Opferganges seiner jungen Frau – über Tierehe, Empfängnis und Weltenwanderung bis zur Aufopferung der im Opfergang errungenen Güter. – Es ist jedoch auch ein anderes Verständnis möglich, und zwar gerade derjenigen Sonderform, die wir mit dem Titel „weißer Wolf" benennen können. Gerade diese zeichnet sich ja in einer ganzen Reihe von Fassungen auch durch das eigenartig menschlich-irdische Motiv der Kinderstationen anstelle der kosmischen Verweilstätten aus.

Die zweite Möglichkeit des Verstehens ist selbstredend die, von der das Märchen in zahllosen Fassungen selber spricht: daß die Tiergestalt nicht der Beginn einer göttlichen Einkörperung sei, sondern ein Abgesunkensein aus der Menschengestalt infolge eines böswilligen Zaubers. Eine solche Auffassung liegt um so näher, als die Tierverwandlung in der alten Welt zu den verbreitetsten, ja, gewöhnlichsten aller Wandlungen gehörte. Zahllose Kultaltertümer künden davon; die Jünglingsweihen verliefen oft über eine Tierphase; mit der Zauberlehre verband sich stets auch das Ziel, nach eigenem Wunsch in die Tiergestalt hinüberwechseln zu können – bis zu Juan Matus hin. Natürlicherweise bedeutet willkürliche Tierverwandlung nicht nur einen Wechsel der äußeren Hülle – wie in einem veräußerlichten Maskenbrauch, sondern zumal auch einen Wechsel im Bewußtseinszustand. In diesem Punkte liegt die Gefahr: daß wohl der Schritt hinein in den Zustand gelingt, aber nicht mehr der Schritt hinaus. Tierbewußtsein und Tiergestalt haften, und das tierisch-menschliche Wesen wird erlösungsbedürftig. Es ist merkwürdig, daß gerade die Metamorphosen des Apuleius dies zum Thema haben: die Eselsverwandlung ihres Helden und die lange vergeblich erstrebte Rückwandlung.⁴⁸ Doch abgesehen von einer solchen literarischen Ausgestaltung mußte Ähnliches zumal für die Brauchtümer gelten. Es konnte unter ihrer allgemeinen Übung bei einzelnen zu unbeherrschten Restzuständen der kultischen Verwandlung kommen, zu Störungen im Tagesbewußtsein, das die Nacht der Verwandlung nicht vollständig überrundet und in sich aufgenommen hatte. War die Einweihung in das Tierverwandlungsritual nicht vollständig geglückt, so ergab sich ein pathologischer *[krankhaft veränderter]* Zustand, der einer Heilbehandlung bedurfte.

Wir besitzen mindestens zwei von jungen Frauen handelnde Märchentypen, die ähnliche pathologische Zustände schildern, Zustände, die ebenfalls vom rituell gebotenen Verkehr mit der Nachtwelt ausgehen. Allerdings berichten sie nicht von den Tagesresten einer Tierverwandlung, sondern vom zwanghaften Hang zur Nachtwelt und vom allnächtlichen Anheimfall an kakodämonische *[des bösen Geistes]* Gewalten. Ich meine das Märchen von den zertanzten Schuhen – AT 306 – und das Märchen vom toten Helfer, das bei Andersen „Der Reisekamerad" heißt – AT 507A. Die Erlösung, wir dürfen auch sagen: die Heilung, kann hier nur auf schamanische Weise vor sich gehen. Im Tanzmärchen folgt der Erlöser dem Mädchen selbst in den jenseitigen Bereich nächtlicher Eskapaden und bringt von dort für ihr Tagesbewußtsein die Erinnerungsstücke mit; im Märchen vom Reisekameraden begleitet nicht der werbende Jüngling die Herrschertochter, sondern stellvertretend sein toter Helfer. Doch präsentiert er selbst am Tage danach der Prinzessin jeweils die Erinnerungsstücke aus der Nacht, am dritten Tage als Zeichen

---

[48] Nicht mehr lösbare Bannungen in die Wolfsgestalt bei Felix Karlinger und Emanuel Turczynski: Rumänische Sagen, Berlin 1982, Nr. 34; Paul Zaunert: Westfälische Sagen, Jena 1927, S. 259; Will-Erich Peuckert: Geheimkulte, Heidelberg 1951, S. 118f.. Zu vergleichen ist auch die Sage vom arkadischen Heiligtum des Zeus Lykaios, wo Menschenopfer dargebracht worden sein sollen und wo derjenige, der von der mit anderem Fleisch untermischten Opferspeise aß und dabei vom Menschenfleisch kostete, ein Werwolf wurde, neun Jahre einer blieb und sich erst im zehnten wieder entwandelte, wenn er in der Wolfszeit kein Menschenfleisch gefressen hatte. – Ernst Moritz Arndt: Märchen, München o.J., S. 366, berichtet von einem rügenschen Glauben, daß Hexen und Hexenmeister, wenn sie sich in Tiergestalt umtrieben und dabei vom Schusse eines gewöhnlichen Jägers getroffen wurden, in die Menschengestalt zurückzukehren vermochten, nicht aber, wenn die Kugel von einem Freischützen kam. Dann müssen sie „ihr Leben lang in der Gestalt herumlaufen oder herumfliegen, die sie trugen, als der bezauberte…Schuß sie traf." – Sehr merkwürdig ist es auch, daß eine schamanische Tierverwandlung durch die Intensität des Einsatzes zu einer dauernd haftenden werden kann. So erzählt es ein Eskimo von einem Schamanen, der als Walroß seine auf einer Eisscholle abgetriebene Schwester in der Meeresferne aufspürt und der, nachdem er endlich ihre rettende Heimkehr ermöglicht hat, endgültig Walroß bleibt. Hans Himmelheber: Der gefrorene Pfad, Eisenach 1951, S. 83 – 85.

der Entmächtigung des obsedierenden *[belagernden, zur Last fallenden]* Dämons dessen Haupt. Das sind völlig klare Zusammenhänge altertümlichen Charakters, an denen es nichts zu deuten gibt.[49]

Um etwas Vergleichbares möchte es auch in unserer Sonderform des Untertyps 425A gehen, also im Märchen vom weißen Wolf. Die Wolfs- und die Bärenverwandlung waren ja die beiden Haupttypen kultischer Tierverwandlung in Nordeuropa, und gerade diese beiden Tiere kommen hauptsächlich in der nordwesteuropäischen Sonderform, von der wir handeln, vor. Während wir es bei einem Schlangenprinzen für weit wahrscheinlicher halten dürfen, daß in dieser Gestalt ein Agathodämon seine Menschwerdung anstrebt, müssen wir in Nord- und Mitteleuropa bei Wolf und Bär geradezu mit der anderen Möglichkeit des Verstehens rechnen, also damit, daß ein genialer Erzähler-Deuter das ursprüngliche Einkörperungsmärchen neu verstanden hat als die Mär von der nicht vollständig geglückten Einweihung in ein Tierverwandlungsritual und der heilerischen Wiederherstellung des Verunglückten.

Die Vorstellung von der Möglichkeit einer Wolfsverwandlung reicht in Europa bis hoch in die Neuzeit herein, für die Tierverwandlung im allgemeinen bis an unsere Tage. Das setzen wir hier voraus, aber ein merkwürdiges Zeugnis für eine nicht glückende Rückverwandlung sei trotzdem gegeben, damit das Gesagte anschaulich wird. Es findet sich bei der frühesten europäischen Märchenfrau, einer Zeitgenossin Friedrich Barbarossas und Hartmanns von Aue, bei Marie de France. Von ihrem Leben wissen wir leider nichts, doch ihr Werk ist ein wichtiger Beitrag zur Märchenüberlieferung. Das Stück, das wir hier beibringen, ist eine bretonische Sage, und die Dichterin beteuert, daß die Schilderung der Wahrheit entspreche. Der Titel lautet bretonisch Bisclavret, was dasselbe bedeutet, sagt die Erzählerin, wie das normannische Garwalf. Im Französischen lautet dies Wort heute garou, eine Wortform, die aus dem fränkischen Werwolf entstanden und die noch einmal erweitert worden ist zu der erklärenden Form loup garou. Marie de France erzählt, daß ein Edelmann sich regelmäßig auf ein paar Tage in der Woche in einen Werwolf verwandelt, daß er dies auf Drängen seiner Frau ihr enthüllt und schließlich auch aufdeckt, daß er sich ohne die an einem bestimmten Ort verborgenen Kleider nicht rückverwandeln könne. Daraufhin läßt sie diese von ihrem Liebhaber dort wegnehmen, und die Folge ist ein in die Wolfsge-

---

[49] Heino Gehrts: Märchenwelt und Kernzeit, Antaios. Stuttgart 1968, S. 161–183. Ders.: Das Märchen und das Opfer. Bonn 1967, S. 186ff.

stalt verbannter erlösungsbedürftiger Mensch. Wir könnten uns leicht einen Fortgang in Gestalt einer Märchenhandlung denken; doch Marie erzählt ganz sagenhaft konkret weiter, wie sie auch sonst Märchen zeitgemäßerweise sagenhaft umsetzt, – Märchenveränderung schon vor achthundert Jahren, unbezweifelbares Zeugnis für das weit höhere Alter des Märchens selbst.

Dem Wolf gelingt es, sich dem König zu nähern und mitgenommen zu werden an den Hof, wo er zwar unerkannt bleibt, doch jedenfalls wohlgelitten ist. Als aber eines Tages seine Frau den König empfängt, fällt er sie an und beißt ihr die Nase ab. Schon will man den Wolf in Stücke hauen, als ein weiser Mann zu bedenken gibt, ob hier nicht ein Zusammenhang bestehen könne mit dem verschwundenen Ehemann der Frau: Meinte merveille avum veüe, Ki en Bretaigne est avenue! – So viele Wunder haben wir schon geschaut, die sich hier in der Bretagne zugetragen haben. Man bringt die Frau zum Geständnis, beschafft die verborgenen Gewänder, und der Wolf entwandelt sich, doch erst dann, nachdem man ihn auf eine Weile in einer Kammer allein gelassen hat. Dort findet der König ihn schlafend! – Frau und Liebhaber werden davongejagt und bekommen viele Kinder miteinander; aber die Mädchen unter ihnen werden oft ohne Nase geboren. L'aventure k'avez oïe Veraie fu, n'en dutez mie. Die Geschichte, die ihr gehört habt, hat sich wirklich zugetragen, zweifelt nicht daran![50]

Marie de France setzt offenbar voraus, daß der Bisclavret sein vollständiges Bewußtsein bewahrt hat und menschenhaft zielbewußt seine Rückverwandlung unter königlichem Richteramt anstrebt. Im Märchen aber wird uns sogar der bereits Rückverwandelte als ein Erinnerungsgestörter geschildert, der noch nicht zum Vollbewußtsein zurückgefunden hat. Daß eine Bewußtseinsstörung vorliegt, besagt ja die Abschlußszenerie, das Vorklagen der Traumerweckungsstrophe mit aller Deutlichkeit. Aber manche Märchenerzähler und -denker haben das auch an anderen Stellen zum Ausdruck gebracht, am überraschendsten eine irische Fassung.[51] Hier folgt die junge Frau tagsüber dem davonrennenden Manne von weitem und betritt abends nach ihm ein kleines Haus. Er zeigt ihr das Kind, den älteren Knaben, und die nette ältere Frau, die seinerzeit in Adlergestalt diesen entrückt hatte. Er selbst schenkt ihr am Morgen die wunderbare Schere und eröffnet ihr, daß er in

---

[50] Marie de France: Die Lais. Übersetzt...von Dietmar Rieger, München 1980, S. 186–207.
[51] Die schöne Moireen. Geschichten aus Alt-Irland ausgewählt von Eileen O'Faolain, übersetzt von Elisabeth Schnack, Wabern 1972, S. 237.

dem Augenblick, da die Sonne aufgeht, alle Erinnerungen an sie und die Kinder verliere und sie erst nach Sonnenuntergang wieder erlange; „...bis Sonnenaufgang hatte er noch sein volles Gedächtnis, aber von Sonnenaufgang bis Sonnenuntergang wanderte er, vom Zauber befangen, und blickte nie hinter sich." Am dritten Tage, kurz vor Sonnenaufgang, bricht er den Ehering entzwei und gibt ihr die eine Hälfte – also ein Symbolon im ursprünglichen altgriechischen Sinne, wo das Aneinanderbringen der abgebrochenen Hälften bei der Wiedererkennung die ehemalige Einigkeit erweisen wird –, und er sagt voraus, daß er, sobald er den vor ihnen liegenden Wald betreten habe, alles vergessen werde, „was je zwischen uns gewesen ist – als wäre ich erst gestern auf die Welt gekommen. Lebt wohl, ihr Lieben, lebt ewig wohl!"

Dies sind bemerkenswerte Beiträge eines besinnlichen Erzählers zum Märchenverstehen, und mag auch dieses irische Märchen einen extremen Fall darstellen im Durchblickenlassen der seelischen Zustände, die einer märchenhaften Handlung zugrunde liegen können, so ist die Darstellung darum doch nicht weniger glaubhaft. Denn fassen wir das Schlafmotiv unseres Märchens ins Auge, dazu das Einwirken der Heilerin auf das Traumbewußtsein und außerdem die bedeutende Rolle, die nächtiges Geschehen und Schlaf in sehr vielen Märchen spielen – auch in den erwähnten Typen 306, 400 und 507 und im Bisclavret – dann kann es keinem Zweifel unterliegen, daß mediale oder somnambulische und besessenheitsartige Zustände entscheidend beitragen zum Zustandekommen der Märchengeheimnisse. Geheimnisse bleiben sie dabei auch weiterhin, unter anderem deswegen, weil das Märchen auch zu erzählen weiß, daß die wahrhaft initiierte Heilerin dem an die Dämonin verfallenen Manne auch noch bis in deren Bereich, bis in den nächtigen Dunkelwald zu folgen und gerade dort die Lampe des erneuerten Selbst- und Weltbewußtseins zu entzünden vermöge. Unter diesem Gesichtspunkt hat der initiatische Spruch eine ganz besondere Bedeutung. Mit ihm appelliert die Sprecherin nicht allein und nicht einmal vorzugsweise an das Weltbewußtsein des Mannes, sondern sie regt in sich die Erinnerung auf an ihr eigenes initiatisches Erleben und steigert sich dadurch in den entsprechenden Machtzustand hinein, eine typisch schamanische Verfahrensweise. Der Schamane hat sein Machtlied auf dem Höhepunkt seiner Einweihung konzipiert; er singt es daher wieder bei jeder Séance, erneuert jedesmal das Hochgefühl seiner ersten Weihe zugunsten seines jeweiligen Patienten und gerät dadurch auch in die notwendige Trance, in der er mit den Kräften seiner Seele hinüberwirken kann in die leibseelische Verfassung eines Kranken.[52]

In dem irischen Märchen hat die junge Frau keine Weltwanderung gemacht, sondern ist über die drei Kinderstätten zu dem Mann gepilgert. Darum steht ihr kein welthaltiger Initiationsspruch zur Verfügung; der Spruch, den sie spricht, ist nicht künderisch-kosmisch und bleibt daher ohnmächtig:

„Vier Jahre waren wir Frau und Mann,
drei süße Kindlein gebar ich dann,
Braunbär aus Norwegen, schau mich an!"

Auch in der dritten, aufgeweckten Nacht bleibt folgerichtigerweise der Spruch wirkungslos; ein schönes Beispiel für die Konsequenz in der Ausgestaltung des Sinnes; nicht einmal der Name, Braunbär aus Norwegen, wird aufgefaßt. Erst das Zusammenpassen der beiden Symbolbruchstücke läßt den Erinnerungsblitz aufzucken, – übrigens, soweit ich sehe, ein einmaliges Motiv in dieser Märchengruppe, und trotzdem eine sinnvolle, notwendige Erfindung, eine Zutat von Zauber, ohne die der Sinn in dieser Fassung nicht vollends ausgebildet werden konnte.

Erweckt die junge Frau in den anderen Fassungen das Selbstbewußtsein des Gatten mit dem Weltenspruch, so versteht es sich, daß dies nur deshalb gelingen kann, weil auch das Weltbewußtsein des Mannes im Schlummer lag, und daß er mit dessen Erwachen ebenfalls seine Initiation vollendet. Das Märchen bietet also ein schönes Beispiel dafür, daß sich für Mann und Weib die Einweihung nur gemeinsam vollenden kann. Ohne den Mann sehen wir die Frau in tiefer Verlorenheit, ohne sie auch ihn sich selber völlig verloren, den Dämonen anheimgefallen. Erst gemeinsam erlangen sie beide den Sinn ihres Lebens. – Man bringt heutzutage wenig Verständnis auf für Kulturen, deren Hauptwerte im Tempel und nicht auf dem Markte gehandelt werden. Insbesondere verkennt man in den alten Kulturen, da man immer nur auf das Markt- und Arbeitsrecht aus ist, die Bedeutsamkeit des weiblichen Elementes in allen rituellen Zusammenhängen. Das eben Gesagte möchte ich daher noch einmal mit Worten erhärten, die aus einem zweieinhalb Jahrtausende alten indischen Text stammen. Gerade auch im Hinblick auf die von dem Weibe auf seiner Weltenwanderung eingeheimsten esoterischen Kleinode ist diese Stelle von großem Gewicht. „Wenn man in ein fremdes Land aufbricht, ist

---

[52] Vilmos Diószegi: Tracing Shamans in Siberia, Oosterhout 1968, S. 169ff., 256ff., 264ff., 289ff.

die Gattin des Gatten zuverlässigste Gefährtin. Man sagt, die Gattin sei das Wertvollste von allem, was dem Manne eigen sei. In dieser Welt ist die Gattin in allen Lebenslagen sein einziger Bundesgenosse. Stetig ist in Leid und Krankheit die Gattin die beste Arznei. Keinen Freund gibt es, der wie die Gattin wäre. Keine bessere Zuflucht gibt es als die Gattin. Zumal gibt es keinen anderen Verbündeten als die Gattin in all jenen Belangen, bei denen es um die Gewinnung esoterischer Schätze geht. Der Mann, der in seinem Hause nicht eine Gattin hat, die keusch ist und angenehm zu sprechen versteht, sollte sich in den Wald zurückziehen; denn für einen solchen gibt es keinen Unterschied zwischen Wohnsitz und Wildnis."[53]

Was die kosmischen Stationen auf dem Wege der jungen Frau bedeuten, ihre Aufenthalte bei Sonne, Mond und Sternen, haben wir uns einigermaßen klargemacht. Wir hätten dieselbe Frage noch zu stellen für die Verweilstätten, auf denen sie den eigenen Kindern begegnet. Das Medowulf-Motiv, um es einmal so zu nennen, ist aufgegeben: Ich bin bei dir gewesen in der ganzen Welt. Welches ist dann der Weg, auf dem das junge Weib zu dem verlorenen Mann vordringt? Welches ist der Sinn der Kinderstationen? Wir könnten die ineinander passenden Ringhälften der irischen Fassung als ein Symbol dafür nehmen. In den Kindern gehört der König seinem Weibe bereits an; in ihnen ist der bruchlose Ring schon geschlossen, der ihm nun vorgewiesen wird. Es würde nicht ausreichen, wenn wir in dem Ring nur die Leibhaftigkeit der Einung sehen wollten. Vielmehr muß auch der Weg über die Kinderstätten anstelle der kosmischen Stationen metaphysischen Sinn haben; sonst könnten die Kinder nicht Wegbereiter sein und der Mutter nicht die Zauberkleinode verleihen, die ihr als Weib das Übergewicht wider die Dämonin verschaffen. Wir hätten also eine Frage zu stellen, die sich gegenüber dem modernen Vordergrundsgetöse seltsam genug ausnimmt, die Frage nach dem metaphysischen Sinn des Kindes und des Kinderhabens nämlich.

Das Märchen gibt uns keine unmittelbare Antwort darauf, obwohl die Erzähler bisweilen doch die eigenen Gedanken darüber aussprechen. wie sie sich das Kindermotiv eingeordnet denken in das Geschehen. Am seltsamsten erscheint es in einer irischen Fassung, wo der weiße Hund seine Frau bezichtigt, sie trage die Schuld am Fortbestehen seiner Verwünschung; denn sie habe die Kinder nicht in seinem Hause geboren, sondern sei zur Entbindung in ihr eigenes Elternhaus gegangen, – immerhin eine Äußerung aus einer

---

[53] Mahābhārata XII, S. 144.

noch altertümlich erlebenden und denkenden Welt.[54] Doch bezieht sie sich nicht auf die Normalform unseres Untertyps, denn da werden die Kinder im Hause des Tiervaters geboren. In der mecklenburgischen Fassung geht die Frau mit den drei Kindern auf die Suchwanderung, gibt sie jedesmal für die Welterkundung von Sonne, Mond und Wind her, und diese Hingabe bewirkt die Erlösung des Wolfes.[55] Im portugiesischen Märchen muß die Prinzessin ebenfalls, jeweils bei einem alten Weibe, einer Schwester des Prinzen, ihre Kinder abgeben. Aber dort werden sie in Stein verwandelt, was zur Erlösung beitrage, und erst am Ende wieder entwandelt.[56] Im norwegischen Märchen erkennt die Königstochter am Ende, daß der Wolf ihr die Kinder genommen hatte, „damit sie ihr zu ihm hinhelfen sollten."[57]

Diese Antwort erscheint zwar recht allgemein, aber im Hinblick auf die Weghilfen auch angemessen. Fragen wir weiter, wie den Kindern die Hilfen möglich sein können, dann gibt es auch für uns einige naheliegende Antworten. Auch wir erkennen, daß ein Kind noch nicht so ursprungsfern ist wie der Erwachsene und den Kraftquellen noch näher lebt als er. Wenn wir dies Geheimnis weniger abstrakt und märchenhafter ausdrücken, dann dürfen wir seinen Grund darin sehen, daß ein jedes Kind noch seinen Schutzgeist besitzt. Der Erwachsene verliert zumeist diese Verbindung, und in den rituellen Kulturen wird daher auch bei der Initiation versucht, ein solches Verhältnis neu zu begründen, nämlich so, daß der Reifende anstelle des Schutzgeistes die helfende Toten- oder Dämonenseele gewinnt. Die Schutzgeister der Kinder aber treten im Märchen vom weißen Wolf in der Tat als Personen auf, meine ich, nämlich gerade als die Hüterinnen der Kinder auf den Verweilstätten. Sie sind es, die in einigen Fassungen auch in Tiergestalt die Kinder entrückt haben; in anderen vertraut der Bär oder Wolf selbst sie ihnen an. Meist werden sie als Schwestern des Königs bezeichnet, und man könnte sie daher die guten Geister der Familie oder des Hauses nennen, die Vorsorge treffen nicht nur für die jungen Kinder, sondern auch für das Verhängnis, das über den Eheleuten schwebt. Wenn wir eine skandinavische Entstehung der Sonderform annehmen, wofür einiges spricht, dann dürften wir sie die Fylgien *[persönlichen Schutzgeister, Folgegeister]* des Königsgeschlechtes nennen, also dessen Hilfsgeister oder Ahnenseelen.

---

[54] Käte Müller-Lisowski: Irische Volksmärchen, Düsseldorf 1957, S. 326.
[55] Siegfried Neumann: Mecklenburgische Volksmärchen, Berlin 1973, S. 152.
[56] Felix Karlinger: Märchen aus Portugal, Frankfurt 1977, S. 43.
[57] Klara Stroebe: Nordische Volksmärchen II, Jena 1919, S. 167.

Erweitern wir diese Vorstellungen noch in Richtung auf eine märchenhafte Metaphysik. Wir haben gesehen, daß der Wunsch der jugendlichen Tochter auf ein wesenhaftes Licht ging. Später, auf der Suche nach dem Gatten, kehrt sie oftmals bei den Himmelslichtern ein und empfängt dort die Lichtgewänder, mit denen sie die Dämonin fasziniert. Daß auch das Kind eine Lichterscheinung ist, darauf vermögen sogar wir uns noch zu besinnen. Zum Bewußtsein kommt uns das freilich meist erst mit dem Verlust des Kindes, und man begegnet daher in Todesanzeigen oder auf Grabsteinen für Kinder der Formel, daß sie das Licht oder der Sonnenschein des Hauses gewesen seien. In unseren Märchen kommt die lichte Substanz der Kinder als Hilfe für die Mutter zum stärksten Ausdruck in einer schleswig-holsteinischen Fassung.[58] Das erste Kind schenkt ihr einen Ball, der scheint, als wenn es die Sonne wäre, das zweite einen sonnenhaften Kreisel, das dritte, jüngste, eine strahlende, klirrende Kinderklapper. Hier erscheint also in verwandelter, kindhafter Gestalt das klingende Licht noch einmal, ganz sinnentsprechend, da ja die Kinder in diesen Fassungen an die Stelle der lichten Gestirne getreten waren, lichte Wunder, deren Gebärerin die junge Frau selber war.

Bis dahin führt uns die Überlieferung und eigene Anschauung. Um den letzten Schritt tun zu können, müssen wir einen Blick werfen in eine der alten sinnerlebenden und sinndarstellenden Kulturen, für uns hier in die verwandte, überlieferungsreiche indische Kultur. Da der Sohn durch das Ahnenopfer die Eltern vor dem zweiten Tode bewahrt, das heißt vor dem Sturz in den Abgrund des Nichtseins, wird gesagt, daß er das Licht sei im höchsten Himmel[59], von der Ehefrau aber, als Gebärerin des Sohnes, daß sie den Gatten wiedergebäre, mit anderen Worten, sie schenkt ihm das Leben drüben, das ewigwährende Licht.[60] Einen vergleichbaren Hintergrund dürfen wir auch vermuten für die Kinderstationen auf dem Wanderwege des Weibes bis zur Ablösung des dämonischen Anspruches auf den Gatten durch die lichten Kindergaben. Dies wäre also eine Familien- und Kindergeschichte des Lichtes – von dem Mädchenwunsche, vom klingenden Goldblatt an, über die Geburten, die das Licht zurückstrahlen, bis zur Wiedergeburt von Mann und Weib jenseits des Dunkelwaldes. Wir halten den Kern des Geschehens auch

---

[58] Kurt Ranke: Die schleswig-holsteinischen Volksmärchen, Kiel 1955, S. 40f.
[59] Aitareya-Brāhmaṇa VII,13.
[60] Ebenda und schon Ṛgveda X, 85,45: „Zehn Söhne leg in sie hinein, den Gatten so zum elften mach!" Heinrich Zimmer: Altindisches Leben, Berlin 1879, S. 313.

weiterhin für eine Heilung des Wolfes; aber sie vollzieht sich in einer vollkommenen Gestalt, die auch das ewige Geschick schon mit einbezieht.

Zum Abschluß richten wir den Blick auf die Wesen, die dem jungen Weibe den Gatten zu nehmen trachten. Es gibt eine Reihe von Märchen, in denen eine falsche der rechten Braut den Gatten abzulisten sucht. In den Märchen der Brüder Grimm sind es zumal diese: Brüderchen und Schwesterchen (11 – AT 450), Die drei Männlein im Walde (13 – AT 403), Die Gänsemagd (89 – AT 533), Die weiße und die schwarze Braut (135 – AT 403). Bei Aarne tragen diese vier Märchen zwar drei verschiedene Typennummern, doch sind sie im Grunde zusammengehörig. Ähnliches spielt sich ab in den bei Grimm nicht belegten, aber schon zweihundert Jahre früher in Basiles Pentameron aufgenommenen beiden Typen von den Zitronenmädchen (V,9 – AT 408) und von dem erlösenden Tränenkrug (Rahmenhandlung – AT 437). In allen diesen Formen hat die konkurrierende Braut von vornherein eine aktive Rolle. Entweder allein oder mit ihrer Mutter als Komplizin verdrängt sie die wahre Braut, ermordet sie wohl gar und nimmt eine Zeitlang ihre Stelle ein, sogar im Ehebett oder Wochenbett. Davon ist in unserem Märchen keine Rede. Dort bleiben die zweite Braut und gegebenenfalls ihre Mutter meist ganz farblos und stehen im Hintergrund.[61] Erst wenn es um das Abkaufen der drei Nächte geht, treten sie ein wenig hervor und werden auch mit dem einen oder anderen individuellen Zuge ausgestattet. In einem gaskonischen Märchen mault die Königin bei jedem Handel: „Ich habe noch nicht bei ihm geschlafen und du schon einmal, zweimal", mag aber dann selbst beim dritten Male nicht auf Kleinodien oder Kleider verzichten. Dies bildet dann auch den Rechtsgrund für ihre endgültige Abweisung: sie habe selbst darauf verzichtet, die erste Gemahlin zu sein.[62] In einem norwegischen Märchen, wo es um die Stoffschere, das Speisetuch und die unerschöpfliche Flasche geht, hat die Hexe ein Heer von Handwerkern in Arbeit und bedenkt jedesmal sehr wirtschaftlich, wie teuer es doch sei, sie alle zu bekleiden und zu beköstigen.[63] Indessen sind dies einzelne Erzählereinfälle, zumeist verläuft der Austausch sehr schematisch und ohne bezeichnende Einzelzüge.

---

[61] Ähnlich farblos ist die „falsche Braut" in AT 313; auch dort gehört sie zum Übergang aus der einen in die andere Welt.

[62] Der Davidswagen. Märchen aus der Gascogne II. Übersetzt von Konrad Sandkühler. Stuttgart 1954, S. 129ff.

[63] Klara Stroebe: Nordische Volksmärchen II, Jena 1919, S. 165f.

Auch die Bindung des Prinzen an diese Frau entbehrt meist einer treffenden Charakteristik, nie ist sie im Geschehensablauf wirklich begründet. Es ist eine Ausnahme, wenn der Prinz in dem norwegischen Märchen von seiner Stiefmutter verkuppelt werden soll, und zwar mit einer Prinzessin, die sich einer drei Ellen langen Nase erfreut.[64] Doch werden die Stiefmutter und ihre Sippschaft dann auch als Trolle bezeichnet, es gehen also die Motive der Kuppelmutter und der Dämonin durcheinander.[65] In den meisten Fassungen taucht dagegen die neue Braut aus dem Nirgendwo auf. So heißt es in Müllenhoffs holsteinischer Fassung ganz einfach: „und eine junge Frau war ihm angezaubert". Bechstein, der diese Fassung übernommen hat, sagt stattdessen: „und an seiner Seite saß eine Dame, die war seine Braut". In der österreichischen Fassung, die von Bünkers Kern erzählt worden ist und die letztlich von Bechsteins Buchfassung abstammt, ist diese Dame denn auch ganz vergessen worden, und als das Mädchen dort endlich bei dem Häuschen auf dem Glasberge ankommt, hat der Schwarze Jäger, hier die Wechselform des weißen Wolfes, den Türgriff drinnen schon angefaßt und sagt bloß: „Dein Glück, daß du da bist."[66]

In der Fassung Medowulf ist der Prinz nach der Entwandlung bereits König geworden und steht kurz vor der Hochzeit; in Wissers beiden Fassungen hat er die frühere Frau völlig vergessen; im Eisenofen denkt er, die erste sei tot; in der mecklenburgischen Variante hat er ganz einfach schon eine neue Frau; im Prinzen Schwan ist da schlechthin eine Königin, die listig genannt wird; im bretonischen Märchen ist die neue Braut einfach die Tochter des Königs im Schloß auf dem Kristallberg, wohin der Prinz entrückt worden ist.[67] Es scheint so, als sei diese Figur gar nicht Person, sondern einfach nur Macht. Überall sehen wir ja den weißen Wolf als unmittelbare Folge der Verbotsübertretung seitens der ersten Braut in rasender Eile davonstieben, dem Fernziel zugewandt und wie von ihm hingerissen, hinweg an einen Ort, dessen Sinn nur im äußersten Gegensatz stehen kann zu der Bindung an sein Weib. Ob sich in der neuen Braut nicht einfach die Fesselung des Brautherrn

---

[64] Ebenda S. 178. Ähnlich in der isländischen Fassung von Ursula Mackert: Märchen aus Island, Frankfurt 1980, S. 111.
[65] So auch in der skandinavisch beeinflußten Fassung in: Die schöne Moireen. Geschichten aus Alt-Irland ausgewählt von Eileen O'Faolain, übersetzt von Elisabeth Schnack, Wabern 1972, S. 232, 236.
[66] Karl Haiding: Österreichs Märchenschatz, Graz 1969, S. 228.
[67] Mabik und der Wolkenriese. Volksmärchen aus der Bretagne. Übertragen von Dagmar Fink, Stuttgart 1977, S. 72.

an die jenseitige dämonische Welt, der er verfallen ist, in der stärksten Form darstellt? Eine zweite Hochzeit würde die erste Bindung ganz aus der Welt schaffen. Die zweite Bindung wäre die Fessel, die jedweden Versuch der Heimholung vereitelte. Ob die Blässe der zweiten Braut nicht einfach daher rührt, daß sie nicht mehr sein kann als eben das Bild für eine Fessel, die unlösbar zu werden droht? Im Untertypus vom Hexensohn und vom Pferdemann ist die zweite Braut eine Dämonin, im norwegischen Märchen Hexe oder Trollweib, im lothringischen Wolfsmärchen eine alte Hexe, im Löweneckerchen eine gefährliche zaubrische Königstochter von jenseits des roten Meeres. In der Tat, die heiratslustige Dämonin erscheint als ein Bild für die entrückende Gewalt, mit der jene Welt da drüben auf den weißen Wolf einwirkt.

Einer solchen Deutung der zweiten Braut im Typus 425 und zumal der Sonderform vom weißen Wolf würde auch das folgenlose Entweichen der Dämonen am Ende entsprechen: sie wären in ihrer Nichtigkeit entlarvt. Wenn der Erzähler eine menschliche neue Braut im Auge hat, die nur der Irrtum, die Erinnerungslosigkeit an den Helden gebunden hat, ist sie mit dem Schlüsselgleichnis, dessen Sinn sie zuweilen selber ausspricht, abgetan, ihr Rechtsanspruch aus dem Verlöbnis ist erloschen. Bemerkenswerter sind die dämonischen Verhältnisse. In dem des öfteren zitierten irischen Märchen steigt mit dem Zusammenpassen der Ringhälften „draußen...ein furchtbarer Schrei auf", die Mauern des Schlosses bersten, und als das Paar draußen steht, stürzt es zusammen, Hexe und Hexentochter werden nicht mehr gesehen. Im lothringischen Märchen schreit die Hexe auf, als man ihr am Morgen den Zutritt zur Brautkammer wehrt; als sie aber den Wächter umrennt und die Königskinder beieinander sieht, stürzt sie im Zorne nieder und zerbirst. Das Schloß verschwindet, und nur noch eine kahle, mit Gestrüpp bewachsene Bergschlucht ist da zu sehen. Die ehemalige Wolfsschlucht aber wird zum herrlichen Königsschloß, wo nun das königliche Paar mit den Schwestern des Prinzen, den drei Kindern und allen Entzauberten zusammentrifft. In einem norwegischen Märchen zerbirst das alte Trollweib im Zorn, als der Prinz sich für die wahre Braut erklärt, ebenso die Prinzessin mit der langen Nase und das andere Trollgesindel. Das Schloß bleibt zwar stehen, aber seine Gefangenen werden befreit und von seinen Schätzen soviel wie möglich mit heimgenommen. In der isländischen Fassung wechseln die beiden dämonischen Wesen, Mutter und Tochter, bis dahin schöne Frauen, bei der Anschauung der wahren Braut die Farbe und „wurden plötzlich ungeheuer häßlich und alt.

Sie wollten sprechen, aber nur ein Lallen kam aus ihrem Mund." In einem holsteinischen Märchen schwedischer Herkunft gelingt es der wahren Braut, die Hexe in die Morgensonne schauen zu lassen, und da zerspringt sie in Flintsteine, ein typisch skandinavisches Motiv. In einer zweiten Fassung derselben Erzählerin verliert sie nur ihre Schönheit, indem ihr das Gesicht „zerspringt". Außerdem bringt ihr die Braut mit einem goldenen Säbel drei Wunden bei, und mit dem Herausspritzen des Blutes wird die Erlösung vollendet.[68] – Die Auffassung der zweiten Braut als der Verkörperung einer dämonisch faszinierenden Macht, die auch in der Wolfsverwandlung wirksam ist, scheint mir, nach dem Gesamtzusammenhang des Wolfsmärchens, die sinnentsprechende zu sein, und ein solcher Abschluß ihrer Rolle, wie er in den eben vorgeführten Bildern ausgestaltet ist, dürfte der Zielform dieser Sonderentwicklung in der vollkommensten Weise gerecht werden.

Was aber wird in diesem Falle aus den Kostbarkeiten, den Gaben der Gestirne etwa, die in den Besitz der Dämonin gelangt sind, – gehen sie bei der Explosion mit zugrunde? – Sicherlich. Eine solche Antwort könnte bedauerlich, befremdlich erscheinen; sie ist jedoch die einzigmögliche. Wären die Weltkleinodien für die Dämonin das, was sie darstellen, dann wäre sie einer Fülle teilhaft, die sie gegen die große Enttäuschung abschirmen würde. Sehen wir sie aber angesichts der Umarmung von erlöstem Wolf und Erlöserin zerbersten, dann erkennen wir auch, daß der Handel für sie auf das Nichts des Nichts hinausgelaufen ist. Sie hat die äußeren Zeichen der Einweihung erworben, indem sie den Wert dahingab, den die Braut durch ihre Weltenwanderung innerlich schon gewonnen und den sie auf der obersten Stufe nun auch noch ganz und gar zu verwirklichen hatte. Mit der Medowulf-Formel gesagt, war die Braut bei ihm gewesen in der ganzen Welt. Mit den Zeichen der Welt fasziniert sie das Dämonenweib, das der Welt niemals eigentlich innezusein vermag wie das Menschenweib. Die Dämonin erliegt der Faszination des Anscheins, eine höchst bedeutsame Praxis der Dämonenabwehr in aller Welt. Die Faszinierende in ihrer Nichtigkeit erliegt der Faszination einer Fülle, von deren Wesen sie gerade nicht Besitz ergreifen kann. Das hat sie eben dadurch gezeigt, daß sie auf die Verwirklichung in der Hochzeitsnacht

---

[68] Die schöne Moireen. Geschichten aus Alt-Irland ausgewählt von Eileen O'Faolain, übersetzt von Elisabeth Schnack, Wabern 1972, S. 242f.; Angelika Merkelbach-Pinck: Lothringer Volksmärchen, Düsseldorf 1961, S. 255; Klara Stroebe: Nordische Volksmärchen II, Jena 1919, S. 186, vgl. S. 167; Ursula Mackert: Märchen aus Island, Frankfurt 1980, S. 117; Kurt Ranke: Die schleswig-holsteinischen Volksmärchen, Kiel 1955, 45a,b.

verzichtet, verzichtet, wie sie glaubt, nur auf eine Nacht und auf noch eine und noch eine Nacht. Sie erliegt der Illusion der Zeit, während die wirkliche Braut die ewige Einschaft verwirklicht und dafür die Zeichen der Wegstationen hingibt, – ohne Verlust wegzugeben imstande ist.

Indem wir den letzten Sinn des Austausches zu formulieren suchen, verwenden wir unwillkürlich eine Formel der Mystik. Das weist aber darauf hin, daß wir es nicht nur mit einer Liebes- oder Ehegeschichte zu tun haben, sondern auch mit einer Einweihung, die sich in den Symbolen einer Ehe darstellt. Möchte diese Deutung darum auch von der neuzeitlich platten Auffassung der Ehe auf eine tiefere zurückführen und zumal der Weg über die Verweilstätten der Kinder mit ihren Schutzmüttern ein wenig Licht in eines der düstersten Kapitel der Zeitgeschichte fallen lassen.

DIE MUTTER IN DER SCHICKSALSFESSEL

[Erschienen in der Zeitschrift „Märchenspiegel" — 4/1996", Verlagsbüro Wolfgang Kuhlmann 1996, S.79—83]

Die vorgetragenen Gedanken beruhen auf der eingehenden Bekanntschaft mit mehr als 60 Fassungen des Typs AT 707. Hingewiesen sei auf die kürzlich erschienene Arbeit von Kurt Derungs: Amalia oder Der Vogel der Wahrheit. Mythen und Märchen aus Rätien im Kulturvergleich. Chur 1994. Das Buch habe ich eingesehen, auch einige Belege, wie kenntlich gemacht, herangezogen; doch sind seine Grundgedanken in meine seit langem erwogene Abhandlung nicht eingegangen.

Das Märchen von den neidischen Schwestern — AT 707 — nimmt einen höchst besonderen Verlauf, und es enthält eine Reihe von Episoden und Stationen, die zum Fragen auffordern. Vergegenwärtigen wir uns zunächst das Geschehen gemäß zuverlässigen und vollständigen Fassungen. Am Eingang stehen Äußerungen von drei jungen Schwestern, die sie beim Spinnen aussprechen. Sie beziehen sich auf den König. Die älteren geben großartige praktische Versprechungen ab, was sie als Frauen des Königs oder der ihm nächststehenden Diener leisten würden. Die Jüngste verkündet, daß sie dem König selbst lichtgezeichnete Kinder gebären würde, solche mit Goldhaaren oder mit Stern- und Sonnenzeichen auf Brust oder Stirn. Der König heiratet sie; als sie schwanger ist, muß er fort, zur Zeit der Geburt ist er abwesend. Die Schwestern, neidisch auf die hohe Stellung der Jüngsten, drängen sich als Helferinnen bei der Geburt auf, bestechen auch etwa die Hebamme und schieben der Kindbetterin Jungtiere unter. Die wirklich geborenen Kinder, oft Drillinge oder eine Dreierfolge, zwei Knaben, ein Mädchen, werfen sie in einem Kasten in den Fluß. Der König, als er heimkehrt und von den Mißgeburten erfährt, verdammt sein junges argloses Weib zu einer qualvollen Haft. In den meisten Fassungen bleibt sie, trotz schwerer Drangsal, am Leben.

Die Kinder treiben mit dem Strom bis zu einem hilfreichen Mann, einem Müller, einem Gärtner, einem Einsiedler, der sie aufzieht. Wenn dieser Pflegevater stirbt oder weil die Kinder selbst dem Drang folgen, ihre wahren Eltern aufzusuchen, verlassen sie die entlegene Zuflucht, bisweilen werden sie auch dort schon von den Schwestern oder der verräterischen Hebamme entdeckt. Jedenfalls finden sich die Schwestern nun gezwungen, die wieder aufgetauchten Königskinder endgültig umzubringen. Zu diesem Ende reizen sie diese zu märchenhaften Fernzielen auf, die nur unter Todesgefahren zu erreichen sind, – zumeist unmittelbar das Mädchen, das dann den oder die Brüder danach aussendet. Die lockenden Kostbarkeiten sind zunächst etwa das springende Wasser und der singende Baum. Die Fahrten gelingen; es scheitert mithin der Versuch, Neffen und Nichte auf diese Weise zu Tode zu bringen. Beim dritten Auszug, mit höchster Gefahr, erlangen die Geschwister ein Wesen, das um ihr Geburtsgeheimnis weiß, oft einen sprechenden Vogel oder auch eine „Fee". Durch diese werden dem König nun die Kinder als seine eigenen offenbart, die schuldlose Mutter wird aus der unbilligerweise verhängten Qual erlöst. Die Übeltäterinnen sterben einen grausigen Tod.

Dieser Ablauf legt uns etwa die folgenden Fragen auf. – Wie kommt das Mädchen zu seiner hoch hinausgreifenden Voraussage über seine künftigen Geburten? – Warum ist der König zur entscheidenden Zeit nicht anwesend? – Wie ist seine harte Reaktion zu verstehen? – Was bedeutet die Strafzeit der jungen Mutter für die Handlung? – Welches Gewicht haben die Ziele, zu denen die neidischen Schwestern die Geschwister aufreizen? – Wie ist die Funktion der Geschwister bei den Ausfahrten? – Welche Hilfe wird ihnen dabei zuteil? Wie ist der Abschluß gestaltet und wie zu bewerten? – Beziehen wir uns im folgenden bei diesen Überlegungen bisweilen auf die Meinungen und Absichten der Märchenpersonen, so liegen diesen, wie sich versteht, die Anschauungen und die Gestaltungsabsichten der „Märchenerfinder" voraus. Von ihnen ist in allen Fällen die Rede.

Der Ursprung des Geschehens liegt in der Ankündigung des sehr jungen Mädchens, daß es dem König „Goldkinder" gebären werde; aus ihr folgen die Heirat und daraus der Neid der Schwestern, die dann die Kinder zu den „übermenschlichen" Zielen aufreizen. Begreiflich ist die Vorhersage aus dem hochgespannten Lebensgefühl eines jungen Weibes, das sich der ganzen Herrlichkeit des Lebens öffnet, – auftut zumal einem Königsschicksal. Denn wenn es ein Zeichen der Königlichkeit gibt, dann ist dies das wesentliche Licht, das der König ausstrahlt und das von ihm aus die Gefolgschaft und das Reich durchdringt. Bis in unsere späte Zeit hinein sind daher Königinnen und Könige Kronenträger – nicht als kostbar Geschmückte und Schatzverwalter, sondern als Lichtspender. So gesehen ist die Verkündigung des Mädchens nur die einer Pflicht, die ihr ohnehin obliegt, wenn sie den König heiratet: Kinder zu gebären, denen sie das königliche innere Erbe mitgibt, – eine Pflicht, die sie zu erfüllen verspricht. Sehr sinnvoll ist daher die Voraussage in einer indischen Fassung[1]: daß die junge Frau Sonne und Mond gebären werde, – und das heißt nicht etwa: die Gestirne als solche, sondern ihr Wesenslicht als göttliche Inkarnationen in der Königsnachfolge. Christlich verstanden, wären des Mädchens Worte eine marianische Aussage: Ich werde dem Reiche den Heiland gebären. –

Offenbar haben sich Erzähler selbst auch Gedanken darüber gemacht, wie das Mädchen zu einer so kühnen Verheißung gekommen sein könne. In einer bosnischen Fassung[2] beruft es sich dem König gegenüber auf „eine innere Stimme", die hat verlautet, „daß das, was ich sagte, geschehen würde, wenn du mich zum Weibe nehmen wolltest." – Eine ähnliche Vorstellung mag eine sizilische Fassung[3] vermitteln, wo das Mädchen im Traum mit dem Schlafe ringt und, von den Schwestern geweckt, ihre Voraussage macht, – der König selbst heißt hier Schlaf. – Kulturgeschichtliche Parallelen mag es im völkerkundlichen Material geben, wo aus Melanesien zum Beispiel berichtet wird[4] von den Träumen junger Ehefrauen, daß sie darin von einer Empfängnis erfahren, eines Kindes nämlich, in dem ein verstorbener Verwandter wiedergeboren wird und das ihr von mütterlichen Verwandten in den Leib eingeführt wurde.

Es ist bemerkenswert, daß die neidischen Schwestern in den allermeisten Fassungen die königlichen Geburten nicht einfach zu ermorden trachten.[5] Sie ertränken sie nicht im Wasser, sondern vertrauen sie einem Kästchen an, ja, sie legen vielleicht noch ein Zehrgeld dazu.[6] – Man könnte schon hier die Frage stellen, ob die Neidischen mit ihrer Untat nicht eine für die Kinder schicksalswichtige Funktion erfüllen. Zielstrebige Mörderinnen sind die jedenfalls nicht, und ihre Halbherzigkeit muß nicht als die Unfähigkeit zu einem wohlüberlegten Verbrechen aufgefaßt werden. Eine Hemmung dürfte jedenfalls auch von der Königlichkeit der Kinder ausgehen.

---

[1] Putlibai D. H. Wadia: Sūrya and Chandrā. The Indian Antiquary Nov. 1893, S. 315 – 321.
[2] Milena Preindlsberger-Mrazović: Bosnische Volksmärchen. Innsbruck 1905. Die Goldkinder. S. 100–116, hier 102.
[3] Giuseppe Pitré: Märchen aus Sizilien. München 1991. Nr. 2. Hier nach Derungs S. 111.
[4] Bronislaw Malinowski: Magie, Wissenschaft und Religion. Frankfurt 1973. S. 206. Hier nach Derungs S. 41, vgl. auch S. 61.
[5] Eine Ausnahme in H. R. Müller / Ruža Cvetkov: Wege ins andere Land. Serbische Volksmärchen und Legenden. Stuttgart 1972. S. 24. Getötet und vergraben.
[6] Elfriede Moser-Rath: Deutsche Volksmärchen. Düsseldorf 1966, S. 142 – nicht neidische Schwestern, sondern die „Adligen bei Hof".

Nicht nur im Typ 707 bleibt der König abwesend, wenn im Königshause Entscheidendes vorgeht. Warum ist das so? Warum traut er den Schwestern? In einer indischen Variante[7], wo die Neidischen keine Schwestern sind, sondern die dem König früher angetrauten sieben Frauen, die nicht geboren hatten, beobachtet der König mit Erstaunen ihre sorgliche Betreuung für die schwangere achte Gemahlin. Sie hatte der König geheiratet, als ein Sterndeuter erklärte, daß er von ihr Kinder haben werde. Erst allmählich beginnt er den Eifer der sieben für echt zu halten, und er nimmt es gläubig auf, als sie ihm die mit Asche beschmierten Ziegelsteine als die angeblichen Geburten der achten vorzeigen. Er bricht in Zorn aus und verurteilt auf das Geheiß der anderen die unschuldige achte Rānī.

Offensichtlich liegt hier eine gestalterische Schwierigkeit vor, die möglicherweise innerhalb der Kultur der ursprünglichen Erfindung leichter zu überbrücken war. Einleuchtender als der wiederkehrende Kriegszug des Königs oder Verwaltungsnotwendigkeiten erscheint es beispielsweise, wenn aus Montenegro[8], nicht zu unserem Typ, dieses festgestellt wird: „Eine Frau, der es eine große Schande bedeutet, vom Manne beim Kämmen ihrer Haare betroffen zu werden, wird sich zum Akte der Geburt aus dem Hause entfernen und in einer Hütte gebären." – Ganz dementsprechend, doch ohne daß ein solcher Brauch als Anlaß verzeichnet würde, verlegt in einer Fassung die Hebamme die Niederkunft in den Speicher.[9] Einem wirklichen rituellen Grunde gleicht es auch, wenn in einer serbischen Variante die beiden älteren Frauen den Vater mit der Behauptung aus dem Hause schicken, daß die jüngste solange nicht gebären könne, als ihr Mann nicht irgendein Wildtier erlegt habe.[10]

Aus der schweren Enttäuschung, so scheint es, folgt die harte Vergeltung durch den König, die er doch anderthalb Jahrzehnte lang nicht widerruft. Diese Bestrafung ist für uns noch unverständlicher dadurch, daß wir an die Todesstrafe nicht mehr gewöhnt sind. Andere Zeitalter, denen der Tod kein Ende, sondern eine Wandlung bedeutete, hätten das bei uns eingebürgerte jahrzehntelange Einsperren vielleicht als grausamer empfunden, denn ihr barmherzigeres Abändern der Lebendigkeitsstufe durch Abtöten des Leibes.

---

[7] Margot Gatzlaff: Indische Märchen aus dem Hindi. Frankfurt a.M. 1991, S. 59f.
[8] Gerhard Gesemann: Heroische Lebensform. Berlin 1943, S. 176.
[9] Heinz Mode: Zigeunermärchen aus aller Welt IV. Wiesbaden 1985, S. 6.
[10] H. R. Müller / Ruža Cvetkov: Wege ins andere Land. Serbische Volksmärchen und Legenden. Stuttgart 1972. S. 24.

(Dabei sehen wir ab von der „Wegwerffunktion" der Hinrichtung, wie sie etwa besonders deutlich unter der französischen Revolution auftritt.) Wie aber nimmt sich die endlose Qual der jungen Königin aus, vom fünfzehnten bis zum dreißigsten Jahre etwa! In der gasconischen Fassung[11] gedenkt der König seine Frau enthaupten zu lassen; als sie aber den Tod als Befreiung aus ihrer Lage begrüßt, da verschärft er die Strafe und verbannt sie unter den Tisch zu den Hunden.

In manchen Fassungen erscheint der König als gedankenlos, ja dümmlich gutgläubig. Wie kann er rußbeschmierte Ziegelsteine als menschliche Geburten ansehen? Eine Frage, die ihm in der indischen Fassung entgegengeworfen wird, als die Erkennung der Kinder erfolgt. – Ist er Richter, warum untersucht er nicht richterlich? – Es scheint so, als dürfe man an den Angelpunkten der Märchenerzählung solche Fragen bisweilen gar nicht stellen. – Lassen wir die Entscheidung des Königs auf sich beruhen, dann ergibt sich die Frage, welche Funktion die erbärmlichen Jahre der jungen Frau für sie selber haben. Nötigt das Geschehen insgesamt zu einer solchen Zeit der Buße? Tut auch die Mutter Gottes in der zweiten Lebenshälfte, in ihren marianischen Trauerjahren, Buße dafür, daß sie der Welt den Heiland geboren hat?

Die Leiden der jungen Frau sind in den verschiedenen Fassungen vielfältig variiert. In Tirol stirbt sie im Kerker. In Siebenbürgen wird sie lebend begraben, „lendentief" in der Erde oder bis zum Hals in Steinen verscharrt wird sie in türkischen Fassungen, anderwärts in den Mist, – oder verbannt ans Tor, an den Pranger, in den tiefen Turm, unter die Abwässer des Schlosses, in den Käfig der Moschee, in den Hühnerstall. Noch milde erscheint das Verhängnis in indischen Fassungen, wo sie als „Krähenscheuche" aufs Schloßdach oder auf den Marktplatz getrieben wird. Aber wenn sie öffentlich zur Schau gestellt wird, kommt zumeist noch die Anordnung dazu, daß ein jeder, der vorübergeht, sie bespeien muß, und dies Gebot wird noch durch Posten überwacht.

Als Begründung für diese schlimmen Leiden wird in den Märchen niemals der Verdacht der Sodomie *[des Geschlechtsverkehrs mit Tieren]* geäußert[12], und er spielt hier wohl auch wirklich keine Rolle. Vielmehr scheint es sich allein um die Verderbnis des inneren Königserbes im Leibe der Gebäre-

---

[11] Der Mann in allen Farben. Märchen aus der Gascogne. Ges. von J. Fr. Bladé. Übers. von Konrad Sandkühler. Stuttgart o.J. S. 199.
[12] Siehe aber unten das flämische Volksbuch.

rin zu handeln, die doch gerade das Gegenteil verkündet hatte, als sie sich das Vermögen zusprach, die mit Licht gezeichneten Geburten zur Welt zu bringen. Dies erscheint als ihre sträfliche Hybris *[frevelhafte Selbstüberhebung]*, und insofern wären der Zorn des Königs und die harten, von ihm verhängten Strafen begreiflich. Nur wären sie so allein nie und nimmer gerechtfertigt, da die junge Frau doch ihrer in echtem mädchenhaftem Überschwang ausgelobten Verheißung als Weib wirklich entsprochen hat.

Könnte die Leidenszeit der jungen Mutter eine Bedeutung haben, die mit der Bestrafung überhaupt nicht berührt wird und die grade ihrer Verkündigung entspräche? Sie hat, mit dem Verständnis der westindischen Variante ausgedrückt, Sonne und Mond geboren, – hat sie im Verhältnis zu diesem außerordentlichen Wunderwirken noch etwas nachzuholen, hat sie ihr Leben, ihr Heils- und Glücksvermögen erschöpft, muß sie noch selbst sich erst wieder einholen, um glückliche Königin sein zu können, um als Mutter dieser Kinder in deren Glanze wieder aufzuleben? Ich habe von einer Hybris gesprochen, ist ihr Jammerleben die schicksalsnotwendige Nemesis *[die ausgleichende Gerechtigkeit, die kein übergroßes Glück duldet]* dazu? Macht das Inkaufnehmen der Leidenszeit die unendliche Herrlichkeit erst nachträglich möglich? Wenn das Darben, das Entbehren, der Verzicht auf das Auskosten der Lebensfülle in vielen Kulturen die Voraussetzung ist zum großen Heilsgewinn, konnten dann die Leiden der jungen Frau die für den großen Aufschwung nachgeholte Askese sein?

Aber das Geschehen spielt sich nicht nur in dieser Zeitvertauschung ab, in diesem rituellen Hysteron-Proteron *[das Spätere ist das Frühere]*, sondern zeitgleich mit der „Askese" der jungen Mutter verläuft die Höher-Entwicklung ihrer Geburten. Daß die Kinder gelichtet sind, bedeutet ja nicht nur einen Leibesschmuck, sondern abermals eine Verheißung – des Aufschwungs in wunderbare, zauberhafte Bereiche. Was die Gebärerin vollbracht hat, war ja nicht das ganze Vollbringen; darüber hinaus müssen die Goldkinder selbst aus dem mitgeborenen Vermögen an ein hohes Lebensziel gelangen; den Weg dazu beschreiten sie gerade unter der asketischen Leidenszeit ihrer Mutter, und diese Leiden endigen eben mit dem Zeitpunkt, da die Kinder den ihnen auferlegten Weg der Todesgefahren vollenden.

Es ist in eigentlichem Sinne zauberhaft, daß der Antrieb zu diesen Leistungen und damit zur Endigung der mütterlichen Leidenszeit von den „bösen" Schwestern ausgeht. Sie treiben die Kinder dazu an, unter Todesgefahren immer bedeutendere Ziele anzugehen. Sie müssen sich dazu wunderbarer

Hilfsmittel und Helfer versichern, solcher, die jenseits des Alltags in der Wunderwelt wirksam sind, und in einer Reihe von Fassungen ist dies zuletzt die jenseitige, die Feenbraut für den Jüngling.

In zweien unter meinen mehr als sechzig Fassungen wird es ausgesprochen, daß an dem großen Gelingen auch die Mutter in der Schicksalsfessel mitwirkt, in einer Tiroler und in einer türkischen Variante. Dies mögen Zutaten der Erzähler sein, doch dann sind es solche, die den Sinn des Ablaufes mit Entschiedenheit zum Ausdruck bringen. In der Tiroler Erzählung[13] erkrankt die gefangengesetzte Frau und wird nach kurzer Zeit „wie tot" im Kerker aufgefunden. Doch in Wahrheit ist sie von ihrer bösen Schwester in einen Fuchs verwünscht worden und hilft in dieser Gestalt dem Sohn unerkannt bei seinen Suchfahrten. Erst als er alles errungen hat, der Vater durch den sprechenden Vogel auf die Lösung der Verwicklungen gebracht, die Übeltäterin hingerichtet worden ist, verlangt der Fuchs von dem Sohn einen tödlichen Keulenhieb, und der verwandelt ihn wieder in die Gestalt der Mutter.

Noch entscheidender spricht sich die türkische Fassung aus.[14] Sie stammt von einer hochbegabten Erzählerin, der Indschili Hanym, und ist anfangs dieses Jahrhunderts von dem „Volksschriftsteller" Mehmed Tewfik aufgezeichnet worden. Der Sohn gewinnt auf den ihm auferlegten, weit hinausstrebenden Suchfahrten in das Peri-Reich die Hilfe von Dämoninnen, Wächterinnen auf der Grenze jenes Reiches. Die Erstgewonnene erwidert auf seine Anrede und nachdem er an ihren Brüsten gesogen hat: „Ich gedachte dich eben mit meinem Hauche zu vernichten. Aber nun danke Gott dafür, daß deine unschuldige Mutter in der Erde liegt." Der Knabe muß noch eine zweite und auch die dritte, die älteste der Dämonenschwestern gewinnen, und sie gewährt ihm die entscheidende Hilfe mit den Worten: „Bete, es ist alles um deiner schuldlosen, in der Erde liegenden Mutter willen." – Der Weltfahrer erringt die musizierende Pflanze und den Zauberspiegel, aber dann soll er die wundersame Fee selber holen, die alle Eindringlinge in Stein verwandelt. Schon ist er halb versteinert, da wendet sich die Peri ihm zu, belebt ihn wieder und spricht: „Danke deinem Schöpfer! Deiner in der Erde eingegrabenen Mutter hast du es zu verdanken, sonst wärest du heute zu Stein geworden!" –

---

[13] Ignaz und Joseph Zingerle: Kinder- und Hausmärchen aus Süddeutschland. Regensburg 1854 / Hildesheim 1975, S. 157–173.

[14] Theodor Menzel: Türkische Märchen. Hannover 1924. Teil I, XIf., Teil II, S. 127–158, bes. S. 143, 145f., 152.

Es scheint mir, daß diese Worte der Hanym Indschili nicht vage Erfindungen, sondern wirkliche Fundstücke, Befunde sind. Die dritte Schwester ist mit ihrer Haft nicht aus dem Geschehen herausgenommen, sondern sie nimmt fortwirkend an den Geschicken und den Leistungen der Goldkinder teil, und sie vermag dies gerade aus ihrer Erdverhaftung heraus; sie vermöchte es nicht als Salondame. Und wir betonen erneut, daß ihre bösen Schwestern als Antreiberinnen zu den Suchfahrten ebenfalls einen positiven Anteil an den Errungenschaften der Kinder haben. Es ist bemerkenswert, daß gerade am Ende dieser Fassung, im Gegensatz zu den allermeisten anderen, der König zwar für die Missetaten der Älteren Vergeltung üben will, „aber da alle für sie Fürbitte einlegten, verzieh er ihnen. Auch die Schwestern bereuten nunmehr, was sie getan hatten."

Der Märchenkönig ist nicht ein Herrscher allein; er ist mehr und das „Märchenhafte" ist bis in unsere Tage hinein auf dem Thronsitz lebendig geblieben, indem Kaiser und König nicht nur als „Thronfolger" oder als Gekürte der Kurfürsten oder als Sieger im Thronstreit das hohe Amt gewannen, sondern auch „von Gottes Gnaden", aus Mitwirkung jenseitiger Mächte. In vielen Märchentypen kann gar kein Zweifel daran bestehen, daß der König dort der Nachfolger oder eine Wandelgestalt des Schamanen ist, indem er wie dieser mit wunderwirkenden Dingen ausgerüstet ist und am Ende etwa auch mit einer Jenseitigen als Ehefrau begünstigt wird. Eben dies vollzieht sich auch in unserem Märchen. Der aus dem Zweig erwachsende klingende Wunderbaum, die singende Rose, der tönende Apfel, der tanzende, musizierende Pelz, der über dem Jordan schwebende Kranz, das hüpfende, das goldene Wasser, der Spiegel, in dem man die ganze Welt schaut, – und endlich der sprechende Vogel, der die Geheimnisse kennt, – oder denn das feenhafte Mädchen, die wirkende und wissende Weltschöne als Braut, – darin vollendet sich ein Königtum mit schamanischer „Weltenmacht".

Zu diesen Gewinnen müssen auch gezählt werden die Helfer auf dem Wege von mannigfaltiger Art, je nach den Kulturen der Erzähler, – der Greis, das alte Mütterchen, ein Mönch, ein Einsiedler, ein Sādhu, ein Derwisch, der heilige Hisir, Devfrauen *[Tier-Mensch-Mischwesen]*, Rākṣasas *[böse Geister]*, eine Menschenfresserin, das zauberische Pferd. Sehr eigenartig ist in einem kaukasischen Märchen[15] eine Frau in einem Grabhügel, die mit den Worten: O Mama! geweckt werden muß, die dann aus dem Hügel

---

[15] Isidor Levin: Märchen aus dem Kaukasus. Düsseldorf 1978. Nr. 28.

springt und zu dem Hilfesuchenden die Worte spricht: „Möge deine Mama satt werden an deinen hellen Freuden!" Doch stellt die Erzählung eine Beziehung zu der leiblichen Mutter, die in der Ochsenhaut hinter der Schloßtüre liegt, nicht her.

Was nun die Goldkinder selbst betrifft, ihre Zahl und Funktion, so gehören wohl ursprünglich zwei Brüder und eine Schwester zusammen, – so steht es bei Straparola, so in der Grimmschen Fassung und so auch in den Erzählungen der Tausendundeinen Nacht. In diesen drei Varianten versagen auch, wie in manchen anderen, die beiden Brüder und nur das Mädchen gelangt bis ans Ende und zum Erfolg. Wo am Schluß die Feenbraut gewonnen wird, mag es sinnvollerweise ein Bruder sein, der dieses letzte Ziel erreicht; doch gilt dies keineswegs für alle Fälle. In der kaukasischen Fassung beispielsweise gewinnt das Mädchen nach dem Scheitern des Bruders für ihn die wunderbare Braut, und am Ende heißt es: „Bruder und Schwester, Mutter und Vater und die Schwiegertochter Kaskatina lebten dahin. Und bis heute leben sie noch."

In diesem Abschluß bleibt das Mädchen in ungewohnter Weise „unversorgt". Derlei hat gewiß manchen Erzählenden zu ausgleichenden Erfindungen veranlaßt. In einer isländischen Fassung[16], wo das letzterrungene Gut der sprechende Vogel ist, willfahrt dieser dem Wunsche des Mädchens, die Steine dort wieder zum Leben zu erwecken, macht sie aber zugleich auf einen Stein aufmerksam, den sie sicherlich erwecken würde, wenn sie wüßte, wer das sei. Es findet sich, daß da ein Prinz aufsteht, schön und vornehm, und die zwei verlieben sich alsbald ineinander. Damit nicht genug: bei ihm befinden sich Steine in Form von Kisten, die sich auch in solche rückverwandeln, und gefüllt sind sie mit Gold und Edelsteinen. Nach der Rückkehr und dem Freudenfest zur Wiederkehr der Königin heiraten diese zwei, und in seiner Heimat wird der Gemahl der Schwester König. Einer der Brüder erbt den Thron des Vaters, der andere heiratet eine Prinzessin und wird König nach seinem Schwiegervater.

Dies ist eine reinliche Versorgung rundherum, doch führt dergleichen gesellschaftliche Vorsorge ganz aus der Märchenwelt heraus. Allgemein wäre zu sagen: gewinnt die Schwester das letzte höchste Gut, dann wäre gerade damit ihre künftige Rolle bestimmt, und ist der Gewinn der weissagende Vogel, dann würden wir eher in seinem Wesen als in einem fürstlichen Ge-

---

[16] Märchen der Völker. Island. Augsburg 1988 Weltbild. Hier nach Derungs, S. 74ff.

mahl die Rolle auffinden, zu der das Geschehen die Schwester bestimmt, nämlich zu einer Schicksalskundigen, einer Heilerin, einer Pythia *[Frau, die in orakelhafter Weise zukünftiges voraussagt – nach der Priesterin des Orakels Pytho = Delphi]*, einer Zauberfrau. Solche Abschlußgestalten hält das Märchen für die weiblichen Rollen nicht mehr bereit, wie es ja auch sonst die wundersamen Frauen spätzeitlich als „Prinzessinnen" benennt. Sucht man aber auf heutige Weise nach Positionen der Frauen mit äußerer neuzeitlicher Machtausübung, dann stößt man um so weniger auf die eigentlich dem Märchen angemessene Vollendung nach weiblicher Art, – etwa in der einer Seherin.

Vielleicht gibt es aber in unserem Märchen einen eigentümlichen Zug, der auf eine solche Rolle hinwiese. Von den Schwestern der Mutter geht ja die Aufreizung zu den Suchfahrten aus. Es bleibt jedoch fraglich, ob die Brüder diesen Anregungen folgen und in die Todesgefahren hinausstürmen würden, setzte nicht die Schwester den von den Tanten ausgehenden Anstoß für ihre Brüder um, oft mit Schmollen, Jammern und Weinen, in eine unausweichliche Nötigung zu der Abenteuerfahrt. Diese Umwandlung ist oftmals schwer zu begreifen, weil das Mädchen die Ihrigen, die einzigen Anverwandten, die sie hat, aussendet in eine äußerste Gefährdung des Lebens. In dem Mädchen potenziert sich dergestalt die von den Schwestern der Mutter ausgehende Bedrohung, und zwar bis aufs äußerste, dann nämlich, wenn sie sich selbst, da die Brüder nicht wiederkehren, als letzte der tödlichen Not aussetzt.

Die Symmetrie der Geschwister, ihre Art und Zahl fordert im Grunde einen solchen Verlauf, und es bedarf dazu keiner matriarchalen oder feministischen Voraussetzungen, es sei denn, man sähe sie eben in jener von vornherein gegebenen Gruppierung. Dann aber wäre der von der Schwester ausgehende Druck nicht eine Machtausübung, sondern in ihr wären der Mut und das Empfinden für ein großartiges Ziel verflochten mit der innerlichsten Schicksalsgewißheit: auch wenn ich die Brüder opfere und mich selbst dem Tode aussetze, so werden wir den Tod doch überwinden und am Ende das Ziel dennoch erreichen und über dieses Ziel hinaus auch bis zu der Mutter, von der wir nichts wissen, vorstoßen. Ist das schwesterliche Verhalten oftmals für uns unverständlich: warum für allerlei Spielzeug das Leben der Brüder aufs Spiel setzen? – so deutet in dieser Einstellung sich doch an, was dem Märchenerzähler ursprünglich als die vollendete Gestalt der Schwester vorgeschwebt haben mag: die schicksalskundige Seherin, – Tochter darin auch ihrer Mutter, der Künderin lichter Geburten.

Verstehen wir so das ungehemmte „rücksichtslose" Antreiben der jugendlichen Schwester, dann werden wir auch die Quertreibereien der Mutterschwestern etwas anders sehen müssen, als wie eine aufs „Böse" eingestellte Blickrichtung sie wahrnimmt. Wir erkennen, daß diese Neidischen mit ihrem aufs Zerstören gerichteten Sinnen – auch Teile sind von jener Kraft, die stets das Böse will und stets das Gute schafft. Es ist ferner daran zu erinnern, daß am Anfang die Schwestern zusammen als eine Dreiheit von Spinnenden eingeführt werden. In einem solchen Bilde vereint, erscheinen sie geradezu als die drei Schicksalsfrauen, die Moiren *[griechische Schicksalsgöttinnen]*, die Parzen *[römische Schicksalsgöttinnen]*, die Nornen *[germanische Schicksalsgöttinnen]*, und sie wären nur in der Zeit, in der zeitgebundenen Art ihres Wirkens, ethisch abgestuft, unterschieden. In der weitaus überwiegenden Zahl der Varianten wird an den zwei älteren Schwestern eine schreckliche Rache genommen. Aber in der Fassung der Indschili Hanym, die ja eben auch die Mitwirkung der erdversenkten Mutter mit allem Tiefsinn erfaßt, wird den Schwestern nichts anderes zuteil als Verzeihung.

Abschließend sei noch einmal der Blick geworfen auf die Mutter, die mit ihrer lichtverheißenden Voraussage am Ursprung des Geschehens steht. Ihr Schicksal begegnet uns nicht nur im Typus 707, sondern in wechselnder Gestalt auch in 451, dem Märchen von den sieben Raben oder Schwanen, und in 652, von dem Prinzen mit den wünschlichen Gedanken. Die von der jungen Frau geborenen Kinder werden ihr fortgenommen, und sie selber wird der Tötung bezichtigt. Dieser Motivzusammenhang ist schon frühzeitig in mittelalterlichen Überlieferungen belegt, ist in Volksbücher übergegangen und mag von dort aus wiederum die genannten Märchentypen beeinflußt haben. Mir erscheint es nun von großem Gewicht, daß die Mütter in diesen älteren Überlieferungen sich nicht auszeichnen durch die Voraussage über ihre Geburten, sondern daß sie aus der anderen Welt stammen. Dies steht mithin in einem noch rätselhafteren Verhältnis zu der „Bestrafung" nach ihren wunderbaren Geburten. In ihrem Sagenbuch geben die Brüder Grimm dieses Geschehen nach einem flämischen Volksbuch wieder.[17] Dort jagt der Königssohn einen Hirsch, der entspringt ihm in ein Gewässer, kurz danach kommt eine edle Jungfrau nackt und bloß zu ihm, als er ermüdet an einem Brunnen sitzt: eine Hindenfee *[Hirschkuhfee]* also oder Brunnenfee. Er nimmt sie mit heim und heiratet sie. In seiner Abwesenheit gebiert sie Siebenlinge mit silbernen Ket-

---

[17] Deutsche Sagen. Hrsg. von den Brüdern Grimm. Teil II, Nr. 540. Der Ritter mit dem Schwan.

ten um den Hals, darunter ein Mädchen; die Schwiegermutter aber, die das Eheweib des Sohnes der unbekannten Herkunft wegen haßt, schickt einen Knecht mit den Kindern aus, sie zu töten. Doch er, aus Mitleid, setzt sie nur aus, und ein Einsiedler zieht sie auf. Später läßt die alte Königin von sechs der sieben Kinder die Ketten rauben, und diese verwandeln sich in Schwäne.

Der Wöchnerin schiebt die böse Schwiegermutter, im Verein mit einer falschen Wehmutter, junge Hunde unter und klagt die junge Mutter „einer strafbaren Gemeinschaft mit Hunden an". Die Mehrzahl im Rate des Königs beschließt, gegen das Urteil eines Feuertodes der anderen, die Königin gefangenzusetzen. Nach Jahren indes will die Mutter des Königs doch ihre Hinrichtung erzwingen und stiftet einen falschen Zeugen zu der Aussage an, daß er den Hund gekannt habe, mit dem die Königin Umgang gepflogen habe. Dieser Anschlag indessen mißlingt, denn ein Sohn der Unschuldigen, der einzige nicht verwandelte, tritt für sie gegen den Lügner zum Kampfe an und erschlägt ihn. Es folgt die Befreiung der Mutter, die Entwandlung ihrer Kinder – mit Ausnahme eines Sohnes – und der Feuertod der alten Königin. Johann Wilhelm Wolf[18] hat eben diese Sage nach einem anderen flämischen Volksbuche erzählt, in dem er die Hand eines gräulich verstümmelnden Bearbeiters vermutet. Dieser habe einen Mordversuch der jungen Frau an ihrem Ehemann, dem König, eingesetzt – anstelle des Vorwurfes, „viel natürlicher bei Grimm", daß sie „mit einem Hunde Umgang gepflogen habe".

Zwei bedeutsame mittelalterliche Varianten seien noch erwähnt. Die eine findet sich in der mit dem Namen „Dolopathos" bezeichneten Sammlung von Erzählungen, die gegen Ende des 12. Jahrhunderts in Lothringen von einem Geistlichen in lateinischer Sprache verfaßt wurde.[19] Auch hier heiratet der junge Edelmann eine Fee, die mit der Erscheinung eines Hirsches zusammenhängt und auf die er an einem Flußufer stößt, als sie badet. Er bemächtigt sich der goldenen Kette, in der ihre Macht und Selbständigkeit beruhen, und führt sie heim. Auch sie gebiert sieben Kinder, von denen eines ein Mädchen ist. Auch sie wird verleumdet, wird bis an die Brust eingegraben und dem Spott der Vorübergehenden preisgegeben, die sich in ihren Haaren die Hände abtrocknen, – bis nach sieben Jahren ihre Unschuld an den Tag kommt.

---

[18] Niederländische Sagen. Hrsg. von Johann Wilhelm Wolf. Leipzig 1843. Nr. 117. Der Ritter mit dem Schwan. Anm. S. 679ff.

[19] Carl Pschmadt: Die Sage von der verfolgten Hinde. Greifswald 1911, S. 82f.; Frz. Übertragung in: Jean Joubert / Jean-Claude Aubailly: Fabliaux et contes: moraux du Moyen Âge. Paris 1987, p. 133–151, bes. 139.

Die Schwanenmärchen, die genannten Volksbücher, der „Dolopathos" stehen ohne Zweifel im Zusammenhang miteinander. Aus anderen Ursprüngen rührt eine Erzählung der Mabinogion[20] her, also der alten Sammlung walisischer Mythen und Sagen. Die noch vorhandene Aufzeichnung stammt von 1325, ihr liegen aber sicherlich frühere Niederschriften voraus. In unserem Zusammenhang sind von Gewicht zumal die Motive der Herkunft und der Buße, sowie die angebliche Schuld der Büßerin. Auch hier kommt die Frau, Rhiannon mit Namen, aus der Wunderwelt von drüben, nicht indes aus der des Wassers wie in den oben angeführten Texten. Sie reitet gemächlich am Hügel der Gesichte vorüber, auf dem Pwyll, der junge Herrscher, sitzt. Aber die Diener, die er hinterdrein schickt, vermögen auch auf den schnellsten Rossen sie nicht einzuholen. Schließlich ruft er selbst sie an, und da hält sie: Pwyll erkennt sie als die Schönste je Geschaute. Sie berichtet, daß sie an einen Ungeliebten verheiratet werden soll, und nun geloben sich die zwei zu heiraten. Nach Überwindung einiger Hindernisse kommt die Ehe wirklich zustande; sie ist noch einmal bedroht, weil die Frau drei Jahre lang kein Kind bekommt; aber dann wird sie doch noch schwanger und gebiert ein Söhnchen. Jedoch fallen in der folgenden Nacht Rhiannon und die sechs bediensteten Frauen gegen Mitternacht in einen Zwangsschlaf, und als die sechs am Morgen erwachen, ist der Knabe verschwunden. Aus Furcht vor der schweren Strafe, die ihnen wegen ihrer Nachlässigkeit droht, verabreden sie, die Wöchnerin zu bezichtigen, daß sie das Kind, trotz ihrer aller Widerstand, gefressen habe. Sie töten einige Hundewelpen, beschmieren Gesicht und Hände der Mutter mit dem Blut und legen auch die kleinen Knochen dorthin. Als Rhiannon erwacht, verspricht sie den Frauen, sie zu beschützen, wenn sie die Wahrheit sagen. Doch sie bleiben bei ihrer Behauptung. Da zieht Rhiannon dem Gezänk ein Gerichtsurteil vor, und ihre Strafe ist, daß sie jeden Tag neben dem Stein am Eingang des Hofes sitzen soll, der den Rittern zum Besteigen ihrer Pferde dient. Den Ankömmlingen soll sie die Geschichte ihrer Schuld erzählen und die Gäste, wenn sie es wollen, auf ihrem Rücken zu Hofe tragen.

In Pwylls Lande nun lebt ein Edelmann, dem jedes Jahr in der ersten Mainacht seine edle Stute ein Fohlen geboren hat, das aber stets in derselben Nacht noch verschwunden ist. Nun entschließt er sich, in dieser Nacht bei der

---

[20] The Mabinogion. Translated…by Jeffrey Gantz. Harmondsworth 1977, Datierung S. 10. Text S. 51–65.

Stute zu wachen, und als das Fohlen geboren ist, langt eine riesige Klaue durchs Fenster und packt das Jungtier bei der Mähne. Der Mann hackt den Arm ab, läuft hinaus, bedenkt, daß die Türe offensteht, kehrt sogleich zurück und findet auf der Schwelle ein Knäblein in Windeln und einem brokatnen Umhang. Der Edelmann und seine Frau beschließen, den Findling aufzuziehen. Indessen spricht es sich nach einigen Jahren herum, was der Rhiannon geschehen ist, auch fällt dem Pflegevater die Ähnlichkeit des Knaben mit Pwyll auf. Er erkennt die Zusammenhänge und seine Verpflichtung, das Kind zu seinen Eltern zu bringen und die Plage der Rhiannon zu enden. Dies geschieht, bei Tisch sitzt er zwischen Pwyll und der Frau und berichtet, wie er den Knaben gefunden hat. Es besteht kein Zweifel, daß er Rhiannons Sohn ist. Über Sinn und Wesen der Entrückung fällt kein Wort.

Diese Geschichte stimmt zu den flämischen Sagen und zum „Dolopathos", insofern die Mutter „von drüben" kommt. Die Plage, die ihr auferlegt wird, ist ähnlich, etwas Besonderes aber ist die Entrückung des Kindes. Man konnte vermuten, daß in alter Zeit dergleichen öfter die Ursache war für eine ungerechtfertigte Buße der Mutter; es wäre andererseits auch möglich, daß hier die Entführung des Kindes im Zusammenhang steht mit der „jenseitigen" Herkunft der Mutter. Das Mabinogi sagt darüber nichts. Von Rhiannon selbst wissen wir infolge der gestörten Überlieferung nichts Entscheidendes. Es ist möglich, daß sie eine große Göttin war[21] und daß Zeugnisse von ihr aus anderen Landschaften nur unter anderen Namen sprechen. Doch gibt es in dem zweiten der vier Zweige der Mabinogion, in dem von Branwen, wenigstens einen bemerkenswerten Hinweis auf sie.[22] Dort wird erzählt, daß die sieben Krieger, die von einem irischen Feldzuge auf die britische Insel zurückkehren, sieben festliche Jahre mit Speise und Trank an einem Orte namens Harddlech verbringen, und dort singen „die Vögel der Rhiannon" für sie, singen „ein gewisses Lied, und von allen Liedern, die sie je gehört hatten, war ein jedes unschön, verglichen mit diesem. Und weit hinaus mußten sie schauen übers Meer, um die Vögel zu sehen, aber so klar erblickten die Männer sie, als wären sie unmittelbar bei ihnen. Und jenes Fest währte sieben Jahre." – In dieser Frist sind mithin die heimkehrenden Krieger der Zeit und dem Raum entrückt, und wenn dies die Wirkung ist vom Gesange der Vögel

---

[21] Jan de Vries: Keltische Religion. Stuttgart 1961, 83, 125ff. Die Angaben zum Mabinogi zum Teil irrig.

[22] The Mabinogion. Translated...by Jeffrey Gantz. Harmondsworth 1977, S. 79–81. Vgl. auch The Mabinogion. Translated by Gwyn Jones and Thomas Jones. London 1977, S. 38f.

Rhiannons oder ihr Gesang ein Zeichen dafür ist, so mögen wir aus dieser Stelle wohl schließen, daß Rhiannon selbst sich als eine Gottheit erhebt über zeitgebundene Räume. Um so bemerkenswerter wäre dann ihre Gebundenheit am Hofe Pwylls, die Bindung einer Göttin infolge der Geburt eines Menschensohnes, und von dort würde auch ein Licht fallen, ein wie dämmerigfernes immer, auf die Mutter in der Schicksalsfessel des Märchentyps 707.

Abschließend sind hier noch einige Fassungen anzuführen, die, auch wenn sie in Teilen untypisch verlaufen, doch aus dem einen oder anderen Grunde von Gewicht sein mögen.

Brüder Grimm: Kinder- und Hausmärchen. Nr. 96. Erstdruck II, Nr. 10. De drei Vügelkens.

Wilhelm Busch: Aus alter Zeit. Märchen und Sagen. Volksmärchen Nr. 25. Drei Königskinder.

Gian Francesco Straparola: Le piacevoli notti. IV,3. Das tanzende Wasser, der singende Apfel und der leuchtend-grüne Vogel.

Laura Gonzenbach : Sicilianische Märchen. Leipzig 1870 / Hildesheim 1976. Die verstoßene Königin und ihre beiden ausgesetzten Kinder.

Isidor Levin: Märchen vom Dach der Welt. Köln 1986. Nr. 15. Die drei Frauen des Padischah. Tadschikisch.

Ursula Assaf-Nowak: Arabische Märchen aus dem Morgenland. Frankfurt a.M. 1980. S. 62–74. Die Geschichte der singenden Rose. Irak.

Enno Littmann: Die Erzählungen aus den tausendundein Nächten. Wiesbaden 1953. Bd. V, S. 154–219. (756. Nacht) Die Geschichte von den beiden Schwestern, die ihre jüngste Schwester beneideten.

Otto Spies: Türkische Märchen. Düsseldorf 1967. Nr. 5. Die goldhaarigen Zwillingskinder.

Johann Georg von Hahn: Griechische Märchen. Nördlingen 1987, Nr. 69. Sonne Mond und Morgenstern.

Lal Behari Day: Folk-Tales of Bengal. London 1913, Nr. XIX. The Boy with the Moon on his Forehead.

Annette Heunemann: Der Schlangenkönig. Märchen aus Nepal. Kassel 1980, Nr. 7. Vom Jungen mit Sonne und Mond auf den Schultern.

Kyrill Haralampieff: Bulgarische Volksmärchen. Düsseldorf 1971, Nr. 31. Die drei Schwestern.

János Gulya: Sibirische Märchen. Erster Band. Düsseldorf 1968, Nr. 35. Die jüngste Schwester und ihr Söhnchen. Wogulisch.

DIE UNGETREUE MUTTER

Einblicke in den Märchentypus 590

[Erschienen in der Zeitschrift „Märchenspiegel – Jubiläumsausgabe April 1995", Verlagsbüro Wolfgang Kuhlmann 1995, S.60–64]

Es gibt keinen anderen Märchentypus, in dem das Geschlechtsbegehren einer Frau einen so entscheidenden Einfluß auf das Geschehen ausübt und die Rollenträgerin moralisch so tief sinkt, als den von der ungetreuen Mutter, AT 590. Nah verwandt mit diesem ist allerdings der von der ungetreuen Schwester, AT 315, und die weite Distanz im Typenkatalog hat im Grunde nichts zu bedeuten. Denn die für Antti Aarne bei der Zuweisung maßgebenden Motive sind angesichts des heute zur Verfügung stehenden Materials nicht mehr entscheidend: in 315 der übernatürliche Gegner, in 590 der übernatürliche Gegenstand.[1] Auch im Muttermärchen kommen übernatürliche Gegner vor, auch im Schwestermärchen gibt es übernatürliche Gegenstände. Dessen ungeachtet werde ich in der folgenden Darstellung nur Belege aus dem Muttertypus verwenden.

Die Handlung hebt im allgemeinen an mit dem gemeinsamen Aufbruch von Mutter und Sohn. Auf der Wanderung findet die Mutter einen Geschlechtspartner und ist bereit, den Sohn der ungehemmten Befriedigung ihrer Gelüste zum Opfer zu bringen. Es versteht sich, daß nicht in allen Fassungen die Erotomanie *[Liebeswahn bzw. –zwang, krankhaft übersteigertes sexuelles Verlangen]* der Mutter und ihre Entschlossenheit, den Sohn zu morden, gleich stark zum Ausdruck kommen. Im Gegenteil stellt dieses Verhältnis eine so entscheidende erzählerische Schwierigkeit dar, daß die deswegen erfundenen Notlösungen gelegentlich den Sinn der Handlung zerstören. Fast so schwierig wie der Eingang ist der Ausgang. Wenn der Ermordete ins Leben zurückkehrt, der Geblendete wieder sehend wird und im Besitz seiner alten Kraft ist, – wie verhält er sich dann gegen die mörderische Mutter? Die Fassungen geben die ganze Skala wieder von der Verzeihung bis zur grausamsten Form einer mörderischen Rache.

---

[1] In Antti Aarnes Verzeichnis der Märchentypen gelten die Nummern 300–749 für die Zaubermärchen insgesamt, 300–399 für die Märchen mit übernatürlichem Gegner, 560–649 für die mit übernatürlichem Gegenstand. The Types of the Folktale. Antti Aarne's Verzeichnis der Märchentypen. Translated and Enlarged by Stith Thompson. FFC 184. Helsinki 1964.

In einigen Fassungen wird die sexuelle Begründung für den Aufbruch in aller Deutlichkeit ausgesprochen. Der Vater ist kriegsversehrt, hat das Geschlechtsvermögen verloren, die begehrliche Mutter verläßt ihn wegen seiner Impotenz und zwingt in der Nacht den Sohn, der bleiben möchte, mit ihr zusammen die Heimat zu verlassen, so die holsteinische Fassung.[2] In der Variante, die Johann Wilhelm Wolf unter hessischen Soldaten aufgezeichnet hat, wird die Mutter, eine Königin, von Anfang an als eine Ehebrecherin niedrigen Sinnes eingeführt.[3] Als der Sohn herangewachsen ist, mochte sie ihn als Beischläfer gewinnen, und da dies daheim nicht möglich ist, entführt sie ihn mit List zu Schiff in die Fremde. Als er sich dort ihrem Ansinnen widersetzt, verwandelt sich ihre Begierde in Haß. Auch in einer ungarndeutschen Fassung, die Henßen mitteilt und die seine Erzählerin als höchstens zwölfjähriges Mädchen vom Großvater gehört hatte, ist die sexuelle Motivation der Mutter völlig klar.[4] Der Vater ist im Kriege verschollen, Sohn und Mutter gehen ihn suchen; aber von der ersten Übernachtung an im Räuberhause ist für sie der Antrieb zur Suche abgetan, obwohl der Sohn sie immer wieder zur Weiterreise auffordert: „ieber Nacht hot si holt der Rauberhauptmann mit der Mutter verliabt, ham si dee allerhand geern ghobt." In der pommerschen Fassung will die „Rabenmutter" „gern ihren Sohn verlieren..., wenn sie dafür einen Ehemann bekommen" kann. Der Erzähler nennt sie „gottloses Weib" und „alte Hexe".[5] In einer zigeunerischen Fassung nennt der Erzähler das Weib eine Saumutter und meint, daß eine Zigeunermutter sich kaum so verhalten würde, – wobei zu bedenken ist, daß die Geschlechtlichkeit dort in einem ganz anderen Verhältnis steht. Die helfenden Tiere nennen die Frau eine Hure, und allmählich durchschaut auch der Sohn ihren Charakter und nennt sie Hurenmutter.[6]

Der Widerstreit zwischen der eigenen Einstellung des Erzählers und den Nötigungen aus dem Hörerkreise einerseits und dem überlieferten Inhalt des Märchens andererseits führt zu entscheidenden Änderungen in der Wiedergabe des Gehörten. In einer niederländischen Fassung läuft ein Schuhmacher-

---

[2] Plattdeutsche Volksmärchen. Neue Folge. Ges. von Wilhelm Wisser. Jena 1927. S. 117.
[3] Deutsche Hausmärchen. Hrsg. von J. W. Wolf. Göttingen 1851. Neudruck Hildesheim 1972. S. 145.
[4] Von Königen, Hexen und allerlei Spuk. Märchen... hrsg. von Gottfried Henßen. Rheine 1959. Nr. 18. S. 99, Anm. S. 161f. zu Nr. 17, Erzählerin.
[5] Volksmärchen aus Pommern und Rügen. Ges. von Ulrich Jahn. Norden 1891. Nr. 36. S. 197.
[6] Zigeunermärchen aus aller Welt. Dritte Sammlung. Hrsg. von Heinz Mode. Leipzig – Wiesbaden 1983. Nr. 167. S. 279ff.

junge aus der Lehre und begegnet einer „Frau", die „mutterseelenallein auf der Welt sei und nach Arbeit" sucht. Sie beschließen, zusammen weiterzuziehen.[7] Eine norwegische Fassung läßt es im unklaren, ob es sich da um eine Bettlerin handelt, die den Knaben nur mitführt, oder um dessen Mutter, wie der Bursche sie zuweilen anredet: es scheint so, als sei dies eine Variante in der Wandlung.[8] Eine moldauische Fassung dagegen hat sich eindeutig entschieden. Die Pflegemutter der sieben Drachen ist eine Hexe; sie wirft die wahre Mutter in den Keller, verwandelt sich in deren Gestalt und spielt dann, verbündet mit dem überlebenden siebenten Drachen, die überlieferte Mutterrolle des Typs.[9] Indische Märchen entlasten die königliche Mutter in der Weise, daß der Dämon die Gestalt des Königs annimmt und der Königin einbildet, daß ihr Sohn, ein menschenfresserischer Unhold sei.[10]

Gleich zu Anfang der gemeinsamen Reise gewinnt der Sohn eine überlegene Leibeskraft. Es gibt Fassungen, die seine Stärke einfach voraussetzen, bezeichnend aber ist der Fund der machtverleihenden Gegenstände. Schon Aarne kennzeichnet den Typ durch das Band, das, um den Arm gebunden, übermenschliche Stärke schenkt. Bemerkenswert ist, daß der Mutter in der typischen Form das gefundene Kraftding verborgen bleibt, etwa deswegen, weil an einer Wegegabel die beiden nach dem besseren Pfade suchen und erst nach dem Zufallsfund wieder zusammentreffen. Statt des Bandes kommen auch allerlei andere Dinge vor, ein Zaubergürtel, ein Kleid, ein um den Leib zu bindender Strick samt Krafttrunk, gute Sprüche, Wunderwaffen, ein Zaubersäbel, eine Flinte. Die Kraft kann auch am Leibe lokalisiert sein, etwa in einem Haarbüschel auf dem Kopfe, und ist dergestalt ebenfalls dem Raube ausgesetzt. Hervorzuheben ist das Motiv eines slowakischen Märchens, wo die Kraft, die der Mutter später so zuwider ist, von ihr selbst stammt, da sie den Sohn dreimal sieben Jahre gesäugt hat.[11] Das Motiv ist auch sonst ver-

---

[7] Märchen der Niederlande. Hrsg. von A. M. A. Cox-Leick und H. L. Cox. Düsseldorf 1977. Nr. 6. S. 30.
[8] Nordische Volksmärchen. II. Teil Norwegen. Übersetzt von Klara Stroebe. Jena 1919. Nr. 47. S. 264.
[9] Die goldene Schale und andere Märchen der Völker der Sowjetunion. Hrsg. von H. Eschwege und L. Labas. Moskau 1962. Moldauisch. S. 146.
[10] Stith Thompson and Warren E. Roberts: Types of Indic Oral Tales. FFC 180. Helsinki 1960. S. 89.
[11] Westslawischer Märchenschatz. Deutsch bearbeitet von Joseph Wenzig. Leipzig 1857. Neudruck Leipzig 1984. S. 144–155. Slowakisch. Vgl. Viera Gašparíková: Katalóg Slovenskej Ludovej Prozy 11. Bratislava 1992. S. 307f.

breitet, wird in unserer sibirischen Variante wenigstens angedeutet[12] – ist für das hier behandelte Märchen jedoch nicht typisch.

Es folgt nun die Begegnung mit dem „übernatürlichen Gegner", mit dem Riesen, dem Räuber, Drachen, Troll, Zauberer, dem „Feuerzaren". Ihnen ist der Bursche durch seine besondere Kraft weit überlegen. Sind es mehrere, eine Räuberbande, Drachenbrüder, eine Riesenschar, so tötet er zumeist alle bis auf einen. Den findet die Mutter verschont vor, oder sie befreit ihn aus dem Verließ, dem Keller, dem Schacht, in den der Sohn ihn geworfen hat; sie pflegt und heilt ihn und gewinnt damit den Bettgenossen, nach dem sie lüstern war. Mutter und Sohn haben jedenfalls nun eine Wohnstatt gefunden, typischerweise wohl eine Höhle der Räuber oder der Drachen, bisweilen aber auch ein Haus oder ein Schloß.

Der Konflikt, der sich aus der Situation ergibt, wird verschieden begründet. Das Naheliegende ist, daß des Liebhabers Rettung und Dasein vor dem Sohn überhaupt verhehlt werden. Er meinte, ihn wie seine Spießgesellen getötet zu haben, und die Bettgenossen fragen sich, was er tun wird, wenn er den Gegner am Leben findet. Die Mutter fürchtet, den Beischläfer zu verlieren, dieser selbst muß um sein Leben bangen. Weiß der Sohn, daß der ehemalige Hausherr lebt, dann empfindet doch die Mutter sein Dabeisein als störend, – sie schämt sich vor ihm, sagt die georgische Fassung.[13] Ihrem Partner flößt die überlegene Stärke des Burschen Furcht ein. Aus diesen Spannungen ergeben sich in der Folge die entscheidenden Begebenheiten des Märchens: daß der Sohn auf lebensgefährliche Suchfahrten ausgeschickt wird. Die treibende Kraft ist dabei die Mutter, nächstdem auch ihr Partner. In den abgewandelten Fassungen kann die eine oder die andere Person den Todesplänen auch abgeneigt sein.

Wir beschränken uns hier auf die typischen Streifzüge. Die Mutter stellt sich krank, der „Riese" weiß, wo unter Lebensgefahr ein Heilmittel zu erlangen ist. Nennen wir als erstes die Tiermilch: der Versuch, Wölfin, Bärin, Löwin zu melken, sollte den Jungmann das Leben kosten. Allein, wie immer der Ablauf im einzelnen ist, er gewinnt nicht nur die Milch, sondern auch die Tiere zu Freunden. Gefährlicher einzuholen sind die Äpfel aus dem Garten der Riesen, die jeden totschlagen, der dort eindringt, – und dies muß ihnen

---

[12] Hans Findeisen: Dokumente urtümlicher Weltanschauung der Völker Nordeurasiens. Oosterhout-Niederlande 1970. Nr. 92. Keten, Podkamennaja Tunguska. 292f.
[13] Georgische Märchen. Hrsg. von Heinz Fähnrich. Leipzig – Wiesbaden 1980. S. 80.

trotz der überlegenen Stärke des Burschen gelingen, so kalkuliert der Beischläfer, weil der Biß in einen der Äpfel ihn unfehlbar in Schlaf versenkt.

Er erliegt auch der Lockung des Apfels und fällt in einen tiefen Schlaf. Doch auf dieser Stufe eignet ihm nicht mehr nur die wunderbare Leibeskraft, sondern außerleiblich schon die Freundschaft der Tiere, und diese zerreißen und verzehren die Riesen, die sich auf den Schlafenden stürzen.

Sein eigener Gewinn in diesem Garten aber ist nun die Freundschaft eines menschengestaltigen Wesens, das er aus dem Riesengewahrsam befreit: der jungen Frau, die er später heiraten wird. Sie ist immer geraubt, ist verwunschen, ist eingekerkert und wird vom Sohne erlöst: aus den Ketten im Riesenkeller, aus dem Opferkäfig, aus der Räuberhöhle, aus dem eisentorigen Bergschloß, wo sie unter den Dielen eingesperrt ist, aus der dreckigen Kanalisation unter dem Schloß.[14] In den angepaßten europäischen Fassungen wird sie zumeist Prinzessin genannt; dies ist aber, wie in vielen anderen Märchen, nur der Deckname für ein weibliches Wesen aus dem nahen Jenseits, für eine Art Fee oder Geistin. Im georgischen Märchen wird sie unsterblich genannt[15], in einem moldauischen Märchen ist sie die Sonnenschwester[16], in einer griechischen Fassung eine schöne Nereide *[Meerjungfrau]*, Schwester des Helios[17] *[Sonnengottes]*, in einem anderen griechischen Märchen eine helfende Lamia *[weibliches Schreckgespenst des altgriechischen Volksglaubens, das Kinder raubt]*, die dem Eindringling ihre Tochter als Frau verspricht.[18]
In einem Zigeunermärchen ist sie eine größere Heldin als der Held selbst und besitzt vielflügelige Pferde[19]; in einer georgischen Erzählung trifft er die

---

[14] Sagen, Märchen und Lieder der Herzogtümer Schleswig, Holstein und Lauenburg. Hrsg. von Karl Müllenhoff. Neue Ausgabe...von Otto Mensing. Schleswig 1921. Nr. 604. S. 437, Kroatische Volksmärchen. Hrsg. von Maja Bošković-Stulli. Düsseldorf 1975. Nr. 31. S. 142, Plattdeutsche Volksmärchen. Neue Folge. Ges. von Wilhelm Wisser. Jena 1927. S. 120, Märchen der Niederlande. Hrsg. von A. M. A. Cox-Leick und H. L. Cox. Düsseldorf 1977. Nr. 6. S. 35f., Volksmärchen aus Pommern und Rügen. Ges. von Ulrich Jahn. Norden 1891. Nr. 36. S. 198, Deutsche Hausmärchen. Hrsg. von J. W. Wolf. Göttingen 1851. Neudruck Hildesheim 1972. S. 150.
[15] Georgische Märchen. Hrsg. von Heinz Fähnrich. Leipzig – Wiesbaden 1980. S. 82.
[16] Die goldene Schale und andere Märchen der Völker der Sowjetunion. Hrsg. von H. Eschwege und L. Labas. Moskau 1962. S. 140–162. Moldauisch. S. 148f.
[17] Tochter des Zitronenbaums. Märchen aus Rhodos. Hrsg. von Marianne Klaar. Kassel 1970. Nr. 15 S. 91.
[18] Griechische Märchen. Ges. von Johann Georg von Hahn. Nördlingen 1987. Nr. 32. S. 182.
[19] Zigeunermärchen. Hrsg. von Walther Aichele und Martin Block. Düsseldorf 1962. Nr. 15. S. 72f.

Schöne hinter den Symplegaden.[20] Im kurdischen Märchen sind die drei Töchter des Roten Geistes die Helferinnen bei seinen Aufgaben; die mittlere von ihnen heiratet er am Ende.[21] In einigen balkanischen Fassungen sind es die Heiligen der Wochentage, die Hilfe leisten: Nediel'ka, Luje, Paraštuji.[22] Da sie als Bräute nicht in Frage kommen, so steht neben ihnen dann noch eine Prinzessin zur Verfügung. Alle diese Fassungen bezeugen jedenfalls, daß die „Prinzessin", die aus ihrer Gebanntheit befreit wird, keine menschliche Königstochter ist, sondern eine „Geistin". So ist es in einem Zigeunermärchen gerade auch eine als Prinzessin benannte Frau, die schon von dem noch Ungeborenen wußte, daß er zu ihr kommen und sie heiraten würde.[23]

Die schicksalsträchtige Begegnung mit der Prinzessin findet gewöhnlich in einem Garten statt, dort steht das Schloß, dort ist die Höhle oder ihr Kerker. Was von dem Garten noch ausgesagt wird, bestätigt das Außergewöhnliche der Begegnung. Jene junge Frau ist nicht das einzige Wunderbare dort. Oftmals wird der Sohn wegen der Äpfel dorthin gesandt, und diese haben eine heilsame Wirkung, sie heißen heilende Vierwochenäpfel, sind Goldäpfel, stammen vom goldenen Apfelbaum aus der anderen Welt.[24] Im kurdischen Märchen soll der Sohn die Melonen aus dem Garten der Geister holen[25]; im niederländischen Märchen wachsen die Äpfel im Obstgarten des alten Klosters[26]; aber man trifft dort auf Hunderte von geisterhaften Kriegern, die dem Zugriff wehren. Immer wird der Garten und werden seine Früchte von nicht-alltäglichen Wächtern abgeschirmt, von Riesen, von Drachen, von wilden Tieren, von der Lamia, vom Roten Geist. Nennen wir die Prinzessin eine Geistin, dann ist eben auch der Bereich ihrer Gefangenschaft ein Garten der Geister.

---

[20] Georgische Märchen. Hrsg. von Heinz Fähnrich. Leipzig – Wiesbaden 1980. S. 81f.
[21] Kurdische Märchen. Ges. von Luise-Charlotte Wentzel. Düsseldorf 1978. Nr. 4. S. 57f. und 72.
[22] Zigeunermärchen. Hrsg. von Walther Aichele und Martin Block. Düsseldorf 1962. Nr. 15. S. 253, Westslawischer Märchenschatz. Deutsch bearbeitet von Joseph Wenzig. Leipzig 1857. Neudruck Leipzig 1984. S. 146.
[23] Zigeunermärchen aus aller Welt. Dritte Sammlung. Hrsg. von Heinz Mode. Leipzig – Wiesbaden 1983. Nr. 167. S. 286.
[24] A. N. Afanasjew: Russische Volksmärchen. Band 1. München 1985. S. 471, Westslawischer Märchenschatz. Deutsch bearbeitet von Joseph Wenzig. Leipzig 1857. Neudruck Leipzig 1984. S. 150, Zigeunermärchen. Hrsg. von Walther Aichele und Martin Block. Düsseldorf 1962. Nr. 15. S. 73.
[25] Kurdische Märchen. Ges. von Luise-Charlotte Wentzel. Düsseldorf 1978. Nr. 4. S. 57.
[26] Märchen der Niederlande. Hrsg. von A. M. A. Cox-Leick und H. L. Cox. Düsseldorf 1977. Nr. 6. S. 35.

Bei der ersten Begegnung mit jener ungewöhnlichen Frau bahnt sich etwas für den weiteren Ablauf Gewichtiges an. Ob der Jungmann den Garten passiert wegen der Äpfel, wegen der heilsamen Milch, wegen des Lebenswassers, – die vorausschauende Geistin hebt diese Wundermittel auf und gibt dem Fahrenden stattdessen die Dinge dieser Erde mit, marktläufige Äpfel, Kuhmilch, Brunnenwasser. Und immer behauptet zunächst die Mutter, die sich krank stellt, diese gemeinen Dinge hätten ihr geholfen. Doch die von der „Prinzessin" aufgehobenen Kostbarkeiten werden am Ende wirklich helfen dem von jener ermordeten Sohne.

Die Suche nach dem Wasser des Lebens stellt sich thematisch durchaus zu den anderen Suchfahrten unseres Märchens. Gefährlich ist diese Fahrt zumal wegen der schlagenden Berge, an denen oder hinter denen man das Wasser schöpfen muß, blutige Berge in einem Zigeunermärchen, die sich mit ihren Gipfeln stoßen.[27] Wenn es nicht die Berge sind, so ist die Annäherung an den Brunnen doch aus anderen Gründen lebensgefährlich, etwa weil er von einem Ungeheuer bewacht wird, von Löwen, von vierzig Drachen, vom zehnköpfigen Drachen, der im himmelverfinsternden Sturme kommt, von verfolgenden Wolken und Bergen.[28]

Die dem Sohne auferlegten Fahrten kosten ihn doch nicht das Leben; alle widerstehenden Mächte vermag er zu überwältigen. Als letztes Mittel, seiner ledig zu gehen, bleibt daher allein, den Sitz seiner Kraft ausfindig zu machen, ihm das Zauberding zu rauben – und darüber hinaus noch, ihn im Leibesleben entscheidend zu schwächen. Die Mutter beschwatzt ihn, betäubt ihn, immer gelingt es ihr, ihm seinen Kraftquell zu entwenden, das blaue Band, den Zaubergürtel, die Wunderwaffe. Es ist dann ein Leichtes, ihn zu töten, und einige Fassungen erzählen auch geradezu von dem Mord. So wird er in einer griechischen Variante von den Draken, mit denen sich die Mutter eingelassen hat, geköpft.[29] Auch in einer anderen griechischen Variante bringen die zwei Verschworenen ihn um, kochen ihn sogleich und speisen täglich von

---

[27] Zigeunermärchen. Hrsg. von Walther Aichele und Martin Block. Düsseldorf 1962. Nr. 15. S. 254.

[28] Griechische Märchen. Ges. von Johann Georg von Hahn. Nördlingen 1987. Nr. 32. S. 183, Volksmärchen aus Pommern und Rügen. Ges. von Ulrich Jahn. Norden 1891. Nr. 36. S. 197, Tochter des Zitronenbaums. Märchen aus Rhodos. Hrsg. von Marianne Klaar. Kassel 1970. Nr. 15. S. 93, Die goldene Schale und andere Märchen der Völker der Sowjetunion. Hrsg. von H. Eschwege und L. Labas. Moskau 1962. S. 157, Zigeunermärchen. Hrsg. von Walther Aichele und Martin Block. Düsseldorf 1962. Nr. 15. S. 75.

[29] Griechische Märchen. Ges. von Johann Georg von Hahn. Nördlingen 1987. Nr. 32. S. 183.

seinem Fleisch.[30] Eine besondere Form der Tötung ist die Zerstückelung, die in einer Anzahl von Fassungen vorkommt. Ihr Verlauf zielt bereits unmittelbar auf die Wiederbelebung ab, da der Zerstückelnde die Teile, bisweilen auf den Wunsch des Todgeweihten selbst, dessen Reittier auflädt – mit dem Spruch, es möge den Toten dahin tragen, von wo es ihn lebend gebracht hat. Und dort warten eben die Heilige Nediel'ka oder Luje, die Sonnenschwester, die geliebte größere Heldin mit den belebenden Mitteln auf ihn, Mitteln, die er selbst ehedem gewonnen hatte und die seine Helferinnen für den vorausgesehenen Notfall aufgehoben hatten.[31]

Eine andere Weise, den Helden zu entmächtigen, wohl die wesentliche des Typs, ist die Blendung. In der holsteinischen, in der pommerschen Fassung bringt es der Riese nicht übers Herz, den Jungmann, den „Sohn seiner Frau", wie der Erzähler sagt, zu töten. Also blendet er ihn. In der kroatischen Fassung aber ist die Mutter selbst dazu imstande, mit einer Gabel ihm die Augen auszustechen. In der kurdischen Fassung rät das Ungeheuer dazu, das Paar führt es gemeinsam durch. In der norwegischen Fassung brennen sie ihm die Augen aus. In einem Zigeunermärchen läßt die Mutter Speck aus und gießt dem Sohn das heiße Schmalz in die Augen.[32]

Während die Zerstückelung mit dem aufgesparten, selbsterworbenen Elixier rückgängig gemacht werden kann, fehlt es für die Heilung des Geblendeten an dem bereitliegenden Heilmittel. Die Tiere betreuen den Blinden, oder die Prinzessin nimmt sich des Hilflosen an. Diese Helfer erblicken dann meist ein umherirrendes, offenbar blindes Tier, einen Fuchs, einen Hasen, einen Vogel, die in ein Gewässer fallen und dann plötzlich wieder sehend sind. Der Blinde taucht ebenfalls seine toten Augenhöhlen ins Wasser, oder

---

[30] Tochter des Zitronenbaums. Märchen aus Rhodos. Hrsg. von Marianne Klaar. Kassel 1970. Nr. 15. S. 94.
[31] Westslawischer Märchenschatz. Deutsch bearbeitet von Joseph Wenzig. Leipzig 1857. Neudruck Leipzig 1984. S. 153, Zigeunermärchen. Hrsg. von Walther Aichele und Martin Block. Düsseldorf 1962. Nr. 15. S. 255, Die goldene Schale und andere Märchen der Völker der Sowjetunion. Hrsg. von H. Eschwege und L. Labas. Moskau 1962. S. 160, Zigeunermärchen. Hrsg. von Walther Aichele und Martin Block. Düsseldorf 1962. Nr. 15. S. 76.
[32] Plattdeutsche Volksmärchen. Neue Folge. Ges. von Wilhelm Wisser. Jena 1927. S. 122, Volksmärchen aus Pommern und Rügen. Ges. von Ulrich Jahn. Norden 1891. Nr. 36. S. 199, Kroatische Volksmärchen. Hrsg. von Maja Bošković-Stulli. Düsseldorf 1975. Nr. 31. S. 144, Kurdische Märchen. Ges. von Luise-Charlotte Wentzel. Düsseldorf 1978. Nr. 4. S. 67, Nordische Volksmärchen. 11. Teil Norwegen. Übersetzt von Klara Stroebe. Jena 1919. Nr. 47. S. 272, Zigeunermärchen aus aller Welt. Dritte Sammlung. Hrsg. von Heinz Mode. Leipzig – Wiesbaden 1983. Nr. 167. S. 285.

ein Helfer benetzt sie damit, und alsbald leuchtet das Tageslicht wieder für ihn auf.

Es bleibt dann nur ein Letztes, die Abrechnung mit dem Mörderpaar, mit den Verderbern des Augenlichtes. Die Rache an dem Beischläfer der Mutter stellt erzählerisch kein Problem dar. Ihm geschieht, wie er dem Jungmann geschehen ließ: wie du mir, so ich dir. Die Vergeltung an der Mutter dagegen ist sehr stark vom Erzähler abhängig, von seinem Kreise, von den Umschichtungen innerhalb des Märchengeschehens, denen es zuvor schon unterworfen war. Im Harzer Märchen schlägt der Sohn den Riesen tot und nimmt die Mutter mit in sein Königreich.[33] In indischen Fassungen erfährt die vom Dämon getäuschte Mutter die Wahrheit über den Sohn und erhält seine Vergebung.[34] Spannungslos endet das Geschehen in einer holsteinischen Fassung. Als der Sohn sein Band wieder hat und alles ins Lot gebracht scheint, stirbt die Mutter bald vor Ärger, danach auch der Riese.[35] Glimpflich geht das niederländische Märchen aus, die Frau ist dort ja auch keine Mutter. Der junge Mann kommt mit einem Regiment des Schwiegervaters zu dem verräterischen Paar und läßt beiden die Ohren abschneiden.[36]

In vielen Fassungen aber muß die Mutter mit dem Leben büßen und bisweilen auf höchst grausame Weise. „Ich verzeihe ihr, möge Gott ihr geben, was sie verdient hat", so läßt der kroatische Erzähler den Genesenen sprechen.[37] Dieser Einstellung entspricht etwa das Gottesurteil mit dem Schwert, das der Jungmann emporschleudert, ein Motiv, das auch in anderen Typen vorkommt.[38] In der slowakischen Fassung fährt es „um des Jünglings Haupt herum gerade in das Herz der Mutter."[39] Bei Afanasjew setzt der Jungmann sich und die Mutter dem gespannten Bogen aus, der Pfeil trifft sie mitten ins Herz.[40]

---

[33] Harzmärchenbuch. Ges. von August Ey. Stade 1862. Neudruck Hildesheim 1971. S. 159.
[34] Stith Thompson and Warren E. Roberts: Types of Indic Oral Tales. FFC 180. Helsinki 1960. S. 89.
[35] Schleswig-holsteinische Volksmärchen. Hrsg. von Kurt Ranke. Kiel 1958. S. 340., Sagen, Märchen und Lieder der Herzogtümer Schleswig, Holstein und Lauenburg. Hrsg. von Karl Müllenhoff. Neue Ausgabe...von Otto Mensing. Schleswig 1921. Nr. 604. S. 438.
[36] Märchen der Niederlande. Hrsg. von A. M. A. Cox-Leick und H. L. Cox. Düsseldorf 1977. Nr. 6. S. 38ff.
[37] Kroatische Volksmärchen. Hrsg. von Maja Bošković-Stulli. Düsseldorf 1975. Nr. 31. S. 145.
[38] Zigeunermärchen. Hrsg. von Walther Aichele und Martin Block. Düsseldorf 1962. Nr. 51. S. 242 = AT 301.
[39] Westslawischer Märchenschatz. Deutsch bearbeitet von Joseph Wenzig. Leipzig 1857. Neudruck Leipzig 1984. S. 154.
[40] A. N. Afanasjew: Russische Volksmärchen. Band 1. München 1985. S. 474.

In dem moldauischen Märchen, wo die Erzähler die wahre Mutter vor dem Geschehen in den Keller gebracht und dergestalt abgesichert haben, werden die Hexe in Muttergestalt und der Drache zerhackt und verbrannt.[41] In der ungarischen Erzählung zerschnitzelt der Jungmann den Räuber in kleine Stücke, stopft sie in einen Zuber *[großer Bottich mit Handhaben]*, setzt die Mutter lebend darauf und stülpt einen zweiten Zuber darüber. So verläßt er sie, verschließt die Türen, die Höhle und wandert in die Welt hinaus.[42] In der Erzählung der Keten reißt der Sohn den Eisenzaun vor dem Hause aus der Erde, ruft die Mutter heraus und läßt den Zaun auf sie herabfallen.[43] Im ungarndeutschen Märchen bindet der Sohn vor der Heimfahrt ins Reich der Prinzessin die Mutter mit den Händen hinten an seiner Kalesche fest, und als er nach flotter Fahrt ankommt, hat er nichts mehr von ihr gehabt als wie die Hände, die er hinten an der Latte angebunden hatte, das hat er noch gehabt.[44] In einer Holsteiner Fassung fragt der Jungmann die Mutter, ob sie ihn wieder als Sohn annehmen wolle. Nein! sagt sie. Da blendet er den Riesen, die Mutter aber spießt er auf eine abgehauene junge Eiche – eine weit verbreitete grausame Form der Hinrichtung.[45] In einer anderen holsteinischen Fassung ersticht der Junge die Mutter und stellt sie als Leiche am Kreuzweg, von Latten gehalten, als Wegweiser auf.[46] In einer griechischen Fassung wird die Mutter in der Handmühle zu Brei zermahlen.[47]

Das Hauptgewicht des Märchens liegt nicht auf diesen Rachetaten, nicht sie runden die Handlung ab. Vielmehr ist zu vermuten, daß in ihnen mehr die Entrüstung der Erzählenden zu Worte kommt als der Sinn des Geschehens. Ihr wirkliches Ziel erreichen die Begebenheiten in der Hochzeit des Jungmannes mit der „Prinzessin". Voraussetzung für die Fähigkeit zum Beschreiten dieses Weges war der Kraftfund unmittelbar nach dem Aufbruch; dieser

---

[41] Die goldene Schale und andere Märchen der Völker der Sowjetunion. Hrsg. von H. Eschwege und L. Labas. Moskau 1962. S. 161.

[42] Der grüne Recke. Ungarische Volksmärchen. Hrsg. von Ágnes Kovács. Kassel 1986. Nr. 15. S. 73.

[43] Hans Findeisen: Dokumente urtümlicher Weltanschauung der Völker Nordeurasiens. Oosterhout-Niederlande 1970. Nr. 92. Keten, Podkamennaja Tunguska. S. 293.

[44] Von Königen, Hexen und allerlei Spuk. Märchen...hrsg. von Gottfried Henßen. Rheine 1959. Nr. 18. S. 106: „Und noh hint am Koléß hot er sie mit die Händ aonbunden und is mit ihr gfohren, und is obr so stoark gfohren: bis er hinkemma is zu sein Weib, wo die Keenigsburg gweest is, hot er nix mehr von ihr ghott als wie die Händ, wo er hintn am Schragn hots aonbundn ghott; dees hot er noch ghott.".

[45] Schleswig-holsteinische Volksmärchen. Hrsg. von Kurt Ranke. Kiel 1958. S. 339.

[46] Schleswig-holsteinische Volksmärchen. Hrsg. von Kurt Ranke. Kiel 1958. S. 336.

[47] Griechische Märchen. Ges. von Johann Georg von Hahn. Nördlingen 1987. Nr. 32. S. 183.

ward durch die Drangsal und das Drängen der Mutter ausgelöst. Die Abschnitte des Weges mit ihren Gefährdungen und den zugehörigen Gewinnen entsprangen aus den immer neu von der Mutter ausgehenden Antrieben. Jenseits von Gut und Böse hat der Jungmann alles Errungene zu verdanken der zügellos wilden Liebesgier seiner Mutter.

Faßt man das Geschehen nicht als bloß personal beschränkte Auseinandersetzung auf, – wie sich denn Historie überhaupt nicht puristisch *[durch übertriebene Reinigung]* auflösen läßt in persongebundene Taten und Untaten – sieht man ab mithin von dem möglicherweise ganz bedeutungslosen Personenregister, dann tritt es klar hervor, daß sich die bandlose Triebkraft einer Mutter verwandelt hat in eine Gestalt menschlicher Vollendung, – in die unwiderstehliche Macht eines Jungmannes, die weit hinausreicht über die Kraft von Haupt und Hand, die tief unterhalb der Bahn gemeiner Taten wirkt – vermöge der als Freunde ihm verbundenen Tiere und der als Gattin ihm zugesellten Geistin.

Dies ist märchenhaftes Geschehen, doch darum nicht etwa phantastisches Fabulieren. Der Geschehenstypus ist seit Alters und allseits als wirklicher menschlicher Entwicklungsgang bekannt: es ist das Werden eines Mannes, der helfende Tiere herbeirufen kann, dem eine Jenseitige zur Seite steht, der Zugang hat zu den heilenden Kräften von drüben. Den Werdegang eines solchen Heilers schildert unser Märchen, und ihm entspricht die traditionsgemäße Initiation eines Schamanen. Es gibt außer dem Typus 590 kaum einen, der so klar, so folgerecht und ohne Seitenblicke die leidensvolle Entwicklung des Schamanen vorführt.

Den Beginn macht eine schwere Störung im Alltagsgefüge des Burschen; gezwungenermaßen bricht er auf aus der Geborgenheit des Vaterhauses. Der wunderbare Kraftfund auf dem Wege ließe sich dann ganz sachlich begreifen als die plötzliche Einsicht, ein selbsteigener Mann zu sein. Jäh findet er sich bereichert durch die Entdeckung, aus einem bisher unbekannten, in ihm selber fließenden Kraftquell schöpfen zu können. Dieser Zusammenhang wird besonders deutlich, wenn Mutter und Sohn ein Wegstück getrennt gehen, gerade dann das Kraftding gefunden wird und der Sohn sich anschließend erbietet, die Mutter zu tragen, – solches heißt wahrlich erwachsen zu sein."[48]

Es folgt dann der Einbruch in die Dämonenwelt, – am deutlichsten dort, wo der junge Mann den Felsklotz vor der Höhle der Riesen beiseiterollt, eine

---

[48] Schleswig-holsteinische Volksmärchen. Hrsg. von Kurt Ranke. Kiel 1958. S. 338.

ganz ursprüngliche Entfaltung der eben entdeckten Leibeskraft, – aber auch schon der Ausgriff in eine Sphäre, in der eben diese Kraft nicht mehr ausreicht, um das Leben zu behaupten. Daß diese Stätte an der Grenze der gewohnten Menschenwelt liegt, bezeugen schon die Räuber, der Zauberer, die in manchen Fassungen dort hausen, stärker noch die Drachen, die Trolle, die Riesen. Der Riese ist eine vertraute Gestalt der Sage, und zumeist erscheint er dort nur wie ein ungeheuer großer Mensch, auch als ein Vormensch, dessen Dasein sich noch mit dem ersten Auftreten echter Menschen überschneidet. Derlei Geschichten sind daher oft possenhaft, und ihr Anspruch auf Überlieferungstreue ist gering. Die bekannte Geschichte vom Riesenspielzeug beispielsweise erhält ihren Sinn von der Moral her: der Lebenswichtigkeit des kleinen Bauern und seiner Arbeit auch für die „Großen".

Ursprünglich aber ist der Riese gewiß so etwas gewesen wie ein Troll, wie der Wilde Mann, wie die Fänggen *[riesenhafte und zwergenhafte Naturgeister, auch „wilde Leute" genannt]*, – aus Naturnähe nach Maßen übermächtig, „dämonisch", weil der Welt drüben benachbart, urwüchsig, hochgewachsen, doch nicht „riesengroß". Darum können in manchen Überlieferungen die Riesen Gefährten von Menschen sein, wie auch in unserem Märchen der Riese Bettgenoß der Mutter ist, – aber freilich immer mit einem Beiklang von Jenseitigkeit.[49] – In der folgenden Erörterung wollen wir als Inbegriff der verschiedenartigen Höhlenbewohner nur das Wort Riese verwenden.

Nachdem die Mutter ihren Bund mit dem Riesen geschlossen hat, gibt sie vor, krank zu sein, und die Unternehmungen des Sohnes sind darauf gerichtet, ein Heilmittel zu finden – das eigentliche Ziel dessen, der ein Heiler werden soll. Doch gewinnt er nicht nur die Mittel, er geht auch eine Verbindung ein mit deren Ursprung. Er erlangt nicht nur die Tiermilch, sondern auch die Freundschaft der Tiere; er erringt nicht nur die heilende Frucht, sondern betritt auch den Garten der Geister und schließt einen Liebesbund mit der dort „einsitzenden" jungen Frau. Dieser wunderträchtige Garten geht auf alte und ausgebreitete Traditionen zurück. Erwähnt sei der Garten der

---

[49] Die Etymologie taugt im allgemeinen nur im Zusammenhang mit anderen Überlieferungen zur Wesenserhellung mythischer Gestalten. Im Falle des Riesen ergäbe sich eine zweifelhafte Beziehung zu Worten, die eine Anhöhe, einen Berg bezeichnen; aber Jan de Vries: Altnordisches etymologisches Wörterbuch, Leiden 1961, 447b, stellt dann zur Wahl: „der auf bergen hausende dämon" oder: „groß wie ein berg" – womit die eigentlich entscheidende Frage nicht gelöst ist.

Hesperiden im Westen der Welt mit dem Goldapfelbaum, den Jungfrauen, die ihn hüten, und dem Drachen Ladon, der mit ihnen wacht. Erinnert sei auch an die Äpfel der Iduna in der nordischen Mythologie und an die keltische Insel Abalŭn oder Avalon, die Insula Pomorum, die auch ein nach dem Apfel benanntes, von Göttinnen oder Feen bewohntes Land des Lebens bedeutet.

Es gibt noch andere Märchentypen, in denen die Suchfahrt des Jungmannes einem Heilmittel gilt, so AT 550, der Goldvogel, und 551, das Wasser des Lebens.[50] Am Eingang steht oft der kranke König, der um seiner Gesundung willen die Söhne aussendet. In beiden Typen gewinnt der Jungmann mehr als den Vogel mit dem heilenden Gesang und Goldglanz – oder als das Leben schenkende Wasser. Die erste Stufe ist in beiden Fällen ein Helfer für die Fahrt in den Bereich des Wunders. Im Goldvogelmärchen erringt der Fahrende außer dem Vogel das Zauberpferd und die ferne „Prinzessin" – in den östlichen Fassungen umgekehrt als letztes und höchstes das Pferd. Aber am Einbringen seiner Errungenschaften wird er gehindert von den Verrätern, die ihn töten, verletzen, blenden, in ein tiefes Loch stürzen. Der Vogel aber singt nicht, das Pferd frißt nicht, die Prinzessin lacht nicht. Erst wenn er selber heimkommt, vom helfenden Wesen befreit und geheilt, singt, frißt, lacht das jeweilige Wesen, das nur mit ihm zusammen auflebt. Im Märchen vom Lebenswasser zeugt der Jungmann „drüben", hinter dem symplegadischen Tore *[dem Jenseitstore]*, mit der schlafenden jungen Frau das Kind, dessen Geburt die Jenseitige „erlöst", – und sie kommt dann herüber, um ihn aus der Verkanntheit zu erlösen und heimzuholen in ihr Reich – oder um sein hiesiges Reich an seiner Seite mit zu beherrschen.

In diesen beiden Märchen folgt also auf die höchste Stufe des Gelingens ein tiefer Sturz: verkrüppelt in der Einöde, gefangen im Schacht des Niemandslandes. Auch in unserem Märchen folgt auf das großartige Erringen der tiefe Fall: Zerstückelung oder Blendung. Es ist offensichtlich, daß es sich dabei um einen bestimmten Geschehenstypus handelt, der in mannigfaltiger Abwandlung in verschiedenen Märchen wiederkehrt. Daß es sich bei der Zerstückelung um ein Bestandstück der schamanischen Einweihung handelt, sollte keinem Zweifel unterliegen. In einem niedersächsischen Märchen un-

---

[50] Deutsche Märchen aus dem Donauland. Hrsg. von Paul Zaunert. Düsseldorf 1958, S. 60–74. – Deutsche Hausmärchen. Hrsg. von J. W. Wolf. Göttingen 1851. Neudruck Hildesheim 1972. S. 54–64.

terscheiden sich die Zerstückelung und das Zusammenfügen und Wiederbeleben so wenig von Schilderungen dieser Szene in sibirischen Schamanenweihen, daß kein Sachverständiger die niedersächsische Szene, wenn sie ihm isoliert dargeboten würde, als Motiv eines deutschen Märchens erkennen könnte.[51] In unserem Märchen ist bemerkenswert, daß in einer Anzahl von Fassungen das Wiederaufleben des Zerstückelten von vornherein einbezogen ist durch sein Reittier; dieses sendet der Mörder selbst durch den übernommenen Ausspruch zurück zu der Geistin, die das lebenwahrende Mittel für diesen Fall aufgehoben hat. Sie legt die Leibesteile des Jungmannes zusammen und benetzt sie mit den lebenschenkenden Wundermitteln.

Gelegentlich fehlt es nach der Zerstückelung, wenn die Geistergeliebte den Leib wieder zusammensetzen will, an Fleisch. Innerhalb der sibirischen Schamanenweihe wäre das sehr verständlich, da die dabei tätigen Jenseitigen vom Fleische des Initianden gegessen haben. In unserem Märchen ist derlei aber die Ausnahme, und die diesbezüglichen, oben zitierten Fassungen enthalten doch nicht das wieder ausgleichende Motiv. In einigen Varianten ist nämlich Vorsorge getroffen, daß lebendes Fleisch zur Hand ist. Dort gehört es bereits zu den vorgetäuschten Heilungswünschen der Mutter, daß sie von einem Ferkel der Sau essen müsse, die „jenseits in der anderen Welt" sitzt, wie es in einem Zigeunermärchen heißt. Das „Heldenmädchen" vertauscht auch hier das Wundertier gegen ein gewöhnliches Spanferkel und benutzt das Fleisch des jenseitigen Tieres später, um die Lücken des zerstückelten Leibes des Helden zu füllen.[52]

Die Blendung ist nicht in gleicher Weise unmittelbar als ein schamanisches Motiv zu erkennen, wohl allerdings allgemein als ein initiatisches. Das Augenverbinden, das Augenverschmieren und -verkleben spielt in vielen Einweihungen eine Rolle[53], und der Sinn ist völlig klar: dem Sehenden werden die Augen verschlossen, auf daß er, wenn sie ihm wieder aufgetan werden, einer ursprünglichen Schau teilhaft wird. In allen Initiationen bedeutet das Dasein im Dunkel eine entscheidende Phase: die Nacht, die Höhle, der „Erdstall" – und ebenfalls und verwandt damit – die Wildnis ohne Vater und

---

[51] Text und Bedeutung siehe Heino Gehrts: Schamanenweihe in einem niedersächsischen Volksmärchen. Veröffentlichungen der Europäischen Märchengesellschaft Bd. 1. S. 72–90, 151f.
[52] Zigeunermärchen. Hrsg. von Walther Aichele und Martin Block. Düsseldorf 1962. Nr. 15. S. 72, 76., Die goldene Schale und andere Märchen der Völker der Sowjetunion. Hrsg. von H. Eschwege und L. Labas. Moskau 1962. S. 152 , 160.
[53] Vladimir Propp: Die historischen Wurzeln des Zaubermärchens. München 1987, S. 86.

Mutter: der Mensch allein, einsam im Dunkel der Existenz. Der solchergestalt dem Nichts Ausgesetzte ist auch ein Toter; der, dem rituell die Augen verhüllt sind, ist ein lebender Leichnam. Er sieht niemanden, und insoweit die anderen, seiner Rolle folgend, an ihm vorbeisehen, ist er auch für sie unsichtbar.[54] Aus dieser Nacht und Einsamkeit, aus seelischem Mangelleiden erhebt sich der Initiand, wenn die Augen ihm enthüllt werden, zur Erleuchtung, zum lichten Sinn des Lebens.

Die Blendung kommt auch in der sibirischen schamanischen Initiation vor, kann dort freilich, wenn sie mit der Zerstückelung verbunden ist, nicht jene einzigartige Bedeutung haben wie die künstliche Blindheit in der allgemeinen Initiation. Es erscheint mehr wie eine begleitende Maßnahme, wenn von einer jakutischen Initiation erzählt wird, daß bei der Zerlegung des Schamanenleibes die Augen aus den Höhlen genommen und beiseitegelegt und später, nach dem Zusammennähen der Knochen, an ihrem Ort wieder eingefügt werden.[55] Ein jakutischer Schamane erzählte selbst, daß ihm bei der Initiation die Augen ausgestochen und die Ohren durchbohrt wurden.[56] Die Zerstückelung unter Beteiligung von Wesen der anderen Welt hat in Sibirien ganz allgemein den Sinn, den Initianden nach drüben hin zu öffnen, und daher muß dieser Sinn der Blendung und der darauf folgenden Entblindung nicht besonders betont werden. Wo aber die Blendung an und für sich von Bedeutung ist, da ist mit ihr ganz speziell die Eröffnung zum Sehertum dargestellt. Hera blendet den Teiresias *[ein Prophet]*, Zeus beschenkt ihn darauf mit der Sehergabe. Es wäre in diesem Zusammenhang auch der Einäugigkeit zu gedenken, die im Falle Odins in einem klaren Verhältnis steht zur Sehergabe: dem Gott gibt das Augenopfer an Mimir die Anteilnahme an dessen Gesichten, dem Tiefblick des Brunnengeistes leiht es Gestalt.[57]

Mithin, wenn in den Fassungen unseres Märchens Zerstückelung und Blendung miteinander abwechseln, wird man annehmen dürfen, daß beide ein wesentlich Gleiches besagen: nach dem Gewinnen der Heilmittel, der helfenden Tiere und der Geistergattin – die Eröffnung vom Innersten her für die Andere Welt.

---

[54] Keine Vogel Strauß – Manier, wie Wilhelm Mannhardt: Wald- und Feldkulte 1. Bd. S. 365, und Seligmann, Handwörterbuch des deutschen Aberglaubens I. Bd. Berlin 1927/1987, Sp. 700, meinen.
[55] Schamanengeschichten aus Sibirien. Übersetzt von Adolf Friedrich und Georg Buddruss. München-Planegg 1955. S. 137.
[56] Vladimir Propp: Die historischen Wurzeln des Zaubermärchens. München 1987, S. 114.
[57] Martin Ninck: Wodan und germanischer Schicksalsglaube. Jena 1935. S. 298.

Um dieser letzten Stufe willen aber muß der diesseitsbezogenen Kraft des Jungmannes, muß seinem reckenhaften Vertrauen in die Muskelpracht des Leibes ein Ende bereitet werden, er muß in eine alles umfassende Hilflosigkeit hin abstürzen. Daher ist es unumgänglich, daß er des anfangs alles bedeutenden und bewältigenden Kraftdinges verlustig geht. Zum Heile also gereicht dem Jungmann auch das letzte schreckliche Verbrechen der Mutter.

Ein Märchen, dessen Inhalt, wenn man es von außen ansieht, so provozierend unmenschlich erscheint, offenbart, wenn man es unter dem initiatischen Gesichtspunkt betrachtet, einen auf sinnvolles menschliches Werden bezogenen Gehalt, im besonderen eben die Reifung des mit jenseitigen Mächten wirkenden Heilers, – den Erwerb der Schamanengabe.

Weit hinaus über diesen, dem Anscheine nach nur kulturgeschichtlichen Schluß führt uns ein Goethewort: „Außerordentliche Menschen treten aus der Moralität heraus. Sie wirken zuletzt wie physische Ursachen, wie Feuer und Wasser."[58] – Unter diesem Gesichtspunkt und angesichts so mancher menschlichen Schicksalsabläufe überhaupt stellt sich uns eine unerwartete Frage: Vertritt in unserem Märchen die zügellose „Saumutter" womöglich die Terra Mater *[Mutter Erde]*, die Magna Mater *[Muttergottheit]* selbst?

---

[58] Friedrich Wilhelm Riemer: Mitteilungen über Goethe. Februar 1807.

Inhalt

Heiko Fritz
Heino Gehrts – ein Märchen-, Mythen- und Sagenforscher
für die Gegenwart 5

Wie man ein Märchenforscher wird 31

Wen es zu Wundern und Verzauberung hinzieht…
Interview mit Dr. Heino Gehrts von Wolfgang Weirauch 37

Zaubermärchen und Schamanentum
Einführung 60

Zaubermärchen und Schamanentum
Übersicht 67

Zur Altersbestimmung zweier Märchentypen
AT 303 und 313 81

Märchenwelt und Kernerzeit 99

Verwehrte Weiden – Verbotene Türen
Zwei initiatische Märchenmotive 129

Bild und Name der Geliebten
*Betrachtungen zu einigen Märchentypen und
zum Wesen der Liebe* 139

Brüderlichkeit
– ehedem und vor zweihundert Jahren 169

Der Schlaf des Drachenkämpfers Ortnit 186

Flucht
Menschliches Urerlebnis und Märchenmotiv in der Welt 190

Der weiße Wolf
Die Suchwanderung des Weibes 233

Die Mutter in der Schicksalsfessel 271

Die ungetreue Mutter
Einblicke in den Märchentypus 590 287

www.ingramcontent.com/pod-product-compliance
Lightning Source LLC
Chambersburg PA
CBHW050858300426
44111CB00010B/1295